岭南博士文库

岭南大学图书馆藏书研究

周旖 著

广东优秀哲学社会科学著作出版基金资助项目

SPM
南方出版传媒
广东人民出版社
·广州·

图书在版编目（CIP）数据

岭南大学图书馆藏书研究/周旖著 . —广州：广东人民出版社，2018.9
　ISBN 978－7－218－11551－1

　Ⅰ.①岭…　Ⅱ.①周…　Ⅲ.①院校图书馆—藏书—研究—中国　Ⅳ.①G259.256

中国版本图书馆 CIP 数据核字（2017）第 001132 号

LINGNAN DAXUE TUSHUGUAN CANGSHU YANJIU
岭南大学图书馆藏书研究

周旖　著

出 版 人：肖风华

责任编辑：夏素玲　黎　捷
装帧设计：陈小丹
责任技编：吴彦斌

出版发行　广东人民出版社
地　　址：广州市大沙头四马路 10 号（邮政编码：510102）
电　　话：（020）83798714（总编室）
传　　真：（020）83780199
网　　址：http://www.gdpph.com
印　　刷：佛山市浩文彩色印刷有限公司
开　　本：889mm×1194mm　1/16
印　　张：26.5　字　数：300 千
版　　次：2018 年 9 月第 1 版　　2018 年 9 月第 1 次印刷
定　　价：55.00 元

如发现印装质量问题，影响阅读，请与出版社（020－83795749）联系调换。

序

　　周旖博士的著作《岭南大学图书馆藏书研究》杀青已久，今年将付梓公诸于世，由此学人可以一览中山大学图书馆藏书的一段文脉。

　　中山大学图书馆的藏书乃是中山大学之所以能够成为中国学术重镇并长盛不衰的奠基石和压舱石。自 1924 年孙中山亲手创办中山大学以来，中山大学图书馆的藏书就一直富甲南国，位列全国高等学校图书馆之前茅。中山大学图书馆连楹累牍、汗牛充栋的丰富藏书既是一片广阔无垠的学术沃土，滋养着一代又一代的名儒硕学和莘莘学子，又是一条延绵不息的学术文脉，承载着中山大学的学术传统和思想灵魂。这条学术文脉有着与中山大学的发展历史密不可分的共同特质：

　　其一，海纳百川，万流归宗。中山大学是一所具有 90 多年历史和一百多年办学传统的大学。这是中山大学对于本校历史实事求是的简要表述。很多人对这种表述不甚明了，甚至觉得难以理解。然而，只要略知中山大学的历史，也就不难明白其意。1924 年初，孙中山发布命令将国立广东高等师范学校、广东法科大学和广东农业专门学校合并，组成国立广东大学（1926 年为纪念创办人改名为国立中山大学），成为广东最高学府，由此开启了国立中山大学的历史。1925 年广东公立医科大学、广东公立工业专门学校亦相继并入。正因为如此，中山大学自创办之日起，就有了海纳百川和万流归宗的学术传统和文化基因。这种学术传统和文化基因一直在不断延续和繁衍，1952 年全国高校院系调整，原中山大学文理院系与岭南大学文理院系合并，组成新的中山大学，岭南大学汇入中山大学。2001 年，原中山大学与原中山医科大学合并，中山医科大学汇入中山大学。正因为如此，虽然自 1924 年孙中山创办国立广东大学开始算起中山大学只有 94 年的历史，但是，中山大学许多学科的办学历史远远长于学校的历史，其中尤以医学学科历史最为悠久，以 1866 年开办博济医学堂为肇始，中山大学的医科迄今已有 152 年的历史。正因为如此，中山大学图书馆的藏书在每一次学校的汇入中都得到了进一步的充实和丰富，也形成了与海纳百川、万流归宗交相辉映的藏书特色。

其二，根深叶茂，开枝散叶。20 世纪 20 年代，中山大学以文明路校园为中心，在广州市内的五个校园分散办学。30 年代五个校园全部迁往占地 12 万余亩的石牌新校园，中山大学遂成为中国占地面积最大的大学。50 年代全国高校院系调整，中山大学文理院系与岭南大学文理院系合并，校址从石牌迁至岭南大学校址康乐园，根深叶茂一枝独秀的中山大学开始开枝散叶，工学院、农学院、医学院、教育学院调出，分别组建华南工学院（今华南理工大学）、华南农学院（今华南农业大学）、华南医学院（原中山医科大学）、华南师范学院（今华南师范大学），天文系调往南京大学，地质系调去湖南中南矿冶学院（今中南大学），哲学系调去北京大学，人类学系调往北京中央民族学院，财经、政法各系分别调至武汉大学、中南财经学院、中南政法学院等院校，语言系调整到北京大学，于是成就了广东乃至全国的许多高校，图书馆的藏书亦相继分流各处，滋润神州大地。新世纪以来，中山大学以康乐园为轴心，从一个校园发展成为"三校区五校园"(广州校区南校园、北校园和东校园,珠海校区和深圳校区),图书馆则由南校园总馆和其他四个校园图书馆与一个学科图书馆构成,有"一花五叶"之美,在建筑面积和藏书总量上重返全国高校图书馆之巅。

在中山大学图书馆的学术文脉中,岭南大学图书馆藏书无疑是一条重要的支流,这条支流汇入中山大学图书馆主流以后就不再泾渭分明,而是迅速融合,进而浑然一体。尽管如此,拂去历史的尘埃,岭南大学图书馆的旧藏依然犹如黄灿灿的金子闪闪发光。记得中山大学成立80周年校庆时,我曾嘱咐图书馆同仁查找与孙中山相关的资料,结果通过馆藏的《岭南学校藏书楼受赠图籍存记表》在馆内查到了孙中山捐赠的英文海关年报等一批图书。这些捐赠藏书正是经岭南大学图书馆汇入中山大学图书馆的宝藏。

岭南大学图书馆的藏书来源十分丰富,鲜有学人能够清晰地描述岭南大学图书馆的藏书源流。2009年,周旖在博士学位论文开题时以独到的学术眼光选择岭南大学图书馆藏书作为研究对象,开始了对岭南大学图书馆藏书源流的悉心梳理。这项研究不是一件轻松的事情,岭南大学于1952年并入中山大学,60多年过去了,其史料的查找已经十分不易。当时可知的线索主要有以下几个方面:(1)中山大学图书馆藏书,(2)广东省档案馆的档案,(3)美国耶鲁大学三一学院图书馆的基督教联合会档案,(4)美国岭南基金会的档案。在这些史料中,美国岭南基金会的档案最为系统完整,因而弥足珍贵。关于美国岭南基金会档案,有一段值得一说的故事:美国岭南基金会曾在美国纽约世界贸易双子大厦办公,由于租金太贵,大约在2000年左右不得不迁往耶鲁大学,与雅礼协会合署办公。2001年9月11日世界贸易双子大厦被恐怖分子所毁,岭南基金会因为提前搬走而幸免于乱。有鉴于此,董事长牟锐(Douglas

Murrey）博士决定将基金会的档案捐赠给哈佛大学哈佛燕京图书馆，并同时制作三套缩微胶卷分藏各地：一套存于哈佛燕京图书馆，一套存于香港岭南大学，一套存于中山大学岭南学院。存放在中山大学岭南学院的这套美国岭南基金会档案缩微胶卷长期鲜为人知，不为学人所用，后被历史系刘志伟教授在几乎废弃的杂物中偶然发现，并代为妥善保管。周旖撰写博士学位论文时，我嘱咐周旖四处寻访，刘志伟教授得知消息后欣然将"拾荒"之获转交学校图书馆供众利用，令人感激不已。周旖博士撰写博士学位论文时正是利用了图书馆收藏的这套档案缩微胶卷，因而弥补了上述其他几个史料来源的不足，使博士学位论文增添了不少光彩。2009 年 12 月在牟锐博士退休前最后一次以董事名义来中山大学访问时，学校外事处黄昭副处长曾邀我帮忙制作一份纪念品送给牟锐博士。牟锐博士是我的老朋友，一直十分重视且不遗余力地支持中山大学图书馆的发展，于是我制作了一个 32 开书本式样的水晶纪念品，上面用激光镌刻中英文"牟锐博士——我们永远的朋友"字样。当牟锐博士从校长手中接过这份看似普通的纪念品时，上面镌刻的文字顿时令他感动得热泪盈眶，老泪纵横。我想，如果牟锐博士知道周旖博士正是凭借他制作的岭南基金会档案缩微胶卷才顺利地完成了博士学位论文和现在的这本著作，他同样会兴奋不已。

周旖博士在悉心梳理岭南大学图书馆藏书史料的基础上，分初创时期（1906 – 1916）、发展时期（1916 – 1927）、繁荣时期（1927 – 1937）、抗战及战后时期（1937 – 1952）四个时期，阐述了岭南大学图书馆的发展变迁，并且对葛理佩（Henry B. Graybill）、冯世安（Chester G. Fuson）、邓勤（Kenneth Duncan）、巴罗赞（John G. Barrow）、特嘉（Jessie Douglass）、谭卓垣、陈普炎、何多源、路考活（Howard G. Rhoads）、周钟岐、王肖珠、陆华琛等历任馆长做了比较详尽的考索，填补了学术研究的空白。在之前的图书馆史研究中，学界并不关注岭南大学图书馆馆长的研究，即使是1952年以后仍然担任中山大学图书馆副馆长的著名图书馆学家何多源和陆华琛也鲜有学人研究，仅谭卓垣博士因为曾经出版过英文著作《清代藏书楼发展史》才偶尔被图书馆学界提及，此乃史料匮乏之故。记得原美国俄亥俄大学图书馆馆长、美国国会图书馆亚洲部主任李华伟博士曾数次托我查找王肖珠在岭南大学图书馆担任馆长的资料，我一直无力为之，亦不知从何着手，后来得周旖做博士学位论文之助，才完成王肖珠馆长史料的收集。王肖珠既是李华伟博士的姨妈，也是李华伟博士赴美留学和最终走上图书馆事业道路的引路人。为了感念王肖珠的恩情，李华伟博士依照我的提议于2011年捐款5万美元在中山大学资讯管理学院设立永久性的王肖珠纪念奖学金，专门奖励品学兼优的图书馆学专业学生，并指定我为奖学金评审委员会的负责人。由此亦可窥见岭南大学图书馆馆长的深远影响。

厘清岭南大学图书馆藏书的脉络是周旖博士研究的重点。在这本著作中，周旖博士从购书经费的来源、分配原则，藏书的来源，藏书建设的理念，特色专藏，与岭南大学学术研究的关系，以及与其他教会大学和公立大学图书馆的比较等多个方面阐述了岭南大学图书馆藏书的缘起、发展与变化，从中不仅可见岭南大学图书馆藏书的聚散离合，而且可见岭南大学图书馆集腋成裘之艰辛和积水成潭之成就。

作为教会大学，岭南大学图书馆尤其重视西文藏书的建设，并由此形成了独特的西文藏书体系和传统。这个传统与岭南大学的发展历史密切相关。岭南大学肇始于美籍传教士香便文牧师（Rev. B. C. Henry D. D.）及哈巴牧师（Rev. A. P. Happer D. D.）等于1884年向美国长老会传道万国总会（American Presbyterian Board of Foreign Mission）提议倡办的格致书院（Christian College in China），1886年脱离长老会传道万国总会，在纽约另组董事局（Trustees of the Christian College in China），不再隶属任何教会。1888年在广州沙基金利埠正式开校。1900年，格致书院流寓澳门，1903年更名为岭南学堂（Canton Christian College）。1904年，岭南学堂开始在广州珠江南岸的康乐村购地置业，建立永久校园，其后蒸蒸日上。1906年，岭南大学图书馆成立，初设于马丁堂，规模甚小，馆藏书籍多为美国人士捐赠之西文图书。1916年，岭南大学图书馆迁入新建成之格兰堂。同年，岭南学堂升级为大学，藏书亦随之逐渐扩充。1919年始设专职馆长，并开始中文藏书建设。1927年，钟荣光被岭南学校董事会推举为校长，钟荣光正式将岭南学校更名为岭南大学（Lingnan University）。作为岭南大学的首位华人校长，钟荣光不仅将基督文化与中国文化熔于一炉，而且全力推进学科建设，由此岭南大学开始成为全国著名的高等学府。与此同时，岭南大学图书馆于1928年由格兰堂迁至马丁堂，藏书规模日益宏富，至抗战爆发前藏书总量已名列全国大学图书馆第五位。1948年，倡导全盘西化的陈序经继任岭南大学校长，立意打造成全国最优秀的高等学府，广泛延揽人才，一时群贤毕至，大师云集，蔚为大观，为20世纪50年代以后中山大学的学术文脉倾注了强劲的学术血液。

　　岭南大学的西化传统在图书馆的藏书建设上自然会得以充分的体现。周旖博士的研究证明：岭南大学图书馆的西文图书购置经费常年保持在总购书经费的65%以上。这正是岭南大学图书馆的西文藏书量一直高于中文藏书量，并且在十三所教会大学图书馆中名列前茅的原因之所在。民国时期，中山大学图书馆则更加注重中文图书的收藏，藏书总量一直位居全国高校前三位。1952年，岭南大学并入中山大学以后，岭南大学图书馆的西文藏书与中山大学图书馆的中文藏书合二为一，珠联璧合，共同构成了中西合璧、强强结合且在国内少有的学术特藏，迄今仍然令海内外学人羡慕不已。新世纪以来，香港浸会大学图书馆，香港岭南大学图书馆经常通过扫描和复制等多种方式从中山大学图书馆补充完善其馆藏，所看重者正是岭南大学图书馆的西文旧藏，由此可见其影响之深远。

岭南大学图书馆还承担过一项特殊的使命，那就是为美国哈佛大学的中国研究服务。哈佛大学是美国的中国研究中心，哈佛大学在中国选择燕京大学作为其中国研究的基地，由此带动其他教会大学开展中国研究本科教学和人才培养。因此，哈佛燕京学社也向岭南大学提供专项经费支持，并指定其中部分款项用于购买有关"中国问题研究"的图书，由此促进了岭南大学图书馆"中国问题研究"的藏书建设。虽然这类藏书的数量不大，但是其中的西文图书弥足珍贵，今天已经是难得一见的珍本。美国哈佛燕京图书馆的中文藏书建设主要依靠设在燕京大学图书馆的哈佛购书处来具体实施，太平洋战争爆发以后，燕京大学被日寇占领，哈佛购书处的工作限于停顿，其时迁往香港的岭南大学也步履维艰。二战结束后，哈佛购书处勉强赓续购书业务，一些具体工作开始陆续转移到岭南大学图书馆。因此，岭南大学图书馆对于哈佛大学的中国研究和哈佛燕京图书馆的藏书建设亦曾有所贡献。

如果以 1888 年格致书院的创办作为岭南大学的肇始，那么，至 1952 年岭南大学并入中山大学，岭南大学的历史也不过 64 年而已。如今又过去了 66 年，岭南大学的历史正在逐渐从人们的记忆中淡去，中山大学犹如滚滚洪流沿珠江奔向大海，走向世界，学术文脉的历史源头和不断汇入的支流也随之逐渐在人们的视野中远去。周旖的著作《岭南大学图书馆藏书研究》为中山大学和学界保存了一份珍贵的学术记忆，清晰地描绘了中山大学的一段学术文脉，于历史，于学术，均是值得称道的贡献。

如今，中山大学康乐园校园早已是享誉中国的四大最美校园之一。在康乐园被列为省级保护建筑的 78 栋红楼中，怀士堂、马丁堂、格兰堂无疑是最为显著的代表性历史建筑，有着非同凡响的文化地标意义。可是，又有多少人知道格兰堂最初是岭南大学图书馆的馆舍，又有多少人知道马丁堂在 20 世纪的 60 多年间一直是岭南大学图书馆和中山大学图书馆的馆舍？不论春夏秋冬，任凭风吹雨打，马丁堂、格兰堂，始终矗立在中山大学校园，巍然不动，历久弥新，光彩照人。在建筑的表象后面有着我们不能忘记和值得感念的历史：其中的藏书犹如流淌的血液融入中山大学的学术文脉之后，一直在滋养着中山大学学人，延续着中山大学的学术传统。

是为序。

程焕文

2018 年 7 月 18 日

于中山大学康乐园竹帛斋

【程焕文，中山大学资讯管理学院教授，国家文化遗产与文化发展研究院院长，图书馆馆长，文献与文化遗产管理部主任，中国图书馆学会副理事长，国际图书馆协会联合会（IFLA）管理委员会委员】

目　录

图表目录

1 绪 论

1.1 研究缘起

"岭南大学"这一机构名称可指代广州岭南大学、香港岭南大学、中山大学岭南（大学）学院以及韩国岭南大学。而本书所研究的"岭南大学"特指以 1888 年建校的格致书院为前身，一脉发展而来，并于 1952 年院系调整时停办的广州岭南大学；至于此后建立的、与广州岭南大学有一定历史渊源的香港岭南大学以及中山大学岭南（大学）学院不在本书的研究范围之内。韩国岭南大学也非本书的研究对象。

广州岭南大学是一所由广州国内外基督教人士发起筹办的教会大学。[①] 其特别之处在于她是当时中国 13 所基督

---

① 《经费来源、校董会沿革与现状以及对学校之作用》，广东省档案馆藏岭南大学档案，全宗号：38 - 1 - 19。

教新教大学①中唯一——所不属于任何教派和组织所有的学校。岭南大学，初称格致书院（Christian College in China），1884年由美籍传教士香便文牧师（Rev. B. C. Henry D. D.）及哈巴牧师（Rev. A. P. Happer D. D.）等向美国长老会传道万国总会（American Presbyterian Board of Foreign Mission）提议倡办，1886年募得美金25000美元，是年4月脱离总会另立董事局主持一切，1888年开校于沙基金利埠（即今六二三路）。此后历经停办、几经迁徙，于1904年定永久校址于广州河南康乐，校舍不断增加，学务持续扩充，图书、仪器、标本之设备亦日渐完善。② 20世纪20年代，"非基运动"在全国范围内蔓延，该运动在与反帝运动力量合流的过程中，掀起了国人反对治外法权和其他外人特权的怒潮③，各行各业纷纷要求收回相关主权，于教育界即要求收回教育主权。在这种历史背景下，岭南大学成为全国首

---

① 指在20世纪最初的20年中，美国海外宣教委员会在华开设的13所教会大学，分别是燕京大学、齐鲁大学、金陵大学、金陵女子大学、东吴大学、圣约翰大学、沪江大学、之江大学、华中大学、华西协和大学、福建协和大学、华南女子大学和岭南大学。据《中华归主：中国基督教事业统计（1901—1920）》（中册）（中国社会科学出版社1987年版，第934页）记载，1919年10月24—25日在上海举行的大学校长会议上，联合发起"中国教会大学联合会"的成员共14所教会大学，分别是：燕京大学、齐鲁大学、金陵大学、金陵女子大学、东吴大学、圣约翰大学、沪江大学、之江大学、华西协和大学、福建协和大学、岭南大学、中国雅礼大学、文华大学和博文书院。与本文所列的数量有不同的原因是，1924—1926年，文华大学与中国雅礼大学、博文书院相继合并，成立华中大学；而成立于1908年的华南女子大学没有参与"中国教会大学联合会"的发起。事实上，文中所述的13所教会大学均是由多所新教教会创办的学堂、书院合并而来，在此不作一一赘述。除此13所新教教会大学外，尚有3所天主教大学，分别是辅仁大学、震旦大学和天津工商大学。

② 李瑞明：《岭南大学文献目录：广州岭南大学历史档案资料》，岭南大学文学与翻译研究中心2000年版，第19—21页。

③ Kenneth S. Latourette：*A History of the Expansion of Christianitu*, *Vol. VII：Advance Through Storm*，Harper and Brothers1945年版，第348页。

个完全收归国人自办的教会大学。1927 年 1 月 11 日，私立岭南大学校董会正式成立，宣布学校为私立的、中国人主权的，举钟荣光博士为校长。[①] 1945 年纽约基督教大学联合董事会制定中国战后复兴基督教计划，其内容包括拟将现有大学分两等办理，岭南大学被列入第一等。[②] 岭南大学在近 70 年的发展历史中，由筹划及初期筚路蓝缕、惨淡经营发展成为南中国一所著名的高校，纵的方面由高等预科而陆续扩充成大学、中学、小学以至幼稚园，井然联成一气；横的方面分设文理农商工医科各院，并先后在海内外设立分校多所。其恢宏气势可见一斑。岭南大学之贡献可概括为"农科在华南素负盛誉，亦实不逊于国中任何同类学府。理科上溢佳誉于海外，期刊之科学季刊，夙为中西学者所传诵。……医科之前身为总理研习之地，传承悠远可纪念之历史，发展迅速，设备宏新，外国语文学习在英文教学法之新创，予中等教育以特殊贡献"[③]。

岭南大学图书馆成立于 1906 年，其始为教员阅书参考室，规模甚小，初设于马丁堂，与博物标本室合建。其时所藏书籍，多属西文，均为美国人士捐赠。随着书籍日增，先与博物标本室分离，继而于 1915 年迁入新建成之格兰堂。1917 年岭南学堂升级为大学，馆务亦随之逐渐扩充。1919 年始设专职馆长之职，聘图书馆专门人才特嘉（Jessie Douglass）女士为馆长。其上任后，积极整顿，对于分类、编目、购订、出纳种种手续，力图改善。图书馆的中文藏

---

① 《经费来源、校董会沿革与现状以及对学校之作用》，广东省档案馆藏岭南大学档案，全宗号：38－1－19。

② 《私立岭南大学卅四年度第二次校务会议记录（1945 年 12 月 5 日）》，广东省档案馆藏岭南大学档案，全宗号：38－1－14。

③ 李应林等：《特殊教育委员会报告：岭南大学教育政策初步研究（1939 年 11 月 17 日）》，广东省档案馆藏岭南大学档案，全宗号：38－1－24。

书亦在此时建立，基础来自于 1920 年中籍部主任陈德芸亲赴上海、北平各处劝捐所得之 16000 余册书籍。1928 年，科学院建成后，校址既增，图书馆遂由格兰堂迁往马丁堂二楼全座，稍事扩充后复得取用一楼、二楼全座及三楼之一部分。抗战爆发前，岭南大学图书馆的藏书总量占全国大学图书馆之第五名，① 而理科西文杂志种数则占全国图书馆之首，其中不少为自创刊以来全部齐全者。② 于藏书组织和利用方面，岭南大学图书馆亦走在全国教会大学乃至全国大学图书馆之前列。20 世纪 20 年代中期，燕京大学图书馆馆长、齐鲁大学图书馆馆长、圣约翰大学图书馆馆长等纷纷来函询问岭南大学图书馆如何对中文书进行编目、开架制度的管理以及如何对西文汉学书籍进行分类等问题。③ 于特色藏书方面，最难得者为美国国家博物院（Smithsonian Museums）及华盛顿卡耐基研究所（Carnegie Institution of Washington）之丛书、"中国问题研究"西文出版物和中国古版书籍。此外，20 世纪 40 年代末，由于学校当局对共产主义思想言论持"绝对自由"的态度④，体现在藏书建设上，便是设立了"新智识研究室"。

综上所述，无论从岭南大学图书馆所属大学本身的规

---

① 据《调查中国之图书馆事业》（《图书馆学季刊》1936 年第 14 卷，第 680—684 页）载，前四名分别为：私立燕京大学图书馆、国立清华大学图书馆、国立中山大学图书馆和国立北京大学图书馆。

② 《私立岭南大学各院系现况》（1939 年度），广东省档案馆藏岭南大学档案，全宗号：38－1－2。

③ 燕京大学（Peking University）图书馆馆长 T. T. Hsu 致岭南大学图书馆馆长 J. V. Barrow 函、齐鲁大学（Shantung Christian University）图书馆馆长 Donald D. Parker 致岭南大学图书馆馆长 J. V. Barrow 函、岭南大学图书馆副馆长致圣约翰大学（St. John's university）图书馆函，广东省档案馆藏岭南大学档案，全宗号：38－4－182。

④ 《私立岭南大学卅五年度第四次校务会议记录（1946 年 2 月 6 日）》，广东省档案馆藏岭南大学档案，全宗号：38－1－14。

模、学术成就以及对社会的贡献衡量，还是从图书馆的藏
书数量和质量、藏书的组织与利用以及藏书管理理念观察，
岭南大学图书馆的藏书在教会大学图书馆藏书中都具备典
型意义和特殊意义。本书即对岭南大学图书馆的藏书开展
研究，在对大量零散的史料加以系统梳理和组织的基础上，
回顾岭南大学图书馆从初创、发展到停办的历史，廓清岭
南大学图书馆藏书历史中各种史实之间千丝万缕的关联，
深入探究岭南大学图书馆的发展历程、各个阶段主要的藏
书活动、藏书经费的来源与分配、馆藏政策、藏书源流以
及专藏建设，以期促进近代图书馆史研究的精细化进程，
拓宽近代高等教育史和中外文化交流史的研究范畴，进而
为观察近代中国知识与制度的变迁提供新的视角与方法。

1.2 研究现状

就目前的研究现状观之，学术界对教会大学图书馆研
究的关注尚少，故各教会大学图书馆的原始资料仍处于零
散无序的状态，对教会大学图书馆的发展脉络和具体史实
进行全面、真实的掌握更无从谈起，这都使得现有的、为
数不多的对教会大学图书馆的研究只能采取宏观的、大而
化之的研究方式。

1.2.1 教会大学图书馆研究现状

1952 年底院系调整，教会大学纷纷停办，图书馆的藏
书基本上随着院系合并而归入相应的大学图书馆。此后的
30 年无论是对教会大学还是教会大学图书馆的直接研究都
处于沉寂状态，直到 20 世纪 80 年代始出现以教会大学图书
馆相关人物为主要研究对象的论文，而围绕教会大学图书

馆的藏书以及图书馆史展开研究则是至 20 世纪 90 年代才开始。

目前笔者未见国内有成系统的教会大学图书馆研究专著出版问世。唯一一篇研究教会大学图书馆的博士论文是孟雪梅的《近代中国教会大学图书馆研究：1868—1952》（福建师范大学社会历史学院，2007 年）。孟文试图通过对教会大学图书馆的产生、发展阶段、藏书结构、技术方法、流通服务、组织机构、建筑风格、经费使用、专家生平贡献、与非教会大学图书馆的对比和对研究现状的分析及资料采集的论述，阐明教会大学图书馆的社会存在价值和文化交流意义，以及在图书馆事业发展过程中的历史作用。从对教会大学图书馆进行宏观研究的角度来看，此文具有开创性的意义，首次把目前已知的关于 13 所教会大学图书馆的资料进行系统收集、整合，尤其是揭示了一批藏于中国第二历史档案馆和上海市档案馆的关于金陵大学图书馆和圣约翰大学图书馆的新史料。但是将 13 所教会大学图书馆作为一个整体进行研究，对分布在各个区域的原始资料进行收集和整理是一件十分困难的事情，所以文中对不少教会大学图书馆的研究使用的材料还是以现代出版的专著、论文为主，因此对于不少具有关键性的史实也因袭了长期以来已形成的观点。受史料的限制，文章对于各图书馆发展史中的大事件也很难顾及。

在对"教会大学图书馆"这一主题的学术论文进行调查时，笔者对中文文献选用了兰州大学图书馆编《图书情报档案资料索引（1950—1981）》、南京图书馆编《图书馆学论文索引（1981—1982）》和 CNKI 中国知识网络服务平台的中国学术期刊全文数据库［1979 年至今（部分刊物回溯至创刊）］、中国重要会议论文全文数据库［2000 年至今（部分回溯至 1999 年会议论文）］作为检索工具，对西文文献选用了 google scholar 作为检索工具；在检索方法上，首先进行主题检索,并对检索结果中显示的参考文献、共引文献、同被引文献、引证文献、相似文献和读者推荐文献进行浏览、分析,然后对全部检索结果进行查重和筛选,剔除重复检索结果和非相关检索结果,最后得出文献调查的结果。从文献调查的结果分析,国内从1980年初开始出现对教会大学图书馆相关人物的研究,但是研究的侧重点并非是教会大学图书馆,而更多的是强调这些学者对于中国图书馆事业史和学术史所作的贡献。受关注较多的学者有韦棣华、沈祖荣、柳诒徵、李小缘、皮高品等。鉴于此类型文章数量颇多,而实际研究的主题与教会大学图书馆关联无多,故在此不作赘述。真正对教会大学图书馆开展研究是从20世纪90年代开始,但研究成果的数量十分有限,迄今为止仅见学术论文12篇,而其中4篇系孟雪梅所发表,从内容上来看均是其博士论文中的相关章节。从研究角度和研究内容考察,这12篇论文可分为两类:第一类是对教会大学图书馆作宏观研究,考察其整体的发展史、特点、藏书问题以及历史影响,如赵长林的《中国近代教会大学图书馆评述》[①]、陈剑光和翟云仙的《中国教会大学图书馆发展史略》[②] 和《教会大学与中国近现代图书馆事业》[③] 以及孟雪梅的《近代中国教会大学图书馆的特点及作用》[④]、《近代中国教会大学图书馆文献收藏特点分析》

---

① 赵长林:《中国近代教会大学图书馆评述》,载《上海高校图书情报学刊》(季刊)1994年第3期,第61—63页。

② 陈剑光、翟云仙:《中国教会大学图书馆发展史略》,载《图书与情报》1999年第2期,第53—55页。

③ 陈剑光、翟云仙:《教会大学与中国近现代图书馆事业》,载《北京图书馆馆刊》1999年第2期,第134—137页。

④ 孟雪梅:《近代中国教会大学图书馆的特点及作用》,载《图书馆建设》2007年第2期,第102—105页。

（上）①、《闽教会大学图书馆馆藏文献特色分析》② 和《闽教会大学图书馆的特色研究》③；第二类是对教会大学图书馆进行个案研究，探讨单个教会大学图书馆的发展历程、相关人物与其所在的图书馆、藏书等专题问题以及历史影响，如路林的《韦棣华与文华公书林及文华图专》④、张玉范的《早期北大及原燕京大学藏汉文善本书举隅》⑤、徐雁和谭华军的《金陵大学图书馆和中国图书馆学教育》⑥、舒学的《豪举犹忆燕大馆》⑦ 和胡海帆的《章氏四当斋李氏泰华楼旧藏与燕京大学图书馆》⑧。

　　对教会大学图书馆的史料记载或相关研究成果的数量比直接研究成果的数量多一些，主要散见于中国近代图书馆史和学术思想史以及基督教在华高等教育史2个研究领域的著作中。在中国近代图书馆史和学术思想史研究领域中，以专门章节介绍或论述教会大学图书馆的专著，如程焕文所著《晚清图书馆学术思想史》，在第2章第4节"晚清西方传教士在上海的图书馆活动"中，有对圣约翰大学

---

① 孟雪梅：《近代中国教会大学图书馆文献收藏特点分析》（上），载《大学图书馆学报》2007年第3期，第78—80页。

② 孟雪梅：《闽教会大学图书馆馆藏文献特色分析》，载《古籍整理研究学刊》2007年第2期，第94—96页。

③ 孟雪梅：《闽教会大学图书馆的特色研究》，载《第一届图书馆史学术研讨会论文集》2006年，第30—37页。

④ 路林：《韦棣华与文华公书林及文华图专》，载《河南图书馆季刊》1982年第4期，第9—10页。

⑤ 张玉范：《早期北大及原燕京大学藏汉文善本书举隅》，载《中国典籍与文化》1993年第2期，第56—59页。

⑥ 徐雁、谭华军：《金陵大学图书馆和中国图书馆学教育》，载《文史知识》2002年第5期，第112—116页。

⑦ 舒学：《豪举犹忆燕大馆》，载《出版史料》2004年第4期，第51页。

⑧ 胡海帆：《章氏四当斋李氏泰华楼旧藏与燕京大学图书馆》，载《收藏家》2006年第8、9期，分别见第58—62页、第20—24页。

罗氏图书馆的介绍。① 此外，在 20 世纪 80 年代以后出版的
《中国近代图书馆事业史》、《中国图书馆发展史》、《中国
图书与图书馆史》等相关著作中，教会大学图书馆也或多
或少地被论及。在该研究领域的"传教士与教会图书馆"
"近代书院藏书"等主题下，亦不乏涉及教会大学图书馆的
论文。如在"传教士与教会图书馆"这一主题下目前可检
索到的 14 篇学术论文中，有黄少明的《民国时期外国人在
华开办的图书馆》②、王卫国的《西方传教士对中国近代图
书事业的影响》③ 和《西方传教士在中国近代从事的图书事
业》④、张树华的《19 世纪西方人士在中国创办的几个图书
馆》⑤、侯集体的《西方传教士与中国近现代图书馆》⑥ 等 5
篇涉及教会大学图书馆的史料。另外，李颖的《近代书院
藏书考》⑦ 也把作为教会大学前身的教会书院藏书列入研究
之中。值得注意的是，这些文献中所论及的都是圣约翰大
学图书馆。

在外文文献方面，就检索结果而言，未见有直接研究
在华教会大学图书馆的专文，相关研究成果有如 Jing Liao
的 *The Genesis of the Mordern Academic Library in China：Western*

---

① 程焕文：《晚清图书馆学术思想史》，北京图书馆出版社 2004 年
版，第 88 页。

② 黄少明：《民国时期外国人在华开办的图书馆》，载《图书馆理论
与实践》1992 年第 3 期，第 48—49 页。

③ 王卫国：《西方传教士对中国近代图书事业的影响》，载《科技情
报开发与经济》2005 年第 3 期，第 52—53 页。

④ 王卫国：《西方传教士在中国近代从事的图书事业》，载《船山学
刊》2005 年第 3 期，第 125—127 页。

⑤ 张树华：《19 世纪西方人士在中国创办的几个图书馆》，载《江
西图书馆学刊》2007 年第 1 期，第 3—6 页。

⑥ 侯集体：《西方传教士与中国近现代图书馆》，载《兰台世界》
2007 年第 3 期，第 62—63 页。

⑦ 李颖：《近代书院藏书考》，载《图书与情报》1999 年第 1 期，
第 72—75 页。

Influences and the Chinese Response 〔Libraries & Culture, Spring 2004, 39 （2）: pp. 161 – 174〕、*The contributions of Nineteenth-Century Christian Missionaries to Chinese Library Reform* 〔Libraries & the Cultural Record, Summer 2006, 41 （3）; Academic Research Library, pp. 360 – 371〕, Priscilla C. Yu 和 Donald G. Davis, Jr. 的 *Arthur E. Bostwick and Chinese Library development*: *A Chapter in International Cooperation* 〔Libraries & Culture, Vol. 33, No. 4 （Fall, 1998）, pp. 389 – 406〕 等，均以考察教会大学图书馆在中国图书馆近代化进程中扮演的角色为主。其他如 Ming-yueh Tsay 的 *The influence of the American Library Association on modern Chinese librarianship, 1924 to 1949* 〔Asian Libraries, 1999, 8 （8）: pp. 275 – 288〕, Yuan Zhou 和 Calvin Elliker 的 *From the People of the United States of America*: *the books for China Programs during World War II* 〔Libraries & Culture, Vol. 32, No. 2 （Spring, 1997）, pp. 191 – 226〕 等文章中，作者将教会大学的一些史实和相关数据作为例证用以支持论文的主要观点。除研究性的学术成果以外，检索结果中的其他文献类型为外文档案资料，即国外各档案馆、图书馆等机构所藏的与内地教会大学图书馆相关的外文档案资料。

传教士在华的传教活动集中体现在 3 个与宣道密切相关的领域：教育、医疗援助和出版，而这 3 个领域中，发展得最好、取得最卓越成就的是教育领域，最能体现教会教育杰出成就的是它的高等教育。可能是受这一因素影响，在基督教在华教育史研究领域中，国内外关于教会大学的研究专著以及学术论文不胜枚举。① 在这一研究领域中，有少数研究成果把图书馆作为专门一项加以描述（仅是描述，

---

① 对教会大学图书馆的研究现状，可参见刘保兄的《80 年代以来大陆中国教会大学史研究综述》（http://www.sne.snnu.edu.cn/xsjt/jsjy/jxhd/lunwen/se011/0109.htm）。

并非是论述、研究），如《燕京大学史稿》；多数研究成果是把藏书数量、购书经费等与图书馆有关的数据列入文中，与博物馆、实验室以及试验设备等并列，用以反映学校的科研条件。

综上，关于教会大学图书馆的研究现状大致情况如下：

首先，研究者在研究中自觉或不自觉地应用费正清提出的"传统与现代"的模式，以西方文明的传播为中心，关注西方文化在东西两种文化碰撞过程中对东方文化的影响和推进，即以"西学东渐"为背景，研究教会大学图书馆在中国图书馆近代化的进程中所扮演的角色。

其次，现有对教会大学图书馆的研究成果以宏观研究为主，这一特征与对教会大学图书馆研究的阶段相符。认识事物的一般规律都是从宏观到微观，再上升到宏观。目前国内图书馆学界对近代中国图书馆史研究的深入程度，决定了教会大学图书馆研究尚未引起充分的关注，故直接研究成果偏少。

再次，现有研究的焦点几乎都集中在燕京大学、金陵大学和圣约翰大学3所学校的图书馆上。对燕京大学图书馆和金陵大学图书馆的关注，与这2所学校和今天的北京大学、南京大学分别有着深厚的历史渊源有关，也与金陵大学图书馆学系曾为中国近现代图书馆事业培养过大批专业人才有关。对圣约翰大学图书馆的关注，很重要一方面原因在于其前身罗氏图书馆是国内最早的教会学校图书馆，另外圣约翰大学与上海近现代经济、文化发展历史有密切的关系，而"海派文化"素来都是学术界研究的热点，因此在深入研究的过程中圣约翰大学自然走进研究者的视野。当然对这3所大学图书馆的关注，除上述分析的原因以外，还是其他各方面因素综合影响的结果。但是由于没有新的史料被发现，因此在对这3所大学图书馆的研究上也难有突破性的进展。而包括岭南大学在内的其他教会大学图书馆受到的关注和对其所进行的研究则非常少见，笔者认为出现这种现象的原因主要在于随着学校的停办，这些大学在历史上的影响也出现了"断流"，与其有历史渊源关系的学校或者其所在的地区在今天的学术研究中不具备很强的典型意义和代表性，导致这些大学渐渐淡出研究者的视野。

1.2.2 岭南大学图书馆史料的类型及分布

目前已知的含有岭南大学图书馆史料的文献类型有如下几种：第一，岭南大学在各个时期编制的图书馆一览、概览。由于此类资料是专为介绍和宣传图书馆、指导读者使用图书馆或向有关部门汇报图书馆情况而编写，因此所含的内容非常全面、详细，具有很强的系统性，是进行研究最重要的资料。第二，岭南大学及其各院系、附校的概况及相关宣传材料中关于图书馆的简介。第三，岭南大学所办的各类刊物中刊登的有关图书馆的消息、报道。如《岭南大学校报》、《岭南周报》、《岭南月报》、《南侨期刊》和《南风》等刊物中都或多或少地刊登有关于图书馆的文章。第四，中华人民共和国成立前图书馆学专业报刊、著作及论文中登载的岭南大学图书馆概况资料、动态消息和统计信息。如《中华图书馆协会会报》各卷期中的专文或《国内动态》栏目，许晚成所撰的《全国图书馆调查录》（龙文书店1935年版）等。第五，岭南大学档案中记载的关于图书馆的各种具体资料。如关于图书馆的章程与办事细则、行政机构设置、各种有关报告、往来信函、教职员名录和履历表、图书馆藏书及流通统计报告、图书订购单、分类账册等。第六，现代出版的各类文献或各种回忆资料中涉及岭南大学图书馆的资料。如程焕文编的《裘开明年谱》（广西师范大学出版社2008年10月出版）中就含有19通裘开明与何多源之间的往来信函，其内容涉及1941年期间岭南大学图书馆在香港及内地西南地区为哈佛燕京学社汉和图书馆代购中文书籍事宜。

史料分布上，据李瑞明所撰《岭南大学文献目录：广州岭南大学历史档案资料》①记载：1951 年 2 月 4 日，最后一位美国行政人员离开岭南大学校园，设在纽约的美国基金会对岭南大学的档案采取保护措施，将 1885 年以来的大量学校史料保存在中国基督教大学联合董事会。1959 年联合董事会迁址，通知岭南大学在 4—5 个月内清理完毕所寄存的档案史料。为此，基金会成立一特别小组处理如何保存丰富、完备的档案文献问题。经过去芜留菁，被挑选出来的 200 盒史料分别录制成 43 卷缩微胶卷②，底片存放在纽约州赫德逊的铁山防弹库（Iron Mountain Atomic Storage），而可供复制之用的副片则保存在基金会。后岭南大学档案记录的原件被哈佛燕京图书馆收藏，也有一部分存放在耶鲁大学神学院，另外一大批包括《岭南科学杂志》和《岭南农事季刊》各一套在内的书刊在宾夕法尼亚大学图书馆辟专室收藏。

广东省档案馆也是集中收藏岭南大学历史档案的机构。1968 年中山大学把岭南大学历史档案悉数移交给广东省档案馆。这批档案依性质和主要内容，可大致分为：（1）学校概况；（2）各种报告、规划、方案等文件；（3）各学院

---

① 李瑞明：《岭南大学文献目录：广州岭南大学历史档案资料》，岭南大学文学与翻译研究中心 2000 年版，第 xv - vxi 页。

② 此 43 卷缩微胶卷所含档案内容的分类目录及索引可参考李瑞明编的《岭南大学文献目录：广州岭南大学历史档案资料》。该书内容包括岭南大学校舍图片（附永久校址全图）、历史沿革、岭南大学历任监督和校长及历史图片、岭南大学文献史料概况、哈佛—燕京学社馆藏档案简介、哈佛燕京学社所藏档案目录、岭南大学大事年表，并附有《私立岭南大学校董会章程》《私立岭南大学组织大纲》《私立岭南大学附属中山纪念博济医院组织章程》《本校外籍教职员名录》《中英人名对照表》和岭南歌谱。该书是了解岭南大学史料分布情况和具体类型的重要指南。

成立经过以及各项建筑工程图表；（4）附属中、小学及儿童工艺所概况；（5）各种组织规程、规章制度及招生简章；（6）校董会会议记录，校务会议、教务会议记录等文件；（7）抗战时期迁校概况；（8）校内发生重大事件的始末实录；（9）学校及校领导与军政要人的来往函件；（10）聘请教职员的函件、外事访问；（11）课程表、一览表、履历表、毕业名册、校友录、相片集；（12）学生参与各项社会工作纪实；（13）筹办农场、工厂、筹募经费及财务状况；（14）照片、文物、学校与级社出版的各类刊物。依时间范围划分，则有中华人民共和国成立前档案（1905—1949 年）820 卷、中华人民共和国成立后档案（1949—1956 年）55 卷，其中英文档案 587 卷。英文档案中明确标明与图书馆有关的档案共 9 卷，另外图书馆几任馆长的来往函件另按馆长姓名集中保存。

岭南大学图书馆馆藏的主体部分在 1952 年院系调整时移交给中山大学图书馆，现保存在图书馆特藏部。该馆还藏有移交图书的清单以及岭南大学图书馆当年的书本式馆藏目录。另外，该馆的校史室还藏有当年以印刷形式出版的岭南大学校史文献，如《岭南大学接回国人自办之经过及发展之计划》（广州岭南大学出版委员会，1928 年 5 月）、《私立岭南大学建校康乐二十五周年纪念册》、《私立岭南大学一览》、《抗战期间的岭南》、《南大与华侨》双月刊、岭南大学学生毕业论文目录以及岭南大学图书馆的馆藏期刊目录、赠书目录、《岭南大学图书馆一览》等。部分岭南大学学生的毕业论文以及教师撰写的学术著作也保存在此。而前述所及之 43 卷缩微胶卷在中山大学图书馆也藏有一套。

此外，香港大学孔安道图书馆现藏有两套完整的由岭南学生自治总会出版的《岭南周报》（1938—1941 年）。澳门岭南中学特藏室则藏有关于该校在广州建校、迁移澳门以及在澳门办学的档案。

1.3　研究角度

　　本书拟通过发掘和利用新史料，对岭南大学图书馆加以系统梳理、精细解读，着重考察岭南大学图书馆藏书的起源、流变、建设、组织和特色，考察岭南大学图书馆藏书建设的总体特点，进而从藏书的角度探究岭南大学的教育理念、教学方针以及学术研究，反思岭南大学及其图书馆在当时的社会历史环境下所扮演的角色。

　　岭南大学就其组织体系观之，大体可分为3大部分：一为源于格致书院一脉发展而来的、由文理农工商科等各学院组成的岭南大学校本部，位于广州河南康乐校园；二为孙逸仙博士纪念医学院，由原广州博济医学院和夏葛女子医学院组成，校园位于广州河北；三为分散在海内外各地的附属学校。这3部分各自拥有自己的图书馆（附属学校为图书室）。鉴于医学院和附属学校各自设有董事会，虽均隶属于岭南大学董事会，于行政上亦受岭南大学校长统筹领导，但是医学院和附属学校在经费、行政管理和教学方面具有相当的独立性和特殊性，故本文的研究对象主要是岭南大学校本部图书馆的藏书以及藏书活动。事实上，岭南大学孙逸仙博士纪念医学院是在原广州博济医学院和夏葛女子医学院陆续并入岭南大学后才成立的，其图书馆的藏书亦由广州博济医学院图书馆的藏书和夏葛女子医学院藏书楼的藏书两部分组成。如若追根溯源，可以说孙逸仙博士纪念医学院及其图书馆的历史比岭南大学校本部及其图书馆的历史更为悠久，其影响更加深远，限于本书的篇幅，无法把涵盖医学院图书馆在内的岭南大学图书馆藏书史论述完整。综上，本书的题目虽为《岭南大学图书馆藏书研究》，但实际研究只限于岭南大学校本部图书馆。在行文过程中，如无特殊说明，则所提及到的"岭南大学图书馆"即指设于校本部的图书馆总馆和分馆。

本书在研究过程中主要综合运用了如下几种方法：（1）文献调查法。岭南大学作为在全国乃至海外享有盛誉的大学，在当时的历史环境下必然会积累大量的文献资料，岭南大学当年又与国内外多所科研机构建立合作和交流关系，而迄今岭南大学在内地已经停办半个多世纪，故关于岭南大学的历史档案、文献资料必然十分分散、零落，需要进行仔细的调查，方能不致遗漏重要的史料。（2）史料释读。本书研究的重要参考资料是岭南大学的历史档案，一般来说，档案资料系统性不及专著、论文等文献类型，通常是零散的，随意叠放，次序混乱，甚至有些档案只是一些片段，书写时的随意性较大，字迹潦草、模糊，人物、事件通常所指不明，甚至不署时间的材料亦比比皆是，因此必须对材料进行仔细阅读，小心比对，加之必要的逻辑推理和考证，通过对材料的综合归纳以及材料间的互相印证，方能把握历史发展的脉络，廓清事件的内在联系，再现历史的本来面目。（3）咨询法。由于年代久远，相关档案残缺，材料本身又常常存在数据矛盾、叙述迥异的现象，故为了澄清史实，笔者在研究过程中，就有关问题咨询中山大学图书馆老一辈的馆员、岭南大学史的研究者以及岭南大学校友。（4）历史研究法。所谓历史研究法就是以过去为中心，通过对已存在的资料进行深入研究，寻找事实，然后利用这些信息去描述、分析和解释过去的过程，同时揭示当前关注的一些问题，发现不同文化中的历史模式。①本题的研究即要遵循界定研究问题、限制研究范围、收集史料、鉴定史料、组织史料的步骤，按照历史发展的顺序

---

① 艾尔·巴比著，邱泽奇译：《社会研究方法》（第十一版），华夏出版社 2009 年版，第 343 页。

对岭南大学图书馆藏书的变迁进行研究，根据所选定的题目和主题描述史实，把握藏书史中各个事件的来龙去脉，推论发生的原因，以期对藏书发展的历史形成一个完整的概念。

为了准确理解岭南大学实施"人格教育"的理念，了解其产生、发展的历史背景，梳理其与当时社会错综复杂的联系，揭示图书馆藏书建设的实践与理论，科学统计和分析研究中涉及的各类历史数据，本书在研究过程中还将综合运用到历史学、图书馆学、文献学和统计学的知识。

1.4　主要研究内容

本书将重点围绕以下几个问题展开研究：

第一，岭南大学图书馆的沿革情况，包括图书馆初设时期、发展时期、繁荣时期、抗战及战后时期图书馆的组织与部门设立情况，对历任馆长及其任期的推断，馆长的生平事略，各时期的馆舍情况、筹建新馆舍的经过以及失败原因分析。

第二，不同时期的藏书活动，主要包括开办大学前后的藏书活动，收归国人自办以后臻于完善的藏书体系与藏书组织情况，在抗战动荡时期的藏书活动以及藏书的转移和保护情况，抗战以后对图书的清点、召回与重建情况，以及1952年院系调整时期藏书的移交情况。研究的重点之一是中籍部的成立经过，涉及中籍部的成立时间、背景，中籍部创立者陈德芸的生平事略，构成中籍部的藏书基础，以及中籍部成立初期对中文藏书建设和组织的探索工作。研究的重点之二是学校收归国人自办以后，图书馆藏书的增多情况，特色馆藏的形成，以及科学的藏书组织与管理情况。研究的重点之三是抗战时期的藏书活动，涉及抗战爆发第一年，图书馆在动荡的条件下于广州继续开展藏书建设的活动，广州沦陷后迁馆香港的情况，对国学书籍的建设投入，以及抗战后期图书馆随学校在粤北地区辗转迁移的经过。

第三，对岭南大学图书馆购书经费的研究，包括购书经费来源，购书经费在各语种、各类文献及专业书籍间的分配原则，以及从购书经费的来源和数额2个方面与其他教会大学及公立大学图书馆开展的比较分析。

第四，岭南大学图书馆的藏书来源，主要可分为订购、赠书、交换和复制4个。对藏书订购的研究涉及图书馆的购书政策、书籍采访流程和文献购买来源；对赠书的研究，按捐赠者的性质分为国内外机关团体赠书、社会人士赠书以及校友和校内人士赠书。在国内外机关团体赠书部分重点研究几例大宗赠书和长期赠书，如美国宾夕法尼亚大学、夏威夷大学、哈佛燕京学社、卡耐基研究院、卡耐基高等教育基金会和卡耐基国际和平基金会与岭南大学图书馆之间的长期合作关系，日本外务省文化事业部、东京出版协会、美国史密森研究所（Smithsonian Institution）和美国新闻处（United States Information Service）对岭南大学图书馆的几次大宗赠书；社会人士赠书部分重点研究筹设中籍部时期的个人赠书，陈子褒、梁少文、李星衢、Edgar Dewstoe 牧师和皮布尔斯（Florence Peebles）小姐等中外人士对图书馆的大宗赠书，特别是受赠《中国丛报》（*Chinese Repository*）的经过。

第五，对岭南大学图书馆专藏的研究。岭南大学创校时设想通过教授西方科学、医学和宗教启发民智，纠正中国人由于专读儒学而树立的观念；① 一直以来的办学方针也

---

① 陈国钦、袁征：《瞬逝的辉煌——岭南大学六十四年》，广东人民出版社 2008 年版，第 3 页。

强调"一切学科，注重实用"，注重与社会的结合。在这样的办学理念和办学方针下，岭南大学图书馆在馆藏善本图书以及"中国问题研究"西文出版专藏的建设方面，形成了不同于其他图书馆的特色。对于专藏的研究，中文善本着重研究其来源与特色，"中国问题研究"的西文出版物则着重研究其收藏情况以及馆藏特色与菁华。

第六，在对岭南大学图书馆的沿革、不同时期的藏书活动、购书经费、藏书来源以及中文善本书、"中国问题研究"西文出版物 2 项专藏展开系统论述的基础上，深入挖掘岭南大学图书馆藏书建设的理念，并进而对近代中国图书馆史加以考察；从学术研究对藏书建设的影响、岭大的学者与藏书建设、大学的独立精神以及赠书来源与岭大的社会影响 4 个层面，探讨岭南大学的藏书与学术研究之间的关系；以哈佛燕京学社与岭南大学"中国问题研究"的分歧为核心，研究岭大图书馆围绕"中国问题研究"开展的藏书建设。

2 岭南大学图书馆的沿革

凡欲研究藏书的起源与流传，藏书建设的始末，必先述及收藏机构的设立与组织经过，因为藏书建设的历史，藏书特色的形成，必然受到时代背景、所处机构等因素的综合影响，人谋也是其中的重要因素之一。本章主要从图书馆的设立与组织、历任馆长、馆舍变迁 3 个方面勾勒岭南大学图书馆的发展脉络。

2.1 图书馆的设立与组织

岭南大学图书馆发轫于 1906 年，在中国所有教会大学图书馆中，其历史之久远仅次于圣约翰大学罗氏藏书室。经过近半个世纪的历程，岭南大学图书馆从初期的筚路蓝缕、惨淡经营发展到后来的馆藏雄厚、琳琅满架，曾以西文汉学书籍、完备的西文理科学术期刊等特色馆藏闻名于海内外。

关于图书馆在大学中之地位，岭南大学图书馆的首任华人馆长谭卓垣博士曾如是论述："大学成立之要素有三：（1）校舍，（2）教授，（3）图书馆与实验室。……迩来大学教育，注重训练学生之自助研究，更使图书馆成为学校之中心，盖教授之教材，学生研究之资料，莫不仰给于斯，苟图书馆设备不完，管理不当，不能充分供给员生以研究之材料，则虽有良好之教授，而无所施其技，有好学之学生，而无法使其用功，此图书馆之所以成为大学之生命线，而办理完善与否，整个大学教育，当蒙其影响。"① 岭南大学正是秉持着这样一种认同态度，对图书馆的建设不遗余力。纵观岭南大学图书馆的发展经过，始终与学校之发展相辅相成，相映生辉，故溯其已往之历史，划分其发展之阶段，大体可与学校的历史沿革相一致。

综合岭南大学的历史档案以及前人的研究成果，如郭查理（Charles Hodge Corbett）的《岭南大学》（*Lingnan University*, published by the Trustees of Lingnan University, New York, 1963）、李瑞明的《岭南大学》（岭南大学统筹发展委员会，1997 年）、《岭南大学文献目录：广州岭南大学历史档案资料》（岭南大学文学与翻译研究中心 2000 年版），以及陈国钦和袁征的《瞬逝的辉煌——岭南大学六十四年》（广东人民出版社 2008 年版）等文献，岭南大学的历史大致可分为 7 期，即试办时期（1884—1897 年）、重新创立（1898—1904 年）、建校康乐（1904—1916 年）、完善大学教育（1916—1927 年）、接回自办（1927—1937 年）、抗战时期（1937—1945 年）和复校康乐以迄院系调整（1945—1952 年）。据此，图书馆自 1906 年设立始，大致可划分为 5 个阶段，即初创时期（1906—1916 年）、发展时期（1916—1927 年）、繁荣时期（1927—1937 年）、抗战时期（1937—1945 年）和重建至院系调整（1945—1952 年）。

---

① 谭卓垣：《上教育部请求补助图书馆建筑费三万元理由书》，1933年，广东省档案馆藏岭南大学档案，全宗号：38 - 1 - 2（10）。

2.1.1 初创时期：1906—1916 年

岭南大学图书馆成立于 1906 年，初设于康乐校址马丁堂的三楼。此时学校的中文名称尚为"岭南学堂"，英文名称为"Canton Christian College"，学校的校址亦几经迁徙，终定址于广州河南康乐。

岭南大学的历史可远溯于 1884 年，1888 年正式开校于广州沙基金利埠（今六二三路），1893 年与位于广州花棣的培英学校合办，1898 年学校重新创立后设址于广州城内四牌楼福音堂，1900 年为躲避义和团运动而迁校澳门。在避居澳门时期，学校的监督尹士嘉博士（Rev. O. F. Wisner D. D.）和协理校务的钟荣光鉴于"立足广东，服务中国"的办校初衷，一直努力在广州附近地区寻找合适校地，以图长远发展，1902 年 10 月于广州河南康乐相得土地 70 余亩，1903 年始定价交易，后陆续购得土地百余亩。1904 年夏，学校由澳门迁回，在新购之康乐校址的临时校舍内开课。[①] 在岭南大学的历史上，建校康乐是一标志性事件。

迁校康乐不久，学校就迎来了发展的良好时机。1905 年，学校的美国董事捐资兴建康乐校址内的第一幢永久性建筑物马丁堂。1905 年清政府废除科举考试，教育从此摆脱了从属于科举的附庸地位，新式学校如雨后春笋般建立。甲午战争的刺激、戊戌维新的鼓吹、通过科举求得功名这一体制的瓦解，使国人学习西方科技文化的热情空前高涨。学习西方知识的途径无外乎出国留学或进入新式学校，而教会学校照搬西方学校的教育模式，且有多年讲授西学的经验，故得到了很多中国学生的青睐。这一时期，各个教

---

① 李瑞明：《岭南大学文献目录：广州岭南大学历史档案资料》，岭南大学文学与翻译研究中心 2000 年版，第 19—20 页。

会学校的学生人数不断增加，岭南学堂亦是如此。据统计，1904 年学校初在康乐校址开课时，仅有教员 9 名，学生 61 名，而到 1906 年时，教员人数增至 15 人，学生人数则为 133 人，[①] 较 1904 年时增加了一倍多。

永久校址既定，又逢学校建设的良好社会背景，岭南学堂开始力谋校务之发展，完善师资与学制，改善教学的配套设备。为了给全校教师提供丰富的教学资料，学校将多年来美国人士捐赠的书籍（多为西文）组织起来，成立教员阅书参考室，并与博物标本室合建，设于当时刚刚落成的马丁堂三楼。[②]

后来随着教师、学生渐众，学校基础日固，尤其是 1907 年钟荣光代理主持校务期间锐意建设，学校的中小学部办理完善，大学部开设 2 个年级的课程。图书资料随着中外友人的热情捐赠，数量亦不断增加，至 1910 年时中西文文献共计有 4000 余册，[③] 图书馆遂迁至马丁堂二楼西侧 2 个房间。

这一阶段图书馆主任一职由学校教师兼任，首任主任为葛理佩（H. B. Graybill），次为冯世安（Chester Fuson）及邓勤（Kenneth Duncan）。关于图书馆早期的历史档案极为少见，从现存的以上 3 位图书馆主任的少数往来函札推测，当时图书馆主任一职主要负责图书馆的日常管理和运作，尤其是订购文献、接受赠书等工作，还负责向学校和美国董事会汇报图书馆事务。

---

① 《历年学生及教职员人数统计表》，载《私立岭南大学校报》1930 年第 2 卷第 8 期，第 43 页。

② 《岭南大学图书馆一览》，岭南大学图书馆 1936 年版，第 1 页。

③ 据中山大学图书馆藏 "岭南大学档案缩微胶卷" Reel 26 中的文件 *The Library*，*report of the librarian Jessie Douglass*，1921 年。

2.1.2 发展时期:1916—1927 年

1916 年,岭南学堂完善大学部教育,正式开办文理科大学,并于 1918 年举行第一次毕业典礼和授予学位仪式,大学部至是完成,[①] 学校亦在 1918 年正式将中文名称改为"岭南大学",英文名称则继续沿用"Canton Christian College"。

岭南大学正式升级为文理科大学后,拓展学务的几项重要工作之一就是对图书馆进行扩充。1916 年,图书馆从原来的马丁堂二楼 2 个房间迁至刚落成的行政办公楼格兰堂东侧,可用面积达到 1350 平方尺。[②]

图书馆的制度和各项业务也渐趋完备,分类、编目、采访和流通等工作日渐改善。1917 年,学校聘请巴罗赞氏(J. V. Barrow)为主任,馆务逐渐扩充。自 1919 年始,学校改"图书馆主任"一称为"图书馆馆长",并将该职设定为专职岗位,聘请专才主持图书馆事务,美国图书馆学专家特嘉(Jessie Douglass)女士来校担任馆长。此年,图书馆还设立了中籍部,聘请学校国文系教授陈德芸兼任该部主任。1922 年,特嘉女士回国,谭卓垣继任馆长,成为岭南大学图书馆史上第一位华人馆长。[③]

在广东省档案馆藏岭南大学档案卷宗中包含 1 份 1923 年 1 月的《图书馆委员会会议记录》(*Minutes of meeting*

---

① 李瑞明:《岭南大学文献目录:广州岭南大学历史档案资料》,岭南大学文学与翻译研究中心 2000 年版,第 20—21 页。

② 谭卓垣:《上教育部请求补助图书馆建筑费三万元理由书》,1933 年,广东省档案馆藏岭南大学档案,全宗号:38-1-2(10)。

③ 《岭南大学图书馆一览》,岭南大学图书馆 1936 年版,第 1 页。

of Library Committee）[①]，据此可推知当时的岭南大学设有图书馆委员会。该会议记录显示：岭南大学图书馆委员会拥有委员3名，其中1人为主席，3名委员分别为时任岭南大学副监督的钟荣光、巴斯韦尔（K. P. Buswell）、岭南农科大学（学院）教师罗飞云（C. O. Levine）；出席会议者包括图书馆委员会委员和岭南农科大学（学院）院长高鲁甫（G. Weidman Groff）；本次会议讨论的主题为订购农学期刊和书籍。通过对记录内容的分析，大致可对当时的岭南大学图书馆委员会作如下推测：（1）图书馆委员会由至少3名委员组成，其中1人担任主席；（2）学校的副监督（即副校长）是图书馆委员会的委员之一，其他委员来自各院系，图书馆馆长不在委员会内任职；（3）图书馆委员会定期召开会议，委员会的委员必然出席会议，其他出席会议者则是来自各个院系的院长或系主任，若会议指定讨论购买某一学科的书刊，则只邀请某一学科的院长或系主任出席；（4）图书馆委员会的主要职责包括核定和分配购书经费、审核书刊订购事宜、管理图书刊物交换事宜。

自开办文理科大学（学院）以来，校方十分注意发展图书馆，并认定其为治学之工具，于是不遗余力地增加图书馆经费，网罗群籍，故这一时期图书馆的藏书数量迅速增长。斯时，岭南大学所开办的文理科大学（学院）内设有文学、自然科学、商务、化学、教育5个系，农科大学（学院）亦成立了田艺、畜牧、园艺和蚕桑4个系，图书馆的藏书建设遂围绕以上学科开展采访和组织工作，藏书结构趋于完善。据统计，图书馆历年所搜集的西文书籍达1.9万余册，中文书籍约4.6万余卷，[②] 为日后岭南大学图书馆

---

① *Minutes of meeting of Library Committee*（*January 4th*，1923），广东省档案馆藏岭南大学档案，全宗号：38 - 4 - 134。

② 李瑞明：《岭南大学文献目录：广州岭南大学历史档案资料》，岭南大学文学与翻译研究中心2000年版，第21页。

的发展奠定了扎实的基础，图书馆特色藏书中的美国国家博物院、华盛顿卡耐基研究所和卡耐基国际和平基金会（Carnegie Endowment for International Peace）的丛书、"中国问题研究"西文出版物和古籍善本书均是从此阶段发展起来的。图书馆还从这一时期开始重视对政府出版物的收藏，对美国政府、中华民国政府及其他国家政府各部门的出版物均在收集范围之列。[①]

2.1.3　繁荣时期：1927—1937 年

1927 年 1 月 11 日，私立岭南大学校董会正式成立，由钟荣光担任校董会主席，原岭南大学纽约董事局改组为美国基金委员会；[②] 新成立的校董会选举钟荣光为校长，李应林为副校长。3 月 11 日校董会向国民政府教育行政委员会呈请立案，8 月 1 日校董会与原纽约董事局举行正式的交接仪式，学校的主权全部收归国人，中文名称亦更改为"私立岭南大学"（其英文名称在 1926 年已改为"Lingnan University"）。[③] 1927 年成为学校历史上的新纪元，自 1927 年到 1937 年，学校经历了校史上的光辉 10 年，这 10 年也是图书馆最为繁荣的 10 年。

1928 年图书馆从格兰堂迁回马丁堂，从最初占据二楼而逐渐发展到拥有整栋马丁堂。并在新建成的科学院二楼

---

① 据中山大学图书馆藏"岭南大学档案缩微胶卷"Reel 26 中的 *Canton Christian College 1919—1924: report of the president*（约 1924 年或 1925 年出版），"*Library and Museum*"一节中的记载。

② 《呈广东省教育厅请转呈教育行政委员会立案文》，载《私立岭南大学校报》1927 年第 10 卷第 1 期，第 1 页。

③ 李瑞明：《岭南大学文献目录：广州岭南大学历史档案资料》，岭南大学文学与翻译研究中心 2000 年版，第 22 页。

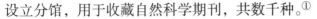

设立分馆，用于收藏自然科学期刊，共数千种。①

　　学校收归国人自办以后，新的董事会即着手改革原有组织，将原有的文理科大学改为文理学院，农科大学改为农学院，将原农科大学的蚕丝系扩充为蚕丝学院，1928 年增设商学院，1929 年设立工学院；在学校组织架构方面，校长之下分设秘书处、注册处、会计处、庶务处、医务处 5 处总理全校校务。在 1927 年 12 月 27 日召开的第五次校董会会议制定了全校各院系、处、馆的组织章程，其中《私立岭南大学图书馆组织章程》共计 14 条，规定了图书馆组织的依据、图书馆在学校组织架构中的地位、馆长的聘任与职责、馆员的聘任与职责、图书馆部门设置及职责、图书订购办法、阅览规则的制定、总馆与分馆的关系等内容。②

　　根据《私立岭南大学图书馆组织章程》的规定，图书馆直属于大学校长，由校长聘任馆长 1 人，统理全馆一切事务。图书馆设馆员若干人，由馆长荐请校长委任之。图书馆设总务股、登记股、编目股、出纳股和杂志股 5 个部门，各股的职掌如下：（1）总务股：编制每年预算；购置整理书籍、杂志、用具等事项；编制报告、统计及图表等事项；缮发及保管图书馆所有文件；接洽校内外关于图书馆的各项事务；司理关于图书馆会计及庶务事项；典守印信。（2）登记股：登录所有入馆之图书；司理图书之涂油、盖章、贴书标、书袋事项。（3）编目股：司理图书、杂志之分类及编目事项；司理购订西文图书目录卡；司理缮写及排列一切书卡；司理书架目录卡之编纂事项；司理图书目

_____

① 《岭南大学图书馆一览》，岭南大学图书馆 1936 年版，第 2、6、8 页。

② 《第五次校董会会议记录》附件 7：《私立岭南大学图书馆组织章程》，1927 年 12 月 27 日，广东省档案馆藏岭南大学档案，全宗号：38 - 1 - 17。

录卡之撤销及修改事项。（4）出纳股：司理一切图书出纳；催收借出过期之图书；编制图书出纳及阅览之统计表；关于点查图书一切事项；制理一切藏书及图书放置事项。（5）杂志股：登记一切收入之杂志及报章；陈列各项杂志；装订各项杂志。[1] 每股设主任 1 人，馆员若干人。

但是图书馆内各部门的设置并非是一成不变的，而是随着藏书和读者服务工作的实际需要不断发展。据 1936 年 9 月出版的《岭南大学图书馆一览》可知，到 1936 年时，1927 年版《私立岭南大学图书馆组织章程》所规定的图书馆 5 个部门中，仅有总务股仍保持原样，名称改为"总务部"，而登记股、编目股、出纳股和杂志股被撤销，该 4 个股的职责分散到新成立的中文部和西文部，即按藏书的语种，中文部和西文部各自负责相应语种书籍的登记、编目和出纳工作，原杂志股的工作亦按语种分至中文部、西文部各自管理。[2] 此外，自 1936 年 9 月 16 日起，图书馆增设参考部，由何多源担任主任，该部的主要职责包括：（1）解答读者疑难问题；（2）协助读者搜罗参考材料；（3）指导读者使用图书馆的目录、杂志索引以及其他参考书籍。在 20 世纪 30 年代，国外图书馆设立参考部的历史也不过才 30 余年，而在我国当时设有参考部的图书馆为数甚少，故岭南大学图书馆的部门设置在当时可谓先进。[3]

---

[1] 《第五次校董会会议记录》附件 7：《私立岭南大学图书馆组织章程》，1927 年 12 月 27 日，广东省档案馆藏岭南大学档案，全宗号：38 - 1 - 17。

[2] 《岭南大学图书馆一览》，岭南大学图书馆 1936 年版，第 4 页。

[3] 《岭大图书馆消息四则》，载《中华图书馆协会会报》1936 年第 12 卷第 3 期，第 41 页。

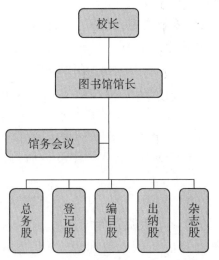

图2-1　1927年岭南大学图书馆组织架构

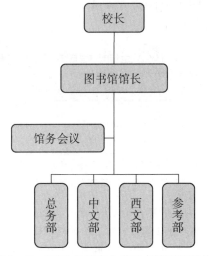

图2-2　1936年岭南大学图书馆组织架构

关于图书馆委员会，在1927年的《私立岭南大学组织大纲》、《私立岭南大学图书馆组织章程》等文件中均无提及，当时的各类委员会设置文件中也无记录，故难以推测在学校被国人接回自办之初是否有设立图书馆委员会。但是在《私立岭南大学校报》1930 年第 2 卷第 8 期刊登的《本年度各委员会委员委定人员》中有图书馆委员会的人员安排[①]，《私立岭南大学校报》1930 年第 2 卷第 24 期刊登有《图书馆委员会暂行章程》，随后在 1930 年 10 月 28 日召开的学校第一次校务会议上正式通过了《图书馆委员会章程案》[②]。再综合广东省档案馆和哈佛大学哈佛燕京图书馆所藏岭南大学档案中有关人员的往来函件分析，可推知图书馆委员会这一机构至少在 1930 学年度以后再次成立，并一直存在。

在图书馆人员方面，1927 年学校被国人接回自办时，图书馆共有职员 7 名，此后逐年增加。在学校接回自办的最初 3 年中，图书馆职员的人数如表 2 - 1 所示。到 1936 年时，图书馆职员人数已经达到 14 人[③]，与同时期的其他教会大学图书馆职员人数相较，仅次于燕京大学图书馆，与金陵大学图书馆相当。

表 2 - 1　　1927—1930 年图书馆职员人数统计　（单位：人）

人数统计	1927—1928 学年度	1928—1929 学年度	1929—1930 学年度
男性	5	5	6
女性	2	3	5
合计	7	8	11

　　资料来源：《十六至十七年度统计分表》，《私立岭南大学校报》，1930 年第 2 卷第 8 期，第 45 页。《十七至十八年度统计分表》，《私立岭南大学校报》，1930 年第 2 卷第 8 期，第 46 页。《十八至十九年度统计分表》，《私立岭南大学校报》，1930 年第 2 卷第 8 期，第 47 页。

---

　　① 《本年度各委员会委员委定人员》，载《私立岭南大学校报》1930 年第 2 卷第 18 期，第 124 页。

　　② 《校务会议第一次会议记录》，载《私立岭南大学校报》1930 年第 2 卷第 24 期，第 275—276 页。

　　③ 《岭南大学图书馆一览》，岭南大学图书馆 1936 年，第 4 页。

上述均为大学图书馆总馆的设置与组织情况。此外，学校大学部的农学院、蚕丝学院、医务处、物理系和化学系，以及中学部、小学部、华侨部、西童部等，均拥有自己的图书室，按照 1927 年《私立岭南大学图书馆组织章程》的规定：这些图书室被视为图书分馆，由总馆统辖；对于各分馆办事手续，由总馆派员襄助之，负一切指导之责；各分馆藏书的保存和流通工作由各分馆主任负责，而所有书刊的登记、分类和编目工作由总馆负责。① 关于书刊采访方面，章程规定"各部分馆除总馆发交图书之外，得自由购置，但须依照总馆办理登记、分类、编目各项手续"，然该章程实施 1 年后，即在 1928 年 5 月召开的私立岭南大学校务会议第八次会议上，主席宣布各学院、各处、各馆和各附校购买书刊的新办法，但凡用公款购买书籍杂志，必须经由图书馆总馆办理，俾免重复靡费。②

经过此 10 年的发展，岭南大学图书馆的藏书总量位于全国大学图书馆之第五名，理科西文杂志种数则占全国图书馆之首，其中不少为自创刊以来全部齐全者。岭南大学图书馆还以其藏书管理的精谨科学、井然有序著称于当时，其对中文书和"中国问题研究"西文出版物的分类、编目，以及对藏书的管理在当时国内处于领先地位，对其他大学图书馆的实践产生了一定的影响。

---

① 《第五次校董会会议记录》附件 7：《私立岭南大学图书馆组织章程》，1927 年 12 月 27 日，广东省档案馆藏岭南大学档案，全宗号：38 - 1 - 17。

② 《私立岭南大学校务会议第八次会议记录》，载《私立岭南大学校报》1928 年第 6 卷第 4 期，第 20—22 页。

2.1.4　抗战及至战后：1937—1952 年

　　1937 年 7 月 7 日卢沟桥事变后，抗日战争全面爆发，日本在侵华战争期间将国际公法置之不顾，对中国的文化机关大肆轰炸和破坏，尤其是对中国各地的图书文献进行了有计划、有组织的劫掠和破坏。故与国内所有的大学以及图书馆等文化机构一样，岭南大学和其图书馆繁荣发展的势头因战争戛然而止，面对日军对中国图书馆所藏的大量图书典籍进行严重破坏和疯狂劫掠的行径，岭南大学和图书馆开始了在抗战困境中的颠沛流离及苦心经营，殚精竭虑地保护文化典籍，坚持在特殊的环境下继续开展馆藏建设工作。

　　在抗战全面爆发前，岭南大学图书馆拥有中外文藏书共计约 18 万册，战后图书馆对图书进行召回和清点工作，统计发现实际保存下来的藏书数量也是约 18 万册。就统计数据观之，似乎战前战后藏书数量没有变化，但事实上因战争而损坏、被盗或以其他方式损失的藏书册数达五六万册之多，即抗战中图书馆新增的藏书数量几乎被完全抵消。

　　广州沦陷后，岭南大学迁校香港，借用香港大学校舍上课，图书馆亦随校迁往，附设于香港大学冯平山图书馆二楼；同时香港大学的西文图书馆也向岭南大学的师生开放。后香港沦陷，岭南大学又迁回广东，在韶关曲江县仙人庙镇大村复校，学校在此地为图书馆建设了 1 间临时馆舍。然战火很快波及粤北地区，自此到抗战结束前这段时间内，岭大师生奔波于粤北各地，从大村到坪石，从坪石回到大村，又从大村疏散到黄坑，再到仁化、连县、五岭等地，最后到梅县，其中还一度全校自由疏散。

　　抗战期间，国民政府教育部改革大学组织法，于 1939 年 5 月颁发《调整大学行政组织补充要点》训令，7 月 26

日又公布新的大学组织法。遵照教育部的命令，岭南大学颁布了新的《私立岭南大学组织大纲（1939）》，大纲规定：学校设教务、训导和总务 3 处，秉承校长，分别主持全校教务、训导、总务事宜；图书馆设于教务处下，"置主任一人，由教务长推请校长聘任之"，即图书馆不再直属于校长，图书馆"馆长"一职改为"主任"。① 而早在 1937 年"七七事变"前后，岭南大学图书馆馆长谭卓垣因应北平协和医院之聘离校赴平，整个抗战期间馆长一职由何多源代理，后图书馆主任一职又经过若干人代理，方才聘王肖珠担任。同时在美国基金委员会方面，由秘书黄念美（Olin D. Wannamaker）主管图书馆事务。图书馆委员会这一机构则始终存在，据《卅六学年度各委员会委员名单》所示，1947—1948 学年图书馆委员会的成员有黄延毓（主席，大学教务长）、容庚、路考活（Howard G. Rhoads）、林孔湘、梁健卿和许天禄。② 1950—1951 学年度图书馆委员会的委员有冯秉铨（主任委员）、陆华琛（图书馆主任）、王力、李沛文、陈心陶、陈永龄、姜立夫、杨庆堃和梁方仲。③

　　抗战胜利后，岭南大学图书馆迁回广州康乐校址的马丁堂，积极从事馆藏的追回和清点工作；根据抗战期间藏书的损失情况制定新的藏书政策；针对抗战后国内的新局势和新的社会思潮，积极筹建"新智识研究室"。而在学校方面，1947 年陈序经接任校长一职，上任后延聘国内各大学一批著名专家、教授到校任教，师资阵容强大，学生人

---

① 《私立岭南大学组织大纲（1939）》，广东省档案馆藏岭南大学档案，全宗号：38 - 2 - 28。

② 《卅六学年度各委员会委员名单》，广东省档案馆藏岭南大学档案，全宗号：38 - 1 - 45。

③ 《1950 年度各委员会委员名单》，广东省档案馆藏岭南大学档案，全宗号：38 - 3 - 22。

数激增，学校的规模和教育质量都达到新的高峰。① 直到
1952 年院系调整，岭南大学作为一所综合性的大学从此停
办，原日之校园改为中山大学，图书馆的藏书，除工、农、
医、师范、法律等学科藏书随有关学院调出外，其藏书的
主体基本上收归中山大学图书馆所有，惟有红灰精神延续
至今。

2.2　历任馆长

由于历来对岭南大学图书馆的系统研究不多，故诸如
图书馆历任馆长情况这类重要史实也未做过系统统计，历
任馆长人选及其任期情况分散于各类史料之中，已见的岭
南大学档案中也无完整的历任馆长统计。本节依据《岭南
大学图书馆一览》、报刊对岭南大学图书馆的报道、图书馆
往来函件以及书刊订购单等史料，对岭南大学图书馆历任
馆长及其任期加以推断，并在此基础上考察图书馆馆长在
岭南大学组织架构和管理体制中的地位，俾便于其后各章
节对岭南大学图书馆藏书的论述和研究。

2.2.1　历任馆长及其任期推断

在现代图书馆管理中，馆长负责制被认为是一种行之
有效的管理体制，盖因馆长对一馆之文献资源、人力资源、
经费及物质资源承担计划、组织、领导、控制和协调等一
系列统筹之责，馆长既需要行使组织管理的行政职权，又
必须能够指导文献建设等业务工作。然对馆长一职重要性

---

① 李瑞明：《岭南大学文献目录：广州岭南大学历史档案资料》，岭
南大学文学与翻译研究中心 2000 年版，第 24 页。

的认识由来已久，在 20 世纪二三十年代时，如桂质柏等图书馆学研究者就曾撰文述及。1930 年 5 月教育部颁发的《图书馆规程》中规定担任馆长的人选至少应具备下述条件之一：（1）国内外图书馆专科毕业者；（2）在图书馆服务三年以上而有成绩者；（3）对于图书馆事务有相当学识及经验者。① 由是可见，馆长的学识、业务能力和领导才能对一馆之发展，在某种程度上具有决定性的作用。

作为教会大学的岭南大学，其组织架构、机构设置、管理理念等与西方大学一脉相承，故图书馆在大学教育中的地位、馆长的选拔和任命亦与西方大学图书馆无甚差别。1927 年 2 月岭南大学董事会制定、通过的《私立岭南大学校务会议章程》规定："（一）为辅助校长集思广益，以谋校务进行便利起见，设校务会议，以下列人员组织之：一、校长，二、副校长，三、各科院长，四、各处长，五、各馆长，六、教授代表二人至三人，七、各附校主任，八、学生代表一人。"② 可见，图书馆馆长在学校的决策机构中拥有一席之位。岭南大学也素来重视图书馆的建设，对馆长的任命十分谨慎。

据《岭南大学图书馆一览》记载，岭南大学图书馆的前 4 任主任均由该校教师兼任，首任为葛理佩（Henry B. Graybill）兼任，次为冯世安（Chester G. Fuson）及邓勤（Kenneth Duncan）。③ 惜笔者目前所见的资料，无法推断 3 位图书馆主任具体任期，但是从邓勤来校任教的时间段判断，其兼任图书馆主任的年份最早不会早于 1911 年，再据

---

① 《教育部新公布之规程》，载《中华图书馆协会会报》1930 年第 5 卷第 6 期，第 13 页。

② 《第二次校董会会议记录》附件 3：《私立岭南大学校务会议章程》，1927 年 2 月 23 日，广东省档案馆藏岭南大学档案，全宗号：38－1－17。

③ 《岭南大学图书馆一览》，岭南大学图书馆 1936 年版，第 1 页。

1913 年 9 月 4 日致邓勤之向岭南农科大学赠书函，可推知邓勤最迟在 1913 年时已兼任图书馆主任。[①] 1917 年，学校改聘巴罗赞（John G. Barrow）博士兼任图书馆主任；1919年，图书馆主任一职改称馆长，并不再由教师兼任，设立为专职岗位。此年美国图书馆学专家特嘉（Jessie Douglass）女士来馆担任馆长，直至 1922 年卸任返美。[②]

此后，由谭卓垣继任馆长一职，从 1922 年至 1937 年 8月，在任长达 15 年的时间，其间因其出国留学而略有中断。在广东省档案馆所藏岭南大学档案中，38 – 4 – 182 号、38 – 4 – 207 号和 38 – 4 – 534 号卷宗保存的是有关岭南大学图书馆订购书籍、与校内领导和教师、与相关单位的往来函件。综合这些往来函件可推知，谭卓垣于 1930 年 3 月抵美，1933 年 9 月回国；其间图书馆馆长一职先暂由图书馆委员会代行，1931 年 1 月以后由陈普炎代理馆长一职，在来岭南大学图书馆前陈氏在中山大学图书馆任职。[③]

1937 年 8 月谭卓垣离校，整个抗战期间馆长一职都由何多源代理。[④] 1945 年抗战胜利后，何多源改就北平图书馆之职。在何多源去职后的几个月内，图书馆主任一职三度更迭，初由路考活（Howard G. Rhoads）博士担任，旋路氏辞职，又改聘训导长周钟岐兼代。周钟岐战前曾历任胶济铁路管理局委员、副局长，燕京大学教务主任，国立山东大学总务长，抗战期间来到岭南大学任教。其兼代图书馆

---

① The letter to L. Duncan，1913 年 9 月 4 日，广东省档案馆藏岭南大学档案，全宗号：38 – 4 – 182（81）。

② 《岭南大学图书馆一览》，岭南大学图书馆 1936 年版，第 1 页。

③ 《增聘四位职教员》，载《私立岭南大学校报》1931 年第 2 卷第 30 期，第 401 页。

④ 《图书馆消息》，载《私立岭南大学校报》1937 年第 10 卷第 1、2期合刊，第 11—13 页。

主任不久，即应邀回山东大学担任复校委员会主任。[①] 周氏离校后，学校电促谭卓垣回校主持馆务，但因其已接夏威夷大学5年聘约，短期内不能回国，遂任命图书馆总务主任王肖珠女士担任图书馆主任。[②] 据1945年12月6日岭南大学文书组致学校各部门负责人函可知，此时王肖珠已担任岭南大学图书馆主任。[③] 王肖珠早年就读于福州华南大学，毕业后历任广州东山培正女校学监、西村美华中学女生指导兼教员，其后入燕京大学攻读教育系硕士学位，自1934年进入岭南大学图书馆工作；[④] 抗战期间王肖珠始终随图书馆迁移，抗战胜利后即主理图书馆藏书的追后和清点工作，[⑤] 颇著劳绩。1948年8月，王肖珠赴美国伊利诺伊州大学图书馆学院攻读硕士学位，[⑥] 岭南大学图书馆主任一职由陆华琛接任。

据《卅七年度第二十四次校务会议记录》可知，1948

---

① 徐增娥：《档案中的八大关名人——周钟岐》，检索于2009年8月3日，http：//www.qdda.gov.cn/frame.jsp？pageName＝print&type＝XinBian&id＝1809744。

② 何观泽：《广州香港各图书馆近况》，载《中华图书馆协会会报》1946年第20卷第4、5、6期合刊，第3—7页。

③ 岭南大学文书组致学校各部门负责人函，1945年12月6日，广东省档案馆藏岭南大学档案，全宗号：38－1－16。

④ 《王肖珠简历》，广东省档案馆藏岭南大学档案，全宗号：38－4－182（250）。

⑤ 据《致广东省立文理学院之函如派员认领图书杂志请予协助由》（1946－01－08）、《致中正学校函如派员认领书籍请予协助由》（1946－01－08）、《致教育部广州区教育□□辅导委员会之函请转伪南武中学将前伪校向伪广东大学借去本校之图书交还由》（1946－01－08）、《致南武中学之函请将日前伪广东大学借出之图书除杂志部分赐予贵校外其余书籍希交还领回由》（1946－01－09）等函，广东省档案馆藏岭南大学档案，全宗号38－2－37。

⑥ 程焕文：《裘开明年谱》，广西师范大学出版社2008年版，第444页。

年 6 月间陆华琛已经接受了岭南大学的聘请，自 1948 学年度始来校担任图书馆主任①。陆华琛曾担任过北京师范大学前身国立北平师范大学图书馆馆长（1931—1932 年）②、国立中央图书馆筹备处总务部主任，1937 年夏由该处介绍赴德国莱比锡出版家联合图书馆实习，回国后继续在中央图书馆工作，并主持出版品国际交换处事务。③ 再据广东省档案馆藏岭南大学档案，全宗号 38 - 1 - 16 教务会议记录卷，及全宗号 38 - 2 - 22 卷宗中关于岭南大学各委员会委员名单可推知，直至岭南大学停办为止，陆华琛始终担任图书馆主任一职。后来陆华琛到中山大学图书馆担任副馆长。④

表 2 - 2　　岭南大学图书馆历任主任/馆长一览表

任职时期	姓名	性别	国籍	备注
1906—不详	葛理佩 （Henry B. Graybill）	男	美国	兼任
不详—不详	冯世安 （Chester G. Fuson）	男	美国	兼任
不详—1917	邓勤 （Kenneth Duncan）	男	美国	兼任，上任时间不会早于 1911 年，不会迟于 1913 年
1917—1919	巴罗赞 （John G. Barrow）	男	美国	兼任

---

① 《卅七年度第二十四次校务会议记录》，1948 年 6 月 9 日，广东省档案馆藏岭南大学档案，全宗号：38 - 1 - 14。

② 《北京师范大学图书馆历任馆长》，检索于 2009 年 8 月 3 日，http：//www. lib. bnu. edu. cn/tsgxx/hyfwtsg_ lrgz1. htm。

③ 《会员消息》，载《中华图书馆协会会报》1940 年第 14 卷第 5 期，第 13 页。

④ 《1961—1962 年，知识分子的春天》，载《信息时报》2005 年 7 月 25 日第 B2 版。

续表

任职时期	姓名	性别	国籍	备注
1919—1922	特嘉 （Jessie Douglass）	女	美国	
1922—1930.3	谭卓垣	男	中国	
1931.1—1933.9	陈普炎	男	中国	代理
1933.9—1937.8	谭卓垣	男	中国	
1937.8—1945	何多源	男	中国	代理
1945年下半年	路考活 （Howard G. Rhoads）	男	美国	
1945年下半年	周钟岐	男	中国	训导长，兼代
1945.12—1948.8	王肖珠	女	中国	
1948.9—1952	陆华琛	男	中国	

注：1919—1945年期间，岭南大学图书馆主要负责人称馆长，其他时期均称主任。

2.2.2　馆长事略

首任图书馆主任葛理佩并非图书馆学背景出身，他早年先后就读于格连贝赖亚长老会学校、华盛顿大学，1906—1907年间在哥伦比亚大学师范学院进修，并获得硕士学位。1903年葛理佩从华盛顿大学毕业，经学校推荐受聘于岭南大学前身格致书院，故其是以教育者身份而非传教士身份来华的。来华后曾担任岭南大学附属岭南中学校长20多年（1903—1926年）之久，岭南大学开办文理科大学时，他创办的教育系是学校最强的学系之一。葛理佩为岭南现代中学教育的开创做出过巨大贡献，他专为中国学生编写的英语教材《英文津逮》（*Mastery of English*）由上海英商伊文思图书有限公司出版发行，被全国公私学校纷纷采用。① 在《李敖回忆录》中就曾提及过其 1949 年到上海读中学时曾使用过这一教材，该教材已在上海使用了几十年。其编写的《现代中国》和《新中国》两书亦受好评，曾被上海商务印书馆译成中文出版。葛理佩培养的优秀学生中有多名担任广州知名中学的校长，如黄启明曾担任培正中学校长，罗有节曾担任真光中学校长，关恩佐曾担任培英中学校长，林耀翔和何荫堂曾先后担任岭大附中校长，而朱有光则一直在岭大教育系任教，并担任过教育系主任、岭大教务长等职务。

第二任图书馆主任冯世安为史地学专家，以传教士身份由美国长老会派到中国，1905—1917 年间在岭南大学任教②，1909 年曾参加由卡耐基研究院地磁部（Department of terrestrial magnetism, Carnegie Institution）磁学观测员（magnetic observer）唐·索尔思（Don Sowers）领导的地磁学考察队，从北京出发到孟买，进行为期 10 个月的科学考察，③ 后在培英中学任教多年。其代表作有《广东地理教科书》（*Geography of Kwangtung Province*，1918 年岭南大学出版）、《中国新地理》（*THE NEW GEOGRAPHY OF CHINA*，1933 年上海商务印书馆出版）等。

而特嘉女士则是岭南大学图书馆第一位拥有图书馆学背景的全职馆长，因其为图书馆学专门人才，管理经验丰富，故到馆后积极整顿馆务，力图改善分类、编目、采访、

① 何名芳：《"岭南"话沧桑》，广州市政协文史资料委员会编：《广州文史第五十二辑——羊城杏坛忆旧》，广东人民出版社 1997 年版，第 187—227 页。

② 李瑞明：《岭南大学文献目录：广州岭南大学历史档案资料》，岭南大学文学与翻译研究中心 2000 年版，第 153 页。

③ *Travelling China's Back Roads 100 Years Ago*，2009 年 4 月 29 日，检索于 2009 年 8 月 2 日，http：//www. dtm. ciw. edu/news-mainmenu‒2/71-features/545-fuson-expedition。

借阅等种种工作，特别是在其上任后大力支持中籍部的发展。她在任约 4 年的时间里，岭南大学图书馆的馆务焕然一新，为日后的发展奠定了坚实的基础。《岭南大学 1919—1924：校长报告》（*Canton Christian College* 1919—1924：*report of the president*）中的"图书馆与博物馆（Library and Museum）"一节对特嘉女士的工作进行了高度肯定，评价其在任职的 3 年中对图书馆施以有效的管理，使图书馆的环境得到了巨大改善，并着力培养继任馆长的人选谭卓垣。[①]

特嘉女士之后，谭卓垣继任图书馆馆长一职，他是岭南大学图书馆史上的第一位华人馆长，亦是在任时间最长的一位馆长，他还是继桂质柏之后第二位在美国获得图书馆学博士学位的中国人。谭卓垣，广东新会人，1900 年出生，1916 年入读岭南大学，[②] 1919 年获学士学位，[③] 当时他已在图书馆工作[④]，1920 年开始被图书馆正式聘用，并于1922 年开始担任馆长。担任馆长期间，积极开展藏书建设工作，尤其着力于过刊的补购工作，岭南大学图书馆日后能够以完备的外文自然科学期刊著称，多得益于其。1930年 9 月前后，谭卓垣赴美求学，入读芝加哥大学图书馆学

---

① 据中山大学图书馆藏"岭南大学档案缩微胶卷"Reel 26 中的*Canton Christian College* 1919—1924：*report of the president*（约 1924 年或1925 年出版），"*Library and Museum*"一节中的记载。

② http：//zh. wikipedia. org/wiki/% E8% B0% AD% E5% 8D% 93%E5%9E% A3.

③ 据中山大学图书馆藏"岭南大学档案缩微胶卷"Reel 26 中的*Canton Christian College* 1919—1924：*report of the president*（约 1924 年或1925 年出版），在"*Library and Museum*"一节中记载谭卓垣 1919 年获得学士学位，而 Reel 36 中的 *Information Concerning the Library of Lingnan University*（1938 年 4 月）则记载其 1922 年获得学士学位，在此采用较早期文献中的记载。

④ 据广东省档案馆藏岭南大学档案，全宗号：38 - 4 - 182（30），1919 年 9 月 2 日陈德芸致特嘉女士之中文馆藏建设报告由谭卓垣译成英文，提交给特嘉女士。

院，1931 年获图书馆学硕士学位，^① 1933 年获博士学位，其博士论文为《清代藏书楼发展史》（*The Development of Chinese Libraries Under the Ching Dynasty*），同年 8 月回国，继续担任岭南大学图书馆馆长。谭卓垣曾担任岭南大学出版物《南风》的编辑，并在很长时间内担任主笔；^② 1928 年时担任广州市图书馆协会委员会委员；^③ 1935 年起任中华图书馆协会《图书馆学季刊》编委，1936 年时曾担任中华图书馆协会第三次年会总委员会委员。^④ 自 1936 年起，谭卓垣在担任岭南大学图书馆馆长的同时，还担任岭南大学教务长；^⑤ 1937 年 8 月，应北平协和医学院之聘，离粤赴任该校图书馆主任职，^⑥ 原定 1 年后仍回岭南大学图书馆担任馆长职，^⑦ 但因战势发展等一系列因素使其未能如愿回归岭大。1937 年 12 月 8 日，谭卓垣到达夏威夷大学东方学院，担任该学院图书馆管理员一职；^⑧ 1938 年上半年，开始就夏威夷大学东方学院图书馆任主任职，同时又被聘为该校中

---

① 据中山大学图书馆藏"岭南大学档案缩微胶卷"Reel 36 中的 *Information Concerning the Library of Lingnan University*（1938 年 4 月）记载。

② 赵立彬，钱宁宁：《岭南大学学生与国民革命——以〈南风〉为中心》，检索于 2017 年 9 月 8 日，http：//www. crntt. com/cn-webapp/cb-spub/secDetail. jsp？bookid = 10523&secid = 10674。

③ 罗屏：《解放前广东图书馆的有关资料》，广州市政协学习和文史资料委员会编：《广州文史资料存稿》，中国文史出版社 2008 年。

④ 《第三次年会之筹备》，载《中华图书馆协会会报》1936 年第 11 卷第 6 期，第 25 页。

⑤ 《私立岭南大学校董会第四十次会议记录》，1936 年 9 月 26 日，广东省档案馆藏岭南大学档案，全宗号：38－1－19。

⑥ 《会员消息》，载《中华图书馆协会会报》1937 年第 12 卷第 6 期，第 22 页。

⑦ 《图书馆消息》，载《私立岭南大学校报》1937 年第 10 卷第 1、2 期合刊，第 11—13 页。

⑧ 李绍昌：《半生杂记》，文海出版社 1982 年版，第 297 页。

国历史副教授,① 直至其逝世。在夏威夷大学任职期间,他始终协助岭南大学图书馆中文藏书的建设工作,与主管岭大图书馆事务的黄念美等人联系频繁。1956 年 10 月 20 日凌晨 5 时左右,谭卓垣因心脏病在家中于睡梦中逝世,后被安葬于夏威夷钻石山陵园墓地。② 谭卓垣的主要代表作有专著《清代藏书楼发展史》、《中文期刊索引（1900—1929）》（2 册,第 2100 页,1935 年出版）、《广州定期刊物的调查（1827—1934 年）》（刊载于《岭南学报》第 4 卷第 3 期,并另抽印单行）、《汉译西书目录》（未出版）等,演讲稿《公共图书馆与民众》（见《私立岭南大学校报》第 8 卷第 17 期,第 190—194 页,1936 年 5 月 15 日出版）,在夏威夷大学期间,曾与陈受颐合著《汉学研究导言》。

抗战期间代理馆长、主持馆务长达 8 年之久的何多源,又名观泽,广东番禺人,1926 年毕业于广州宏英英文专门学校。何多源擅于图书采编和书目参考咨询工作,集学博闻,精研目录与版本。早年担任中山大学图书馆中文编目主任、广州大学图书馆馆长兼教育系副教授、勷勤大学教育学院图书馆学教员,其后受聘于岭南大学图书馆,担任总务主任兼参考部主任,1937 年 8 月起代理岭南大学图书馆馆长一职,③ 直至抗战胜利后方改就北平图书馆之聘。④ 新中国成立后历任华南联合大学副教授、图书馆主任,中山大学副教授、图书馆副馆长,广东省中心图书馆委员会副主任,广东图书馆学会第一届副会长（1963 年 2 月—1967

①《会员消息》,载《中华图书馆协会会报》1938 年第 13 卷第 1 期,第 17 页。

②《悼念谭卓垣博士》,载《岭南通讯》1956 年第 10 期,第 12 页。

③《图书馆消息》,载《私立岭南大学校报周刊》1937 年第 10 卷第 1、2 期合刊,第 11—13 页。

④《会员消息》,载《中华图书馆协会会报》1946 年第 19 卷第 4、5、6 期合刊,第 15 页。

年 3 月)①；中国民主同盟盟员。何多源在 1933 年 6 月至 1937 年 3 月间主编《广州大学图书馆季刊》，一生著述颇丰，重要著作有《图书馆编目法》（1933 年）、《中文参考书指南》（1936 年）、《中文参考书指南续编》（1938 年）、《岭南大学图书馆馆藏善本图书题识》、《战时经济参考书目》（1938 年）、《海南岛参考书目》、《广东藏书家考》、《工具书杂谈》等，图书馆学论文有《图书登记法》（广州大学《图书馆季刊》第 1 卷第 1 期）、《增修杜定友图书分类法一部分之商榷》（广州大学《图书馆季刊》第 1 卷第 1 期）、《杂志管理法》（广州大学《图书馆季刊》第 1 卷第 1 期）、《卡片目录使用法》（广州大学《图书馆季刊》第 1 卷第 1 期）、《广州图书馆事业概述》（广州大学《图书馆季刊》第 1 卷第 2 期、第 3 期）、《中国书目要籍解题》（《岭南学报》1941 年）等。

岭南大学图书馆历史上的第一位华人女馆长王肖珠，出生于福建省福州市。关于其出生年份，据其在美国工作时期的相关文件资料记载为 1910 年 4 月 29 日。但是根据目前笔者所掌握的档案资料信息，并结合逻辑推论观之，她应该出生于 1905 年左右，其出生的准确年份还有待日后发现更多的文献资料方可考证。1923 年，王肖珠考入福州华南女子大学教育系；1927 年，王肖珠从华南女子大学毕业，获教育学学士学位。毕业后，她从福州来到广州，先是受聘于由华人教会两广浸信会创办的女子高小——培正女校担任学监，此后又受聘于美华中学（今广州市五十九中学）担任女生指导兼教员。王肖珠结束了在美华中学的教职后，为求进一步深造而入燕京大学教育系攻读硕士学位；毕业

---

① 广东图书馆学会：《广东图书馆学会历届理事会名单》，检索于 2017 年 9 月 8 日，http：//www. lsgd. org. cn/zzjs//jlsh/index. shtml。

后于 1934 学年受聘于岭南大学图书馆，[①] 最初担任编目股主任，1936 年开始担任总务部主任。1938 年 10 月，广州沦陷，岭南大学图书馆随校撤退至香港，王肖珠与图书馆同仁们共同护送图书运港。1941 年 12 月香港沦陷后，王肖珠又开始随校辗转于粤北地区，直至抗战胜利。复员后的岭南大学图书馆馆长一职在短时间内经历了多次变动，而王肖珠具体上任时间暂未找到史料佐证，但据 1945 年 12 月 6 日岭南大学文书组致学校各部门负责人函可知，此时王肖珠已担任岭南大学图书馆主任。[②] 她上任后立即开始主持图书清点、追回工作，以及图书馆的战后重建工作。1948 年，为嘉奖其在图书馆战后重建中所作出的卓越贡献，岭南大学校长推荐其获得中国基督教大学联合董事会的资助，赴美国伊利诺伊州大学攻读图书馆学硕士学位，于当年的 8 月 7 日由香港启程。1950 年，她获得伊利诺伊州大学图书馆学硕士学位。此时的王肖珠已经收到母校华南女子大学的聘任，打算回国担任该校图书馆馆长一职，但是由于大陆局势的原因未能成行，从此开始了她在美国图书馆界长达 30 年的服务。[③] 从 1950 年至 1980 年，王肖珠曾先后在美国南加州大学图书馆、西方学院图书馆、匹兹堡大学医学院图书馆、国家医学图书馆、宾夕法尼亚大学农业图书馆和宾夕法尼亚州立图书馆等 9 所图书馆工作。1980 年 6 月王肖珠从宾夕法尼亚州立图书馆高级图书馆主任的职位上退休。[④] 1995 年 5 月 18 日，王肖珠逝世于美国匹兹堡。

---

① 《王肖珠简历》，广东省档案馆藏岭南大学档案，全宗号：38 – 4 – 182（250）。

② 岭南大学文书组致学校各部门负责人函，1945 年 12 月 6 日，广东省档案馆藏岭南大学档案，全宗号：38 – 1 – 16。

③ 王世静：《永远刻在我的印象中》，载《华南学院院刊——程前校长纪念专号》1941 年，第 7—8 页。

④ 据李华伟博士提供的王肖珠女士简历。

2.3　馆舍变迁

2.3.1　各时期的馆舍情况

1906 年至 1916 年期间，岭南大学图书馆设于马丁堂内，最初在三楼一个房间内，后随着教师、学生渐众，藏书数量增加，遂迁至马丁堂二楼西侧 2 个房间。[①] 马丁堂动工于 1905 年，落成于 1906 年，其设计与建筑的初衷是用于学校的教学楼和实验室，而非作为图书馆之用。马丁堂的建筑经费由岭南大学美国董事会多方筹集而来，其中来自美国辛辛那提（Cincinnati）的亨利·马丁（Henry Martin）一次性捐款 25000 美元，故以其姓冠名。[②] 马丁堂由美国纽约斯托顿事务所承建，由建筑师柯林斯（A. S. Collins）主持完成。该堂长 50.68 米，宽 16.14 米，高 15.8 米，建筑面积约 2335 平方米，为砖、木、石、钢筋混凝土结构，属券廊建筑，四周以红砖柱廊围合，中以红砖分隔成东、西、中堂，各堂间隔墙砌壁炉。楼高 3 层，并有地下室，前后开门，门前均有花岗石台阶，楼板及绿瓦顶，天台为混凝土浇制。外墙装饰简朴，廊柱以红砖砌成方形通柱，柱身、柱头有砖砌花式装饰。[③] 马丁堂在中国近代建筑史上有着特殊的地位，据资料考证，它是中国第一幢钢筋混凝土结构建筑，体现了近代早期西方建筑师对中国传统古典建筑的

①　《岭南大学图书馆一览》，岭南大学图书馆 1936 年版，第 1 页。

②　易汉文：《中山大学康乐园内的建筑文物》，载《广州档案》2003 年第 4 期。

③　中国广州网：《中山大学》，2005 年 6 月 24 日，检索于 2009 年 3 月 3 日，http：//www. guangzhou. gov. cn/node_ 691/node_ 609/2005 – 06/111959668854550. shtml。

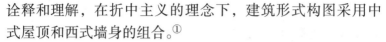

诠释和理解，在折中主义的理念下，建筑形式构图采用中式屋顶和西式墙身的组合。①

马丁堂是岭南大学在康乐校址内的第一座永久性建筑。在马丁堂建成之前，岭南学堂在新购的康乐校址仅有两座临时板屋，而在马丁堂建成之后，直到1909年开始，学校才筹集到经费陆续动工兴建学生宿舍、礼堂、护养院以及教职员宿舍等建筑。② 在校园内的第一座永久性建筑落成当年，即在其中开辟图书室，这足见岭南学堂对图书馆的重视态度，以及对图书馆之于学校的重要价值的肯定。

岭南大学正式升级为文理科大学后，图书馆得以扩充。1916年，图书馆从原来的马丁堂二楼2个房间迁至刚落成的格兰堂东侧，可用面积达到1350平方尺。③ 格兰堂由美国人士捐资修建，于1915年动工，1916年6月落成，因纪念自1896年起任岭南学堂前身格致书院纽约董事局书记兼司库的格兰（Willam Henry Grant）先生，故命名为"格兰堂"，由于楼顶设有报时大钟，所以又称"大钟楼"。④ 格兰堂建成后，一直作为岭南大学的行政办公楼，即此楼也并非为图书馆的专门建筑。

自1916年至1928年岭南大学图书馆一直将格兰堂东侧的房间作为馆舍，此为图书馆历史上快速发展的12年。在馆长特嘉女士的主持下，藏书数量长足发展，新筹建的中

---

① 董黎：《从折衷主义到复古主义——近代中国教会大学建筑形态的演变》，张复合编：《中国近代建筑研究与保护（二）》，清华大学出版社2001年版，第52页。

② 李瑞明：《岭南大学文献目录：广州岭南大学历史档案资料》，岭南大学文学与翻译研究中心2000年版，第20页。

③ 谭卓垣：《上教育部请求补助图书馆建筑费三万元理由书》（1933），广东省档案馆藏岭南大学档案，全宗号：38－1－2（10）。

④ 中山大学校长办公室：《中山大学教职工工作生活指南·校园文物建筑简介》，检索于2009年3月6日，http：//www.sysu.edu.cn/2003/fwzn/zhzn2008/17－1.htm。

籍部亦初成规模，格兰堂的空间即显得不敷分配。图书馆
在迁入格兰堂后的第四年，在空间上已经捉襟见肘。[①] 但是
出于图书馆日常工作的组织、管理以及读者利用等问题的
考虑，加之受当时全校都存在校舍紧张的问题，以及其他
各方面实际因素的制约，图书馆的空间问题一直无法得到
根本的解决，馆舍仍限于格兰堂内。

1928 年 10 月科学院落成，该楼为全校最大的建筑物，
理学院上课的教室以及实验室均移设于该楼。[②] 从此，岭南
大学全校校舍紧张的局面得以缓解，图书馆遂从格兰堂迁
回马丁堂，初是占二楼全座，后复得一楼全座及三楼之一
部分，马丁堂整栋则由教学楼变为图书馆的临时馆址。[③] 此
外，图书馆还拥有分馆 1 间，设在科学院二楼，有阅览室和
书库各 1 间，此分馆只藏自然科学期刊。[④]

据 1936 年 9 月印行的《岭南大学图书馆一览》记载，
马丁堂的内部空间分配情况如下：

"甲、阅览室　本馆有阅览室十间：第一为中文期刊阅
览室。第二为西文期刊阅览室。第三为普通阅览室（共五
间）（俱在二楼）。第四教员阅览室。第五报纸阅览室（俱
在一楼）。第六课外阅览室（在三楼）。同时可容二百卅
二人。"

"乙、书库　本馆书库有五：一为藏普通中西文书籍之
用，一为藏已钉之中西杂志之用。（俱在一楼）一为藏善本
书之用，一为藏已钉日报之用。（在三楼）一为藏徐甘棠先

---

① 陈德芸：《图书馆中籍部本年扩张计划（1920 年 10 月 5 日）》，
广东省档案馆藏岭南大学档案，全宗号：38 - 4 - 182（138—139）。

② 李瑞明：《岭南大学文献目录：广州岭南大学历史档案资料》，岭
南大学文学与翻译研究中心 2000 年版，第 22 页。

③ 《岭南大学图书馆一览》，岭南大学图书馆 1936 年版，第 2 页。

④ 《岭南大学图书馆一览》，岭南大学图书馆 1936 年版，第 6、第 8
页。

生遗藏之用。"

"丙、办公室　一、馆长室。二、编目室。三、出纳室。四、参考部。五、教员指定参考书出纳处（以上各室在二楼）。六、杂志部办公室（一楼）。七、装订室（在本校西南）。"①

马丁堂虽名为临时馆址，然事实上从 1928 年一直到 1952 年院系调整、学校停办，始终都被作为图书馆馆舍使用。抗战期间，岭南大学借香港大学校舍复课，图书馆仅将各系各科主要参考书运至香港，设于香港大学冯平山中文图书馆二楼阅览室，供师生参考之用，而其他原有之藏书仍存于马丁堂内。② 香港沦陷后，岭南大学辗转撤退至粤北曲江县仙人庙，在该地复课，在此校址内陆续兴建的临时校舍中包括图书馆 1 座。③

2.3.2　图书馆筹建新馆的经过

2.3.2.1　筹建新馆的背景

岭南大学图书馆自创办开始，始终没有专门为图书馆而筹建的馆舍，故藏书与阅览空间紧张的问题始终伴随着图书馆的发展始末。1928 年岭南大学图书馆迁回马丁堂后，虽然逐渐占据了马丁堂几乎全栋的空间，但总面积也仅为9500 平方尺，其中一半的空间作为阅览室和办公区，其余

① 《岭南大学图书馆一览》，岭南大学图书馆 1936 年版，第 5—6页。

② 《私立岭南大学各院系现况》（1939 年度），广东省档案馆藏岭南大学档案，全宗号：38 - 1 - 2。

③ 陈国钦、袁征：《瞬逝的辉煌——岭南大学六十四年》，广东人民出版社 2008 年版，第 105 页。

4000 余平方尺作为书库，[1] 这样的藏书空间较之巨量的藏书来说，是相当局促的。尤其是随着藏书的迅速增长，空间不足的问题越发突出，解决藏书与空间之间的矛盾在 1933 年前后显得尤为迫切。据资料记载，1933 年时岭南大学图书馆藏书共计有 122200 册，其中中日文书籍 84924 册，西文书籍 37276 册，另有中西文期刊共 821 种，以上藏书除一小部分存于科学院分馆外，其余均藏于马丁堂总馆。当时书库内的紧迫情形已达到如此程度："书库无法安插，遂致有一部分排于架顶，挤逼情形，概可想见！更有一部分图书，以书库不能容纳之故，堆置楼顶，无从整理。"[2]

空间紧张问题并不独表现于藏书空间方面，在阅览空间方面也同样存在不敷使用的问题。1933 年前后，图书馆有阅览室 9 间，但因每间阅览室面积均有限，故阅览座位一共仅 101 个，其中专供学生使用的阅览座位 95 个，专供教师使用的阅览座位只有 6 个。而当时全校共有学生 418 人，教师 88 人，读者和阅览座位的比例约为 5∶1。[3] 因为座位无多，所以图书馆内常常人满为患。

办公区的空间亦稍形狭小，共占面积为 660 平方尺，而全馆职员共有 15 人，[4] 在如此大小之空间内处理图书馆日

---

① 谭卓垣：《上教育部请求补助图书馆建筑费三万元理由书》1933 年，广东省档案馆藏岭南大学档案，全宗号：38－1－2（10），第 2 页。

② 谭卓垣：《上教育部请求补助图书馆建筑费三万元理由书》1933 年，广东省档案馆藏岭南大学档案，全宗号：38－1－2（10），第 3 页。

③ 谭卓垣：《上教育部请求补助图书馆建筑费三万元理由书》1933 年，广东省档案馆藏岭南大学档案，全宗号：38－1－2（10），第 4 页。

④ 谭卓垣：《上教育部请求补助图书馆建筑费三万元理由书》1933 年，广东省档案馆藏岭南大学档案，全宗号：38－1－2（10），第 5 页。

常工作，开展图书登录、编目、分类、流通以及参考咨询等业务工作，亦是略感周旋困难之事。另外，办公区与阅览室相连，馆员工作过程中所产生的噪音，如书籍移动的声音，打字机的声音，每每扰乱读者视听，分散读者钻研时的注意力，严重影响图书馆的氛围。

另外一方面，马丁堂建筑设计的本意为用作课室，现改作图书馆之用，不仅空间不敷，且内部设计亦不适宜图书馆建筑的需要，在进行功能区的划分时显得极为困难。而在校方，本身也是视马丁堂为图书馆的临时馆舍，一直有计划相机建设专门的图书馆馆舍，只是一直以来经费有限，计划始终无法付诸实践。

2.3.2.2 新馆建筑计划及筹款经过

岭南大学图书馆筹建新馆的计划书最初是在 1929 年由学生总会代表全体学生和毕业生提交给钟荣光校长的。1929 年 9 月 10 日召开的第十二次董事会会议上讨论了该计划书，董事会及学校当局也认为图书馆空间拥挤、馆藏不足，最后议决以纪念伍廷芳博士的名义，筹建大学图书馆。①

岭南大学校方认为，中国当时的图书馆馆藏设施相对贫乏，图书馆事业并没有受到重视，在中国的教会学校或大学拥有的所谓的图书馆，大多数馆藏不足，只相当于美国高校参考图书馆的水平，岭南大学也存在类似的问题。故在制定筹建新馆的计划中，包括新建馆舍和购买书籍、设备 2 部分，预计至少需要 1500000 元，其中 500000 元用于建馆，500000 元用于购买书籍、设备，另外 500000 元作为中籍部购买书籍和设备的专款。② 新图书馆选址在"格兰

---

① 《私立岭南大学校董会第十二次会议记录》，1929 年 9 月 10 日，广东省档案馆藏岭南大学档案，全宗号：38 – 1 – 18。

② 据中山大学图书馆藏"岭南大学档案缩微胶卷"Reel 36 中的文件 *Memoire of Wu T'ingfang Library*。

堂之北，马丁堂之东北角"①，即马岗顶，因为此地是校园的最高点，亦处于校园的中心位置，可象征图书馆在大学教育中的地位；学校还计划新建成的图书馆"其面积及高度将为敝校各建筑之冠"②，并希望其"为中国未有之大图书馆"③。

之所以命名为"伍廷芳纪念图书馆"，原因有二：第一，学校认为伍廷芳作为清末民初杰出的外交家、法学家，"功在国家，中外共仰""圣德令名，昭垂中外"④，故筹建图书馆作为对其的纪念，既可获得伍廷芳后人的赞助，又便于向海内外募集资金；第二，伍廷芳祖籍广东人，又具备华侨身份，生前曾多次到访学校，而岭南大学的办学目的为"立足岭南，服务全国"，其办学经费主要来自华侨捐助，故无论从办学目的、学校性质，还是历史渊源观之，岭南大学筹建纪念伍廷芳的图书馆，都颇为契合。

筹建新馆的计划确定后，校长钟荣光和副校长李应林立即着手与伍廷芳之子伍梯云公使联系，同时函请美国基金委员会先为图书馆筹款，另一方面由香雅各（James M. Henry）致函美国卡耐基基金会，希望得到该基金会的支持。为便于获得国内外各界人士的支持，岭南大学将新建图书馆的目的和性质定为：不仅要为岭南大学的师生服务，还要为广州甚至整个华南地区的民众服务。图书馆要为纯科学研究和应用科学研究，以及各类社会科学研究提供重要的资料，促进工业和商业走向现代化，更好地发展；通

---

① 《岭南大学图书馆一览》，岭南大学图书馆 1936 年版，第 6 页。

② 《致伍公使梯云先生征求建筑图书馆纪念其先翁秩庸博士函》，载《私立岭南大学校报》1929 年第 1 卷第 28 期，第 240 页。

③ 《本校建筑的将来》，载《私立岭南大学校报》1930 年第 2 卷第 5 期，第 23 页。

④ 《致伍公使梯云先生征求建筑图书馆纪念其先翁秩庸博士函》，载《私立岭南大学校报》1929 年第 1 卷第 28 期，第 240 页。

过提供有关现代政府活动各领域的最新和权威资料，以支持和帮助政府各部门。借阅规定类似于德国所执行的借阅条款，规定明确，持久有效。在此规定下，方圆一千英里内的教育机构、地方及省级机关等各类机构都可以公平使用该图书馆。①

伍梯云十分赞成岭南大学筹建伍廷芳纪念图书馆这一设想，但是他认为这样一所图书馆应"于河北适中地点开辟""专储通俗及寻常书籍，以资普及"，俾便广州一般市民使用图书馆。② 最后，终因岭南大学与伍廷芳后人在图书馆选址及藏书类型问题上的分歧，筹建伍廷芳纪念图书馆之事不了了之。但是美国基金委员会方面仍在为建设新馆努力筹集资金。

1933年，图书馆馆长谭卓垣上书国民政府教育部，请求补助一部分图书馆建筑经费。20世纪30年代，国民政府要求全部教会大学必须在教育部注册备案方认可，此后国民政府对注册立案的教会大学每年拨发固定经费，对于筹建图书馆等专门项目，国民政府会拨发特别经费资助，如金陵大学图书馆的馆舍建设经费就来自国民政府的特别资助。在《上教育部请求补助图书馆建筑费三万元理由书》中，谭卓垣博士略述了图书馆之于大学的意义、岭南大学图书馆的沿革以及当时图书馆的情形，在此基础上汇报了对图书馆建筑计划以及筹款方法的设想。

此时的建筑计划已变成增建新建筑，分期、分部施工，目的是易于筹措建筑经费，并能根据每批筹得的经费，有计划地开展扩建工程。申请书中言："图书馆之图籍，年有增加，故建筑之时，即须考虑，每年图书增加之数量，预

---

① 据中山大学图书馆藏"岭南大学档案缩微胶卷"Reel 36中的文件 *Memoire of Wu Tingfang Library*。

② 《复伍公使梯云商办图书分馆函》，载《私立岭南大学校报》1930年第1卷第43期，第381页。

留位置，并须计及将来发展时，可以就原馆扩充，增加建筑。本馆建筑之计划，对于此点，已加注意，故拟定分期及分部建筑。俾开始建筑之费不太大，易于筹措，同时又可顾及将来之发展，留有余地以增建。"①

根据对馆舍建筑新方案预算的估计，全部建筑费暂定为 20 万元。关于此 20 万元建筑经费筹措的来源，申请书中希望教育部能够先行补助 3 万元，以便得以开始动工。而有此 3 万元作为基础，且建筑工程已经开工，则进一步再向社会各界人士谋求捐助便更易实施。申请书中还认为，如果在此 3 万元基础上，政府此后若还能继续逐年补助则更佳。②

遗憾的是，岭南大学图书馆此次向国民政府请款也未能成功。1934 年，岭南大学又试图向中华教育文化基金董事会申请图书馆建筑费 20 万元，然该董事会回函答复言："唯敝会以年来美币低落，收入锐减，上年度亏空甚巨，本年度收支概算不得不特别紧缩，故此次讨论补助之事业，仅以继续声请者为限。"③ 故这一年岭南大学仅从中华教育文化基金董事会处获得了一直得该会资助的植物病理及蚕病研究费。事实上，中华教育文化基金董事会虽然在其分配款项的补充原则中强调，该会对文化事业的补助仅以图书馆为限，④ 但其从 1925 年成立之初直到 1949 年，在图书

---

① 谭卓垣：《上教育部请求补助图书馆建筑费三万元理由书》1933年，广东省档案馆藏岭南大学档案，全宗号：38-1-2（10），第5—6页。

② 谭卓垣：《上教育部请求补助图书馆建筑费三万元理由书》1933年，广东省档案馆藏岭南大学档案，全宗号：38-1-2（10），第6页。

③ 中华教育文化基金董事会致岭南大学之申请图书馆建筑费等事宜函，1934 年 7 月 11 日，广东省档案馆藏岭南大学档案，全宗号：38-1-62。

④ 《中华教育文化基金董事会第一次报告（民国十五年三月刊行）》，广东省档案馆藏岭南大学档案，全宗号：38-2-70。

馆事业方面长期资助的的确只有国立北平图书馆、武昌文华图书馆专科学校、北京大学图书馆、清华大学图书馆和科学社明复图书馆等。[1]

但是这都未能打消岭南大学筹建图书馆专门馆舍的计划。学校当局拟待国内战事稍缓、政局稳定、经济发展时，学校的经费能够稍为充裕，即分年拨款建筑新馆。[2] 只是其后中国经历了八年全面抗日战争、三年内战，随后岭南大学又不幸在院系调整中遭遇停办，故使其在康乐校址筹建新图书馆的愿望一直未能实现。

2.3.3　筹建新馆失败的原因

岭南大学图书馆 1933 年向国民政府请款未能成功，其原因是多方面的，主要一方面的因素就是当时的政局以及全国的经济状况。1931 年的"九一八事变"、1932 年的"一·二八事变"接连发生，日本帝国主义对华武装侵略的气焰日益嚣张，国民政府不得不将大笔财政收入拨用作军费；与此同时，政府又要拨出经费用于实施对苏区红军的"围剿"。除此巨额战争费用以外，同时全国又遭受连年的严重自然灾害，据记载："从 1927 年至 1935 年，年年有大灾。1931 年发生长江大水灾，受灾地区有十几个省，灾民5000 万。"[3] 故救灾物资也消耗了国民政府大量的财政收入。

20 世纪 30 年代初中国的连年战事及自然灾害，导致农村经济陷于破产的境地。与此同时，国民政府所推行的经济政策、国民党官僚资本的敛财行为，使得中国民族资本

---

① 张殿清：《中华文化教育基金董事会对中国近代图书馆的资金援助》，载《大学图书馆学报》2006 年第 2 期，第 54—56 页。

② 《岭南大学图书馆一览》，岭南大学图书馆 1936 年版，第 6 页。

③ 王桧林、郭大均：《中国现代史（上）》，高等教育出版社 1988 年版，第 34 页。

衰退，国民经济凋敝。直到 1935 年国民政府实行"法币政策"后，国统区经济才出现暂时的复苏。

以上这些因素直接导致了国民政府财政困难，使得教育部于拨款方面不得不进行压缩。此外，在岭南大学向教育部请拨建设图书馆新馆经费之前，国民政府应金陵大学图书馆的申请，已捐助其建筑费 30 万元用于建设新馆，[①]故更难以再事资助岭南大学图书馆。在 1935 年经济短暂复苏后，岭南大学为建设孙逸仙博士纪念医学院，从国民政府领得建筑费 50 万元，这从某种程度上也使国民政府资助建设图书馆馆舍一事有所搁置。[②] 接踵而至的是抗日战争以及内战，无论是国民政府还是岭南大学自身，都无力亦无暇筹集到建设新馆的经费。

除受以上时代背景的影响外，岭南大学自身的性质和所处的地理位置也决定了其较之其他中国近代教会大学，难以筹集到巨额的建筑经费。从性质上来说，岭南大学为私立的、中国人主权的、不属任何教派的基督教大学，校长钟荣光博士早在 1909 年代理校务期间就主张岭南大学不能长期以依赖外国人为计，主张学校的办学经费应主要来自向国人和南洋地区募捐为主[③]。因此较之其他中国近代教会大学，岭南大学没有资金雄厚的教会集团加以支持，学校每年筹款的数量与国内外经济态势息息相关，故在第二次世界大战前后全球性经济不景气的影响下，岭南大学的财政状况必然是每况愈下。

在地缘上，岭南大学始终是根植于华南，享盛誉于南

---

① 谭卓垣：《上教育部请求补助图书馆建筑费三万元理由书》1933年，广东省档案馆藏岭南大学档案，全宗号：38-1-2（10），第 4 页。

② 陈国钦、袁征：《瞬逝的辉煌——岭南大学六十四年》，广东人民出版社 2008 年版，第 82 页。

③ 李瑞明：《岭南大学文献目录：广州岭南大学历史档案资料》，岭南大学文学与翻译研究中心 2000 年版，第 20 页。

洋，远离中国的政治、经济、文化中心。这一因素也影响了其向中华教育文化基金董事会申请图书馆建筑经费，因为《中华教育文化基金董事会分配款项原则》第四条明确规定："本会分配款项，对于地域观念应行顾及，其道在注重影响普通之机关，如收录学生遍于全国，或学术贡献有益全民者，皆在注重之列。"《中华教育文化基金董事会分配款项之补充原则》再次强调："其他属于教育文化之事业，影响及与全国者，亦在考虑之列。"① 显然，岭南大学在学生来源，以及在全国范围内的影响并不能达到中华教育文化基金董事会的要求。岭南大学农学院的植物病理及蚕病研究能够得到该会的资助，是因为农学研究属该会资助的范围，且不要求具备影响遍及全国的申请条件。

另外 20 世纪 30 年代初期又恰逢西南政府把持广东一带政权，与中央形成对峙。是时，连国民政府的最高学府中山大学在筹建石牌新校址时，亦在中央方面的财政拨款上有所减少，而多受惠于西南政府和广东省政府的拨款以及广东省党政机关的捐款②。故岭南大学在接受国民政府扶持和全国各界人士的捐助方面，亦远逊于其他教会大学。

---

① 《中华教育文化基金董事会第一次报告（民国十五年三月刊行）》，广东省档案馆藏岭南大学档案，全宗号：38－2－70。

② 邹鲁：《国立中山大学新校舍后记（碑文）》，程焕文编：《邹鲁校长治校文集》，中山大学出版社 2004 年版，第 28—29 页。

3 不同时期的藏书活动

黄黎洲曾言："读书难，藏书尤难，藏之久而不散，则难之难矣。"岭南大学图书馆从美国人士捐赠的数量有限的书籍肇始，最初偏隅一室，发展到20世纪四五十年代时，已然与中山大学图书馆并称为岭南地区历史最悠久、规模最宏大的图书馆，其间于藏书之聚方面，必然经历了"不积跬步无以至千里"的过程，而在经历了非基运动、抗战兵燹、政权更迭、院系调整等一系列时代风云变幻后，其藏书仅略有散佚。尽管岭南大学已经不在，但是其藏书的主体仍在中山大学图书馆得以完好保存。正所谓"物类之起，必有所始"，本章乃试就岭南大学图书馆各个时期的藏书活动及藏书数量进行探讨。

3.1 开办大学前后：探索与奠基

1916年岭南学校开办文理科大学，1918年学校正式将中文名更改为岭南大学。1923年北京清华学校图书馆馆长致函谭卓垣，盛赞岭南大学图书馆在过去的5年内，中文书平均年增长量为6000册，西文书平均年增长量为1800册。[①]
可见在大学开办前后，图书馆的发展十分迅速，各项业务
日渐完善，经过早期对藏书建设的探索阶段，图书馆结合
学校的科系设置、教学方针，确定了藏书优先建设的学科
领域，逐步建立起"中国问题研究"西文出版物专藏，设
立了中籍部，并重视期刊的采购工作。至1925年初，图书
馆的西文藏书已达到18000册，中文藏书超过40000册。[②]

3.1.1 早期的藏书建设活动

任何事业于草创时期，其各项工作都是处于探索阶段。
如哈佛大学哈佛燕京图书馆的前身汉和文库，在其成立之
时仅有来自中日人士所捐赠的中文藏书4523册，日文藏书
1668册，在第1年中所进行的主要工作是设计中日文图书
分类表、编制藏书的卡片目录，而在新增藏书方面，当年
没有收到任何日文书，中文书近一半是来自梅光迪的藏
书。[③] 岭南大学图书馆是在美国人士捐赠的书籍基础上成立
的，早期藏书增长速度缓慢，对书刊的订购一般是纽约董
事会致函图书馆主任，告知对书刊订购的意见，或直接列
出书单，由图书馆主任根据相关信息与书刊出版机构联系
订购。在李瑞明撰写的岭南大学"历史沿革"中曾提及学
校在建校康乐校址初期，多得中外友人捐赠，图书仪器尤

---

① 北京清华学校图书馆馆长致谭卓垣函，1923年12月8日，广东
省档案馆藏岭南大学档案，全宗号：38-4-206（1）。
② *The letter of J. V. Barrow to Chan on Yan*，1925年2月20日，广东
省档案馆藏岭南大学档案，全宗号：38-4-534（136）。
③ 程焕文：《裘开明年谱》，广西师范大学出版社2008年版，第18
页。

多。① 据广东省档案馆所藏岭南大学图书馆有关档案，大致也可推测出早期岭南大学图书馆的藏书活动主要为接受来自各方面捐赠的书籍。

在广东省档案馆藏岭南大学档案中，38-4-182 号卷宗中有 3 通邓勤担任图书馆主任时期的函件，分别为：(1) 1913 年 9 月 14 日致图书馆馆长邓勤之向农科赠书，该函言美国宾夕法尼亚学院代表团（Penn State College Mission）向学校农科捐赠农业书籍 30 种 30 册，期刊 7 种（均为全年份），另 2000 份农业试验站简报；(2) 1916 年 9 月 18 日岭南学堂董事会（Trustees of the Canton Christian College）助理秘书（Assistant Secretary）嘉芙莲·格礼（Katharine C. Griggs）致邓勤之关于科尔斯（J. A. Coles）博士赠书；(3) 1917 年 4 月 7 日岭南学堂董事会助理秘书嘉芙莲·格礼致邓勤之梅布尔·米德（Mabel Mead）小姐和肖夫勒夫人（Mrs. Schauffler）赠书，据该函可知，米德小姐已经先后两次向学校赠送有关物理学方面的书籍，第一次赠送的为旧书，第二次赠送的是新书并卡片目录，其中部分书籍适合女子学校；而肖夫勒夫人赠送的书籍主要为消遣娱乐类书籍，并指定赠给女子学校。这些信函从侧面反映出图书馆创办初期收到来自美国各界的赠书情况。再从《岭南大学图书馆一览》的记载可知，上述捐赠中，科尔斯博士和米德小姐的捐赠属大宗捐赠。

除来自美国各界人士的主动捐赠以外，图书馆还会根据本馆藏书建设的需要，有针对性地向有关机构申请免费获得出版物。如 1917 年下半年开始，文理大学开设商科课程，为配合商业、经济和工商管理课程的教学，图书馆开始建设学科相关的藏书，图书馆曾分别致函广东盐务稽核

---

① 李瑞明：《岭南大学文献目录：广州岭南大学历史档案资料》，岭南大学文学与翻译研究中心 2000 年版，第 20 页。

造报分所、中国政府盐务稽核总所申请免费获得这些机构
的出版物。①

　　关于这一时期藏书建设中优先发展的学科领域问题，
或可将考察的时间范围扩大至 20 世纪 20 年代初期。除上述
3 通关于早期图书馆赠书的函件外，广东省档案馆藏岭南大
学档案中，20 世纪 20 年代初以前图书馆订购书刊的文件如
表 3－1 所示。

表 3－1　广东省档案馆藏 20 世纪 20 年代初以前
图书馆订购书刊文件统计

序号	全宗号	日期	内容描述
1	38－4－182（77）	1918 年 11 月 14 日	岭南大学纽约董事会致图书馆主任巴罗赞函
2	38－4－182（120）	1918 年 11 月 15 日	岭南大学纽约董事会致巴罗赞之建议购买的书籍函
3	38－4－182（118）	1919 年 11 月 22 日	岭南大学董事会致特嘉馆长之建议购买的书籍函
4	38－4－182（25）	1920 年 1 月 17 日	致美国昆虫局（Board of Entomology）之订购出版物函

————————

　　①　据 The letter of C. K. Edmunds to A. A. Archanglesky of Foreign Salt Inspector for Canton District，1917 年 11 月 23 日，广东省档案馆藏岭南大学档案，全宗号：38－4－182（226）；The letter of A. A. Archanglesky of Foreigh Salt Inspector for Canton District to C. K. Edmunds，1917 年 11 月 28 日，广东省档案馆藏岭南大学档案，全宗号：38－4－182（227）；The letter of C. K. Edmunds to A. A. Archanglesky of Foreign Salt Inspector for Canton District，1917 年 12 月 7 日，广东省档案馆藏岭南大学档案，全宗号：38－4－182（228）；The letter of C. K. Edmunds to the Chiet Znspectorate of Salt Revenue，1917 年 12 月 7 日，广东省档案馆藏岭南大学档案，全宗号：38－4－182（229）。

续表

序号	全宗号	日期	内容描述
5	38 - 4 - 182 (21)	1920 年 1 月 27 日	致美国农业试验站（Agricultural Experiment Station）之订购该机构期刊函
6	38 - 4 - 182 (26)	1920 年 3 月 9 日	致乔治亚州亚特兰大市国家昆虫学家学会（State Entomologist）之订购农业学方面刊物函
7	38 - 4 - 182 (191)	1920 年 3 月 17 日	致伦敦 Henry Sotheran & Co. 之订购科技类书籍以及化学学会（the Chemical Society）出版物函
8	38 - 4 - 182 (193)	1920 年 10 月 13 日	致伦敦 Henry Sotheran & Co. 之关于订购 Journal of the Chemical Society 以及其他科技类期刊函
9	38 - 4 - 182 (192)	1920 年 12 月 30 日	致伦敦 Henry Sotheran & Co. 之关于订购 Journal of the Chemical Society 以及其他科技类期刊函
10	38 - 4 - 182 (70—71)	1921 年 3 月 28 日	致乔治亚州立农学院之订购该校出版物函
11	38 - 4 - 182 (159)	1921 年 5 月 14 日	斐济苏瓦农业部（Department of Agriculture）督导致图书馆之关于购书事宜函
12	38 - 4 - 182 (68)	1921 年 5 月 30 日	致英国伦敦农业与渔业部（Board of Agriculture and Fisheries）之订购该机构连续出版物函
13	38 - 4 - 182 (28)	1922 年 2 月 4 日	致伦敦 Henry Sotheran & Co. 之关于买书函

续表

序号	全宗号	日期	内容描述
14	38-4-182 (121)	1922年2月27日	致英国外交部（Foreign Office, Great Britain）之订购出版物函
15	38-4-134	1922年7月12日	Preliminary Draft of List of Journals and Periodicals, of interest to Agriculturists, in the Canton Christian College Library（岭南大学图书馆农学类杂志清单草案）
16	38-4-182 (194)	1922年11月7日	致伦敦 Henry Sotheran & Co. 之关于购买 Journal of the Chemical Society
17	38-4-182 (15)	1922年12月11日	致 Henry Sotheran & Co. 之订购 Biochemical Journal
18	38-4-134	1923年1月4日	图书馆委员会会议记录（Minutes of meeting of Library Committee）
19	38-4-182 (262—264)	1923年9月11日	致美国华盛顿 Documents of Government printing offices 之订购国土局（the Bureau of Soils）出版物函

　　以上广东省档案馆藏岭南大学档案中保存下来的20世纪20年代初期以前图书馆关于订购书刊的19份文件中，除1份是向英国外交部订购该机构出版物的函件以外，其他18份均是订购昆虫学、化学、农业及土壤学方面的科学期刊，另前文所述邓勤担任图书馆主任时期的3通赠书函件，所赠之书亦主要涉及农业和物理2个学科。可见自岭南大学图书馆成立以来，物理、化学、生物及农业科学就是其藏书建

设中优先发展的学科领域。这一藏书政策的形成与当时岭南大学的学科设置和教育理念密不可分。

3.1.2 "中国问题研究"西文出版物专藏的建立

"中国问题研究"西文出版物专藏是岭南大学图书馆的特色藏书之一，虽然数量上无法与同时代的美国国会图书馆东方部、哥伦比亚大学图书馆东亚图书馆、哈佛大学哈佛燕京学社汉和图书馆的收藏相比拟，但是在所选择的藏书主题和版本方面，岭南大学图书馆的收藏亦自成特色，不仅在当时著称于国内图书馆界，而且流传至今保存于中山大学图书馆的部分"中国问题研究"西文出版物，亦为国内图书馆界、出版界及学术界所称道。

在李瑞明撰写的岭南大学"历史沿革"中，"第三期建校康乐（1904—1927）"一节提道：

> 当此时不独校舍校地增加，学务扩充，图书仪器标本之设备亦日渐完善，计历年所搜集者西籍共有一万九千余册中籍约四万六千余卷，其中最难得者为美国国家博物院及华盛顿干力奇学院（Carnegie Institute of Washington）之丛书及各国学者讨论中国之书目一集及本国古版书籍甚多。①

根据这段记述可知，"中国问题研究"西文出版物是在岭南大学建校康乐校址时期所建立，但是具体时间并无考证。在笔者目前所阅的档案资料、有关书刊文献中，对这一重要专藏的建立时间亦无明确记载。但就一些往来函件，可以推知其建立的大概年份。

在广东省档案馆藏岭南大学档案中，有 1 份 1917 年 12

---

① 李瑞明：《岭南大学文献目录：广州岭南大学历史档案资料》，岭南大学文学与翻译研究中心 2000 年版，第 21 页。

月 7 日岭南大学校长晏文士（Charles K. Edmunds）致中国
盐务稽核总所（The Chinese Government Salt Revenue Depart-
ment）的函件，函中言：

"……In connection with this work we are very anxious
to build up our Library on China, and since our institution
is a public and philanthropic undertaking I venture to re-
quest you to supply to our library a file of the publications of
the Salt Administration such as the reports of the Salt Reve-
nue Administration of different provinces, especially that
from Szechuan and notes on the administration and in Man-
churia etc. and also the Accounts so far as they have been
issued."[1]

其大意为岭南大学在建设商科课程的同时，还十分
希望建立"中国问题研究"西文出版物的馆藏，因为岭
南大学具有公共和公益的性质，故请求中国盐务稽核总
所向图书馆提供有关盐务方面的出版物，诸如各省份盐
务稽核报告，尤其是四川、满洲等地的盐务稽核报告，
盐务方面相关的票据，以及到目前为止这些省份已经出
版的账目。

由此可以推知，早在 1917 年时岭南大学图书馆已经开
始建设"中国问题研究"西文出版物的馆藏了。从建立时
间来看，明显早于国内很多以国学研究著称的教会大学图
书馆，如燕京大学图书馆；也早于国外一些知名的东亚图
书馆，如哈佛燕京图书馆。当然，早于其他图书馆建立
"中国问题研究"西文出版物专藏，很重要的一个因素也在
于岭南大学图书馆本身成立的时间较早。

值得注意的一点是，岭南大学图书馆建立"中国问题

---

[1] *The letter of C. K. Edmunds to the Chief Inspectorate of Salt Revenue*，
1917 年 12 月 7 日，广东省档案馆藏岭南大学档案，全宗号：38 - 4 - 182
（229）。

研究"西文出版物专藏，其初衷有别于国外的东亚图书馆，以及国内的很多教会大学图书馆。国外的东亚图书馆和国内的教会大学图书馆从事"中国问题研究"西文出版物的收藏，其目的是支持本机构的汉学或者说中国学研究，通常这些机构会拥有强大的人文科学研究队伍。而岭南大学素以自然科学和应用科学见长，其建立"中国问题研究"西文出版物专藏，主要原因还在于其"作育英才，服务社会"的办学精神，以及把教学研究成果推广到中国社会的办学模式。如前文所引晏文士校长1917年12月7日致中国盐务稽核总所的函中提到在建设商科课程的同时建设"中国问题研究"西文出版物的馆藏，为开展商科课程的教学收集中国各省有关盐务稽核的文献，可见岭南大学的商科教育并非简单地讲授西方经济学方面的基础理论，而是结合当时中国经济状况开设课程的，培养目的是使学生在毕业后即可到中国的各类商业机构服务。[1] 除商科教学需要有关中国问题的出版物以外，学校的农科教学也同样需要此类出版物，如岭南农科大学（学院）院长高鲁甫就曾致函特嘉馆长，要求图书馆订购有关中国农业问题的西文出版物以便研究使用，[2] 这就是因为岭南大学的农科教学中有相当多专门研究华南地区农学的课程，如广东主要作物学、亚热带果树学等。[3]

"中国问题研究"西文出版物作为岭南大学图书馆特色专藏之一，其建设经历了30余年的历史，有关建设背景、

---

① *The letter of C. K. Edmunds to The Chinese Government Salt Revenue Department*，1917年12月7日，广东省档案馆藏岭南大学档案，全宗号：38-4-182（229）。

② *The letter of George Weidman Groff to Jessie Douglass*，1920年5月2日，广东省档案馆藏岭南大学档案，全宗号：38-4-182（142）。

③ 陈国钦、袁征：《瞬逝的辉煌——岭南大学六十四年》，广东人民出版社2008年版，第27页。

馆藏情况、馆藏菁华和特色等诸问题均需相当的笔墨，方能勾勒出其轮廓。故这一问题将在本书第6章作详细讨论，在此章节仅推测其建立的时间而已。

3.1.3　建设中籍部

3.1.3.1　中籍部的成立

岭南大学图书馆在成立之初已拥有若干中文藏书，随着历年购买和接受捐赠，数量不断增加，但是图书馆始终没有聘请专人整理中文书籍，更无从事中文藏书的部门。1919年春，彭美赉（Owen E. Pomeroy）委任教授陈德芸襄理图书馆中文藏书事宜，自此中籍部成立，陈德芸为主任。[①] 是年，特嘉女士接任岭南大学图书馆馆长一职，上任后亦大力发展中籍部。故岭南大学图书馆中文藏书的建立可谓多得力于特嘉馆长和陈德芸主任。

陈德芸，广东新会人，生于1876年，陈子褒先生的得意弟子，勤于问学，尤好古籍版本，终生以书为伍。1898年进邑庠，后设帐授徒。1914年入岭南学校任教员。[②] 1919年主理岭南大学图书馆中籍部的同时，他还担任学校中文部书记，兼授大学历史科、中学文牍科，亦经理《岭南季报》的编辑和印刷事务。[③]《陈德芸教授事略》如是言之：图书馆设"格兰堂一楼东厢，先生蛰处其间，凡购书登记

---

①　陈德芸致特嘉之中文馆藏建设，1919年9月2日，广东省档案馆藏岭南大学档案，全宗号：38-4-182（3—6）。

②　罗屏：《解放前广东图书馆的有关资料》，广州市政协学习和文史资料委员会编，《广州文史资料存稿选编》，中国文史出版社2008年版，检索于2009年8月8日，http://www.gzzxws.gov.cn/gzws/cg/cgml/cg6/200808/t20080826_4076_2.htm。

③　陈德芸致特嘉之中文馆藏建设，1919年9月2日，广东省档案馆藏岭南大学档案，全宗号：38-4-182（3）。

编目，皆躬任之"。后去中山大学任教授，曾被选为中华图书馆协会编目委员会书记。1925 年春，广州市图书馆协会成立，陈德芸被选为副会长，后正会长吴康留法，陈氏代理会长；此后第二届、第三届陈氏均担任副会长，1931 年时，与陈普炎、何多源、吴谨心、王皎我等同为改组委员，负责修改会章①。抗战时期，陈德芸于岭南大学避难赴港，后改任养中女子中学国文主任教员。② 胜利后回任广东文献馆图书室主任，"独处馆中，插架千函，顾盼甚乐"，"今文献馆所聚藏书，先生之力为巨"。③ 1947 年 11 月陈德芸病逝，终年 72 岁。陈氏早年丧妻，无子。后来有学者评其"蛰处其间、独处馆中"，此八字真切描述了陈氏的一生，极具传统文化苦守者孤凄守护的典型意象。④ 陈氏曾发明"七笔检字法"，出版过《德芸字典》（上海良友图书公司1930 年版），岭南大学图书馆的中文书目即按此法排检。其所编《古今人物别名索引》（岭南大学 1937 年版）及《续编》，为我国同类书中最早之作，分编古籍，可资参考。另编有《陈少白先生年谱》、辑有《陈少白先生哀思录》（陈少白治丧委员会，1935 年），与同门冼玉清、区朗若和冯民德编有《陈子褒先生教育遗议》。

　　岭南大学虽为教会大学，但是其具有不属于任何教会的特殊性质。岭南大学又是所有教会大学中，中国人参与

---

① 罗屏：《解放前广东图书馆的有关资料》，广州市政协学习和文史资料委员会：《广州文史资料存稿选编》，中国文史出版社 2008 年版，检索于 2009 年 8 月 8 日，http：//www. gzzxws. gov. cn/gzws/cg/cgml/cg6/200808/t20080826_ 4076_ 2. htm。

② 《会员消息》，载《中华图书馆协会会报》1939 年第 13 卷第 6 期，第 12 页。

③ 《陈德芸教授事略》，1948 年油印本。

④ 陆键东：《近代广东人文精神与冼玉清学术》，检索于 2009 年 8 月 8 日，http：//cn. chinareviewnews. com/crn-webapp/cbspub/secDetail. jsp? bookid = 7689&secid = 8606。

学校管理最早、掌握实际权力最大的一所教会学校，钟荣光自1899年即协理校务，学校的各管理阶层都有中国人。而岭南大学的农科教育更是在广东省政府、广东基督教教育会和一些著名中国商人的支持下成立起来的。故岭南大学的世俗化和中国化进程明显快于其他教会大学，在商科、农科的教学方面也更注重结合中国，尤其是广东的实际情况，使毕业生能够满足中国社会的需要。这样的教育方针，使图书馆不仅需要搜集"中国问题研究"西文出版物来支持教学和研究，也需要建设充实的中文馆藏。

岭南大学图书馆设立中籍部，是其办学目的走向世俗化和中国化的结果，同时与教会学校采用中文教学的趋势密不可分。早在1890年基督教传教士会议上，狄考文（Calvin Wilson Mateer）就列举了用中文施教的种种优势：可以消除英文教育的最根本困难，保证学生学完各项课程；能够弥补学生中文知识的缺陷，使之赢得本国地位和声望；有助于学生更有效地应用知识；有助于学生和其他人进行沟通和扩大影响等。[①] 广东教会学校在这方面是全国领先的，不同的是，由于粤语是广东的通用语言，所以学校一般采用粤语教学。岭南大学也不例外，当时大学部还将国文、中国文学等课程设为选修课。

3.1.3.2 中籍部的藏书基础

中籍部的藏书最初主要来自各方捐赠。1919年上半年，学校教员关恩佐曾亲赴上海，得其友人捐助的中国文学书籍一大宗，500余册。[②] 1919年8月间，中籍部主任陈德芸又赴香港，得清末民初著名教育家陈子褒捐

---

① 狄考文：《如何使教育工作最有效地在中国推进基督教事业（1890年）》，陈学恂编：《中国近代教育史教学参考资料》下册，人民教育出版社1987年版。

② *The letter of Douglass to Graybill*，1919年5月15日，广东省档案馆藏岭南大学档案，全宗号：38 - 4 - 182（145）。

助书籍一宗。① 据《岭南大学图书馆收入捐赠中文图籍目录》记载，陈子褒此次所捐赠书籍计有 20 种，具体如下：

说文义正　通鉴辑览　两书均湖北崇文书局板

胡刻文选浔阳万氏本　守约蓠丛书　困学纪闻　廿一

史四谱　普法战纪　新会县志　廿一史弹词　蜀秀集

养一斋文集　人境庐诗集　初唐四杰集　骈文类苑

使俄草　英兴记　诗经释参　廿一子浙江书局板

知足斋诗文集　三礼图

1920 年，陈德芸又亲赴上海、北平各处劝捐图书，《岭南大学图书馆一览》中言其"所得书籍共一万陆千余册，多为治学主要参考书籍，遂成本馆中文图籍之基础"②。但此处提法含糊不清，略有歧义，与 1920 年 10 月 5 日陈德芸提交的《图书馆中籍部本年扩张计划》提及的藏书数量也有出入，故陈氏上海北平劝捐之行的具体经过、募集图书数量，因资料缺乏，目前尚无法理清，仅知截止到 1920 年 3 月为止，共有 103 位来自社会各界的人士向岭南大学图书馆捐赠了 755 种中文文献③，33 所社会机构捐赠了 247 种中文文献。④

在陈德芸的极力搜罗下，中籍部藏书数量增长迅速，1919 年 5 月份新收书籍约 700 册，6 月份新收 605 册，7 月份 144 册，8 月份除获得陈子褒所捐 21 种书籍外，另收入

---

① 陈德芸致特嘉之中文馆藏建设函，1919 年 9 月 2 日，广东省档案馆藏岭南大学档案，全宗号：38－4－182（3—6）。

② 《岭南大学图书馆一览》，岭南大学图书馆 1936 年版，第 1 页。

③ 具体捐赠人及捐赠数量参见"5.2.2.1　筹设中籍部之个人赠书"。

④ 据中山大学图书馆校史室藏《岭南大学图书馆收入捐赠中文图籍目录》统计。

新旧杂志若干，而大学中文部又新购书一大宗。① 再据陈德芸 1919 年提交的一份报告记载，当时学校图书馆共有中文图书 6319 册，英文图书约 8600 本（另由一西人管理）。② 到 1920 年 5 月间，中籍部已有藏书约 11000 册。1920 年 5 月至 10 月初，又新增中文书籍约 9000 册，其中有 1000 余册赠书及所购书籍由陈德芸从北平、上海等地直接带回，其余 7000 余册为商务印书馆和有正书局从上海所寄来。③

中籍部的藏书日益渐增，格兰堂的空间即显得不敷分配。为此陈德芸在 1920 年 10 月 5 日向特嘉馆长提交的中籍部扩张计划中，重点谈及了关于开拓馆舍的设想：

>　……现暂用之地点实不敷分布，格兰堂内又无地展拓，如不能将全部图书择地迁移，可否划出中籍部迁地陈列。……新建之华侨学校竣工后，房舍增多，如中籍部可以觅地分设，能否借用该侨校一层楼之一半，为陈列中籍之用；或第三宿舍，俟侨校教员学生迁居后亦有余地。可否借该宿舍二楼东便房五间，拨出应用，或者借三楼全座，将中西图籍完全迁移。④

但终因香雅各博士认为宿舍不便于作为藏书之地，而新建之华侨学校能腾出的空间亦十分有限，最后仍是在格兰堂内通过密集排列书架等办法缓解空间紧张的问题。⑤

---

① 陈德芸致特嘉之中文馆藏建设函，1919 年 9 月 2 日，广东省档案馆藏岭南大学档案，全宗号：38 - 4 - 182（3—6）。

② 《岭南》1919 年第 3 卷第 3 期，第 50—51 页。

③ 陈德芸之图书馆中籍部本年扩张计划，1920 年 10 月 5 日，广东省档案馆藏岭南大学档案，全宗号：38 - 4 - 182（138—139）。

④ 陈德芸之图书馆中籍部本年扩张计划，1920 年 10 月 5 日，广东省档案馆藏岭南大学档案，全宗号：38 - 4 - 182（138—139）。

⑤ *The letter of Douglass to Chan Tak Wan*，1919 年 10 月 14 日，广东省档案馆藏岭南大学档案，全宗号：38 - 4 - 182（126）。

3.1.3.3 成立之初中文书的分类、编目及整理

1919 年 9 月 2 日，中籍部主任陈德芸向特嘉馆长汇报中文书籍整理的手续及将来之计划，于中文书分类问题，报告言：

> ……顾中籍分部，迄无善法，经史子集既不是以包罗新籍，若仿杜威十目类书法按之，旧籍又多未合，今拟按照施永高先生所列书目，暂用旧法，其新籍可编入旧门类者，仍行附入……①

由是观之，在中籍部成立伊始，尚未觅到完善的中文书分类法，故只是将几千册中文书按照施永高所列书目中采用的"旧法"暂时进行分类。该"旧法"应该是指当时美国国会图书馆对中文书所采用的五部分类法，该分类法适合于类分中国传统书籍，而对于新籍不甚适用。随后中籍部主任陈德芸编制了一种简单的中文图书分类法用于类分中文书籍，这一分类法在中籍部使用了 10 余年，直到1930 年代初期才停止使用。②

报告中提及的施永高（Walter T. Swingle），又作施永格，是美国农业部的植物学专家、农林学专家，有志于把中国的优良蔬果种子移植到美国，他发现中国地方志有关于土壤和植物的记载，于是向美国政府建议扩大对中国方志的收集。③ 1918 年 4 月至 1919 年 7 月间，施永高代表美国国会图书馆到中国各省采访地方志，搜购了大量典籍。

---

① 陈德芸致特嘉之中文馆藏建设函，1919 年 9 月 2 日，广东省档案馆藏岭南大学档案，全宗号：38 - 4 - 182（3—6）。

② 《岭南大学图书馆廿一年度报告书》，载《私立岭南大学校报》1933 年第 6 卷第 8 期，第 133—138 页。

③ 据美国国会图书馆亚洲部主任（Chief, Asian Division Library of Congress）李华伟（Hwa-Wei Lee）的演讲 PPT《美国国会图书馆中文馆藏与汉学研究资源》（*The Chinese Collection and Sinological Resource in the Library of Congress*）。

他通过张元济等版本目录学专家的帮助，收集了413种地方志，其中包括2种省志、87种府志、324种县志，既有官修地方志，亦有非官修地理著作，其中很多即使在中国都已经非常罕见。① 回国以后，他仍继续为美国国会图书馆间接地采购，直到1928年止。美国国会图书馆现藏的中国旧方志，有一半以上是1928年以前入藏的，该馆大规模的入藏中国方志要归功于施永高。②

岭南大学图书馆拥有施永高所列之书目，除参考其分类法以外，或也将其作为购书的参考，以施永高当时在中国国内搜集书籍的类别观之，可能岭南大学图书馆当时也购入了大量方志类的文献，其目的或也是为支持该校农科教学和研究。施永高在1919—1921年间以及1928—1929年间，与岭南大学的格兰先生、晏文士校长和香雅各校长有多通往来函件，故岭南大学图书馆对方志的采购与美国国会图书馆亚洲部的方志收藏应该存在一定的联系。③ 而具体情况仍需要在获取此方面档案内容之后做深入研究。

于中文书编目方面，自陈德芸襄理中籍部事宜伊始便欲着手整顿编目，希望辑一二种稍为完备的目录。但在中籍部成立初期，只是先将未编目的书与从前书目校对。利用1919年的暑假，陈德芸将各书誊抄入一棕色布皮册，按受书目类，册其出版者，捐赠者捐赠时期如尚

---

① 特木勒、居蜜：《跋美国国会图书馆藏明刻本〈两镇三关通志〉》，载《史学史研究》2006年第3期，第68—75页。

② 据美国国会图书馆亚洲部主任（Chief, Asian Division Library of Congress）李华伟（Hwa-Wei Lee）的演讲PPT《美国国会图书馆中文馆藏与汉学研究资源》（*The Chinese Collection and Sinological Resource in the Library of Congress*）。

③ 据中山大学图书馆藏"岭南大学档案缩微胶卷"Reel 6—9，11。

可考查，亦均为列入，以此作为今后书目的底本。同时，陈德芸还派人缮写卡片目录底稿，每种书1张卡片，并注明属某丛书、某局出版、某人捐送、某时捐送，若不能查处者则从略。[①]

但在卡片排检问题上，陈德芸当时还是颇为踟蹰。其最初的建议是"以书名之第一二字罗马拼音为书目之次第（拼音拟用普通话，不用粤音），俾便检查，或迳以书目第一字画数多少为次第"，[②] 后考虑到当时学校教师多为美国人士，而中国教师和学生中通用的语言为粤语，故校内会使用普通话罗马拼音者极少，若让每位读者在检寻书籍之前，先查阅商务印书馆出版的汉英辞典，又过费事，因此确定第1套卡片以笔画多少为次序；第2套卡片拟定为分类目录，依美国国会图书馆五部分类法，将新书统入五部之内；第3套卡片采用新制杜威十进分类法；未来或制第4种卡片，以译音英文字母为次第。第1套卡片计划在中籍部成立第1年内编制完毕，从第2年开始编制分类卡片。[③]

一般来说，中籍部对每一种中文书的处理手续如下：首先在书根处号字，写明书名；其次在各书上钤印馆藏章、加以编号；然后再事分类、编目。根据书籍的具体情况，还会进行有针对性的装订工作，如因皮脱线断，则改钉加固；如因从前册数太多或太薄，或如杂志，性质薄，册散乱，则将原册改钉为纸皮洋装，仍用线钉。中籍部定制的安放中国旧籍的书箱，每个3格，每格深度1英尺，恰可安

① 陈德芸致特嘉之中文馆藏建设函，1919年9月2日，广东省档案馆藏岭南大学档案，全宗号：38－4－182（3—6）。
② 陈德芸致特嘉之中文馆藏建设函，1919年9月2日，广东省档案馆藏岭南大学档案，全宗号：38－4－182（3—6）。
③ 陈德芸之图书馆中籍部本年扩张计划，1920年10月5日，广东省档案馆藏岭南大学档案，全宗号：38－4－182（138—139）。

放11寸长之中籍。①

3.1.4 重视期刊建设

岭南大学图书馆的馆藏中，最著称于世者当推系统、完整的期刊收藏，尤其是西文自然科学期刊，种数在全国各类图书馆中首屈一指。这一重要馆藏资源的建设也可上溯到学校正式开办文理科大学前后。期刊作为一种定期出版的连续出版物，建设需要经过较长时间的积累，需要充裕的经费长期投入。特嘉馆长作为一名图书馆学专家，在图书馆管理的各方面都具有专业的知识和独到的见解，其对岭南大学图书馆期刊建设方面的规划也可谓有先见之明。

从现存的档案资料分析，至少在特嘉女士担任馆长时期，岭南大学图书馆已经开始着手系统建设期刊馆藏，根据当时学校开设的课程，有针对性地与国外各书商、专业学会、大学、政府等机构联系，或请其定期邮寄书目，或请其将岭南大学图书馆添加入邮件列表。对于很多在国际学术界享有盛誉的刊物，均不遗余力地购买、收藏。

广东省档案馆藏岭南大学档案中，38－4－182号卷宗中保存了一批岭南大学图书馆订购文献的函件，通过这些函件可知，从20世纪20年代开始，图书馆已经开始向美国昆虫局（Board of Entomology）、美国农业试验站（Agricultural Experiment Station）、美国乔治亚州亚特兰大市的国家昆虫学家学会（State Entomologist）、乔治亚州立农学院（Georgia State College of Agriculture）、美国外交部、斐济苏

---

① 陈德芸致特嘉之中文馆藏建设函，1919年9月2日，广东省档案馆藏岭南大学档案，全宗号：38－4－182（3—6）。

瓦农学系、英国伦敦农业与渔业部（Board of Agriculture and Fisheries）、英国外交部等申请直接订购这些机构的出版物。其中如英国伦敦农业与渔业部的出版物，图书馆自 1918 年 10 月即开始系统收藏；① 乔治亚州立农学院出版的通讯与学报，图书馆自 1920 年开始即系统收藏。② 图书馆还通过英国伦敦著名的大书商 Henry Sotheran & Co. 订购 *Journal of the Chemical Society*、*Biochemical Journal* 等各类科学期刊。图书馆也会直接与出版社联系订购期刊，如通过美国政府出版社（Government printing offices）订购美国国土局的 6 种出版物，③ 通过新加坡卫理公会出版社（Methodist Publishing House）订购 *the Gardens' Bulletin*。④

在一份 1922 年 7 月 12 日的购书清单中，就列有外文科学期刊 36 种，而对比 1923 年 1 月 4 日召开的图书馆委员会会议记录，可以发现在续订之前购书清单上的外文科学期刊的基础上，又新增订外文科学期刊 5 种。⑤

1922 年特嘉女士回国后，谭卓垣继任馆长一职，上任后他不仅继续执行特嘉馆长时期的期刊订购政策，并且开始极力从事过刊的补购工作，或向刊物的编辑、出版部门征订，或在国内外专营古旧书刊的书店搜寻。如在 1926 年

---

① *The letter of Librarian to Board of Agriculture and Fisheries*，1921 年 5 月 30 日，广东省档案馆藏岭南大学档案，全宗号：38 - 4 - 182（68）。

② *The letter of Librarian to Georgia State College of Agriculture*，1921 年 3 月 28 日，广东省档案馆藏岭南大学档案，全宗号：38 - 4 - 182（71）。

③ *The letter of Assistant Librarian to Superintendent of Documents of Government printing offices*，1923 年 9 月 11 日，广东省档案馆藏岭南大学档案，全宗号：38 - 4 - 182（262—264）。

④ *The letter of Librarian to Methodist Publishing House*，1924 年 11 月 7 日，广东省档案馆藏岭南大学档案，全宗号：38 - 4 - 182（69）。

⑤ *Minutes of meeting of Library Committee*，1923 年 1 月 4 日，广东省档案馆藏岭南大学档案，全宗号：38 - 4 - 182（134）。

间，他就致力于将该馆所藏 *The China Weekly Review* 自创刊号起补齐。[1] 这也解释了为什么岭南大学图书馆建馆于 1906 年，而收藏的期刊可上溯至 19 世纪 60 年代。

3.2 接回自办：发展与繁荣

3.2.1 完备的藏书体系

1927 年岭南大学接回国人自办，此为学校历史上的新纪元，1927 年至 1937 年 10 年间，可谓是岭南大学的光荣岁月。此时的图书馆已经历了 20 余年的发展，藏书体系臻于完善，馆藏语种涵盖中、日、西文；随着学校文、理、商、农、工、医学科的设立和扩建，馆藏的学科结构也日渐完备；藏书类型包括图书、连续出版物、学位论文、政府出版物、档案资料、地图、图片和照片等。

因文献的采访问题涉及岭南大学图书馆藏书的来源，属本书重点研究的问题，将于第 4 章详加研讨，故本部分仅就这一时期藏书数量的增长和藏书特色的形成进行阐述。

3.2.1.1 藏书数量的增长

在学校收归国人自办的第一年，即 1927—1928 学年度，图书馆新增中西图书共 7500 余册，其中中文图书新增 6376 册，西文图书新增 1176 册，馆藏中文图书达到 55480 册，西文图书达到 21600 册，合计拥有图书 77080 册；另外拥有

---

① *The letter of The China Weekly Review to Taam*, *Chewk-woon*, 1926 年 10 月 5 日，广东省档案馆藏岭南大学档案，全宗号：38 - 4 - 207（46）。

中西文期刊614种。① 在1931年10月底时，图书馆藏书总量突破10万册，其中中文书籍6万余册，英文书籍3万余册。② 自学校收归国人自办后，经过10年的发展，到1936—1937学年度，岭南大学图书馆的藏书总量比1927—1928学年度增长了一倍多，即这10年中，藏书是以平均每年10%的速度增长的。

关于抗战前岭南大学的藏书数量，广东省档案馆藏岭南大学档案《二十六年度省私立专科以上学校补助费案申请补助书》里所统计的图书馆藏书情况，或许是目前现存资料中，能够比较接近地反映出"七七事变"爆发前岭南大学图书馆藏书数量的系统而又确切的数据。据《申请补助书》中1936年度"图书概况"的记载，在全面抗日爆发前，岭南大学图书馆馆藏共计180091册，其中图书162314册，内含中日文图书113631册，西文图书48683册；期刊3736种，17777册，内含中日文期刊2255种，5725册，西文期刊1481种，12052册（藏书情况详见表3－2）。③ 据当时芝加哥大学《图书馆学季刊》第7卷第3期上刊登的一篇调查统计显示，以藏书及管理而论，岭南大学图书馆位列中国著名大学图书馆之第5名。④

① 李应林：《私立岭南大学十六年至十七年度报告》，载《私立岭南大学校报》1928年第10卷第6期，第92—100页。

② 《图书馆藏书十万册》，载《私立岭南大学校报》1931年第3卷第22期，第405页。

③ 《二十六年度省私立专科以上学校补助费案申请补助书》（1936），广东省档案馆藏岭南大学档案，全宗号：38－1－64。

④ 《图书馆消息》，载《私立岭南大学校报周刊》1937年第10卷第1、2期合刊，第11—13页。

表 3 - 2　岭南大学图书馆藏书统计（1936 年度）

类别	图书册数			期刊种数及册数						册数合计		
				中日文		西文		计				
	中日文	西文	计	种数	册数	种数	册数	种数	册数	中日文	西文	计
总类	30445	4202	34647	2255	5725	1481	12052	3736	17777	119356	60735	180091
哲学	1911	1910	3821									
宗教	4784	2108	6892									
社会	16448	7913	24361									
语言	2392	1504	3896									
自然	3731	9523	13254									
应用	5980	9151	15131									
美术	2820	748	3568									
文学	24986	8026	33012									
史地	20134	3598	23732									
合计	113631	48683	162314									

3.2.1.2　形成藏书特色

岭南大学图书馆历经 30 年的发展，经过不懈搜购、接受捐赠以及交换等藏书建设活动，到这一时期，已基本上形成了自己的藏书特色。在其馆藏中，最值得称道的重要及珍贵图籍大体可分为 4 类。

第一，系统、完整的期刊收藏：岭南大学图书馆素以系统、完整的馆藏学术期刊闻名于图书馆界，尤其是在西文自然科学期刊方面，种数占全国图书馆之首，[①] 馆藏有西文科学期刊共 672 种，几乎囊括所有世界顶级自然科学学术期刊，其中整套无缺者 82 种。如由伦敦动物学会出版的《动物学记录》(*Zoological Records*)，自 1864 年创刊以来完整无缺，在当时国内仅此一套完整馆藏。该刊物为世界上最古老的动物学连续出版物，也是世界上最权威的动物学刊物，至今仍是世界领先的生物分类参考，是从事动物分类的研究人员必须查阅的检索工具。再如被称为"世界化学文献宝库的钥匙"的《化学文摘》(*Chemical Abstracts*)，自 1907 年创刊以来即完整入藏。该刊是一种享有世界声誉的化学化工专业性文摘刊物，由美国化学会化学文摘社、英国化学学会和德国化学情报文献社合作出版的大型化学化工文献检索系统，现已改为周刊。另外馆藏 2255 种中文期刊中，整套无缺者达 1143 种，搜罗之富及卷帙之完全，为华南各图书馆之冠。[②]

第二，藏有 1911 年（宣统三年）至 1937 年的日报全份，其中 1911 年至 1935 年间的全份日报为老革命家梁少文先生惠赠，《中华图书馆学会会报》称此批完整的报纸为

---

① 《私立岭南大学各院系现况》(1939 年度)，广东省档案馆藏岭南大学档案，全宗号：38 - 1 - 2。
② 《二十六年度省私立专科以上学校补助费案申请补助书》(1936)，广东省档案馆藏岭南大学档案，全宗号：38 - 1 - 64。

"重要史料，极不易得，国内图书馆之藏有全份者绝少"①。

第三，于善本古籍方面，有清代广东著名藏书家曾钊之旧藏抄本，其珍贵者有《中兴礼书》和《皇明诰敕》。《中兴礼书》之正编为宋淳熙间官撰，三百卷；续编嘉泰间撰，八十卷。书世罕传，《四库全书》无著录。岭南大学图书馆所藏此书为曾钊旧藏抄本，除缺五十五卷外，尚存三百二十五卷，当时的国立北平图书馆曾借海宁蒋光煦家传抄本录副，并请叶渭清以1年的时间从事校勘整理，而岭大藏本所缺卷数较国立北平图书馆所藏者为少。②《皇明诰敕》在各藏书家书目、故宫博物院图书馆书目、国立北平图书馆善本书目、李晋华所编《明代敕书考》、千顷堂书目等均无著录，是书所辑明代诰敕由洪武起至弘治十八年十二月止，其中洪武十五年六月初三日及洪武二十一年六月所颁发之诰敕，系用白话文写成，故此书不仅保存了很多明代史料，更为研究中国语体文运动史的新史料。③ 明刊本中难得者，有明正德《四川志》、《叶汉高全集》等。《四川志》共三十七卷，十二巨册，全书完整无阙，在朱士嘉先生所编之《中国地方志综录》中载国内外图书馆藏《四川志》有明嘉靖本、万历本、康熙本等，这些版本已为海内外孤本，而此正德本在嘉靖之前，当为海内外仅存之书。④

第四，"中国问题研究"西文出版物，此类馆藏的数量截止到1938年4月已达2049册，另外还有关于中国的西文

---

① 《岭大图书馆消息四则》，载《中华图书馆协会会报》1936年第12卷第3期，第41页。

② 何多源：《馆藏善本图书题识》，岭南大学图书馆1937年版，第35页。

③ 何多源：《馆藏善本图书题识》，岭南大学图书馆1937年版，第19页。

④ 何多源：《馆藏善本图书题识》之《补遗》，岭南大学图书馆1937年版，第2页。

期刊311种。"中国问题研究"西文专著基本上是在19世纪末至20世纪上半叶期间出版，也有一些17世纪中叶和18世纪初西方传教士描写中国的出版物，版本精良；亦有专门研究岭南地区社会、经济和文化的西文出版物，另外还有关于岭南地区自然、气候、植被、动物等研究的出版物。藏书中包括出版于1665年的《荷兰东印度公司使节团访华纪实》（*L'Ambassade de la Compagnie Orientale des Provincies-Unies vers l'Empereur de la Chine，ou Grand Cam de Tartarie*），杜赫德（J. B. Du Halde）的《中华帝国全志》（*A Description of the Empire of China and Chinese-Tartary*），乔治·斯当东（George Staunton）爵士的《英国使团来华记》（*An Historical Account of the Embassy of the Emperor of China，undertaken by order of the King of Great Britain；including the manners and customs of the inhabitants*）等珍稀的西方汉学名著。珍贵的中国学期刊中包括了：法国著名汉学家伯希和（Paul Pelliot）创办的《通报》（*T'oung Pao*），自1890年创刊以来即完整入藏；西文报刊最著名的月刊《教务杂志》（*Chinese Recorder and Missionary Journal*）也是自其1868年创刊以来完整入藏；《中国丛报》（*Chinese Repository*，于1832年创刊），自1833年至1851年停刊为止，各卷期完整无缺；英国皇家亚洲学会（Royal Asiatic Society）出版的 *Journal of the North China Branch*，自1858年创刊起完整入藏。

1929年12月，学校庆祝建校康乐25周年时，图书馆于马丁堂二楼举办图书展览，除将学校历年出版图籍陈列外，还展出了中文期刊和西文期刊中关及中国者、宋元明版本，17、18世纪出版关及中国之西文书、美国汉学家名著，以及王亦鹤先生藏报等珍品。①

---

① 《建校康乐廿五周年纪念礼纪录》，载《私立岭南大学校报：建校康乐廿五周纪念特刊》1929年第1卷第39期，第344页。

在西文馆藏的建设方面，自 1935 年开始以查尔斯·肖（Charles Shaw）所编的《大学图书馆藏书书目》（*List of books for college libraries*）作为选购依据，并结合各系主任、教授的意见，在 1 年之内就"将教育学、心理学、数学、经济学及物理学五科之基本书籍，在预算范围内，尽量购入"。①

3.2.2　科学的藏书组织与管理

岭南大学图书馆素以藏书管理的精谨科学、井然有序著称。以藏书保存为例，因广州地处南方，气候炎湿，故藏书易发霉生蠹，图书馆遂"除用樟脑饼臭丸置于书架，及将古书加丹，以防止蠹虫外，并于精装中西图书加涂明油，以杜发霉"。在书库位置的设计方面，将中文古书书库设在馆之北部，"以此地常受阳光直射，空气流通，贮藏古书，殊为适合"。②

20 世纪 20 年代中期，燕京大学图书馆馆长、圣约翰大学图书馆馆长等纷纷来函询问岭南大学图书馆如何对中文书进行编目以及如何对"中国问题研究"西文出版物进行分类等问题。③ 可见，岭南大学图书馆对中文书和"中国问题研究"西文出版物的分类、编目，以及对藏书的管理在当时国内处于领先地位，对其他大学图书馆的实践有着一定的影响。

――――――――――

①　《岭南大学图书馆汇讯》，载《中华图书馆协会会报》1936 年第 11 卷第 5 期，第 33 页。

②　《岭南大学图书馆廿一年度报告书》，载《私立岭南大学校报》1933 年第 6 卷第 8 期，第 133—138 页。

③　燕京大学（Peking University）图书馆馆长 T. T. Hsu 致岭南大学图书馆馆长 J. V. Barrow 函、岭南大学图书馆副馆长致圣约翰大学（St. John's university）图书馆函，广东省档案馆藏岭南大学档案，全宗号：38 – 4 – 182。

3.2.2.1 图书之分类

岭南大学图书馆在特嘉女士担任馆长以后，于图书分类方面多有改善，藏书无论中、日、西文，无论图书、期刊，均经分类，以聚同类书于一处，便于治学者研究与检寻。岭南大学图书馆的西文藏书与其他所有教会大学一样，采用《杜威十进分类法》，但中文图书分类法的选择方面也经过一番周折方确定。图书馆的中文藏书在中籍部（后改称中文部）初设之时，采用的是美国国会图书馆对中文书采用的五部法，后开始使用由中籍部主任陈德芸编制的一种简单的中文书分类法。[1] 由于此法分类简单，且每书无著者号码，以致同类之书毫无差别，当中文藏书达到一定数量后，其于典藏、检阅方面的不便越发明显，故在 1930 年时，中文部提出改造旧分类法方案，并于 9 月 5 日召开的第一次图书馆委员会会议上讨论。此次会议议决："先由中文部主任拟具计划大纲，经委员会、校长，及谭前馆长认可后，乃施行。在新分类法未实施之先，一切新购书籍，由中文部拟一临时办法，使该项书籍仍得随时借阅。"[2] 但是改变全馆所藏中文书之分类法，"兹事体大，手续麻烦，故未果行"，直至 1932 年，何多源到馆担任中文部主任，方在其主持下先行做改编的准备，随后费时 2 个月编定一种分类法，名为《私立岭南大学图书馆中文分类法》。[3]

《私立岭南大学图书馆中文分类法》基本上是在《杜威十进分类法》的基础上改编而来：一级类目的设置与杜威法的一级类目完全相同，二级类目则尽量与杜威法的二级类目保持一致；二级类目改动最大的主要是"200 宗教"

---

① 《岭南大学图书馆廿一年度报告书》，载《私立岭南大学校报》1933 年第 6 卷第 8 期，第 133—138 页。

② 《图书馆委员会第一次会议纪略》，载《私立岭南大学校报》1930 年第 2 卷第 19 期，第 152 页。

③ 《岭南大学图书馆廿一年度报告书》，载《私立岭南大学校报》1933 年第 6 卷第 8 期，第 133—138 页。

类、"400 语文学"类、"800 文学"类和"900 史地"类，其次改动较大的是"100 哲理科学"类。在原杜威分类法中，对宗教文献的分类可以说是完全建立在基督教基础上的，世界上的其他宗教全部归于一个二级类目下；对哲学、语文学和文学文献的分类则是建立在西方哲学和西方语系基础上，哲学类没有为东方哲学设置类号，而语文学和文学类也仅是各预留出一个二级类目容纳西方语系以外的语言学和文学；在史地类的分类上，原杜威分类法的二级类目基本上是按大洲设置，在二级类目上未区分历史文献和地理文献。在岭南大学图书馆自行编订的分类法中，宗教类突破基督教的限制，将世界三大宗教分别设为二级类目，并更多地考虑了东方宗教体系的划分；哲学文献的分类上，将中国哲学、东方哲学和西洋哲学并列设置为二级类目，将杜威分类法二级类目对西洋哲学的细分划入到岭大图书馆分类法西洋哲学下的三级类目中；语言学和文学类二级类目的划分亦更多地考虑到中国、东方和亚洲语言、文学的需要；对史地文献的分类，二级类目先划分历史文献和地理文献，突出重视中国历史和地理。某种程度上，岭南大学在杜威分类法基础上自行编订的分类法在类名的设置上与哈佛燕京学社的《汉和图书分类法》有相似之处。

谭卓垣在《岭南大学图书馆廿一年度报告书》中评价此部分类法言："此分类法也，虽不敢称为图善之作，但其对于新旧各书，均能容纳，取杜威氏之所长，而去其所短，更复每书编有著者号码，可使同类以著者号码分别其次序，同部类之图书，可以归纳一处，同著者之典籍可以聚于一隅。每书之号码不同，检寻自易。每书有确定之位置，出纳无难。"① 现将《私立岭南大学图书馆中文分类法》的大纲以及与《杜威十进分类法》的不同之处示于表 3－3。

----

① 《岭南大学图书馆廿一年度报告书》，载《私立岭南大学校报》1933 年第 6 卷第 8 期，第 133—138 页。

表 3 - 3　岭南大学图书馆中文书分类法

000 总类	
010 书目，目录学	
020 图书馆学	
030 类书，百科全书	
040 日报，新闻学（General collected essays 普通选集）	070 普通论丛（Journalism, Newspapers 新闻，报纸）
050 杂志	080 普通丛书
060 普通会社出版物	090 群经（Book rarities 善本书）

100 哲理科学	
110 形而上学（Special metaphysical topics 形而上学专论）	
120 中国哲学	
130 东方哲学（Mind and Body 认识论与本体论）	
140 西洋哲学总论（Philosophic systems and doctrines 哲学体系与学说）	170 伦理学
150 心理学	180 哲学派别（Ancient philosophers 古代哲学）
160 逻辑学	190 留用（Modern philosophers 现代哲学）

200 宗教	
210 神学	
240 基督教（Devotional Practical 信条）	270 末数（General history of the church 教会历史）

续表

200 宗教		
220 佛教与佛经（Bible 圣经）	250 犹太教（Homiletic Practical 布道）	280 神话（Christian churches and sects 教派）
230 道教（Doctrinal Dogmatics Theology 基督教理论）	260 回教（Church: institutions and work 教堂）	290 其他各教
300 社会科学		
310 统计学	340 法律学	370 教育学
320 政治学	350 行政学	380 留用（Commerce Communication 贸易通讯）
330 经济学、理财学	360 社会学	390 军事学（Customs. Costumes. Folklore 风俗礼仪民俗）
400 语文学		
410 比较文字学	440 西方文字学（希腊，拉丁，法，意，西班牙等）（French, Provencial 法语）	470 其他印欧语语系（芬兰等）（Latin and other Italic 拉丁语）
420 中国文字学（English. Anglo-Saxon 英语）	450 日耳曼语系（英、德、荷等）意大利语（Italian, Rumanian 罗马文）	480 美洲语（Greek and other Hellenic 希腊语）

续表

400 语文学		
430 东方文字学（日本、印度、土耳其、波斯、马来等）(German and other Teutonic, 德语，日耳曼语)	460 斯拉夫语系（俄、波兰）西班牙，葡萄牙 (Spanish, Portuguese)	490 世界语
500 自然科学		
510 数学	540 化学	570 考古学，生物学，人类学
520 天文学	550 地质学	580 植物学
530 物理学	560 古生物学	590 动物学
600 应用科学		
610 医药学	640 家政学	670 制造工业
620 工程学	650 商业	680 机械工业
630 农业	660 化学工艺	690 交通 (Building 建造)
700 美术		
710 园艺	740 书画，碑帖	770 摄影术
720 建筑	750 装饰，手工	780 音乐
730 雕刻	760 刻版	790 游艺

续表

800 文学

810 比较文学 (*American* 美国文学)	840 美国文学 (*French. Provencal* 法国文学)	870 意大利文学 (*Latin and other Italic* 拉丁语及文学)
820 中国文学 (*English. Anglo-Saxon* 英国文学)	850 法国文学 (*Italian. Rumanian* 意大利文学)	880 其他欧洲文学 (*Greek and other Hellenic* 希腊文学)
830 英国文学 (*German and other Teutonic* 德国文学)	860 德国文学 (*Spanish. Portuguese* 西班牙葡萄牙文学)	890 亚洲文学 (*Other literatures* 其他语言文学)

900 史地

910 世界地理 (*Geography. Travels* 地理及旅行)	940 普通及万国历史 (*Modern Europe* 当代欧洲)	970 欧洲历史 (*Modern North America* 当代北美)
920 中国地理 (*Biography* 传记)	950 中国历史 (*Modern Asia* 当代亚洲)	980 美洲历史 (*Modern South America* 当代南美)
930 各国地理 (*Ancient history* 古代史)	960 亚洲历史 (*Modern Africa* 当代非洲)	990 澳洲非洲及其他 (*Modern Oceania and polar regions* 当代大洋洲和其他地区)

注：表中深色方格部分表示《私立岭南大学图书馆中文分类法》与《杜威十进分类法》的不同之处；其中（ ）内的斜体字为该类号在《杜威十进分类法》中的类名。

为便于同类书的排检，每书按著者编制著者号码，中文书采用杜定友编制的著者号码表，西文书采用美国卡特所编的 *C. A. Cutter's alphabetic-table*。索书号由分类号和著者号组成，排检图书均以索书号为顺序，第一行为分类号码，第二行为著者号码。特别之书，则于索书号之前加一符号：中日文书索书号之前如有 △ 符号者为普通参考书；西文书索书号之前如有 R 字母者，系 Reference 省写，也为普通参考书；西文书索书号之前如有 Chi 标志，系 Books on China 的省写，代表此为"中国问题研究"的西文书。

3.2.2.2　图书之目录与排检法

为便于读者检阅馆藏计，图书馆所藏每书均编有著者目录卡片、题名目录卡片和主题目录卡片；如系丛书，则编有分析目录卡片。另外还编有所谓的"辅导目录卡片"，即"参见卡"和"见卡"。目录卡片的著录项目与国立北平图书馆编印的卡片完全相同，详注一书的书名、著者、版本、页数（一册以上者计册数不计页数）、大小、装订、价格、标题及分类号码等项。书名用四号铅字，人名及版本用五号铅字，人名用黑体字以资醒目，稽核及附注用六号铅字。格式亦大体与国立北平图书馆编印的卡片格式一致，仅索书号的位置略有不同，岭南大学目录卡上的索书号位于卡片左上角，分两行排列分类号和著者号，而国立北平图书馆的目录卡上，分类号与索书号并列排印在卡片右下方。[①]

与其他图书馆不同的是，岭南大学图书馆将中外文图书的题名、著者、主题、辅导和分析 5 种目录卡片按语种分别混排，中文书目录的排检法采用陈德芸发明的首字笔画法，西文书目录的排检按照字母顺序。陈德芸的笔画法是

---

① 《国立北平图书馆排印卡片目录说明及使用法》，载《中华图书馆协会会报》1935 年第 11 卷第 3 期，第 45 页。

将汉字笔画分为：横（一）、直（｜）、点（丶）、撇（丿）、曲（乚）、捺（丶）、提（丿）。凡笔势转弯者，如乀乚乙乁厶等均作曲。"查卡时，先看首笔，首笔属横者最先，属横横者更先，属横直者次之，首笔属曲曲者更后。时人评价此法言'以七基本笔画为七字母然，无思索、认型、记号码之难，为近今新发明检字法之别开生面者'。"①关于使用陈氏笔画法检索卡片目录的方法，《岭南大学图书馆一览》中介绍如下：

"例如'岭南'二字，'南'字首笔是横排在先，'岭'字首笔是直，排在后。"

"为便利阅者检查起见，本馆编有画数检字表。此表系用卡片写成，依各字之笔画多少排列，画数少者在前，多者在后。同画数者以横直点撇曲捺折等笔法分先后，如：'花'字排在八画直起之箱内。'陈'字排在十一画曲起之箱内。如阅者不知陈字之笔法为何，则查十一画曲起之抽屉，则知'陈'字笔法为曲直横直，依此笔法，再在中文书总目录内检查，即可查得'陈'字。"

"此种画数检字表，系用卡片写成，排在中文图书目录箱之侧。如阅者不知某字之笔法者，请查此表。"②

3.2.2.3　图书之流通

图书馆的藏书，按性质和用途的差别，分为可借出和不可借出两大类。普通图书均可借出，而不可借出的藏书包括普通参考书（如字典、辞典、百科全书、类书、索引、年鉴、年表、书目、地图等）、期刊报纸、善本图书（如宋刻本、元刻本、明刻之罕见者、钞本、稿本、名人批校本及绝版书等）、教员指定临时参考书和政府通令的禁书，上

---

① 《新书介绍之〈德芸字典〉》，载《中华图书馆协会会报》1931年第7卷第3期，第58页。

② 《岭南大学图书馆一览》，岭南大学图书馆1936年版，第29—32页。

述不可借出的藏书可在阅览室阅读。[①]

关于图书借阅的规定如下：（1）大学生每人拥有借书证2张，每张可借书2部，即每名学生可借书4部；教师借书数量无限制。（2）学生借书期限为2星期；教师的借书期限最初并无限制，后改为限期28天。（3）学生凭学生证办理借书证，并须填写"借书志愿书"1张，承诺"今承借阅图书，愿遵守一切馆章"，如借书证丢失再办则须缴纳手续费5角；教师则须由校长办公室，或各主管处长、院长正式写函介绍，凭介绍函发放借书证。此证存馆内，以便借书时使用。（4）图书馆采取预约制，欲预约何书，即将该书之索书号、书名、著者、借者姓名、通讯处等项填写在预约单上，该书一经归还即通知预约者于2日内到取，过期则借与别人。（5）凡善本书及合订本期刊、报纸等概不借出，可凭学生证或借书证在出纳处领阅览证1张，在馆内阅读。（6）凭阅览证可借阅教员指定临时参考书，临时参考书书目置于参考处；每人每次准予借阅3小时，3小时后如无人预借，得续借1次，晚间10时后借出者，翌晨8时30分以前须交还。此种参考书，后借者可填写预约单，依次在指定时间到馆借阅；过期不借，即借与别人。（7）若图书超期未还，普通图书每天每本学生罚银2分，教师罚银5分，教员指定临时参考书不能依时归还，则每本每小时罚银5角；罚金用作购书用途。[②]

此外，岭南大学图书馆始终采取闭架制度，对进出书库有严格的规定，现录于下：

甲、领入书库证办法

本馆为缜密保存图书，及维持书库内秩序起见，

---

① 《岭南大学图书馆一览》，岭南大学图书馆1936年版，第32页。

② 以上规定据《岭南大学图书馆一览》（岭南大学图书馆1936年版，第32—39页）和《图书馆状况续志》（《私立岭南大学校报》1930年第2卷第26期，第312—313页）整理。

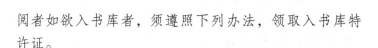

阅者如欲入书库者，须遵照下列办法，领取入书库特许证。

一、本大学教职员欲入书库者，须先至参考部签领入书库特许证；但为出纳处职员认识者不在此限。

二、大学四年级欲入书库阅览书籍，以备作论文者，得在参考部领入书库特许证，领取时，须缴验借书证或学生证。

三、大学四年级以下各级学生，如因特别需要，须入书库者，亦可到参考部领取入书库特许证，此证限用一次，每次以一小时为准，领证时须缴借书证或学生证。

四、来宾欲入书库参观者，须得馆长之同意，由馆长派人引导参观。

五、书库特许证适用时间，为星期一至星期五上午八时至一时，下午二时至五时；星期六上午八时至一时。

乙、入书库应守之规则

（一）凡进入书库内者，绝对不得携带图书或墨水墨盒易污染之物，及纸烟火柴易引火之物。

（二）由书架取下之书籍，用毕请放在书库内桌上，切勿随意放上书架，以免紊乱排列之秩序，致他人检阅困难。

（三）书籍如须借阅时，可将需用各书之书码书名等抄出，向出纳处告借，不得私将书籍携出书库之外。①

尽管有如上的规定，但是岭南大学图书馆藏书的流通率也是很高的。据统计，1927—1928 学年度，图书馆"借

---

① 《岭南大学图书馆一览》，岭南大学图书馆 1936 年版，第 39—40 页。

出馆外书籍统计 14440 余册，教员指定参考书三四百种。（各系专科书，及各附校之分馆书籍，尚未算计在内）"①，而当年在校学生人数为 683 人，教师 180 人②；1934 年 3 月份 1 个月内，借出图书 2076 册，阅览人数 9109 人次③；1934 年 12 月份内，借出图书 1997 册；阅览人数 8772 人次；④ 1936 年 3 月份 1 个月内，借出图书 2005 册；阅览人数 10611 人次。⑤ 如是种种，不做一一列举。

图书馆为培养学生自觉阅读的习惯，并鼓励学生多涉猎各种新出版物，"凭借图书的力量，以挑拨阅者创造与革新之思想"，于 1934 年 3 月间开设课外阅览室 1 间，该室陈列的各类书籍，读者可自由取阅，亦可借出。课外阅览室内布置有沙发和藤椅，仿私人书斋的布置，所陈列的书籍分为中文、西文 2 部，每部约有 1000 册，并不断更换，确保架上图书大多数为代表流行之新出版物，尤其是关于近现代学术思潮的书籍，其他如各种学术史、小说名著、戏剧与诗词，亦酌量选入。但是教科书和过于专深的学术著作则不在课外阅览室的陈设范围之内。⑥

① 李应林：《私立岭南大学十六年至十七年度报告》，载《私立岭南大学校报》1928 年第 10 卷第 6 期，第 92—100 页。

② 《历年学生及教职员人数统计表》，载《私立岭南大学校报》1930 年第 2 卷第 8 期，第 43 页。

③ 《图书馆三月份统计》，载《私立岭南大学校报》1934 年第 6 卷第 18 期，第 287 页。

④ 《图书馆十二月份统计》，载《私立岭南大学校报》1935 年第 7 卷第 10 期，第 122 页。

⑤ 《图书馆三月份统计》，载《私立岭南大学校报》1936 年第 8 卷第 17 期，第 190 页。

⑥ 《岭南大学图书馆一览》，岭南大学图书馆 1936 年版，第 8 页。

3.3　抗战时期：动荡与守护

3.3.1　抗战初期，直面冲击

全面抗战爆发后，广州虽然远离华北战场，暂未沦陷，岭南大学能够得以继续在康乐校址办学，然而战事持续推进，局势动荡不安。自 1937 年 8 月 31 日广州遭到日本战机第一次空袭后，空袭频频发生，然全校师生抱着"以镇静之态度，沉毅之精神，认真寻求学问，俾迟日对国家有更大之贡献"[①] 的信念，努力正常地开展教学、科研以及各项日常工作。1937 年 10 月，岭南大学全体教职员发表《告全体同学书》："我校于此种紧张严重局面下，仍一依政府公布时间上课，未膏一日辍，以迄于今……'母校屹立，风波不摇。'平昔吾人之颂于校歌者，现既经呈见于事实，广州各大学之从事复课者，且群为我校之响应，此种现象，凡爱护岭南者，想必同引为深慰……总之，吾人认定本学年己展开我校校史，我国国史最严重的一页……同人于飞机声中，炸弹声中服务校内，当以此义互勉，兹更提出与同学诸君共勉……我校员生苟人人具此决心，不难可立转为最光荣之一页校史，一页国史……"[②]

这一阶段图书馆的工作也在按部就班地进行着，并根据战时的需要做出适当的调整。据《私立岭南大学校报》第 10 卷第 7 期刊登的《图书馆一月份统计表》显示，仅 1938 年 1 月份，图书馆收到图书共计 293 册，其中 273 册来

---

① 《李代校长纪念周演讲》，载《私立岭南大学校报周刊》1938 年第 10 卷第 6 期，第 2 页。

② 李雪、张刚：《散逐东风满穗城——广州岭南大学》，载《科学中国人》2008 年第 6 期，第 54—59 页。

自订购, 20 册来自捐赠; 收到期刊共计 1468 册, 其中来自订购 545 册, 捐赠 297 册, 交换 626 册; 图书馆在 1 个月内, 合计为 697 册图书编目, 其中中文 611 册, 西文 86 册; 馆藏流通数量为 1177 册, 到馆阅览人数 2644 人次。[1] 仅以 1937 年 1 月和 1938 年 1 月图书馆收到的中西文期刊种数为例, 分析抗战初期的战势对岭南大学图书馆藏书活动的影响, 比较数据如表 3 - 4 所示。

表 3 - 4　　　　　　图书馆收到期刊种数比较　　（单位: 种）

语种	比较月份	收到期刊的来源			按时到馆合计
		订购	捐赠	交换	
中文	1937. 01	263	460	95	818
	1938. 01	74	24	12	110
西文	1937. 01	326	31	735	1092
	1938. 01	326	41	744	1111

　　资料来源: 1937 年 1 月的数据来自图书馆一月份统计表,《私立岭南大学校报周刊》, 1937 年第 9 卷第 14 期, 第 195 页。1938 年 1 月的数据来自图书馆一月份统计表,《私立岭南大学校报周刊》1938 年第 10 卷第 7 期, 第 8 页。

　　通过表 3 - 4 所示数据可知, 抗战初期岭南大学图书馆一如既往地坚持开展藏书建设工作, 西文期刊的订购、捐赠以及交换工作并未受到国内战事的影响, 各项数据与战前比较基本持平, 而中文期刊的订购、捐赠和交换工作受战事影响严重, 各项数据较战前都大幅下降, 按单位月计算, 战争初期按时到馆的中文期刊数量下降到战前数量的 13.4%, 其中图书馆通过订购所能收到的期刊的数量仅是战前数量的 28.1%, 通过捐赠所能收到的期刊的数量仅是

――――――――――

　　[1]　《图书馆一月份统计表》, 载《私立岭南大学校报周刊》1938 年第 10 卷第 7 期, 第 8 页。

战前数量的 5.2%，通过交换所能收到的期刊的数量仅是战前数量的 12.6%。

分析导致图书馆每月收到中西文期刊数量发生如此变化的原因，可能是因为中国全面爆发抗日战争的初期，第二次世界大战尚处于酝酿之中，西方各国尚未卷入战争漩涡，故岭南大学图书馆向欧美国家订购的期刊、书籍自然会按时到达尚处于战争大后方的广州。而当时中国国内的文化、学术重地集中在北京、上海、南京等北方城市，"七七事变"发生后，这 3 所城市在不到半年的时间内相继沦陷，至 1937 年底战火已经蔓延至东北、华北及华东各省市。北方的学术机构、出版单位或惨遭轰炸，毁于一旦，或仓促迁移，颠沛流离，故期刊出版工作陷入瘫痪。

通过岭南大学图书馆这一个案，或许也可推知在抗战初期，处于战场后方的各类图书馆在中文馆藏的建设方面基本上都陷入停滞、困顿的状态，但是对于与西方学术机构建立合作关系，或有能力向国外订购西文文献的大型图书馆，其西文馆藏的建设工作仍在继续进行中，并通过各种途径努力开展藏书工作，抢救北方因战争散佚出的藏书。不断传来的战争噩耗、动荡不安的时局并没有使身处后方的各类图书馆放弃对藏书工作的坚守。

事实上，抗日战争的爆发也没有打消校内师生支持本校图书馆藏书建设的热情。在 1937 年伊始，岭大学生社团鸿社向图书馆捐赠了价值 104 元大洋的影印《宋会要》全套 200 册，在此之前该社团已向图书馆捐赠过影印天禄琳琅、《宛委别藏》《乾隆内府舆图》等珍贵图籍。另有该校的李宝荣博士和施云孙在离校时，将各自所藏的珍贵西文图书 200 余册赠送图书馆。[1]

---

[1] 《图书馆消息》，载《私立岭南大学校报周刊》1937 年第 10 卷第 1、2 期合刊，第 11—13 页。

国外友人及学术机构也通过捐赠或交换书籍等方式大力支持抗战时期的岭南大学图书馆。1938 年 3 月，岭南大学图书馆收到来自美国女作家莫德·马尔（Maude Meagher）捐赠的期刊 *World Youth*，该期刊系马尔与友人在美国所创办。[1] 与此同时，哈佛大学哈佛燕京学社表示愿意以其出版的《哈佛亚洲学报》（*Harvard Journal of Asiatic Studies*）交换岭南大学图书馆所能提供的任何出版物。[2]

战事发动以后，为配合抗日宣传的需要，抗战读物的发行如雨后春笋一般。岭大图书馆一方面为战时研究的需要，一方面为宣传共赴国难的目的，积极从事抗战书籍的收藏工作，并于 1938 年 3 月特辟"抗战读物阅览室"。[3] 抗战读物阅览室成立之初，拥有相关书籍及小册子约 1300 种，其中关于中日关系的书籍约 1200 册，抗战定期刊物约 70 种，战争资料照片约 200 张，其中 60 张是关于广东省的。[4]

综观全面抗战爆发第一年里的岭南大学图书馆，其所面临的大环境是抗日的战线不断向南方推进，日军所到之处，社会经济、文化事业即毁于炮火。战争使国内学术出版物的出版陷于停顿，为图书的采访带来极大影响；战火使国内的交通陷于瘫痪，几经周折订购到的图书、期刊往往迟迟无法到馆，甚至在邮寄途中遭受厄运；战争也消耗巨大的财力和物力，岭南大学图书馆 1937 学年度的经费中，

---

[1] 美国基金会 Dr. James M. Henry，Provost 致何多源函，1938 年 3 月 16 日，广东省档案馆藏岭南大学档案，全宗号：38 - 4 - 534（306）；何多源致美国基金会 Dr. James M. Henry，Provost 函，广东省档案馆藏岭南大学档案，全宗号：38 - 4 - 534（305）。

[2] S. Elisséeff 致何多源函，1938 年 3 月 10 日，广东省档案馆藏岭南大学档案，全宗号：38 - 4 - 534（296）。

[3]《图书馆开设"抗战读物阅览室"》，载《私立岭南大学校报周刊》1938 年第 10 卷第 8 期，第 12 页。

[4] 据中山大学图书馆藏"岭南大学档案缩微胶卷"Reel 36 中的文件 *Information Concerning the Library of Lingnan University*（1938 年 4 月）。

仅购书经费一项就比上一学年度减少了 1331.41 美元;[①] 而敌机对广州的不时空袭使图书馆藏书活动所面临的环境更加恶劣。但尽管面临以上种种不利条件,岭南大学图书馆的藏书建设工作仍旧取得了一定的成就。据统计,截止到 1938 年 4 月,图书馆所藏图书的数量达到 176324 册,比战前向教育部申请补助费申请书中所列的藏书数量(参见表 3-2)增加了 14010 册,其中中日文图书总藏量为 125764 册,西文书总藏量为 50560 册。于特色馆藏建设方面,"中国问题研究"西文出版物入藏量达到 2049 册,"中国问题研究"的期刊种数达到 311 种,其中 211 种刊物已停止出版,此外图书馆还订购了美国国会图书馆编制的所有"中国问题研究"出版物的卡片——无论卡片所描述的书籍图书馆是否有入藏,对于图书馆有藏的"中国问题研究"西文出版物大部分都编制了索引;所入藏的关于广东省的中文文献达到约 600 套;另外还建立了完整的部级、省级及地方政府出版物专藏。[②] 作为中华图书馆协会在战时设立在广州的唯一通讯处,岭南大学图书馆还积极配合协会征求全国图书馆被毁事实及照片的工作。[③]

岭南大学素来重视编制与本馆馆藏相关的参考工具书,以便利读者检寻和利用馆藏,这一传统没有因战争的爆发而终止。在抗战初期,《广东研究参考资料叙录》(李景新编)、《馆藏中文期刊(附日报)目录》、《馆藏善本图书题识》(何多源)和《中文参考书指南》(何多源)4 种图书馆出版物陆续出版。

---

① 据中山大学图书馆藏"岭南大学档案缩微胶卷"Reel 36 中的文件 *Information Concerning the Library of Lingnan University*(1938 年 4 月)。

② 据中山大学图书馆藏"岭南大学档案缩微胶卷"Reel 36 中的文件 *Information Concerning the Library of Lingnan University*(1938 年 4 月)。

③ 《本会设立通讯处》,载《中华图书馆协会会报》1938 年第 13 卷第 1 期,第 17 页。

3.3.2 广州沦陷，几度迁移

3.3.2.1 迁馆香港

1938 年 5 月末、6 月初敌机开始对广州实施狂轰滥炸，6 月 8 日上午 10 时许岭南大学校地西侧被敌机投中 3 枚炸弹。虽然在此次空袭中损失不大，但是学校当局一方面通过美国基金委员会向美国领事馆汇报轰炸事件，由美国政府向日方提出抗议，另一方面开始着手考虑紧急情况下的应急方案。[①] 综合考虑学生的家庭背景、中外籍教师比例、学校的国际化背景以及华南地区的实际情况等因素，加之岭南大学早前与香港大学成功合作的经历，校方认为一旦广州沦陷，香港大学是岭大避难的首选之地。

1938 年 10 月 12 日，日军在大亚湾登陆，华南战事遂告发生。岭南大学于当天即暂行停课，疏散员生。10 月 17 日学校正式将校产归还美国基金会，18 日岭大最后一批行政人员撤离赴港，19 日学校在广州的校址改悬美国国旗。10 月 21 日，广州失陷，日军入城后承认岭大广州校产为美国人所有，故无骚扰，屋宇、图书、仪器种种一切校产毫无损失。[②]

岭大师生撤退到香港后，根据之前与香港大学达成的协议，借用香港大学的教学设施继续办学。协议中规定了岭大借用港大校舍及设备的范围，在图书馆方面规定如下：（1）香港大学西文图书馆，岭大教职员可随时入内阅览，学生则每日下午可入内阅览；（2）香港大学冯平山中文图书馆，师生均可随时入内借阅；（3）在冯平山中文图书馆

---

① 《岭南大学校董会第四十七次会议记录》，1938 年 6 月 27 日，广东省档案馆藏岭南大学档案，全宗号：38 – 1 – 19。
② 《本校概况报告（一）——民廿七年九月至廿八年二月》，载《岭南大学校报港刊》1939 年第 13 期，第 67、72 页。

内指定两阅览室，专供岭大陈列参考书，开馆时间特别延长至晚间九时半，专为岭大学生之用。[1]

在迁港之初，图书馆首批运港的图书仅约 1250 种，多系各科主要参考书。[2] 岭大图书馆在港大落脚稳定后，只是着手将原有馆藏中 2 万余册的善本图书分装 12 箱迁至香港，其余 15 万余册藏书交该校美国基金会保管，仍存于广州校址的马丁堂内。

自 1938 年 10 月底至 1941 年 12 月底约 3 年的香港岁月里，岭大图书馆在战祸横生、经费短绌的情况下顽强开展藏书建设活动。于购书政策方面，秉承战前"无论何种学科新出版之中文书，一律全部购买"的方针，对新出版的中文图书仍极力购置如前，尤其重视关于抗战建国书籍和国学研究书籍的购置；[3] 而对于各类学术期刊，因受经济困难、大量期刊停刊等因素的影响，则难以为继，故订阅数量大为减少，即使是在战前被公认为全国收藏最完备、堪称馆藏特色的西文自然科学期刊，亦因经济关系难以继续全部订阅。幸运的是，图书馆尚可利用该校由美国洛克菲勒基金会资助出版的《岭南科学杂志》，每年与国外各学术机构交换获得外文学术期刊数百种。[4]

从现存零星的藏书统计中，或可窥见岭南大学图书馆在港岁月里藏书建设所取得的成就。据《中华图书馆协会会报》1939 年第 14 卷第 1 期刊登的《岭南大学图书馆近

[1]　《本校概况报告（一）——民廿七年九月至廿八年二月》，载《岭南大学校报港刊》1939 年第 13 期，第 67、72 页。

[2]　《本校概况报告（二）——民廿七年九月至廿八年二月》，载《岭南大学校报港刊》1939 年第 14 期，第 73 页。

[3]　《私立岭南大学各院系现况》（1939 年度），广东省档案馆藏岭南大学档案，全宗号：38 - 1 - 2。

[4]　《岭南大学图书馆随校迁港后之现状》，载《中华图书馆协会会报》1939 年第 13 卷第 6 期，第 24 页。

讯》，截至 1939 年 5 月 3 日，岭大图书馆存港书籍合计 5911 册，其中中文书 2414 册，西文书 1784 册，中文期刊（未订本）722 册，西文期刊（未订本）985 册，日报（已订）33 册。① 而到 1939—1940 学年度末时，在港藏书数量仅图书一项已达到 11540 册，内中文 8972 册，西文 2568 册。② 至迁港第三年，即 1940—1941 学年度，图书馆的经费为抗战爆发以来最多的一年，合计年购书经费达港币 13150 元，其中包括订购国学图书的专款，教育部津贴的特款国币 5000 元，以及美国基金委员会补助的订购西文自然科学期刊的经费 1000 美金。一年内合计新增图书 5135 册，其中中日文书 3956 册，西文书 1179 册；新入藏期刊 578 种，其中中日文 336 种，西文 242 种；订购日报 22 种，计香港 12 种，上海 3 种，重庆 3 种，东京 1 种，北平 1 种，广州 2 种。存港图书共计 17618 册，其中中文 13529 册，西文 4089 册；存港期刊 1368 种，内中文 824 种，西文 544 种。在图书编目方面，为中文书编制书架目录卡片 314 张，著者、题名、主题目录卡片 9434 张；为西文书编制书架目录卡片 837 张，著者、题名、主题目录卡片 3494 张。③

3.3.2.2　保存国故

1938 年 11 月至 1941 年 11 月是抗日战争战略相持阶段的前期，这一阶段内，日本改变了侵华策略，汪精卫集团叛国投敌，从中央到地方建立起了一系列伪政权，同时推行奴化教育。在这一大背景下，国民政府教育部为"增强民族意识，而促进建国大业"，于 1940 年 1 月 8 日发布了

---

① 《岭南大学图书馆近讯》，载《中华图书馆协会会报》1939 年第 14 卷第 1 期，第 21 页。

② 《私立岭南大学各院系现况》（1939 年度），广东省档案馆藏岭南大学档案，全宗号：38－1－2。

③ 《岭南大学图书馆馆务报告：民国廿九年七月至三十年六月》，中山大学图书馆校史室藏。

《发扬吾国固有文化》的命令，对全国公私立专科以上学校提出了9项要求：应尽量使用本国教材；教师应整理我国先哲有价值之学术，与西洋同性质之学术作比较研究；应特别重视中国通史、断代史及各种专史的教学；加强与海外开展东方文化研究的学校、博物馆、图书馆或学术团体的合作；注重调查和保护学校所在地临近的古物建筑、名胜古迹；聘请研究中国文化的专家做演讲；教师应指导学生开展有关中国文化的学术研究及演讲会等；利用各种集会启迪学生对固有文化之信心；各大学研究院所之各学部，应注意整理中国材料，研究中国问题，翻译中国典籍，并负向世界学术界宣传介绍之责。[①]

岭南大学遵照教育部令，于1941年3月成立中国文化研究室，并获得美国基金会的拨款补助。因中国文化研究室的成立，图书馆每年的购书经费中就增设了订购国学图书的专项经费。在研究室甫一成立的最初3个月内，图书馆获得了购置国学图书的经费1600港元。运用这笔经费，图书馆在1941年中购入了一批重要的国学研究方面的中文书籍以及西文中国学书籍。如伪满洲国务院辑印之《大清历朝实录》4485卷1220册，以港币1138元在北平大同书店购入，此为研究清史的重要史料，且印数不多。再如郑振铎编著的《中国版画史》，此书已出2辑，共8册，用珂罗版乳黄色罗纹笺或上等宣纸彩色木版套印，内容、印刷装潢均极精美，为国人研究中国版画史的第一部巨著。此外，美国基金会还另向图书馆拨发专款200美金，用于购买北平方面影印的西文中国学书籍。[②]

当时岭南大学图书馆无论是在国内搜求国学研究的中

---

① 《教育部令发扬吾国固有文化》，载《岭南大学校报港刊》1940年第52期，第3版。

② 《岭南大学图书馆馆务报告：民国廿九年七月至三十年九月》，中山大学图书馆校史室藏。

文书籍，还是向国外订购"中国问题研究"西文出版物，主要都是通过与美国的东方学研究机构合作进行的，重要的合作伙伴有夏威夷大学东方文库、哈佛大学哈佛燕京学社、美国国会图书馆东方部以及美国学术团体协会中国学研究委员会。岭南大学图书馆原馆长谭卓垣此时担任夏威夷大学东方文库主任，因其对岭大图书馆的馆藏了如指掌，于藏书建设方面颇有建树，故当时主管图书馆事务的岭南大学美国基金委员会秘书黄念美多次致函谭卓垣，委托其协助岭南大学图书馆建设中文馆藏。哈佛大学哈佛燕京学社方面，则主要由岭大图书馆的代理馆长何多源与汉和图书馆馆长裘开明书信联系，一方面岭大图书馆根据汉和图书馆定期开列的书单和需求，代理其在中国国内购书事宜，另一方面岭大图书馆在此过程中，参考汉和图书馆的购书政策，进行本馆的藏书建设活动；与此同时，岭大美基会根据哈佛燕京学社 1936 年出版的 *Check List of Important Western Books on China*（第二版）拨发专款，代岭大图书馆在美国订购相关书籍，如在 1940—1941 学年，美基会就为岭大图书馆订购了费希尔（Fisher）的《汉代中国绘画》（*Die Chinesische Malerei der Han Dynastie*）、多马·斯当东（George Thomas Staunton）所译的《大清律例》（*Ta Tsing Leu Lee*）、Voretzsca 的 *Altchinesische Brozen* 以及《新疆佛教艺术》（*Die Buddhistische Spätantike in Mittelasien*）等重要的西文中国学书籍。[①] 在对国学研究方面的中文书籍、"中国问题研究"西文出版物的选择和购买方面，岭南大学图书馆与美国国会图书馆东方部以及美国学术团体协会中国学研究委员会也多有联系。

3.3.2.3 流离失所

尽管因战争缘故而寄居香港大学的岁月是艰苦的，但

---

① 《岭南大学图书馆馆务报告：民国廿九年七月至三十年九月》，中山大学图书馆校史室藏。

是经过 3 年的磨合，岭大师生们还是渐渐适应了香港的环境，习惯了利用港大正常教学、研究活动的间隙时间开展岭大自己的教学、研究工作。就在包括图书馆藏书建设在内的学校各项工作日渐步入轨道并取得一定成绩的时候，香港局势开始恶化。1941 年 12 月 8 日珍珠港事件爆发，不久香港沦陷，岭大师生不得不再次停课，陆续撤离香港，学校迁回内地，筹备复校计划。因时间仓促，加之日军占领香港后有计划地对在港文化名人、文化机构加以控制，岭南大学存于香港大学冯平山中文图书馆、中国文化研究室以及香港岭南分校的书籍无法搬运，只能就地保存。

岭南大学存于原广州康乐校址的藏书亦面临危机。在抗战的最初 4 年里，岭南大学图书馆的藏书不仅幸免于难，而且在数量上仍呈增长趋势；然珍珠港事件后，由于日本对美国宣战，故日军迅速侵占了岭南大学在广州的康乐校址，存于该校址的交由美国基金委员会保管的约 15 万册藏书遂沦于敌手。最初敌军将存于马丁堂图书馆的藏书全部搬往女生宿舍，后伪省立广东大学在康乐校址上成立，所有藏书又被用车运回马丁堂，移交伪省立广东大学使用，[①]其中部分藏书被伪省立广东大学分别移交给该校附属中学（抗战胜利后被广东省立文理学院接收）、伪南武中学、伪鸣松中学等学校，[②] 以及敌东亚研究所、敌陆军医院等日军机构。经数次辗转、移交、搬迁，图书散佚严重。

1941 年 12 月至 1945 年 8 月，正是抗日战争战略相持阶

---

① 何观泽：《广州香港各图书馆近况》，载《中华图书馆协会会报》1946 年第 20 卷第 4、5、6 期合刊，第 3—7 页。

② 《派员赴南武中学领回图书》（1947 年 3 月 30 日）、《证明移交图书杂志小册子共六五九五册由》（1947 年 1 月 11 日）、《致广东省立文理学院之函如派员认领图书杂志请予协助由》（1947 年 1 月 8 日）、《致中正学校函如派员认领书籍请予协助由》（1947 年 1 月 8 日），广东省档案馆藏岭南大学档案，全宗号：38 - 2 - 37。

段的中后期，也是抗战岁月中局势最为严峻、战势最为惨烈的阶段。这一阶段的岭南大学面临着重重危机，进入前所未有的艰苦时期。危机之一是经费问题，当时美国已经卷入战争，使得美国基金委员会的资金来源缺乏，难以一如既往地支持岭大，学校如果坚持办学就必须在战争形势下自筹大量经费。危机之二是复校选址问题，事实上自香港沦陷至抗战胜利的 4 年间，岭南大学基本上始终处于颠沛辗转、流离失所的状态。

香港沦陷后，岭南大学在广东省政府、国民党第七战区司令部的帮助下，择定韶关曲江县仙人庙镇大村作为复校校址，学校将此处原属军队的 60 多间茅屋和一些临时房屋改建为办公室、实验室、课室、学生宿舍、食堂和教工宿舍等，还陆续增建了 40 多座临时校舍，其中包括 1 座图书馆。为增加图书资料，校长李应林亲自发动捐书运动，从联系到的校友处获得支持，充实了学校的图书馆。[①]

然而战争很快波及粤北地区，为躲避战火，岭大师生于粤北各地，从大村到坪石，从坪石回到大村，又从大村疏散到黄坑，再到仁化、连县、五岭等地，最后到梅县，其中还一度全校自由疏散。此种奔波迁徙的日子一直持续到抗战胜利。

3.4 抗战以后：重建与移交

3.4.1 清点、追回与重建

1945 年 8 月 15 日，日本宣布无条件投降，抗日战争胜

---

① 陈国钦、袁征：《瞬逝的辉煌——岭南大学六十四年》，广东人民出版社 2008 年版，第 105、106 页。

利结束。8 月 16 日，岭南大学即着手展开回迁广州康乐园校址的工作，9 月 5 日正式收回康乐校园①。图书馆随校迁回广州后立即开展图书清点和追回工作，董理丛残，收拾遗侠。

正如前文所述，岭南大学图书馆在抗战前藏书颇丰，数量在全国大学图书馆中占第 5 位。抗日战争全面爆发后，因日军承认岭南大学的校产为美国所有，故在广州托美基会保管的藏书未有损失，加之迁校香港的 3 年间，图书馆克服一切困难，坚持开展藏书建设，至 1941 年底香港沦陷前，图书馆在广州和香港两地已合计拥有藏书约 20 万册，其中中文藏书约 142000 册，外文藏书约 58000 册。② 然随着日本对美国宣战，岭南大学图书馆在广州和香港两地的藏书亦沦于战火。

广州光复后，图书馆携带在粤北仙人庙上课期间所藏的图书约 1 万册随校迁回③。1946 年 3 月间，图书馆又由香港运回图书杂志 18320 册，其中中文书 4843 册，西文书 3531 册；中文杂志已订者 225 册，未订者 4066 册；西文杂志已订者 108 册，未订者 5188 册；已订日报 359 册。④

在广州，图书馆接收了战争期间被伪省立广东大学占据的图书馆的全部藏书，并陆续追回抗战期间被伪省立广东大学调拨到该校附属中学（抗战胜利后被广东省立文理学院接收）、伪南武中学、伪鸣松中学等学校的藏书。据广

---

① 陈国钦、袁征：《瞬逝的辉煌——岭南大学六十四年》，广东人民出版社 2008 年版，第 111 页。
② *Questionnaire of University Libraries*，广东省档案馆藏岭南大学档案，全宗号：38－4－87（131）。
③ 何观泽：《广州香港各图书馆近况》，载《中华图书馆协会会报》1946 年第 20 卷第 4、5、6 期合刊，第 3—7 页。
④ 何观泽：《广州香港各图书馆近况》，载《中华图书馆协会会报》1946 年第 20 卷第 4、5、6 期合刊，第 3—7 页。

东省档案馆所存的零星关于接收书刊的公文，可略知如下几次召回书刊的情况：（1）伪省立广东大学：1946年1月，通过教育辅导委员会接收中西文图书共2850册，期刊小册子共3745册，合计6595册。① （2）南武中学：1946年1月，收回有岭南大学图书馆或教职员私人印记的中文图书114册，英文图书21册，并有南大书店英文图书89册；②3、4月间，收回图书期刊一批300册；③ 1946年6月，通过广东省教育所收回英文书籍一批200余册。④ （3）伪省立广东大学附属中学：1946年1月，收回中西文图书期刊4800册。⑤

据接收清册记载，抗战胜利后岭南大学图书馆从伪省立广东大学以及上述各中学共接收藏书的数量为179143册，其中包括属于伪省立广东大学的藏书1万多册。但在接收回的近18万册藏书中，有3万多册为未编目及复本书，多系私人藏书和中山大学出版的杂志，故不能计入岭南大学图书馆的馆藏。综上，岭南大学图书馆实际接收的藏书数量中英文合计仅约14万册。⑥

随后，图书馆又从其他4处收回图书、杂志约10402

① 《证明移交图书杂志小册子共六五九五册由》，1946年1月11日，广东省档案馆藏岭南大学档案，全宗号：38－2－37。

② 《致南武中学之函请将日前伪广东大学借出之图书除杂志部分赐予贵校外其余书籍希交还领回由》，1946年1月9日，广东省档案馆藏岭南大学档案，全宗号：38－2－37。

③ 《派员赴南武中学领回图书》，1946年3月30日，广东省档案馆藏岭南大学档案，全宗号：38－2－37。

④ 《致广东省教育所之电请伪南武中学将沦陷时□向伪广东大学借去书籍交送由》，1946年6月10日，广东省档案馆藏岭南大学档案，全宗号：38－2－37。

⑤ 《致广东省立文理学院之函如派员认领图书杂志请予协助由》，1946年1月8日，广东省档案馆藏岭南大学档案，全宗号：38－2－37。

⑥ 《图书馆近况报告》，广东省档案馆藏岭南大学档案，全宗号：38－4－87（108—110）。

册，分别为：（1）敌东亚研究所收回中文图书及杂志共
8367 册；（2）中大植物研究所收回植物学杂志 21 册；
（3）敌陆军医院收回西文科学图书及已装订的杂志共 1984
册；（4）在岭南大学牧场（前敌人住宅）搜回西文图书 30
多册。①

综上所述，岭南大学图书馆从仙人庙校址和香港两地
运回的图书，接收藏于被伪省立广东大学占据的图书馆内
的藏书，以及从敌东亚研究所、中大植物研究所、敌陆军
医院和岭南大学牧场四地接收回的图书杂志，即经过八年
全面抗日战争后，岭南大学图书馆实际保存下来的藏书约
有 18 万册，比香港沦陷前的藏书数量减少了约 2 万册。而
因战争而损坏、被盗或以其他方式损失的藏书册数则达五
六万册之多。

在图书馆所有藏书损失中，若按价值计，则当属存于
香港的藏书损失较为惨重。因为广州沦陷后，图书馆曾将 2
万余册善本书迁移到香港；而在港期间，因 “发扬国学研
究” 的政策，图书馆又购买了大批重要的国学书籍以及
“中国问题研究” 西文出版物。这些书在香港沦陷后均未能
转移到安全的地方。

岭南大学图书馆在香港的藏书损失情况如下：（1）存
般若含道中国文化研究室的图书杂志约 11000 册（内有
《大清历朝实录》1120 册）全部散佚；（2）寄存司徒拔道
岭南分校的善本图书 12 箱中失去第 6 箱，内藏《通报》
（*Toung Pao*）全份，《中国丛报》（*Chinese Repository*）两整
套，影印明本《金瓶梅词话》及 4 种罕传广东县志。至于
保存在香港大学冯平山中文图书馆的图书因有人保管，则

---

① 《图书馆近况报告》，广东省档案馆藏岭南大学档案，全宗号：
38 - 4 - 87（108—110）。

损失甚微。①

战前的岭南大学图书馆，其藏书以外文书籍、西文自然科学期刊、"中国问题研究"西文出版物以及广东省方志而著称。经过战争的洗劫，图书馆在这些方面的藏书损失甚为严重。故战后的岭南大学图书馆将关于中国（尤其是广东省）问题研究的西文书以及西文自然科学期刊作为优先发展的馆藏类型。在重建馆藏的计划中，还强调建设各科教科书及参考书类的馆藏，注意收集关于二战和世界和平方面的书籍。

复校后的岭南大学逐步进行各项恢复工作，图书馆的书刊订购工作基本恢复到战前水平。在此期间，基督教学校联合会给岭大拨款3.5万美元，用于购置图书资料及教学仪器设备。② 图书馆积极开展藏书建设工作，订购大量书籍，仅1947年下半年就订购书籍1826册，期刊1926本。③图书馆还陆续收到来自国内外各界的赠书，其中多次较大宗参与赠书的机构有美国新闻处（United States Information Service）、史密森研究所国际交换中心（International Exchanges from Smithsonian Institution Washington，U. S. A. ）、哈佛燕京学社（Harvard-Yenching Institution）和英国文化协会（British Council）。此外，在中华图书馆协会的努力下，美英等国在战后发起向中国赠书运动，④⑤ 联合国善后救济

---

① 何观泽：《广州香港各图书馆近况》，载《中华图书馆协会会报》1946年第20卷第4、5、6期合刊，第3—7页。

② 陈国钦、袁征：《瞬逝的辉煌——岭南大学六十四年》，广东人民出版社2008年版，第112页。

③ 陈国钦、袁征：《瞬逝的辉煌——岭南大学六十四年》，广东人民出版社2008年版，第114页。

④ 《美发起征书运动将赠我大量图书》，载《中华图书馆协会会报》1946年第20卷第1、2、3期合刊，第12页。

⑤ 《英美赠书助我国图书馆复兴》，载《中华图书馆协会会报》1946年第20卷第4、5、6期合刊，第10页。

总署决定以 400 万美元的预算购买图书设备，供给中国有关医药、农业及工业复员的教育机关应用，故岭南大学图书馆从以上几项活动中也获取了一批赠书。

3.4.2 新智识研究室

1949 年 10 月 1 日，中华人民共和国宣布成立；10 月 14 日晚，解放军先头部队进入广州，新政府开始接管广州；10 月 16 日，岭南大学校园里飘扬起五星红旗。学校当局对共产党政权的态度应该说是相当配合的，事实上从 1946 年的一份会议记录就可以看出抗战胜利以后，岭南大学对共产党所采取的态度。1946 年 2 月 6 日举行的校务会议上，校长李应林报告：又接外间报告，有共产党入校内活动，本校对于思想言论绝对自由，但不能在校内发动风潮，影响大众学业。①

学校设有"岭南大学中国教员联谊会"，由大学全体专任中国教师组成，该会成立的宗旨是"以增进教员同人感情，砥砺学术，并谋共同福利"。② 自新中国成立以后，教员联谊会也加强了政治理论学习，成立了新民主主义与大学教育研究班，每周一组织关于新民主主义、计划经济、知识分子的改造和苏联的教育等专题演讲和讨论。③

教员联谊会理事会学习股为便于校内教师学习马列主义和新民主主义知识，特在图书馆二楼东侧小房间设立"新智识研究室"，将图书馆入藏与新智识有关的中外图书

① 《卅五年度第四次校务会议记录》，1946 年 2 月 6 日，广东省档案馆藏岭南大学档案，全宗号：38－1－14。

② 《岭南大学中国教员联谊会会章》，广东省档案馆藏岭南大学档案，全宗号：38－1－31。

③ 陈国钦、袁征：《瞬逝的辉煌——岭南大学六十四年》，广东人民出版社 2008 年版，第 124 页。

集中一室，以便参考。该室自 1949 年 11 月 1 日起开放，室内书籍保管与阅览规定全由教员联谊会负责。[①]

新智识研究室初开放时拥有马列主义和新民主主义相关的中西文图书 181 种 194 册，其中中文书 151 种 161 册，西文书 30 种 33 册；新民主主义期刊及其他文献 16 种。全部图书大致分为 10 大类，包括新智识辞典类、新哲学导源、辩证法唯物论与唯物史观、政治经济学、资本论、苏联革命与人物、苏联现状、中共革命史与人物、新民主主义革命以及中国现状，涵盖了马克思、恩格斯、费尔巴哈、米廷、列宁、斯大林、布哈林、毛泽东、周恩来、朱德、彭德怀、瞿秋白、茅盾、斯诺、史沫特莱等人的经典著作。[②]（新智识研究室图书目录，参见附录四）

3.4.3　院系调整与藏书移交

1950 年 6 月爆发的抗美援朝战争使中美关系恶化，这一政治上的正面冲突反映在文化、教育界，表现为政府决定加快清理教育界所受英美文化的影响，学习苏联教育改革的思路，通过院系调整建立起一套"苏联模式"的社会主义大学制度，把私立大学和教会大学全部改为公立。[③]

在这一场高等教育改革中，接受英美教会支援的教会大学成为清理的重点，如燕京大学被定性为"美帝国主义

---

① 《呈报教员联谊会理事会学习股请设"新智识研究室"乞予备案由》，1949 年 11 月 1 日，广东省档案馆藏岭南大学档案，全宗号：38－4－87（30—43）。

② 《呈报教员联谊会理事会学习股请设"新智识研究室"乞予备案由》，1949 年 11 月 1 日，广东省档案馆藏岭南大学档案，全宗号：38－4－87（30—43）。

③ 陈国钦、袁征：《瞬逝的辉煌——岭南大学六十四年》，广东人民出版社 2008 年版，第 128 页。

文化侵略中国的阵地"。岭南大学尽管在接受了一系列调查后，因其"一不从属任何教会，二提倡宗教信仰自由，三经费来源多依靠华侨及社会各界人士的捐款"，故被判定为不是教会学校，而是一所私立华侨大学，[①] 但是最终仍被停办。

1951 年 11 月，全国工学院院长会议召开，会议拟定了全国工学院院系调整方案，由此揭开了全国院系调整的序幕。1952 年，教育部发布《关于全国高等学校 1952 年的调整设置方案》，根据苏联大学体制，以建设单科性专门学院为主，削减原有综合性大学，增进工科院校和师范院校的比重，取消大学中的学院建制，改为校系两级管理。[②]

根据中央院系调整的方针和原则，广东省的院系调整方案如下：原中山大学、岭南大学、华南联合大学和广东法商学院 4 所院校的理科各系合并组成一所新的综合性大学——中山大学；原中山大学、广东法商学院原有的商科和华南联合大学的财经学院并入新的中山大学；岭南大学文学院除教育系外，文科各系也并入新的中山大学文学院；岭南大学文学院的教育系并入华南师范学院（今华南师范大学）；原中山大学、岭南大学、华南联合大学的工科各系和广东省工业专科学校调整组成新建立的华南工学院（今华南理工大学）；原中山大学农学院和岭南大学农学院共同组合成新建立的华南农学院（今华南农业大学）；原中山大学医学院、岭南大学医学院与光华医学院组成华南医学院

---

① 李瑞明：《院系调整与岭南》，李瑞明：《岭南大学》，岭南（大学）筹募发展委员会 1997 年版，第 219—220 页。

② 据《1952 年中国高等院校的院系调整全宗》（http：// www. historykingdom. com/read. php? tid = 89379&page = e&fpage = 1）及李扬：《五十年代的院系调整与社会变迁——院系调整研究之一》，载《开放时代》2004 年第 5 期，第 15—30 页。

（后称中山医科大学，现为中山大学中山医学院）。[①]

　　根据以上院系调整的方案，岭南大学图书馆的藏书也进行了相应的移交，故图书馆藏书的流布情况如下：原理科及人文科学相关藏书的主体现保存于中山大学图书馆，原善本古籍、"中国问题研究"西文出版物等专藏的主体亦保存于中山大学图书馆；因原华南医学院现为中山大学医学院，故原分配给华南医学院的岭大医学藏书亦尽数藏于中山大学北校区图书馆；原教育类藏书现存于华南师范大学图书馆；原工科类藏书现藏于华南理工大学；原农学类藏书现藏于华南农业大学。

　　自1952年院系调整至今已有60余年的时间，其间中国社会又经历了种种变化，岭南大学图书馆被划分至各个学校的旧藏，因各种原因多有流入旧书市场中，或以废纸变卖者，于是藏书一再易手，或存或废，具体散佚情况实难一一考证，仅知近年来中山大学图书馆从各种途径陆续回购了若干岭南大学图书馆旧藏。

---

　　① 陈国钦、袁征：《瞬逝的辉煌——岭南大学六十四年》，广东人民出版社2008年版，第130页。

4 岭南大学图书馆购书经费研究

4.1 购书经费的来源

岭南大学图书馆购书经费的来源大致可分为学校每学年度的常规拨款、哈佛燕京学社图书费、各院系的图书费和其他特别购书费4项。现就每项购书经费的情况分述如下。

4.1.1 学校每学年度的常规拨款

学校每学年度的常规拨款中包括了购书经费、办公支出和人员薪金，此部分经费属于图书馆的固定来源，也是最重要的来源，构成图书馆全部经费的主体，由学校每年按一定比例从总收入中拨付，因此全校每年经费的来源情况以及数量的多寡很大程度上决定了图书馆经费的情况。

岭南大学早期每年的经费主要来自美国基金会向国外各机构及社会人士筹集的捐款和基金会投资所得的收入，即学校运作的资金主要依赖外国。钟荣光协理校务后认为学校在经费问题上依赖外国并非长远之计，故于1909年始向本国人士及华人募捐。至1914年第一次世界大战爆发以后，国内其他教会学校基本上都因教会在海外筹款困难而陷入困境，唯有岭南大学因钟荣光转向华人募捐的策略得以继续维持和发展。1915 年，岭南学校广州香港维持会在香港成立，海外各地华人也成立了岭南学校共进会，从此学校在经济上对外国的依赖逐渐减小。而华人资金在学校办学经费中所占比重的增加，甚至逐渐成为主要来源，恰恰是岭南大学在 20 世纪 20 年代初收回教育权运动中能够完全收归国人自办的重要因素之一。1927 年学校收归国人自办后，政府拨款的增加、学校资金收入的多元化表现得更为明显，表 4 - 1 显示了自 1928—1938 年广州沦陷前 10 年间岭南大学各年经费的来源情况。

从表 4 - 1 中可见，自 20 世纪 20 年代末期以后岭南大学每年的经费来源呈多样化状态，可分为捐助、政府拨款、学费、农产品、租项、出版和其他收入 6 类。捐助主要来自美国基金委员会、同学基金会、华侨基金会、洛克菲勒基金会、中华文化基金会、其他团体和个人，其中同学基金会和华侨基金会的捐助属于华人资金办学力量，而其他团体和个人捐助中部分也来自华人捐赠；农产品指出售学校经营的农场和试验农场所产蚕丝品、田艺品、牲畜品和园艺品的收入；租项包括学校出租课室、办公室、各住宅、学生食堂、蚕丝局、市场、田亩、邮局、村落、贸易亭和农村夏令营等收入；其他收入则包括利息、文凭证书、图书馆罚款、电船、储款部、自来水水费、试验室赔补、讲义费、琴租、电力、电话、燃料、护养院药费等各项收入。

据表中数据显示，在 1928—1938 年的 10 年间，各项捐助收入平均占学校总收入的 23.9%，其中所占比例最高的一年是 1933—1934 学年，为 45.0%，所占比例最低的一年是 1928—1929 学年，为 1.9%，而捐助中有相当一部分来自华人捐赠。包括广东省政府、中央铁道部、中央教育部

表 4—1 岭南大学 1928—1938 年经费来源统计

(单位：元)

年份	1928—1929	1929—1930	1930—1931	1931—1932	1932—1933	1933—1934	1934—1935[2]	1935—1936[3]	1936—1937	1937—1938[4]
捐助[1]	11159.95	21197.00	476714.98	421371.18	414512.99	737527.06		158388.30	160566.05	115260.00
政府拨款	203999.93	307167.31	285294.17	321925.15	186666.66	376999.88		333194.92	277697.50	167640.00
学费	233760.02	278763.46	302159.13	343112.66	419108.48	430332.35		426543.72	426649.86	309190.00
农产品	44499.29	25065.68	24571.00	36702.97	30723.34	35507.90			52599.86	94470.00
租项	84061.34	83224.94	75358.47	30115.94	23726.37	13194.39		16126.31	13220.81	
出版	345.56									
其他收入	4205.36	6579.31	5078.02	2251.97	14151.34	45266.72		21337.15	22290.10	16770.00
合计	58031.45	721997.70	1169175.77	1155479.87	1088889.18	1638828.30		955590.40	953024.18	709200.00

注：1. 在 1931—1932 年度以前，岭南大学在预算书和决算书中将政府拨款列入"捐助"项，1931—1932 年度之后的历年政府拨款被独立列入"协款"项。在本表中为明晰经费来源起见，直接使用"政府拨款"。2. 在广东省档案馆藏岭南大学档案中，缺 1934—1935 年度预算书、决算书，故数据缺失。3. 自 1935—1936 年度起，农场、南大银行、南大书局作为学校附属营业机关，收支另行编制决算书。4. 1937—1938 年度仅有预算书，故数据以预算书为准。另，1937—1938 年度预算书中全部以国币计算，而 1928—1937 各年度预算书、决算书则以粤币计算。

资料来源：广东省档案馆藏岭南大学档案，全宗号 38—2—103：《私立岭南大学民国十七十八年度决算书》，《私立岭南大学民国十九年度决算书(1935 年 7 月 1 日至 1936 年 6 月 30 日)》，《私立岭南大学决算书(1931 年 7 月 1 日至 1932 年 6 月 30 日)》；全宗号 38—1—65：《私立岭南大学决算书(1932 年 7 月 1 日至 1933 年 6 月 30 日)》，《私立岭南大学决算书(1933 年 7 月 1 日至 1934 年 6 月 30 日)》；全宗号 38—2—104：《私立岭南大学编造民国廿六年度决算书(1937 年 7 月 1 日至 1938 年 6 月 30 日)》。

及其他政府机关拨款，这些政府拨款在此 10 年间平均占学校总收入的 28.6%，其中所占比例最高的一年是 1929—1930 学年度，为 42.5%，所占比例最低的一年是 1932—1933 学年度，为 17.1%，其他年份都基本稳定在学校总收入的三分之一左右。学费则每年基本稳定在学校总收入的 36.9% 左右。从上述数据可知在学校收归国人自办后，政府拨款与学生学费收入成为学校经费的 2 个主要来源，2 项合计数目平均每年可达到学校总收入的 65.5% 左右。至于农产品、租项和其他收入项均属学校经营收入。故显而易见，学校运作资金脱离对外国的依赖，主要靠政府、学费及学校经营收入维持运作和发展。

在学校的各项收入中，美国基金委员会捐助金指定用于教员薪金、职员薪金、学额、女生宿舍、编辑科学杂志、植物标本室、讲座、特务经营、学额奖品等，洛克菲勒基金会捐助指定用于化学和生物研究，中华教育文化基金会捐助指定用于蚕病研究、蚕业推广、植物病理研究、教员薪金、职员薪金、特务经营和学额奖品等，中央铁道部拨款指定用于工学院，故这 4 项经费一般不用于学校对图书馆每年的常规性拨款，其他各项收入则由学校统筹计划，按一定比例分配到包括图书馆常规性拨款在内的各项开支中。

关于图书馆每年从学校所得的常规拨款占总预算的百分比问题，在图书馆发展的各个阶段情况有所不同，所得比例受学校当年的经济情况、教学和科研的需求程度以及图书馆本身发展的完善程度等因素的影响。岭南大学图书馆成立于 1906 年，据 1905—1906 学年学校的财务报告显示，当年用于购买图书的支出为 20 大洋，购买杂志的支出为 26.3 大洋，共计支出 46.3 大洋，约占学校当年总支出（993.98 大洋）的 4.7%，当年另有 1.1 美元的追加图书费，

及 5 美元的追加杂志费，占当年全校总追加经费（297.01
美元）的 2.1%。① 但事实上在图书馆创立及发展的初期阶
段，各项工作及制度尚不完善，少有的几名工作人员由学
校的教员兼任，因此学校每年主要向图书馆拨付的是购书
费。加之当时大学部尚未完善，学校以小学及中学教育为
主，故教学与科研对图书馆的倚重暂不明显，因此在图书
馆成立的最初 10 年里，拨付给图书馆的购书费占学校总经
费的比例只有 0.1% 左右。② 如 1909—1910 学年度，图书馆
的支出为 86.41 大洋，全校当年教学支出合计为 20804.34
大洋（不含薪酬、教员差旅费、管理支出和校长支出），即
图书馆支出仅占学校教学支出的 0.4%。③ 尽管当时图书馆
经费占全校总经费数的比例很低，但是图书馆经费的数量
依旧呈逐年增长态势，至 1911—1912 学年度时，图书馆经
费数量达到 131.14 大洋，合美元 59.36 元；④ 至图书馆成立
10 周年时，即到 1915—1916 学年度，图书馆经费数量已增
长到 138.59 元，并获得 265.96 元的额外追加款。⑤ 1916 年
学校正式开办文理科大学后，图书馆经费数量的增长更为

---

① 据中山大学图书馆藏"岭南大学档案缩微胶卷"Reel 26 中的
Summary of Account Sept. 12，1905 *to Sept.* 1，1906 记载。

② 据中山大学图书馆藏"岭南大学档案缩微胶卷"Reel 26 中学校
历年财务报告统计得出的数据。

③ 数据来自中山大学图书馆藏"岭南大学档案缩微胶卷"Reel 26
中的文件 *Current Receipts and Expenses*，*Expenses* 1909—1910；关于 1909 学
年度图书馆的经费情况，还有一个数据见于特嘉女士 1921 年撰写的一份
关于图书馆的报告 *The Library*，其中记载 1909 学年度的经费为 75 元。

④ 据中山大学图书馆藏"岭南大学档案缩微胶卷"Reel 26 中的文
件 *Trustees of the Canton Christian College*，*Treasurer's Report*，*Current Expenses*
1911—1912 记载。

⑤ 据中山大学图书馆藏"岭南大学档案缩微胶卷"Reel 26 中的文
件 *Trustees of the Canton Christian College*，*Treasurer's Report*，*Current Expenses*
1915—1916 记载。

显著，1917—1918 学年度图书馆的购书经费为 667.2 美元，[①] 而至 1919—1920 学年度特嘉女士担任馆长时，图书馆仅购书经费一项已达到 2500 元，另外又有为满足各院系研究需要而额外拨付的 5000 元购书费。[②] 1927 年岭南大学收归国人自办后，学校进入新纪元，各项事业和制度都臻于完善，图书馆的建设和发展也受到了校方的高度重视，表 4-2 显示了 1927 年至 1938 年历年图书馆从学校获得常规拨款的情况以及学校总预算的情况。

4.1.2　哈佛燕京学社图书费

岭南大学拥有一笔从美国霍尔基金获得的 100 万美元资助，此项经费是用于支持岭南大学学术研究的，其中一部分拨付给图书馆购书之用。对于图书馆来说这是一项很重要的购书经费来源，特别是"国学"书籍的建设，其中不少购置经费来自于此。以 1940—1941 学年度为例，此时岭南大学已迁校香港，抗日战争已进入到相当艰苦的阶段，而此年度图书馆仍获得了 1600 港元的国学书籍专项购书经费。[③]

但是查阅岭南大学 1927 年以后历年的决算书可发现，学校岁入经常门中并无有关霍尔基金会赠款或哈佛燕京学社拨款的项目，因此此笔款项有可能一直由学校的美国基金委员会保管和支配，每年与基金会的其他收入一起统筹拨

---

① 据中山大学图书馆藏"岭南大学档案缩微胶卷"Reel 26 中的文件 *Bursar's Year's July* 1, 1917 *to June* 30, 1918 记载。

② 据中山大学图书馆藏"岭南大学档案缩微胶卷"Reel 26 中的文件 *The Library*。

③ 《岭南大学图书馆馆务报告——民国廿九年七月至三十年六月》，中山大学图书馆校史室藏。

表4－2　　1927—1938年图书馆常规拨款占学校年度总预算百分比统计

（单位：元）

年份	支出项目	图书馆预算		学校总预算	常规拨款百分比	购书费百分比
		金额	合计			
1927—1928	薪津	6835.00	13515.00	387971.70	3.5%	1.6%
	办公费及购置	650.00				
	图书	6030.00				
1928—1929	薪津	7320.00	20387.50	875357.10	2.3%	1.4%
	办公费及购置	770.00				
	图书	12297.50				
1929—1930	薪津	10671.00	37399.00	639972.20	5.8%	3.5%
	办公费及购置	4508.00				
	图书	22220.00				
1930—1931	薪津	10051.24	39859.41	1286222.93	3.1%	2.1%
	办公费及购置	3401.33				
	图书	26406.84				

续表

年份	支出项目	图书馆预算		学校总预算	常规拨款百分比	购书费百分比
		金额	合计			
1931—1932	薪津	9000.00	54180.00	1162047.35	4.7%	3.8%
	办公费及购置	630.00				
	图书	44550.00				
1932—1933	薪津	12117.63	51248.61	1155595.72	4.4%	3.1%
	办公费及购置	3385.69				
	图书	35745.29				
1933—1934	薪津	14137.50	55009.19	1638828.30	3.4%	2.3%
	办公费及购置	2442.16				
	图书	38429.53				
1934—1935	图书	39020.00				
1935—1936	薪津	15228.00	44588.00	921451.50	4.8%	2.7%
	办公费及购置	4850.00				
	图书	24510.00				

续表

年份	图书馆预算			学校总预算	常规拨款百分比	购书费百分比
	支出项目	金额	合计			
1936—1937	薪津	13778.00	34818.00	915565.00	3.8%	1.8%
	办公费及购置	4530.00				
	图书	16510.00				
1937—1938	薪津	12020.00	23924.00	709200.00	3.4%	1.3%
	办公费及购置	2730.00				
	图书	9174.00				

注：（1）表中1937—1938学年以前历年的预算、决算数目均概以粤币计算，1937—1938学年则以国币计算。（2）1930—1931学年、1932—1933学年、1933—1934学年仅存决算书，预算书不存，故以决算数目上的数据为参考。（3）1934—1935学年预算书、决算书均不存，故数据缺失，但据中山大学图书馆藏"岭南大学档案馆微缩胶卷"Reel 36 中的文件 *Information Concerning the Library of Lingnan University* (1938 年 4 月)记载，可知当年购书经费为粤币 39020.00 元。

资料来源：广东省档案馆藏岭南大学档案，全宗号 38－2－84：《私立岭南大学民国十六十七年度预算书》，全宗号 38－2－83：《私立岭南大学编造民国十七十八年度预算书》，全宗号 38－1－65：《私立岭南大学民国十九年度决算书》，全宗号 38－2－103：《私立岭南大学民国十六七年度决算书》（1929 年 9 月 1 日至 1930 年 8 月 31 日）》，全宗号 38－1－65：《私立岭南大学预算书》（1931 年 7 月 1 日至 1932 年 6 月 20 日）》，全宗号 38－2－82：《私立岭南大学决算书》（1932 年 7 月 1 日至 1933 年 6 月 30 日）》，《私立岭南大学预算书（1933 年 7 月 1 日至 1934 年 6 月 30 日）》，《私立岭南大学预算书（1935 年 7 月 1 日至 1936 年 6 月 30 日）》，全宗号 38－2－104：《私立岭南大学编造民国中六年度预算书（1936 年 7 月 1 日至 1937 年 6 月 30 日）》，《私立岭南大学编造民国中六年度预算书（1937 年 7 月 1 日至 1938 年 6 月 30 日）》。

付给岭南大学，或作为基金会拨付给学校图书馆的专项购书经费的一部分。这种现象的产生与岭大美国基金委员会和霍尔遗产董事会、哈佛燕京学社之间的渊源有一定关系。

哈佛燕京学社创办的支持者为美国的霍尔基金会，查尔斯·马丁·霍尔（Charles Martin Hall）是电解提炼铝土方法的发明者，并创办了铝业公司，成为美国铝业大王。霍尔出身于传教士家庭，终身未婚，其于1914年去世，在遗嘱中指定遗产除了赠与亲属、朋友、仆役和他所信赖的慈善机构以外，其余遗产分为4个部分，全部用于发展教育事业：一部分赠与他的母校奥柏林学院（Oberlin College）；一部分赠与柏瑞亚学院（Berea College）；一部分赠与美国基督教协会（American Missionary Association）；一部分用于发展美国国外若干地区的教育事业，即日本、亚洲大陆、土耳其以及巴尔干半岛，为这些地区的教育机构提供兴建和扩展的费用。[①]

但是霍尔基金规定中的第4款是很笼统、抽象的，只是划定了一个大致的范围，并没有明确规定基金必须用于中国，用于研究中国文化，更没有指明必须用于教会大学。哈佛大学与燕京大学合作研究中国文化，是霍尔基金的管理人与2所大学共同协商的结果。[②] 经过几年的接触与磋商，1925年9月霍尔遗产董事会举行会议，讨论成立哈佛燕京学社的相关事宜，内容包括：建议霍尔遗产（the Hall Estate）每年提供大约60000美元的收入基金用于成立哈佛北京中国研究学社（Harvard-Peking Institute for Chinese Stud-

① 张寄谦：《哈佛燕京学社》，冰心、萧乾主编：《燕大文史资料》（第6辑），北京大学出版社1992年版，第38—60页。
② 陶亚飞、吴梓明：《基督教大学与国学研究》，福建教育出版社1998年版，第110页。

ies)①，学社的首要目的是通过哈佛大学与燕京大学及中国其他大学之间的合作，为中国文化以及学社董事可能批准的其他中国研究领域提供研究、教学和出版的便利；学社在中国设立一个中心，并与中国和美国的其他教育机构进行合作；在美国哈佛大学建立一个中心，培训在中国工作的学者，将西方的教育理念应用到中国，并以此作为学社的美国总部。② 其后学社在中国挑选合作者，选定燕京、岭南、金陵、华西协和、齐鲁及福建协和 6 所教会大学。

1928 年哈佛燕京学社正式成立，12 月霍尔遗产董事会制定了国外教育基金的分配方案，这部分基金占全部遗产的三分之一，已超过 1400 万美元，其中 760 余万美元计划分配给霍尔遗嘱中指定的东方各地区的 20 所研究机构，包括燕京大学 100 万美元、岭南大学 70 万美元、金陵大学 30 万美元、华西协和大学 20 万美元、山东齐鲁大学 15 万美元、福建协和大学 5 万美元。上述款项分配完毕后，扣除税额和手续费，尚余 640 万美元，故此部分款项分为两部分：一部分是一般性开支，计 450 万美元，用于支付哈佛燕京学社一般费用，包括学社在哈佛大学进行的一些活动所需费用；另一部分是限制性开支，有 190 万美元，按比例分配给上述 6 所学校及印度的阿拉哈巴德农业研究所。③ 燕京大学获得的比例最大，得 50 万美元，岭南、金陵和华西各得 30 万美元，齐鲁和福建协和各得 20 万美元。④ 此项限制性经

① 当时燕京大学的英文名称为 Peking University，后来才更名为 Yenching University，学社随之更名为哈佛燕京学社（Harvard-Yenching Institute）。

② 程焕文：《裘开明年谱》，广西师范大学出版社 2008 年版，第 13—14 页。

③ 程焕文：《裘开明年谱》，广西师范大学出版社 2008 年版，第 30 页。

④ 据联董档案缩微胶卷，184—3279，第 1146 页，参见陶亚飞、吴梓明：《基督教大学与国学研究》，福建教育出版社 1998 年版，第 189 页。

费的拨发是有条件的：首先基金必须保存于美国，获得利息后按年拨发；其次必须专门用于国学教育和研究；再次在经费的使用方面要接受哈佛燕京学社的监督与指导。

哈佛燕京学社的这笔经费对于获赠的几所国内教会大学来说非常重要，不仅在国学教育和研究方面得到长足发展，而且购买了一大批中文古籍以及西文、日文东方学文献。虽然岭南大学利用哈佛燕京学社图书费也购买了不少此类文献，但是岭南大学的情况与其他获得哈佛燕京学社资助的 5 所教会大学有所不同，它在经费的使用方面与哈佛燕京学社发生了很大分歧，在国学教育和研究方面的投入很少，分配用于购买文献的经费在使用方面亦较为自由。原因是岭南大学是中国教会大学中最早和霍尔基金发生联系的大学，岭大在美国的代表曾和霍尔本人见过面，并且和管理霍尔遗产的律师相熟。早在哈佛燕京学社成立之前，霍尔基金已经承诺捐助给岭南大学 100 万美元，但后来把其中 30 万美元作为岭南的限制性经费保存于哈佛燕京学社。当时美国铝业公司总裁戴维斯在 1927 年 12 月 29 日致岭大的函中表示，将给岭大价值 100 万美元的证券，其中 70 万是按霍尔遗嘱无条件赠给岭大的，另外 30 万美元的限制性经费由哈佛燕京学社按照已说明的条件拨付给岭南大学，即重视中国学研究。但是岭南大学则认为此笔经费原本就应无条件给岭大，故没有严格按照条件使用经费，并多次试图把由哈佛燕京学社控制的经费索要回来。[①]

4.1.3 各院系的图书费和其他特别购书费

与其他教会大学一样，岭南大学的各个院系、研究室

---

① 陶亚飞、吴梓明：《基督教大学与国学研究》，福建教育出版社 1998 年版，第 217—218 页。

一般都有来自各机构和个人的资助，如植物标本室每年都有来自美国基金委员会的专项资助，化学系、物理系和生物系有来自（洛克菲勒基金会）的专项资助，蚕丝学院以及植物病理研究有来自中华教育文化基金会的专项资助，工学院有来自中央铁道部的拨款，中国文化研究室有来自哈佛燕京学社的资助，农学院有来自广东省政府、广东基督教教育会和一些商人的支持。各个院系每年还可以以院系为单位向教育部申请研究资助，此外如农学院、蚕丝学院、化学系等院系本身还拥有比较稳定的经营收入。上述各项资助和收入均作为各院系的研究经费，而各院系则会根据研究的需要，拨付给图书馆一定数额的款项，用于购买该院系所指定的专业书刊，此即为各院系的图书费。

各院系的图书费不列入图书馆每年度的预算和决算中，而是列入各院系的预算和决算中。据岭南大学历年的预算书、决算书显示，各个院系每学年度都会从本院系的常规经费中拨出一定数量的经费用于购书，差别只在于每个院系所拨付的购书费多少不一。如1937—1938学年度，植物病理系系主任何畏冷向学校提交的《岭南大学农业研究所植物病理系研究报告及预算书》中，"设备"一项的预算为10000元，其中就包括图书购置预算4000元，占该系设备总预算的40%，占该系当年总预算（含薪俸）约17.6%。[①]

此外，各院系向教育部或相关基金会申请研究经费时，申请书中一般也都列有购书项目的开支。如1934年12月，蚕丝学院和植物病理学系向中华教育文化基金会申请补助植物病理及蚕病研究经费，申请书中蚕病研究预算共计国币10000元，其中薪俸6000元、实验费4000元，购书费包含在实验费中，为1000元，仅次于购置项的预算；植病研

---

① 何畏冷：《岭南大学农业研究所植物病理系研究报告及预算书（1937年8月1日—1938年3月1日）》广东省档案馆藏岭南大学档案，全宗号：38-1-62。

究所预算共计国币 10000 元，其中薪俸 4800 元，研究费
5200 元；购书费包含在研究费中，为 2000 元，与购置仪器
及其他用具的预算金额相同。① 随后，植物病理系又向中华
教育文化基金会申请植病图书专项经费大洋 13670 元。②再
如，《私立岭南大学校董会第四十六次会议记录》中有洛克
菲勒基金会补助化学系、物理系和生物系杂志费 500 美元的
记录；③ 而现存档案中保存的代理馆长何多源 1938 年 5 月 4
日致化学系系主任富伦（H. S. Frank）的一通函件，则显示
了化学系利用洛克菲勒基金会资助购买图书文献的情况。④
广东省档案馆所藏岭南大学档案中，38－4－182 号卷宗里
也有多通各个时期关于各院系购书的往来函件，函中均有
关于购书经费从相关院系的教育部补助费中支付的说明。

可以说各院系的图书费对于图书馆的藏书来说，是相
当重要的一个购书经费来源，特别是在图书馆成立的最初
20 余年里。当时图书馆每年从学校获得的常规拨款数量较
少，很难满足各院系教学和研究对藏书的需要，所以各院
系每年都会从学校拨给本院系的常规研究经费或购置经费
中分配出相当一部分金额用于购买亟须的专业书籍。直到
1927 年以后，随着学校的经费来源渠道多样化以及各项事
业和制度的不断完善，图书馆的经费日渐充裕起来，各院
系才逐渐不再从本院系的常规拨款中拨付图书费，但是在
本院系来自其他基金会及机构资助的研究费中，图书费仍

---

① 《植物病理研究蚕病研究计划书》，1934 年 12 月 10 日，广东省档
案馆藏岭南大学档案，全宗号：38－1－62。
② 《岭南大学致中华教育文化基金会之请特助植病图书费》，1934
年 12 月 14 日，广东省档案馆藏岭南大学档案，全宗号：38－1－62。
③ 《私立岭南大学校董会第四十六次会议记录》，1938 年 3 月 13 日，
广东省档案馆藏岭南大学档案，全宗号：38－1－19。
④ *The letter of T. Y. Ho to H. S. Frank*，1938 年 5 月 4 日，广东省档案
馆藏岭南大学档案，全宗号：38－4－534（207）。

旧是比较重要的开支。这种各院系来自基金会及其他机构资助所得的图书费对于图书馆建设重点学科藏书、形成特色馆藏具有相当重要的意义，对于图书馆在战争年代的藏书建设亦发挥了尤其重要的作用。

其他特别购书费是指图书馆获得的用于购买某类文献的专项资助，或是在遇到非常规情况时申请到的特别补助。特别购书费不是图书馆的常设经费，而是属于临时性增加的经费，有时是一次性投入，有时则分批投入。如 1927 年学校收归国人自办之初，校董会曾向美国基金委员会申请补助科学刊物经费广洋 4891.90 元。[①] 1935—1936 学年度，教育部向岭南大学图书馆拨发了国币 2000 元作为社会学书籍专项经费。1937—1938 学年度，洛克菲勒基金会捐赠国币 1700 元用于续订学术刊物。[②] 1940 年 7 月，美国基金委员会通知岭南大学校董会：将每年补助国学研究费美金 2000 元，以 3 年为限；购置有关国学之外国著作，先捐美金 200 元，此外另捐助美金 1000 元，专为订购科学杂志之用。[③] 是年，亦有教育部津贴岭南大学之特款国币 5000 元，经校务会议决议全部拨归图书馆，用于专门购置教师参考书。[④] 上述经费均属于临时获得的特别购书费，因为其拨发一般都是有针对性的，且通常金额巨大，故对推动图书馆特色藏书的建设、提高藏书质量有相当重要的作用。

---

① 《民国十六年十二月廿七日南大校董会第五次会议记录》，1927年 12 月 27 日，广东省档案馆藏岭南大学档案，全宗号：38-1-17。

② 据中山大学图书馆藏"岭南大学档案缩微胶卷"Reel 36 中的文件 *Information Concerning the Library of Lingnan University*（1938.4）。

③ 《私立岭南大学校董会第五十四次会议记录》，1940 年 7 月 19 日，广东省档案馆藏岭南大学档案，全宗号：38-1-19。

④ 《岭南大学图书馆馆务报告——民国廿九年七月至三十年六月》，中山大学图书馆校史室藏。

4.2　购书经费的分配原则

在岭南大学图书馆购书经费的四项来源中，哈佛燕京学社图书费通常指定用于购买国学书籍和"中国问题研究"西文出版物，各院系的图书费用于购买相应院系指定的书籍，其他特别购书费则一般也有指定购买的文献，故此3项经费的使用不涉及分配的问题。而学校每学年度拨发给图书馆的常规经费，则存在如何根据图书馆藏书建设的原则在各类型文献、各学科文献之间分配的问题。核定和分配购书经费，订定各科购书费标准，是图书馆委员会的主要职责之一。

尽管就笔者目前所见的档案与学校出版物中没有明确成文成款的购书经费分配原则，但是通过对现存的1927—1938年间岭南大学图书馆历年预算书、决算书的统计和分析，可以发现常规购书经费的分配一般存在如下原则。

4.2.1　在语种间的分配原则

常规购书经费在文献语种间分配的一般原则是，西文书籍的购书经费最多，所占比例基本上保持在65%左右，其余部分用于购买中文书籍和期刊、报纸。通过对现存的1927—1931年岭南大学图书馆历年预算书、决算书[①]进行统

---

① 1927—1931年岭南大学图书馆历年的预算书、决算书中，图书费一项下分为"中文书籍"、"西文书籍"、"杂志"、"日报"、"装订费"、"书架及其他家私"和"卡片"7个科目。笔者在统计时，未把"装订费"、"书架及其他家私"和"卡片"3个科目的金额计算入内，只是就"中文书籍"、"西文书籍"、"杂志"和"日报"4个科目进行统计。1931年度以后，岭南大学图书馆历年的预算书、决算书中图书费一项下不再按文献语种划分科目，而是按照文献类型和学科类型划分科目，"装订费"和"卡片"两个科目计入"办公费"项目下，"书架及其他家私"独立列为一项。

计（如表4-3所示），不难发现这一原则。至于西文书籍的购书经费高达全部常规购书经费的三分之二这一问题，一方面固然可以说明图书馆重视西文文献的建设，作为以理工科和应用学科见长的学校，对西文书籍的需求很高；而另一方面更在于西文书籍本身的价格也十分高昂。结合岭南大学图书馆历年中西文文献数量的增长情况，自1920—1921学年度开始，图书馆的中文藏书总量已经超过西文藏书总量，中文藏书的年增长数量也高于西文藏书的年增长数量，故西文书籍的购书经费所占比例巨大并非说明图书馆在藏书建设中重西文轻中文，而西文书籍价格高昂才是关键因素。

表4-3　1927—1931年中、西文文献经费统计（单位：元）

年份	购书经费总数	中文书籍经费		西文书籍经费		期刊、报纸	
		金额	百分比	金额	百分比	金额	百分比
1927—1928	5090.00	1000.00	19.6%	3440.00	67.6%	650.00	12.8%
1928—1929	12266.61	1694.73	13.8%	7650.50	62.4%	2921.38	23.8%
1929—1930	24931.91	3099.41	12.4%	16939.82	67.9%	4892.68	19.7%
1930—1931	24037.28	5877.90	24.5%	15722.35	65.4%	2437.03	10.1%

资料来源：广东省档案馆藏岭南大学档案，全宗号38-2-84：《私立岭南大学民国十六十七年度预算书》，全宗号38-2-103：《私立岭南大学民国十七十八年度决算书》、《私立岭南大学民国十八十九年度决算书》和《私立岭南大学民国十九年度决算书》。

4.2.2　在各类文献及专业书籍间的分配原则

首先，常规购书经费在普通图书、参考图书、期刊报纸及各院系专业书籍之间的分配标准，一般会优先考虑保证基本教学、科研需要的普通图书和参考图书，在确保购买普通图书和参考图书经费的基础上，其余部分再酌情分配，用于为各院系购买专业书籍。

其次，常规购书经费在各个院系专业间的分配比例基本比较平衡，其中中文系、生物学系、化学系、商学院和工学院是全校 21 个专业里获得图书馆常规购书经费比例较高的专业。这一分配原则也是由图书馆委员会讨论决定的，在如何将常规购书经费分配于各个院系这一问题上，考虑的主要因素是馆藏学科结构整体上的平衡性，而学科的重要性和学生数量方面的因素则是其次考虑的问题。对图书馆 1931—1938 年历年的预算书、决算书的统计（见表 4 - 4）显示，普通图书、参考图书、期刊报纸及各院系专业书籍的购书经费的排序情况每学年度大致相似，但是在分配比例上并无一定规律，基本上处于一个比较平衡的状态。由此也可以推断出，岭南大学图书馆对重点学科的藏书建设，主要依靠哈佛燕京图书费和各院系图书费，常规购书经费则主要用于各学科基础藏书的建设，确保各学科文献资源的均衡发展。

4.3 与其他教会大学及公立大学图书馆的比较分析

岭南大学图书馆作为一所大学图书馆，在购书经费的来源与分配方面必然与其他大学图书馆有相似之处；同时，岭大所具备的"私立的、中国人主权的、不属任何教派的"性质，决定其在购书经费来源方面与其他教会大学及公立大学图书馆都有明显的差异。而在图书馆购书经费的数额方面，以岭南大学图书馆为代表的教会大学与同时期的公立大学相较也具备一定的特点。

表4-4

岭南大学图书馆常规购书经费分配统计

项目	1931—1932 经费	百分比	排序	1932—1933 经费	百分比	排序	1933—1934 经费	百分比	排序	1935—1936 经费	百分比	排序	1936—1937 经费	百分比	排序	1937—1938 经费	百分比	排序
普通图书	1934.75	4.1%	6	7880.30	22.0%	1	18542.77	48.3%	1	1400.00	5.7%	4	1000.00	6.1%	5	560.00	6.1%	5
参考图书	5358.97	11.4%	2	—	—	—	6176.93	16.1%	2	1400.00	5.7%	4	—	—	—	—	—	—
期刊、报纸及其他	603.07	1.3%	17	442.42	3.0%	16	535.36	1.4%	10	3200.00	13.1%	2	2500.00	15.1%	2	1380.00	15.0%	2
中文书籍	—	—	—	—	—	—	—	—	—	—	—	—	3500.00	21.2%	1	1900.00	20.7%	1
其他	—	—	—	—	—	—	—	—	—	—	—	—	1280.00	7.8%	3	700.00	7.6%	3
文理学院 文学系 中国文学系*	14987.49	31.0%	1	6856.46	19.2%	1	5570.13	14.5%	3	6275.00	25.6%	1	500.00	3.0%	14	270.00	2.9%	14
西洋文学系*	2805.58	6.0%	5	1408.29	3.9%	8	627.36	1.6%	8	875.00	3.6%	11	600.00	3.6%	11	480.00	5.2%	6
教育学系*	1737.96	3.7%	9	1368.10	3.8%	9	6.58	0.02%	20	825.00	3.4%	12	550.00	3.3%	13	280.00	3.1%	13
社会科学系*	1802.06	3.8%	7	1645.14	4.6%	7	—	—	—	1050.00	4.3%	8	800.00	4.8%	8	450.00	4.9%	7
哲学系	1002.88	2.1%	11	1013.60	2.8%	11	10.08	0.03%	19	600.00	2.4%	13	300.00	1.8%	15	170.00	1.9%	16
生物学	905.37	1.9%	12	2141.30	6.0%	4	216.44	0.6%	13	1300.00	5.3%	6	870.00	5.3%	6	430.00	4.7%	8
化学	1784.44	3.8%	7	1663.05	4.7%	6	1796.40	4.7%	5	1300.00	5.3%	6	870.00	5.3%	6	430.00	4.7%	8
物理学	1404.28	3.0%	10	1876.64	5.3%	5	673.23	1.8%	7	1000.00	4.1%	9	670.00	4.1%	10	400.00	4.4%	10
家政学	791.72	1.7%	13	118.64	0.3%	18	41.85	0.1%	16	250.00	1.0%	20	150.00	0.9%	17	80.00	0.9%	17
美术音乐	382.06	0.8%	19	—	—	—	—	—	—	250.00	1.0%	20	—	—	—	—	—	—

续表

项目		1931—1932 经费	百分比	排序	1932—1933 经费	百分比	排序	1933—1934 经费	百分比	排序	1935—1936 经费	百分比	排序	1936—1937 经费	百分比	排序	1937—1938 经费	百分比	排序
文理学院	其他社会科学*	379.02	0.8%	20	293.52	0.8%	17	31.72	0.08%	17	250.00	1.0%	20	150.00	0.9%	17	80.00	0.9%	17
	德育	—	—	—	—	—	—	—	—	—	—	—	—	—	—	—	—	—	—
	博物	—	—	—	—	—	—	—	—	—	—	—	—	600.00	3.6%	11	334.00	3.6%	12
商学院*		3265.93	6.9%	4	1238.28	3.5%	10	2070.93	5.4%	4	900.00	3.8%	10	700.00	4.2%	9	380.00	4.1%	11
农学院	蚕丝系	766.33	1.6%	14	802.07	2.2%	12	781.20	2.0%	6	1500.00	6.1%	3	1170.00	7.1%	4	650.00	7.1%	4
	农艺学系	700.79	1.5%	15	483.09	1.4%	15	563.81	1.5%	9	100.00	0.4%	23						
	畜牧学系	459.84	1.0%	18	605.43	1.7%	14	234.28	0.6%	12	350.00	1.4%	15						
	园艺学系	666.57	1.4%	16	654.93	1.8%	13	211.20	0.5%	14	350.00	1.4%	15						
	植物病理	—	—	—	—	—	—	25.97	0.07%	18	350.00	1.4%	15						
农事职业科		179.70	0.4%	21	54.83	0.2%	19	259.54	0.6%	11	300.00	1.2%	18	300.00	1.8%	15	200.00	2.2%	15
工学院		5156.91	11%	3	4553.54	13.6%	3	53.75	0.1%	16	385.00	1.6%	14	—	—	—	—	—	—
合计		47075.72	—	—	35099.63	—	—	38429.53	—	—	24510.00	—	—	16510.00	—	—	9174.00	—	—

注：（1）表中标注＊的院系：1935 年以后，中国文学系改为中国语言文学系，教育系改为教育及心理学系，社会政治及社会学系改为政治及社会学系；1936 学年度以后，商学院改为商学院及经济学系，并入文理学院。（2）1931—1937 年间各学年度预算概以广洋计算，1937—1938 学年度预算概以国币（National Currency）计算。

资料来源：广东省档案馆藏岭南大学档案，全宗号 38－1－65：《私立岭南大学决算书（1931 年 7 月 1 日至 1932 年 6 月 30 日）》，《私立岭南大学决算书（1932 年 7 月 1 日至 1933 年 6 月 30 日）》，《私立岭南大学决算书（1933 年 7 月 1 日至 1934 年 6 月 30 日）》，《私立岭南大学预算书（1935 年 7 月 1 日至 1936 年 6 月 30 日）》，《私立岭南大学预算书（1936 年 7 月 1 日至 1937 年 6 月 30 日）》，全宗号 38－2－104：《私立岭南大学编造民国廿六年度决算书（1937 年 7 月 1 日至 1938 年 6 月 30 日）》。

4.3.1　经费来源比较

作为大学图书馆，无论是教会大学还是公立大学，其购书经费的来源大致都是一致的，主要由学校财政负担。若加以细分则可分成学校拨付图书馆的常规性购书经费、来自各院系的购书经费及其他特别图书费。其他特别图书费中包括了来自学校特别补发的经费、来自教育部等相关政府机构直接补助的经费以及来自其他机构或个人捐助的经费等。如果深入挖掘购书经费来源的不同之处，则根本上还在于各类型大学办学经费来源的不同。

在办学经费来源这个层面上，以岭南大学为代表的教会大学与公立大学的根本区别是显而易见的。教会大学的办学经费中有许多款项来自教会、基金会等机构乃至个人的捐赠；而公立大学的办学经费虽然也有来自社会的捐赠，但捐赠来源不及教会大学广泛，捐赠经费在办学经费中所占的地位亦不及教会大学重要，可以说公立大学的办学经费基本上依赖政府拨款。

但是同样作为教会大学，岭南大学的经费来源与其他教会大学也存在很大差异，具体表现在岭大自创校以来的办学经费几乎没有来自具体某个基督教差会的资助，特别是在 1927 年学校收归国人自办后，在历年的预算书和决算书中都未显示有来自基督教差会资助的记录。

岭南大学的前身格致书院的建校经费来自创办者哈巴牧师向其友人及热心人士的募捐，1886 年集得美金

25000 元,^① 并于此年 4 月设立董事局。董事局设有成员 6
人,其中 3 人为神职人员,3 人为非神职人员,学校不附属
于美国长老会差会,由董事会独立运作。^② 在建校以后,学
校的办学经费主要来自董事会以及海内外人士的捐款,在
岭南大学早期的档案中比较全面地保存了历年向学校捐款
的机构及个人名单。^③ 1909 年,钟荣光协理校务,开始转向
华人捐款。^④ 至 1927 年以后,政府拨款与学生学费收入成
为学校经费的两大主要来源,两项合计数目平均每年可达
到学校总收入的 65.5% 左右;至于捐助部分的经费在
1928—1938 年间平均只占到学校总经费的 23.9%,且主要
来源于美国基金委员会、同学基金会、华侨基金会、洛克
菲勒基金会、中华教育文化基金会、其他团体和个人。显
然,上述来源中的前 5 项都与教会无关,至于其他团体和个
人捐款实际上也与教会无关(如表 4 - 5 所示)。

---

① 关于格致书院建校时所筹得的经费,不同文献的记载不甚一致。
如《岭南大学文献目录:广州岭南大学历史档案资料》(李瑞明主编,岭
南大学文学与翻译研究中心 2000 年版)第 19 页中记载:"1885 年有哈巴
牧师(Rev. A. P. Happer D. D.)者亦有同样之献议,得总会之同意开始向
其友人募捐。1886 年集得美金二万五千元是年四月脱离总会另立董事局
主持一切。……1887 年连前共捐得美金八万二千元……"而《瞬逝的辉
煌——岭南大学六十四年》(陈国钦、袁征著,广东人民出版社 2008 年
版)第 5 页中记载:"在热心人士的捐赠下,到 1887 年末,哈巴博士好不
容易筹得 10 万美元的资金。"

② 陈国钦、袁征:《瞬逝的辉煌——岭南大学六十四年》,广东人民
出版社 2008 年版,第 4 页。

③ 据对中山大学图书馆藏"岭南大学档案缩微胶卷"Reel 26 及
Reel 27 的梳理。

④ 李瑞明:《岭南大学文献目录:广州岭南大学历史档案资料》,岭
南大学文学与翻译研究中心 2000 年版,第 20 页。

表4-5　　　岭南大学其他团体和个人捐款来源

（1928—1938）　　　（单位：元）

学年度	来源	金额
1928—1929	英社无线电	7500.00
	霍芝庭小学花园	1000.00
	广利学额	600.00
	秘鲁捐款	257.90
	其他	159.55
1929—1930	英社无线电	1137.65
	各分校四库全书	320.40
	南美英属基安纳（捐助农院）	413.31
1930—1931	其他（本年度未详列）	3710.00
1931—1932	其他个人	2475.00
1932—1933	个人捐款	2294.57
1933—1934	个人捐款	1828.07
1935—1936	个人捐款	2717.00
1936—1937	其他个人	663.55
1937—1938	其他个人	1680.00

注：1931—1937年间各学年度预算概以广洋计算，1937—1938学年度预算概以国币（National Currency）计算。

资料来源：广东省档案馆藏岭南大学档案，全宗号38-2-103：《私立岭南大学民国十七八年度决算书》、《私立岭南大学民国十八十九年度决算书》和《私立岭南大学民国十九年度决算书》，全宗号38-1-65：《私立岭南大学决算书（1931年7月1日至1932年6月30日）》、《私立岭南大学决算书（1932年7月1日至1933年6月30日）》、《私立岭南大学决算书（1933年7月1日至1934年6月30日）》、《私立岭南大学预算书（1935年7月1日至1936年6月30日）》、《私立岭南大学预算书（1936年7月1日至1937年6月30日）》，全宗号38-2-104：《私立岭南大学编造民国廿六年度预算书（1937年7月1日至1938年6月30日）》。

然而，同一时期其他教会大学的办学经费中，来自教会的资助依旧占重要地位。如华南女子大学 1931 年度的预算中，共有 77975 元来自包括新英格兰支会、纽约支会、非勒特尔非亚支会、巴尔的摩支会、新新纳尔支会、西北部支会、狄谟支会、明尼阿波利斯支会、土北戈支会、太平洋沿岸支会等 10 个美国美以美会支会，占当年预算总额的 62.3%。① 金陵女子大学 1936 年度经费收入中来自美国各教会及施密斯大学常年捐款的数额占总数的 36.7%，与该校当年的其他经费来源比较，仍旧占主导地位。② 而燕京大学在 1917—1918 学年度的经费预算中，有 87% 的经费来自教会，发展到 1937—1938 学年度时仍有 14% 的经费来自教会。③

综上所述，至少在第二次世界大战爆发前，大陆 12 所教会大学办学经费的来源中，差会拨款占总经费的比例日益减少是当时历史条件下的发展大趋势，但是差会拨款却始终存在于这些学校的办学经费来源中，对于个别学校来说甚至仍是占主导地位的来源。而岭南大学从建校经费到后来的办学经费都独立于基督教差会之外，显然与其他教会大学形成鲜明的对比。这也是一直以来，岭南大学始终强调自身是"不属任何教派的基督教大学"④，乃至后来曾

---

① 福建省档案馆华南女子大学档案，《华南女子大学民国 20 年度预算表（1931 年）》，参见孟雪梅：《近代中国教会大学图书馆研究》，福建师范大学博士学位论文，2007 年，第 134 页。

② 孙海英：《金陵百屋房——金陵女子大学》，河北教育出版社 2005 年版，第 123 页。

③ 张玮瑛、王百强、钱辛波主编：《燕京大学史稿》，人民中国出版社 1999 年版，第 11—12 页。

④ 李瑞明：《岭南大学文献目录：广州岭南大学历史档案资料》，岭南大学文学与翻译研究中心 2000 年版，第 26 页。

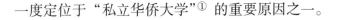

一度定位于"私立华侨大学"① 的重要原因之一。

4.3.2　购书经费数额比较

据本书"4.1.1 学校每学年度的常规拨款"小节中表
4-2 的统计可知，在 1927—1938 年的 10 余年内岭南大学
图书馆每年从学校所得的常规拨款占总预算的比例平均可
达到 3.9%，其中仅购书经费一项占总预算的平均比例即达
到 2.3%。获得常规拨款占学校年度总预算最高的一年是
1929—1930 学年度，为 5.8%；最低的一年是 1928—1929
学年度，为 2.3%。购书经费占学校年度总预算最高的一年
是 1931—1932 学年度，为 3.8%；最低的一年则是 1937—
1938 学年度，为 1.3%。可以说图书馆每年所获得来自学校
的常规拨款占学校总预算的比例是比较高的，因为岭南大
学历年的学校总预算中不仅包括大学部校长办公室、顾问
办公室、教务处、注册处、会计处、庶务处、图书馆、博
物馆、自然博物采集所、各委员会、各院系、各研究所及
护养院的支出预算，还包括校董会、美国基金委员会和同
学基金会等机构的支出预算，以及附属中学、附属小学、
附属侨校、夏令学校的支出预算。

若与当时国内其他 12 所教会大学图书馆的经费相比较，
岭南大学图书馆每年的常规经费排在前列。中山大学图书
馆藏"岭南大学档案缩微胶卷"Reel 26 中的一份报告显
示，在 1930 年 9 月至 1931 年 2 月期间，岭南大学图书馆的
经费为 15783 元，仅次于燕京大学的 19350 元，位于第 2

---

①　陈国钦、袁征：《瞬逝的辉煌——岭南大学六十四年》，广东人民
出版社 2008 年版，第 129 页。

位。[1] 另一项中国图书馆事业调查显示，1936 年时岭南大学图书馆的经费居国内教会大学图书馆之首，燕京大学和金陵大学分列第 2 位和第 3 位（见表 4 –6）。[2]

表 4 –6　教会大学图书馆经费状况一览表（1936 年）

（单位：元）

学校	图书馆经费（年）	排名
燕京大学	35410	2
齐鲁大学	未详	
沪江大学	11600	6
圣约翰大学	12000	5
东吴大学	6000	11
金陵大学	22000	3
金陵女子大学	未详	
之江大学	6086	10
华中大学	8000	8
华西协和大学	13525	4
华南女子大学	7330	9
福建协和大学	10000	7
岭南大学	55504	1

　　若与公立大学相比，仅就"图书馆经费总数"这一单项统计数据作为测评指标，岭南大学等教会大学图书馆的确不及当时国内知名的国立大学图书馆，但是与省立、市

---

　　① 据中山大学图书馆藏"岭南大学档案缩微胶卷"Reel 26 中的文件 *A Summary Report from September*，1930 *to February* 1931，*Lingnan University* 页 2 记载。

　　② 《调查中国之图书馆事业》，载《图书馆学季刊》1936 年第 14 期，第 680—684 页。

立大学图书馆相较则不相上下。1936 年一项对全国图书馆
事业调查的数据显示，在全国主要大学（包括学院专校）
图书馆经费排名（见表4－7）[1] 中，能够跻身前 10 位的教
会大学仅有岭南大学和燕京大学，分列第 5 名和第 10 名。
然而，评价大学图书馆经费的多少并不能孤立地进行，而
是要联系所在学校的规模、师生人数、专业设置情况、占
全校总经费数的比例等因素综合评判。若综合上述因素，
则事实上岭南大学、燕京大学、金陵大学等教会大学图书
馆经费数量是可以与规模庞大、实力雄厚的国立大学相比
拟的，尤其是生均占有图书馆经费这一项上，教会大学图
书馆甚至有可能远高于国立大学。这一论断虽然没有直接
的统计数据可做佐证，但是《第一次中国教育年鉴》的一
项统计或可作为间接证明。据年鉴统计显示，1931 年时全
国公立大学年生均经费支出为 935.77 元，[2] 而岭南大学在
1929—1930 学年，年生均经费支出可高达 2292.32 元；即
使仅计算教务类、图书及博物方面的支出，岭大的年生均
经费支出也可达到 1124.97 元，而年生均图书馆经费支出则
有 150.20 元，年生均图书经费支出为 89.24 元。[3]

---

① 《调查中国之图书馆事业》，载《图书馆学季刊》1936 年第 14
期，第 680—684 页。

② 中华民国教育部中国教育年鉴编审委员会：《第一次中国教育年
鉴》（上），开明书店 1934 年版，第 30 页。

③ 关于岭大数据计算的说明：《私立岭南大学校报》1930 年第 2 卷
第 8 期第 47 页刊登的《十八至十九年度统计分表》显示，1929—1930 学
年度岭南大学大学部学生人数共有 249 人；再据广东省档案馆藏岭南大学
档案全宗号 38－2－103 卷中的《私立岭南大学民国十八十九年度决算书
（1929 年 9 月 1 日至 1930 年 8 月 31 日）》记载，该年度学校的含发展计划
类、行政类、校地校舍维持费、大学部教务类、产业类（不动及移动产、
图书、博物）和特别类的经费支出共计 570788.01 元，大学部教务、图书
和博物三项的支出共计 280118.46 元，图书馆经费支出为 37399.00 元，
购书经费支出为 22220.00 元。

　　结合各类大学图书馆的藏书数量，还可以发现一个有趣的现象，就是图书馆经费的多寡与藏书数量并不一定成为正比。据 1936 年的调查，当时全国大学图书馆中藏书量居于首位的是燕京大学图书馆，而该年燕京大学图书馆的经费仅排全国第 10 位；全国共有 15 所大学图书馆的馆藏超过 10 万册，其中 6 所为教会大学，分别是燕京大学图书馆（第 1 位）、金陵大学图书馆（第 5 位）、岭南大学图书馆（第 6 位）、齐鲁大学图书馆（第 11 位）、华西协和大学图书馆（第 12 位）、圣约翰大学图书馆（第 14 位）。① 这一方面可见，以藏书数量论之，教会大学图书馆的藏书数量可与当时国内著名的国立大学并驾齐驱；另一方面也可以说，大学图书馆藏书数量的多少固然与经费有直接的联系，但也与图书馆对经费的分配原则、采访政策以及馆藏结构和类型等有相当大的关系。教会大学图书馆在常规经费不及国立大学的条件下，却可以拥有比国立大学数量更多、更丰富的馆藏，固然与教会大学图书馆在历史积淀与藏书基础方面比国立大学图书馆深厚、优良有密切的关系，也与教会大学图书馆来自各院系的经费及来自社会各界的资助可能比国立大学更充裕有关，但也可以说从一个侧面反映出，教会大学图书馆在行政管理、经费使用和藏书建设方面的政策胜于国立大学，并十分值得国立大学借鉴。

―――――――――

① 《调查中国之图书馆事业》，载《图书馆学季刊》1936 年第 14 期，第 680—684 页。

表 4 - 7　　　　　1936 年全国主要大学（包括学院专校）图书馆经费一览表

（单位：元）

序号	学校	性质	图书馆经常费	序号	学校	性质	图书馆经常费
1	国立清华大学	国立	159000	12	国立山东大学	国立	22110
2	国立四川大学	国立	120000	13	私立金陵大学	私立	22000
3	国立中山大学	国立	100000	13	省立东北大学	省立	22000
4	国立中央大学	国立	60000	14	省立广西大学	省立	20000
4	国立武汉大学	国立	60000	15	私立国民大学	私立	18000
4	私立南开大学	私立	60000	16	国立同济大学	国立	16800
5	私立岭南大学	私立	55504	17	中央航空学校	国立	15000
6	国立北京大学	国立	50400	17	私立复旦大学	私立	15000
7	国立暨南大学	国立	50000	18	私立广州大学	私立	14000
8	国立浙江大学	国立	42500	19	私立厦门大学	私立	13600
9	国立北平师范大学	国立	36000	20	私立华西协和大学	私立	13525
10	私立燕京大学	私立	35410	21	国立北平大学法商学院	国立	12604
11	国立交通大学	国立	35000	22	私立圣约翰大学	私立	12000

续表

学校	序号	性质	图书馆经常费	学校	序号	性质	图书馆经常费
私立沪江大学	23	私立	11600	私立大同大学	29	私立	7000
省立福建学院	24	省立	10988	私立之江文理学院	30	私立	6086
私立辅仁大学	25	私立	10000	湖北省立法商学院	31	省立	6000
私立协和大学	25	私立	10000	私立东吴大学	31	私立	6000
私立震旦大学	25	私立	10000	私立中国大学	32	私立	5000
江苏省立教育学院	25	省立	10000	国立北平大学农学院	33	国立	4800
河北省立女子师范学院	25	省立	10000	私立武昌艺术专科学校	34	私立	3600
私立大夏大学	25	私立	10000	私立持志学院	35	私立	2000
国立北平大学工学院	26	国立	9900	湖北省立教育学院	36	省立	1500
私立光华大学	27	私立	8000	焦作工学院	37	私立	1000
私立华中大学	27	私立	8000	金陵女子文理学院		私立	未详
华南女子文理学院	28	私立	7330	私立齐鲁大学		私立	未详

5　岭南大学图书馆藏书来源

孙庆增《藏书记要》第一则购求曰："购求书籍，是最难事，亦最美事、最韵事、最乐事。"祁承㸁则在《藏书训略》开篇言："夫购书无他术，眼界欲宽，精神欲注，而心思欲巧。"以上诸言为中国古代私人藏书家总结毕生经验而得出的藏书建设理论与方法，亦道出藏书过程的甘苦与心得。岭南大学图书馆的藏书从无到有，于数量上居中国著名大学图书馆之第5名，于藏书特色方面亦有别于国内其他图书馆，自成一派，此积水成渊、积土成山的过程，凝聚了几届岭大图书馆人的心血。正所谓有藏书之举，必有购求之道，近现代图书馆藏书的来源无外乎订购、赠送和交换几种，本章将就岭南大学图书馆藏书的来源展开研究。

5.1　藏书订购

5.1.1　图书馆的购书政策

无论是古代奉行"秘而不宣"之策的藏书楼，还是近现代强调"公平、公共与共享"的图书馆，凡成藏书必有体系，并独具特色。书籍的购置，即使没有明文规定，私家藏书也会依藏书者的兴趣、偏好而各有侧重，有所收有所不收；"贵在流通"的各类图书馆则会依各馆的实际情况、用户群体，大致有自己的采访方针、补充原则、选书标准和复本政策。

岭南大学图书馆的购书政策，虽尚未见到图书馆正式的条款和说明，但是从图书馆编辑出版的参考书、报章上刊登的有关图书馆的消息以及馆长年度报告等文献的表述中，可将其购书政策总结为：选购课程内必需之参考书及课外阅读之有价值刊物；① 无论何种学科新出版之中文书，一律全部购买；② 重视期刊建设，尤其注重西文自然科学、应用科学期刊的订购；复本方面，通常每种图书仅购 1 部，最多购 2 部。③ 因图书馆历年选购图书的方法为由各系自由选购、推荐，但因各系主任对图书馆的藏书情况未必熟悉，故此法有一定的弊端，为此自 1935 年始，图书馆在西文书的选购方面采用查尔斯·肖（Charles Shaw）所编的《大学图书馆藏书书目》（*List of books for college libraries*）作为依据，将各科的主要参考书籍，与各系主任、教授商酌购买，"计在过去之一年，已将教育学，心理学，数学，经济学，及物理学五科之基本书籍，在预算范围内，尽量购入"④。

及至抗战全面爆发以后，在上述购书政策的基础上，图书馆又开始重视对抗战建国书籍以及战时国内出版的中文图书和期刊的搜罗；因国民政府教育部令加强本国故有文化之研究，学校成立中国文化研究室，故自此对国学文

① 何多源：《〈馆藏善本图书题识〉自序》，参见何多源：《馆藏善本图书题识》，岭南大学图书馆 1937 年版，第 1 页。

② 《私立岭南大学各院系现况》（1939 年度），广东省档案馆藏岭南大学档案，全宗号：38－1－2。

③ 《岭南大学布告第四六号》，载《私立岭南大学校报》1934 年第 6 卷第 15 期，第 229 页。

④ 《岭南大学图书馆汇讯》，载《中华图书馆协会会报》1936 年第 11 卷第 5 期，第 33 页。

献的收集重视有加。①

以上政策仅为图书馆选购书籍的大致方针，关于馆藏建设中优先发展的学科，以及中西文文献的比例，在上述方针中并未体现，但是从岭南大学图书馆馆藏分类统计和购书经费分配中，可以分析出结论。

表5-1　岭南大学图书馆图书统计（1938年4月）

（单位：册）

分类	中日文	西文	合计
中国问题书籍	-	2049	2049
总论	32473	2286	34759
哲学	2110	2002	4112
宗教	4878	2168	7046
社会科学	18803	8256	27059
文献学	2507	1833	4340
纯科学	4112	10109	14221
应用科学	6860	9487	16347
艺术	2966	794	3760
文学	28207	8172	36379
历史	22848	3704	26552
合计	125764	50860	176624

资料来源：据中山大学图书馆藏"岭南大学档案缩微胶卷"Reel 36中的文件 *Information Concerning the Library of Lingnan University*（1938.04）。

从表5-1对1938年4月时岭南大学图书馆的图书分类统计可知，馆藏量过万册的图书依次为如下几类：文学类、

---

① 《岭南大学图书馆馆务报告——民国廿九年七月至三十年六月》，中山大学图书馆校史室藏。

总论类、社会科学类、历史类、应用科学类和纯科学类。按照岭南大学图书馆所使用的分类法，总论类集中了书目和目录学、图书馆学、类书和百科全书、日报和新闻学、杂志、普通会社出版物、普通论丛、普通丛书及群经等9小类书籍，因涵盖范围广泛，且无特别明显的学科倾向，故在研究馆藏建设中优先发展的学科时，暂不作为比较、分析的参照。因此从藏书量统计来看，文学类、社会科学类、历史类、应用科学类和纯科学类书籍是图书馆选购的重点。特别值得指出的一点是应用科学和纯科学类的书籍，合计有30568册，占所有馆藏图书数量的17.31%，加之丰富、齐全的西文理工科学术期刊，可以说实际上岭南大学图书馆选购图书的政策更倾向于理工科。

据1930年9月5日召开的图书馆委员会第一次会议记录，时有一笔17000元的西文书购书经费，经决议，于各科分配的数额如下：

普通图书	一千元；	农业图书	一千元；
生物学图书	一千五百元；	商科图书	一千元；
化学图书	一千元；	教育学图书	八百元；
英语学图书	一千五百元；	历史学图书	六百元；
宗教学图书	三百元；	算数学图书	二百元；
哲学及宗教图书	八百元；	物理学图书	一千元；
政治学图书	六百元；	心理学图书	五百元；
蚕丝学图书	八百元；	社会学图书	五百元；
普通参考书	一千元；	论中国之外国文书 一千五百元；	
德文法文书籍	四百元；	存款（以备特别购书费用）一千元。[①]	

[①] 《图书馆委员会第一次会议纪略》，载《私立岭南大学校报》1930年第2卷第19期，第152页。

从上述记录中可知，单科获得购书经费数量为 1500 元者有生物学、英语学、"中国问题研究"西文出版物 3 项，经费数量为 1000 元者有普通图书、农业、商科、化学、物理和普通参考书 6 项，另外蚕丝学获得了 800 元的购书经费。如果联系岭南大学图书馆历年的经费分配情况，就可以发现此份经费分配表具有一定的代表性。综合前述的馆藏分类统计数据及此份经费分配表，基本上可以确定馆藏建设中，优先发展的学科包括农业（含蚕丝科）、工科、商科、生物学、物理学、化学和社会科学。在这些学科中，其受重视的程度和投入经费的数量，根据每年的实际情况会略有微调。

至于中西文文献的比重，在图书馆成立之初，西文藏书的比重无疑是超过中文藏书的。但随着 1919 年中籍部的成立，中文书数量迅速增长，在 1920 年时馆藏中文图书的数量已经超过西文图书的数量，至 1938 年 4 月时，馆藏中文图书的数量已经比西文图书的数量多出近 1.5 倍。但据表 4-1 的数据显示，根据藏书类别的不同，中西文图书所占的比重也有所不同，"纯科学"和"应用科学"两类的西文图书数量明显多过中文图书的数量。可见，在选购图书的语种方面，人文社会科学类会比较偏重于采访中文图书，而理工科则会更加偏重于采购西文图书。

5.1.2 书籍采访流程

岭南大学图书馆历年购书的办法都是先由各系自由选择，选定后由各系主任通知图书馆馆长订购。此种书籍采购的方法是当时各类大学图书馆采用的普遍模式。陆华琛在《对于大学图书馆管理上的意见》一文中曾谈道："大学图书馆订购书籍，大都经教员介绍，藉省馆长搜选之劳然，是种介绍法，亦非尽美尽善。一，因教员所介绍者只关于本人研究某一问题之书籍，该项书籍甚至同系者亦不能使用；二、介绍单中往往有法德意等国书籍，倘校中无第二外国语一科，则学生对于该种书籍不能阅览；三，所介绍书籍每与学生阅览程度相去太远，虽学校图书馆书籍不必为学生所能用，然介绍书籍亦须顾及学生方面。此后大学图书馆倘能设选购委员会，审查各教员所介绍之书籍，如此，第一第三两项之弊，庶几可免。至于第二项，其补救之法，惟有设第二外国语一科，及少购该项书籍。"①

为避免上述弊端，使馆藏结构更为科学、合理，岭南大学图书馆书籍订购流程在"介绍法"的基础上，还增加了由图书馆委员会、学校购置委员会审核的环节。据岭南大学《图书馆委员会暂行章程》的规定，该委员会的职责包括：审订图书馆预算及决算；订定各科购书费标准；审订购置英文普通参考用书，及关于中国之外国文书籍，每部价值 300 元以上者，须经委员会通过后，方得订购。②《修正私立岭南大学购置委员会组织规程》则规定其职掌包括："关于三十元以上之家私、器具、物料、图书、仪器、标本之购置事项。（凡图书、仪器、标本及理化用品，价值在三十元以上一宗者，须经会核议，方得购置；在三十元以下一宗者，得先行购置之，俟支款时，先将支票连同单据送会签字，凡家私、器具、文具及一切消耗品物，无论多少，应会核购）"③ 由上述规定可知，图书馆每年的预算和决算、分配给各个学科的购书经费数量以及单笔价格超过300元的英文普通参考书、"中国问题研究"西文出版物

① 陆华琛：《对于大学图书馆管理上的意见（十八年年会论文）》，载《中华图书馆协会会报》1929 年第 5 卷第 1、2 期合刊，第 3—4 页。
② 《图书馆委员会暂行章程》，载《私立岭南大学校报》1930 年第 2 卷第 24 期，第 252 页。
③ 《修正私立岭南大学购置委员会组织规程》，载《私立岭南大学校报》1931 年第 3 卷第 3 期，第 55—56 页。

的购置等事项，是由图书馆委员会开会讨论制定的；而图书馆馆长在各系建议购买的书单中所选定的书籍，每批都须经过购置委员会核议或签字。

综上所述，再结合图书馆馆长日常的往来公函，可推知岭南大学图书馆书籍采访的一般流程如下。（1）购书事宜由馆长直接主管，图书馆设总务股司理购书经费预算的编制以及书籍和杂志的购置。（2）购书经费的分配，先由馆长会同总务股编制预算草案，根据图书馆委员会订定的各科购书费标准，并斟酌各院系情况，确定各院系分配获得购书经费的数额，然后提交图书馆委员会审订。（3）由馆长致函各院系的院长或系主任，请其根据购书经费分配的数量，编制本年度该院系购书经费分配表，提交订购书籍和杂志的清单，详列著者、书名、版次、出版年月及价格等信息，签名后寄送给图书馆馆长；一般各院系每学年度购书经费的分配及购书清单的确定，是由各院系在院务会议或系务会议上讨论决定的。（4）图书馆收到各院系提交的书单后，即检查各项书籍是否已入藏，无者购之，已入藏者除必须购备复本者，概不再购。（5）除各院系在所分配经费范围内指定购买的书籍以外，其他中外文普通图书、期刊和报纸等文献由馆长和总务股结合馆藏需要，编制购书清单。单笔价格超过 300 元的外文书普通书籍及"中国问题研究"西文出版物须提交图书馆委员会讨论审定，方可购买；每批图书与期刊的购买都须经过购置委员会核议或签字。（6）对于各院系指定购买之图书和期刊，收到后图书馆则具函通知申请购买的院系，如因绝版等各种原因无法购到时，亦函告申请院系具体原因。（7）各院系如需增加购书经费，需向馆长提出申请，详述理由；由馆长向图书馆委员会提交该申请，经讨论审定是否予以批准；如因无其他款项可挪用等原因无法批准申请者，需函知申请院系，说明原因。另岭南大学图书馆 1932—1933 学年报告书有言，所购各书"由学院各教授介绍者，编目后随即尊函通知原介绍人到馆检查、借阅，俾便应用"①。

岭南大学的经费除每年固定来自美国基金委员会、国民政府、广东省政府以及学校固定收入以外，更多还来自各类捐款和资助，有些捐款和资助则会指定专门用于某个学科或学系的建设，因此如学校的农学院、蚕丝学院、商学院以及工学院等拥有各自专门的资助经费，其中也会包含购书经费。此外，学校各处、各馆及各学院和学系的预算中也包含少量购书经费。图书馆本身除总馆外，还正式地设有科学院分馆、农学院分馆及蚕丝学院分馆。② 上述指定专门处、馆、学院和学系的购书经费也统一由图书馆总馆运作，为相应单位购买指定文献；各分馆的文献订购亦由图书馆总馆负责办理，订购到馆后，经图书馆总馆登记、加工、分类和编目后分配至各分馆或相应单位。在学校第八次校务会议上，对于各学院各处各馆各附校购买书籍杂志办法一事，会议主席曾报告：

"告校内各部分用公款购买书籍杂志，请经由图书馆办理，俾免重复靡费。用完以后，则交诸图书馆保存。至于各处送来本校各部分之书籍，自然不属私人所有。倘经用完，亦须交诸图书馆保存，以重公物。"③

---

① 《岭南大学图书馆廿一年度报告书》，载《私立岭南大学校报》1933 年第 6 卷第 8 期，第 133 页。

② 《图书馆状况（节录该馆十八年至十九年度报告书）》，载《私立岭南大学校报》1930 年第 2 卷第 24 期，第 254—255 页。

③ 《私立岭南大学校务会议第八次会议记录》，载《私立岭南大学校报》1928 年第 6 卷第 4 期，第 20—22 页。

即使各单位需要自行利用专款购置书籍，也必须先将购书清单提交图书馆，经图书馆查核确定无复本后，再向学校购置委员会提交申请，经该会审核批准后方能购买。此种对书籍统一管理的办法，不但单就经济方面着想，读书方便亦一大原因。

除上述正式的购书渠道以外，为满足读者的需求，及时购买最新出版的优秀书籍，图书馆在出纳处备有图书介绍卡（如表5-2所示）和信箱，学校师生如发现有价值的文献，而图书馆尚未购备者，可随时填写介绍卡，交图书馆酌购。[①]

表5-2　　　岭南大学图书馆图书介绍卡

	CLASS		
	AUTHOR（SURNAME FIRST）著者		
ORDERED	TITLE 书名		
OF			
REC'D	EDITION	PLACE 出刊处	PUBLISHER 书局
COST	DATE	VOLS 册数	EST. COST 定价
CHARGED TO	RECOMMENDED BY 介绍人		DEPT.
NOT IN LIBRARY ACC.	BUDGET		

另外，设在纽约的美国基金委员会亦有专人负责图书馆事务，与美国的一些东亚图书馆和汉学研究机构联系、合作，代岭南大学图书馆在美国等西方国家订购、搜罗相关的西文图书和期刊，文献购到后直接寄往图书馆。

---

① 《岭南大学图书馆一览》，岭南大学图书馆1936年版，第40页。

5.1.3　文献购买来源

对于近现代图书馆来说，一般订购是馆藏文献的主要来源。文献供应源主要包括含出版社、报社和杂志社在内的出版商，以及专营图书批发或零售的书商，图书馆通过预订、现购、邮购、代购或复制等采访方式，从上述文献供应源获取所需的文献。

5.1.3.1　出版商

通过对广东省档案馆藏岭南大学档案中图书馆各类订购文献的单据，以及馆长往来函件的整理，可以发现岭南大学图书馆从出版商这一文献供应源获取文献的方法主要是采取预订或邮购的方式。岭大图书馆的普通图书、参考书和期刊、报纸等文献的订购会采用预订的方式，即图书馆依据出版社、报社和杂志社定期寄送的征订目录进行圈订，然后送交各出版发行部门，按事先预约的计划购买书刊。对于每学年各院系、处、馆提交的购书清单上的书籍，以及图书馆根据馆藏需要而编列的藏书补充清单上的书籍，则通常采用邮购的方法，即图书馆直接与出版社、报社和杂志社等机构联系，要求其按照所开列的书目邮寄文献。

出版商是近现代图书馆重要的文献供应源，一般来说，出版商包括各类型的出版社、报社和杂志社等，而杂志社通常由出版社、高等院校、研究所、学会、各类机构和组织等上级主管部门负责。故在本研究中，将上述类型的机构均视为出版商统计。就现存岭大图书馆订购文献的单据及函件可知，当时图书馆订购西文文献的部分出版商如表5-3所示。

表 5－3　岭南大学图书馆订购西文文献的供应源：出版商

序号	机构名称	国家	性质	备注
1	Burrows Brothers Co.	美国克利夫兰市	出版社	
2	Chronicle Press, Inc.		出版社	订购期刊
3	Finance & Commerce, Ltd.	中国上海	出版社	订购期刊
4	George H. Doran Company	美国纽约	出版社	
5	Ginn and Company: Publishers	美国纽约	出版社	Edwin Ginn 成立于 1867 年
6	Government printing offices	美国华盛顿	出版社	
7	H. W. Wilson Company	美国纽约	出版社	
8	John Wiley & Sons, Inc.	美国纽约	出版社	订购化学类文献
9	K. F. Koehlers Antiquarium	德国莱比锡	出版社	
10	Kelly & Walsh, Ltd. （别发洋行）	中国上海	出版社	订购社会科学类文献、"中国问题研究" 西文出版物（下简称 Chi 类）
11	Kwang Hsueh Publishing House （广协书局总发行所）	中国上海	出版社	自 1934 年起接售协和书局（Mission Book Co.）中西书籍；订购社会科学类文献（含 Chi 类）
12	Macmillan & Co., LTD.	英国伦敦	出版社	
13	Macmillan Company	美国纽约	出版社	订购经济学类文献

续表

序号	机构名称	国家	性质	备注
14	Matsumara Sanshodo（松邑三松堂）	日本东京	出版社	
15	Max Nossler & Co.（法商璧恒图书公司）	中国上海	出版社	
16	McGraw-Hill Book Company Inc.	美国纽约	出版社	订购自然科学类文献
17	Messageries de Journaux，Librarie Hachette	法国巴黎	出版社	
18	Methodist Publishing House	新加坡	出版社	订购 *The Gardens' Bulletin*（《植物园通报》）
19	Millington Ltd.	中国上海	出版社	
20	Mojomier Bros Co.	美国芝加哥	出版社	
21	Oxford University Press（牛津大学出版社）	英国伦敦	出版社	
22	Oxford Univesity Press（牛津大学出版社）	中国上海	出版社	订购自然科学类文献
23	Presbyterian Mission Press（美华书馆）	中国上海	出版社	
24	R. R. Bowker Company	美国纽约	出版社	订购人文科学类文献
25	South China Christian Book Company	中国	出版社	
26	Taylor & Francis	法国	出版社	
27	The National Publishers Limited（国民印务有限公司）	中国广州	出版社	附设《广东英文新报》（*The Canton Daily Sun*）和《广州实事周刊》（*The Canton Truth*），自 1934 年起已开始订阅

续表

序号	机构名称	国家	性质	备注
28	W. Heffer and sons, Ltd.	英国剑桥	出版社	订购人文社会科学类文献及 Chi 类文献
29	北洋书局	中国	出版社	订购土木工程学类文献、水力学及水文地理学类文献
30	上海大学出版社	中国上海	出版社	订购该社出版物，如 James B. Webster 著 *Interests of Chinese students*
31	日本丸善株式会社	日本	出版社	
32	实学印书局	中国上海	出版社	订购工科文献
33	现代书局	中国	出版社	订购水力学及水文地理学类文献
34	The China Truth Publishing Co.（《中华时事周刊》杂志社）	中国广州	杂志社/报社	
35	North-China Daily News and Herald Ltd.（北华捷报公司）	中国上海	杂志社/报社	
36	Psychological Review Company	美国新泽西州普林斯顿	杂志社/报社	订购该社出版的 *Journal of Experimental Psychology*、*Psychological Index*、*Psychological Review*、*Psychological Bulletin* 等心理学刊物

序号	机构名称	国家	性质	备注
37	The China Critic (《中国评论周报》报社)	中国上海	杂志社/报社	订购 The China Critic 及 China Review
38	American Physical Society (美国物理协会)	美国	学会/研究机构	
39	American Phytopathological Society (美国植物病理学协会)	美国	学会/研究机构	
40	Botanical Society (日本植物学会)	日本东京	学会/研究机构	订购 Botanical Magazine
41	Carnegie institution of Washington (卡耐基研究院)	美国华盛顿	学会/研究机构	订购包括 Classified List of Publications of the Carnegie Institution of Washington 在内的出版物
42	Council on Foreign Relations, Inc. (外交关系协会)	美国纽约	学会/研究机构	订购 Ores and Industry in the Far East 等该协会出版物
43	Geological Society of America (美国地质学会)	美国	学会/研究机构	
44	International Institute of Agriculture	意大利	学会/研究机构	订购如 International Directory of Animal Husbandry Institutions (1933 年出版)、International Directory of Dairying Institutions (1934 年出版)、International Directory of Agricultural Engineering Institutions (1934 年出版)、International Directory of Agricultural Experimental Institutions in Hot Countries (1934 年出版) 等学会出版物

续表

序号	机构名称	国家	性质	备注
45	Mitsubishi Economic Research Bureau（三菱经济研究所）	日本东京	学会/研究机构	订购该研究所的 Monthly Circular
46	Notgemeinschaft der Deutschen Wissenschaft（德国学术互助协会）	德国	学会/研究机构	
47	Poultry Science Association（家禽科学协会）	美国肯塔基州	学会/研究机构	订购 Poultry Science
48	State Entomologist	美国亚特兰大	学会/研究机构	订购 Miscellaneous Circulars，Bulletins 以及 the bulletins of the Georgia State College of Agriculture
49	The Imperial Bureau of Entomologist（皇家昆虫学学会）	英国伦敦	学会/研究机构	订购 the Bulletin of Entomological Research 和 the Review of Applied Entomology
50	两广地质调查所	中国	学会/研究机构	订购《地质学会志》
51	中国化学学会（Chinese Chemical Society）	中国南京	学会/研究机构	订购该会会刊（英文版）
52	中华医学会	中国	学会/研究机构	订购中文《中华医学杂志》
53	Agricultural Experiment Station at University of Florida（佛罗里达大学农业试验站）	美国	大学	自 1918 年即开始入藏该站的刊物
54	Biological Abstracts of University of Pennsylvania（宾夕法尼亚大学生物学文摘）	美国	大学	订购 Biological Abstracts（《生物学文摘》）

续表

序号	机构名称	国家	性质	备注
55	Georgia State College of Agriculture（佐治亚州立农学院）	美国	大学	自 1920 年开始系统入藏该学院出版的 *Circular* 和 *Bulletin*
56	L'Ecole Francaise d'Etreme-Orient（法国远东学院研究所）	越南河内	大学	订购该所出版的 *Bulletin de L'Ecole Francaise d'Etreme-Orient Index General、Etudes sur le Drame Lyrique Japonais*
57	State Plant Board at University of Florida	美国	大学	
58	福建协和大学自然科学社编辑部（Natural History Club of Fukien Christian University）	中国福州	大学	订购 *Scientific Proceeding*
59	南京大学农学院	中国南京	大学	
60	Board of Agriculture and Fisheries（农业与渔业部）	英国伦敦	机构	自 1918 年 10 月开始系统入藏该部出版物
61	Bureau International Du Travail International Labour Office（国际劳工组织）	日内瓦	机构	订购 *International Labour Review*
62	Credit Union National Extension Bureau	美国波士顿	机构	
63	Foreign Affairs	美国纽约	机构	

续表

序号	机构名称	国家	性质	备注
64	Foreign Office, Great Britain（英国外交部）	英国伦敦	机构	订购该机构之系列调查报告
65	Guaranty Trust Company of New York（摩根信托公司）	美国纽约	机构	
66	Tennessee State Board of Entomology	美国	机构	
67	William S. H. Hung's Law Office	中国上海	机构	订购 Outlines of Modern Chinese Law
68	斐济农业部	斐济苏瓦	机构	
69	国民政府工商部工商访问局（Bureau of Industrial & Commercial Information, Ministry of Industry. Commerce and Labor, National Government of the Republic of China）	中国南京	机构	
70	上海商品检验局（Shanghai Bureau of Inspection & Testing of Commercial commodities）	中国上海	机构	订购 The Inspection & Commerce Journal

注：据广东省档案馆藏岭南大学档案，38－4－182 号卷宗整理，但此份列表可能并非是完整的出版列表。

基本上，岭南大学图书馆入藏的涉及表5-3所列机构的出版物（含图书、报纸、期刊等）均来自图书馆直接与上述机构联系，通过预订或邮购的方式获取。这些出版商不乏历史悠久的世界知名出版社、研究机构、大学以及各类商业机构和政府机构。如美国的John Wiley & Sons, Inc.（约翰威立国际出版公司），成立于1807年，在全球学术出版、高等教育出版和专业及大众图书出版领域享有盛誉，出版高质量的学术期刊、过刊集、图书、参考工具书和实验室指南等，是众多国际权威学会的合作伙伴，岭南大学图书馆的化学类文献大多订购自该出版社。美国政府的出版机构Government printing offices的出版物历来受到各图书馆的重视，岭大图书馆亦直接从该出版社订购了大量美国政府出版物，如国土局（the Bureau of Soils）的系列出版物，包括国土局的局刊（Bulletins）、系列丛书（Bureau of Soils Series）、年鉴等等。H. W. Wilson Company（威尔逊公司）也是以出版参考工具书著称的出版商，尤其擅长编制索引和文摘，岭大图书馆所藏如 *International Index to Periodical*（《国际期刊索引》）等工具书即订购于该出版社，《国际期刊索引》是一种自然科学以及人文科学期刊的著者和主题索引，主题包括科学（含地理学和地质学）、文献学、语言学、宗教学、伦理学、哲学、历史、政治学，一年出版6次。[1]

岭南大学图书馆关于中国问题的西文出版物专藏有一部分购自上海别发洋行（Kelly & Walsh, Ltd.）、广协书局总发行所（Kwang Hsueh Publishing House）以及英国剑桥的W. Heffer and sons, Ltd. 等出版社。珍贵的 *Monthly Returns of the Foreign and Interport Trade of Canton*（《粤海关进口贸

---

[1] *The letter of H. W. Wilson Company to C. W. Taam*，1930年7月25日，广东省档案馆藏岭南大学档案，全宗号：38-4-206（29）。

易统计月报》）即购自以发行西文汉学书籍著称的上海别发洋行。英国的 W. Heffer and sons, Ltd. 作为出版商，同时代理出售珍稀的西文汉学文献，定期印行"珍稀东方期刊丛书目录"，岭南大学图书馆所藏全套 6 卷的 *The Indo-Chinese Gleaner*（《印支搜闻》，又译《察世俗每月统记传》）就是在 1934—1935 年间从该公司"珍稀东方期刊丛书目录"第 411 期上勾选、邮购的。[①] 此刊是早期来华新教传教士创办的第一份英文季刊，编纂者为马礼逊（Robert Morrison）和米怜（William Milne），1817 年 5 月创刊于马六甲，1822 年停刊，共出版 6 卷，该刊致力于"促进印度各传教会的合作，促进基督教互助、互爱美德的实施"，因传教的需要，介绍了中国的佛、道和一些民间信仰，如清茶门教等。[②]

岭大图书馆也从上述出版商处订购现刊或过刊，如馆藏德文版动物学学术刊物 *Handuch der Zoologie* 购自德国莱比锡的 K. F. Koehlers Antiquarium 公司；*Nature* 购自英国伦敦的 Macmillan & Co., LTD. 公司。对于上述所列的报社、杂志社，图书馆除向其直接订购各社出版的刊物、报纸以外，对其出版的各类出版物也会针对馆藏建设的需要加以订购，如 1935 年从上海 North-China Daily News and Herald ltd.（北华捷报公司）为商学院订购的 *China Hong list for 1935*（《中国洋行名录 1935》）。[③]

除上述西文文献直接从出版商处订购以外，对于中文文献的购买也多直接从出版商处购得。商务印书馆等国内

---

① 据广东省档案馆藏岭南大学档案，*The letter of C. W. Taam to W. Heffer and sons*, Ltd.（1934 年 4 月 28 日），全宗号38－4－206（99）；*The letter of C. W. Taam to W. Heffer and sons*, Ltd.（1935 年 3 月 16 日），全宗号38－4－207（15）。

② 谭树林：《近代来华基督教传教士所创中外文期刊之影响——以〈印支搜闻〉为中心》，载《齐鲁学刊》2002 年第 5 期，第 40—46 页。

③ 据广东省档案馆藏岭南大学档案，全宗号38－4－182（223）。

知名出版商均是岭大图书馆购买中文文献的供应源。如在抗战期间，商务印书馆仍旧保持每日出版一种新书的传统，但印数甚少，每种只印 300 至 500 册，一经发售即告罄，故图书馆曾特约香港商务每有新书即留 1 部，但有时因店员疏忽，仍时有一二种无法购得。①

5.1.3.2　书店和书刊代理机构

书店和书刊代理机构也是岭南大学图书馆购买文献的渠道之一。图书馆采访人员会采取预订或邮购的方式从书店购买文献，或者直接到书店及出版销售部门选购书刊，图书馆还会委托某些书店或机构代为选购所需的文献。就现存岭大图书馆订购文献的单据及函件可知，当时与图书馆业务往来密切的书店及书刊代理机构如表 5-4 所示。

Blackwell 图书公司（B. H. Blackwell, Ltd.）是岭南大学图书馆在英国的购书代理商，岭大图书馆所藏的英国出版物中，很多是通过 Blackwell 图书公司代购所得，诸如 *Scientific Horticulture*、*Journal of the Horticultural Educational Association*、*General Index to the ROUND TABLE*（1910—1935 年）以及 *Annal Bibliography of English Language and Literature* 等期刊和书籍都来自该公司。岭南大学图书馆在德国最重要的购书代理商是柏林的 Hirschwaldsche 书店（Hirschwald-sche Buchhandlung），该书店为岭大图书馆在德国代购各种自然科学书籍和期刊。而在国内方面，为岭大代购文献的重要书店包括商务印书馆、上海《环球书报》杂志社等，商务印书馆在 20 世纪 30 年代时是芝加哥大学出版社出版物在中国的总代理商，当时岭大图书馆所藏芝加哥大学出版社的出版物基本上都是通过商务印书馆购得，只有当所需出版物在商务印书馆无库存时才会直接与芝加哥大学出版社

---

①　程焕文：《裘开明年谱》，广西师范大学出版社 2008 年版，第 257—258 页。

表 5－4　岭南大学图书馆订购西文文献的供应源：书店和书刊代理机构

序号	机构名称	国家	备注
1	American Public Health Association（美国公共卫生协会）	美国纽约	代购公共卫生科书籍
2	B. H. Blackwell, Ltd.	英国牛津	该公司是岭南大学图书馆在英国的购书代理商
3	Boston Cooking School Magazine Co.	美国波士顿	
4	E. Hector	英国伯明翰	
5	Edwards Brothers	美国安娜堡	
6	Fong Brothers & Company（德邦行）	中国香港	各类重要学术期刊的过刊
7	Henry George Fiedler	美国纽约	订购 *Journal of the Chemical Society*（《化学学会杂志》）等自然科学期刊、书籍，尤其是关于中国的科技文献
8	Henry Sotheran & Co.	英国伦敦	订购 *Chemical Society Journal*（《化学学会杂志》）的现刊和过刊，*Biochemical Journal*（《生物化学杂志》）等文献
9	Hirschwaldsche Buchhandlung	德国柏林	代购各种自然科学书籍和期刊；岭南大学图书馆在德国最重要的代购书店
10	Leary, Stuart Co.	美国费城	美国最大的旧书店
11	Librairie Gauthier-Villars et Cie	法国巴黎	

续表

序号	机构名称	国家	备注
12	Librairie Orientaliste Paul Geuthner	法国巴黎	订购大量 Chi 类文献
13	Librairie Universitire J. Gamber	法国巴黎	
14	Library Service Bureau	美国纽约	订购 *Nature* 以及 *Libraries* 等杂志
15	Maruzen Co.（丸善株式会社）	日本东京	
16	Mojonnier Bros.	美国芝加哥	订购化工及畜牧类书籍
17	Orientalia, Inc.	美国纽约	订购 Chi 类书籍
18	Philips Book Store	美国剑桥	购买寄生虫学书籍
19	Poultry Tribune	美国伊利诺伊州	购买畜牧学方面书籍
20	Stechert-Hafner Inc.	美国纽约	订购外文期刊 93 种，含物理、医学、植物学、数学、工程学、生物学、天文学、昆虫学、化学、建筑学、生态学、电子技术、动物学等学科；除美国出版的连续出版物外，巴黎、莱比锡、柏林、伦敦、瑞士、海牙、斯图加特等城市出版的自然科学刊物亦在该公司订购
21	Wm. Dawson & Sons, Ltd.	英国伦敦	订购重要学术刊物的过刊

续表

序号	机构名称	国家	备注
22	北京图书公司	中国上海	订购工学院所需书籍
23	广州环球书局	中国广州	
24	岭南大学书店	中国广州	
25	商务印书馆	中国上海	芝加哥大学出版社出版的书籍由商务印书馆总代理
26	上海《环球书报》杂志社（International Booksellers Ltd.）	中国上海	
27	上海图书公司	中国上海	订购工学院所需书籍

注：据广东省档案馆藏岭南大学档案，38-4-182号卷宗整理，但此份列表可能并非完整的出版商列表。

联系购买；上海《环球书报》杂志社则是在 20 世纪 30 年代时为岭南大学图书馆提供了大量期刊，尤其是"中国问题研究"的外文刊物，如 *China Critic*、*China Digest*、*China Fundamentalists*、*China Journal*、*China Review*、*China Tomorrow*、*China Weekly Review*、*Chinese Affair*、*Chinese Journal of Physiology*、*Chinese Nation*、*Chinese Recorder*、*Chinese Republic*、*Chinese Social & Political Science Review*、*Commercial Engineer*、*Finance & Commerce*、*North China Herald*、*Politique de Pekin*、*La Revue National Chinoise* 和 *China Dienst* 等①，此外诸如 *International Yearbook of Agricultural Statistics*（《世界农业统计年鉴》）、*Monthly Circular*（*Analytical and Statistical Survey of Economic Conditions of Japan*）等外文文献也来自于《环球书报》杂志社。②

香港德邦行和英国伦敦 Wm. Dawson & Sons, Ltd. 是岭南大学图书馆搜购外文学术期刊过刊的 2 个主要代购机构。如在 1935 年 4 月间，岭大图书馆从香港德邦行购买了 1878—1927 年出版的 *Berichte der Deutschen Chemischen Gesellschaft*（《德国化学会志》），共计 150 卷，其中 1878—1883 年各 2 卷，1884—1886 年各 3 卷，1887、1888 年各 4 卷，1889、1890 年各 3 卷，1891 年 4 卷，1892 年 3 卷，1893—1896 年各 4 卷，1897 年 3 卷，1898 年 2 卷，1899 年 3 卷，1900 年 5 卷，1901 年 3 卷，1902—1907 年各 4 卷，1908 年 3 卷，1909 年 4 卷，1910—1914 年 3 卷，1915—1917 年各 2 卷，1918 年 3 卷，1919—1920 年各 2 卷，1921 年 4 卷，

---

① *The letter of C. W. Taam to International Booksellers Ltd.*，1934 年 12 月 6 日，广东省档案馆藏岭南大学档案，全宗号：38 - 4 - 534（365—366）。

② 据广东省档案馆藏岭南大学档案《〈环球书报〉社订书清单》（1934 年 12 月 13 日），全宗号38 - 4 - 534（363）；《环球书报社致岭南大学图书馆函》，全宗号38 - 4 - 534（372）。

1922 年 3 卷，1923—1927 年各 2 卷。与此同时，图书馆还从英国伦敦 Wm. Dawson & Sons，Ltd. 购买了 1931—1934 年出版的 *The Veterinary Bulletin*，共 4 卷；1846—1934 年出版的 *Royal Horticultural Soc. Journal*（《皇家植物协会杂志》），共 59 卷；① 全套的英国 *Journal of Agricultural Research*。② 1935 年 9 月间，图书馆还从该公司购得自 1887 年创刊号至 1930 年的 *Annals of Botany*（《植物学纪事》），共 44 卷，该刊是英国著名的植物学刊物。③ 图书馆所藏英国出版的 *Library Journal*（《图书馆杂志》）第 1—57 卷（含索引），以及 *Journal of Agricultural Science* 第 1—9 卷也都是从该公司购得。

　　而"中国问题研究"西文出版物，除前述直接向出版商购买以外，法国巴黎的书店 Librairie Orientaliste Paul Geuthner 和美国纽约的图书公司 Orientalia，Inc. 也是岭南大学图书馆购买"中国问题研究"西文出版物的主要渠道。图书馆藏法文汉学书籍几乎都是通过 Librairie Orientaliste Paul Geuthner 这家书店购得，而 Orientalia，Inc. 则是美国当时唯一一家专营东方艺术、文学、考古学、民俗、文献学、历史、宗教、哲学和游记类书籍的书店。此外图书馆也会通过国内的一些书店，诸如广州本地的书店，购买各类"中国问题研究"西文出版物。对于一些无法购得的西文书籍，图书馆会委托书店代购或影印。在广东省档案馆藏的岭南大学档案中，关于图书馆订购文献的档案里有一通广州环球书局致图书馆馆长谭卓垣的函件，函言：

---

① *The letter of C. W. Taam to Wm. Dawson & Sons，Ltd.*，1935 年 4 月 3 日，广东省档案馆藏岭南大学档案，全宗号：38 - 4 - 207（31）。

② *The letter of C. W. Taam to Wm. Dawson & Sons，Ltd.*，1935 年 4 月 10 日，广东省档案馆藏岭南大学档案，全宗号：38 - 4 - 207（38）。

③ *The letter of C. W. Taam to Wm. Dawson & Sons，Ltd.*，1935 年 9 月 24 日，广东省档案馆藏岭南大学档案，全宗号：38 - 4 - 207（77）。

卓垣先生大鉴：今接手书，委办影印西书，前特送上四种，其他七种已专函向申代办，将来到后，即当送奉。惟另有三种无法代购，今特开单附上……①

表5－3中所列的日本丸善株式会社是岭南大学图书馆获得日本政府出版物，尤其是经济类政府出版物的主要渠道，馆藏诸如日本财政部编写的 *Financial and economical annual Of Japan*，1933—1934（《日本财政与经济年度报告：1933—1934》）、日本统计局编写的 *Statistical Annual of Japan*，1933—1934（《日本统计年报：1933—1934》）以及 *Japan year book*，1934（《日本年鉴：1934》）等均来自该株式会社②。

此外，岭南大学自办的南大书店也是为图书馆代购中外文文献最重要的代购商之一。③ 中文文献的购买方面，广州和上海等地的书店、书刊代购商都是岭南大学图书馆购买文献的来源。如在抗战时期，重庆成为全国出版业的中心，故对于内地出版之图书，图书馆直接向重庆书店代购；后因重庆空袭甚剧，影响办事效率，改托香港正中书局（总部在重庆）代为购办。④

5.1.3.3 其他文献购买来源

郑樵在《校雠略》中对访求图书的方法总结为："求书之道有八：一曰即类以求，二曰旁类以求，三曰因地以求，四曰因家以求，五曰求之公，六曰求之私，七曰因人以求，

---

① 广州环球书局致谭卓垣函，193□年10月14日，广东省档案馆藏岭南大学档案，全宗号：38－4－207（137）。

② *The Letter of C. W. Taam to Maruzen Co*，1933年12月30日，广东省档案馆藏岭南大学档案，全宗号：38－4－206（64）。

③ 《岭南大学图书馆廿一年度报告书》，载《私立岭南大学校报》1933年12月30日第6卷第8期，第133页。

④ 程焕文：《裘开明年谱》，广西师范大学出版社2008年版，第261—262页。

八曰因代以求，当不一于所求也。"① 可谓访求图书的方法
多种多样，不能拘泥于一种方法。前述从出版商、书店或
书刊代理机构购买文献只是近现代图书馆获得文献的常规
渠道，但是这些渠道对于图书馆的藏书建设，尤其是形成
特色方面来说，是不能完全满足需要的。故除上述常规购
买文献的渠道以外，图书馆还会派人到各地寻访书籍，或
者从其他图书馆购买文献，岭南大学美国基金委员会也会
代图书馆在国外购买文献。

　　按照郑樵对访求图书8种方法的论述，访求图书应该按
照图书和收藏的类别、人物的居住地与事件的发生地、图
书的性质和收藏以及图书的流传情况进行，这些方法都是
后世藏书家奉为经典的准则。为购买到在常规渠道不易获
得的文献，岭南大学图书馆会派专人到各地访求图书文献。
被图书馆委派访求图书文献的人有图书馆负责采访的馆员，
也有各个院系的教师、各个学科的专家。

　　在广东省档案馆藏岭南大学档案中，有2通署名 Chan
Shan Yi 从芝加哥分别写给 Lo Kin 和 Lo Chan 的英文函。第
一通函写于1928年3月5日，Chan Shan Yi 致 Lo Kin，函中
有言：

　　　　岭南大学的确是个好地方。可惜我已经离开很久
　　了。目前我正竭力工作，以便在8月份之前完成我的论
　　文，但是生活如此忙碌，我实在没有办法完成那么多
　　事情。②

　　在粤语中，"受"字的发音类似"Sao"，而"Sao"的
发音在某种程度上与"Chan Shan Yi"中的"Shan"相接
近；而此人在1928年时身在美国芝加哥，并在函中表示离
开岭南大学已经很久，正在忙于论文工作，即此人曾经是

---

　　① 郑樵：《通志二十略》，中华书局1995年版，第1813—1814页。

　　② *The letter of Chan Shan Yi to Lo Kin*，1928年3月5日，广东省档案
馆藏岭南大学档案，全宗号：38-4-534（238）。

在岭大学习或工作过，后赴美留学，据此可推测"Chan Shan Yi"即陈受颐。陈受颐为广东番禺人士，故其在拼写姓名时可能会采用粤语发音。1920年陈受颐毕业于岭南大学，留校任教于中国文学系，1925年赴美国芝加哥大学留学，1928年以《18世纪中国对英国文化的影响》一文获博士学位，1929年归国，继续服务岭南大学。[1] 陈受颐早年的这段经历与此通函中描述的情况亦吻合。

在陈受颐1928年3月5日这通函中还言：

> 我计划为图书馆购买的书籍是文学和社会科学领域的作品。这些书大多数为二手书。价格在每册25美分到1美元之间。美国的二手书价格非常便宜，我们图书馆应该多买些二手书，不必非要买新出版的书籍。我对成套的名家著作以及欧洲学者的作品，无论是原版的还是译著，都尤其有兴趣。如果您信任我在选书方面的判断力，我也会努力不使您失望。[2]

> 过段时间我将把我的一些藏书寄回家，所以我可以同时顺便把为图书馆买的书一并寄回。如果您决定买这些书，请在收到我的信后马上通知我。[3]

随后在写于1928年5月15日的第二通函中，陈受颐对Lo Chan言及：

> 随函寄给您一张100金元的支票，用于为岭大图书馆购买二手书。因为购买英文书的预算有限，尤其是已经到了学期末，所有必须购买的书籍基本上已经买入，所以只能寄这些购书经费了。因此我希望您能利用有限的经费买书，随函附上一份书单，其中大多数

---

① http：//baike.baidu.com/view/2435683.htm.

② *The letter of Chan Shan Yi to Lo Kin*，1928年3月5日，广东省档案馆藏岭南大学档案，全宗号：38-4-534（238）。

③ *The letter of Chan Shan Yi to Lo Kin*，1928年3月5日，广东省档案馆藏岭南大学档案，全宗号：38-4-534（238）。

是外文书的译著，格雷德（Greider）先生最近通过在美国的一些朋友已经为（芝加哥大学）图书馆购买了这些书，它们是格里格斯（Griggs）博士父亲赠书的一部分。这些书对比较文学课程的教学非常有用。……①

通过这 2 通函件可知，陈受颐早年在芝加哥大学留学时，曾为图书馆在美选购文学和社会科学方面的二手书，这些书籍多为名家著作或欧洲学者作品的原版书籍或译著；同时，他也会委托其他人根据他所开列的书单购书。1931年以后，陈受颐受聘于北京大学，在此期间继续为岭南大学图书馆在北平选购各种古书。②

为岭南大学图书馆选购图书的学者并非陈受颐一人，事实上，图书馆会委托各个学科的学者在留学或到各地讲学、访问、考察期间为图书馆选购图书，所选购之图书多与受托者的学科领域密切相关，受托者通常依靠个人的学术兴趣和对书籍的鉴定能力进行挑选，将选定之书单寄回图书馆，馆长和图书馆委员会审定后即行购买。1927 年，《私立岭南大学校报》上一则关于图书馆的报道中称"西籍一部，关于经济、教育、文学三门之罗致，均出自专家之手"③。

及至抗日战争期间，岭南大学一度迁校香港，当时香港与内地地区通行通邮甚为困难，而出版社则集中于重庆地区，所出版的刊物仅有一部分会在香港重印，图书馆为订购内地书报，于是由时任代理馆长的何多源凭借私人关系委托国立北平图书馆驻重庆办事处馆员颜某代购，至购

---

① *The letter of Chan Shan Yi to Lo Chan*，1928 年 5 月 15 日，广东省档案馆藏岭南大学档案，全宗号：38 - 4 - 534（237）。

② 《岭南大学图书馆廿一年度报告书》，载《私立岭南大学校报》1933 年第 6 卷第 8 期，第 133 页。

③ 《图书馆报告》，载《私立岭南大学校报》1927 年第 10 卷第 1 期，第 28 页。

书所用之舟车费则实报实支。①

再据中山大学图书馆保存的岭南大学档案缩微胶卷中多通黄念美与谭卓垣的往来信函可知，自 1940 年 3 月始，受岭南大学美国基金委员会秘书黄念美的委托，谭卓垣开始为岭大图书馆购买中文书籍。谭卓垣所采取的做法是：首先将由其主持的夏威夷大学图书馆东方文库所购重要书籍开列清单，其次把书单寄给岭大图书馆进行核对，勾选出未入藏的书籍，然后谭卓垣将所有代理商的联系方式和地址寄给在香港的岭南大学图书馆，由图书馆自行处理所有的订购和支付工作。② 谭卓垣作为岭大图书馆的前任馆长，对图书馆的藏书情况非常了解。他认为岭大图书馆原有的中文藏书已经相当综合，所以需要加强对善本书的收集，③ 在教学和研究中具有实用价值的书籍也应作为选购的重点。④ 谭卓垣为岭南大学图书馆选购中文文献的工作一直持续到 1952 年。

对于常规渠道已经不易购得，通过派专人因类、因地访求也不易购得的文献，岭南大学图书馆则会根据文献的性质和收藏情况，向相关的文献收藏机构购买。如北平地质调查所图书馆（The Library of National Geological survey of China），据现存的购书档案可知，1929 年时岭南大学已经开始向该馆购买北平地质调查所的一些出版物，如 *Bulletin*

---

① 程焕文：《裘开明年谱》，广西师范大学出版社 2008 年版，第 270 页。

② 据中山大学图书馆藏 "岭南大学档案缩微胶卷" Reel 36 中的文件 *The letter of C. W. Taam to Olin D. Wannamaker*，1940 年 3 月 7 日。

③ 据中山大学图书馆藏 "岭南大学档案缩微胶卷" Reel 36 中的文件 *The letter of C. W. Taam to Olin D. Wannamaker*，1940 年 3 月 7 日。

④ 据中山大学图书馆藏 "岭南大学档案缩微胶卷" Reel 36 中的文件 *The letter of C. W. Taam to Olin D. Wannamaker*，1940 年 4 月 4 日。

*of the Geological Society*和 *Mining And Metallurgy* 等,[①] 与该馆的合作至少持续到抗战爆发前。图书馆还会从其他图书馆转让的文献中，选购本馆未入藏的书籍。1927 年，位于广州河南的海关图书馆整理出一批有价值的绝版书，其中有很多中国学西文书籍，愿以合理的价格出售。图书馆当时曾以该馆的售书目录核对本馆馆藏进行勾选。[②] 岭南大学在港期间，香港大学图书馆如有欲出售的书籍，则会将书单交给岭大供其挑选，岭大也会将需要购买的书籍开列清单，然后询问港大图书馆是否有欲出售者。[③] 抗战胜利后，时任国立中山大学图书馆馆长的杜定友获悉一友人出售大批西文书籍，立即函告岭南大学校长李应林，并附上书单。[④] 岭南大学图书馆与美国国会图书馆更是有长期的合作关系，在战前即向美国国会图书馆购买书籍，抗战时期在中文善本书的购买及制作缩微胶卷的项目中亦多有联系。[⑤]

另外，岭南大学美国基金委员会也是岭南大学图书馆获得西文文献的来源。美国基金委员会以哈佛燕京学社 1936 年出版的 *Check List of Important Western Books on China* (第二版) 为参考，代图书馆在美国订购了大量珍贵的 "中

① *The letter of C. W. Taam to the Library of National Geological survey of China*，1929 年 6 月 26 日，广东省档案馆藏岭南大学档案，全宗号：38 - 4 - 206 (9)。

② *The Librarian of Customs Library (Honam) to C. W. Taam*，1927 年 3 月 25 日，广东省档案馆藏岭南大学档案，全宗号：38 - 4 - 534 (256—264)。

③ 朱有光致香港大学注册办公室之馆藏图书馆买卖函，1940 年 11 月 20 日，广东省档案馆藏岭南大学档案，全宗号：38 - 4 - 42 (21)。

④ 国立中山大学图书馆字第三五四三〇号文件，1946 年 6 月 6 日，广东省档案馆藏岭南大学档案，全宗号：38 - 4 - 86 (1)。

⑤ 据中山大学图书馆藏 "岭南大学档案缩微胶卷" Reel 36 中的文件 "黄念美与恒慕义往来信函"。

国问题研究"西文出版物;① 在岭南大学校务会议记录中也多有教务长关于美国基金委员会代为购书的报告。

5.2 赠书

教会大学图书馆不同于其他大学图书馆、公共图书馆的特点之一在于，馆藏文献中国内外机关团体以及个人捐赠的图书文献占有很大比例。社会各界的大量赠书可以说几乎是所有教会大学图书馆发展的强力推动剂，即使是在经济萧条期和战争期间，国内外的赠书活动也未曾停止过。②

岭南大学图书馆就是在美国人士多年来赠书的基础上成立起来的，中籍部成立的藏书基础也是来自社会各界的捐赠。在岭南大学发展的历程中，曾经有一个阶段，馆藏文献中来自捐赠的数量多于来自购买的数量。以 1927—1928 学年为例，据统计当年新增中西文献中有 1586 册来自购置，而来自捐赠者则达 5426 册;③ 再如 1929—1930 学年，图书馆共新收到期刊 1281 种，其中订购者仅为 356 种，而赠送者则达 925 种之多。④ 图书馆订阅的期刊，有些也是从杂志社的赠送开始的，如图书馆所藏 1929 年之前的各期

---

① 《岭南大学图书馆馆务报告：民国廿九年七月至三十年六月》，中山大学图书馆校史室藏。

② 孟雪梅：《近代教会大学图书馆研究》，福建师范大学 2007 年博士学位论文，第 69 页。

③ 李应林：《私立岭南大学十六年至十七年度报告》，载《私立岭南大学校报》1928 年第 10 卷第 6 期，第 92—100 页。

④ 《图书馆状况（节录该馆十八年至十九年度报告书）》，载《私立岭南大学校报》1930 年第 2 卷第 24 期，第 254—255 页。

The China Truth（《中华时事周刊》）来自该周刊编辑部的赠送；[①] 所藏 1934 年以前的美国波士顿出版的 *Christian Science Monitor* 来自基督教科学派出版协会（Christian Science Publishing Society）的赠送；[②] 所藏 1923 年 3 月号以前的 *Electric Journal* 来自该杂志编辑部的赠送。[③] 按照文献捐赠者的性质划分，向岭南大学图书馆捐赠文献的主体主要可分为国内外机关团体、社会人士及校友和校内人士 3 类。

5.2.1 国内外机关团体赠书

5.2.1.1 国内外主要赠书机关团体统计

向岭南大学图书馆赠书的国内外机关团体数量众多，按其性质大致可分为党政军机关、学校及相关机构、图书馆、研究机构/学术组织、协会社团、基金会、宗教团体和商业机构/组织 8 类。若想一一考察清楚岭南大学从成立开始具体得到了多少个机关团体的捐赠是非常困难的，笔者只能根据目前所见过的档案以及报刊文献的记载，整理出历年来国内外主要的赠书机关团体，大致有 179 个[④]，其中

---

① *The Letter of The China Truth Publishing Co. to Lingnan University Library*，1929 年 5 月 23 日，广东省档案馆藏岭南大学档案，全宗号：38 – 4 – 182（148）。

② *The Letter of C. W. Taam to Christian Science Publishing Society*，1936 年 5 月 7 日，广东省档案馆藏岭南大学档案，全宗号：38 – 4 – 182（188）。

③ *The Letter of Electric Journal to C. W. Taam*，1924 年 5 月 28 日，广东省档案馆藏岭南大学档案，全宗号：38 – 4 – 534（330—331）。

④ 统计依据为广东省档案馆藏岭南大学档案，全宗号 38 – 1 – 14 和 38 – 1 – 16 校务会议记录，全宗号 38 – 1 – 19 董事会会议记录，全宗号 23 – 2 – 17，全宗号 38 – 4 – 86、38 – 4 – 87、38 – 4 – 182、38 – 4 – 534 图书馆材料，全宗号 38 – 4 – 206 谭卓垣往来信函，以及《私立岭南大学校报》各卷期。

向图书馆捐赠文献的党政军机关主要包括如下 59 个：

（1）安徽高等法院

（2）第一教导师第四团政治办公厅

（3）第一军第二师政训处

（4）第一军司令部

（5）广东财政司

（6）广东建设厅

（7）广东建设厅蚕丝改良局

（8）广东省建设厅农林局

（9）广东建设厅生丝检验所

（10）广东建设厅水产试验场

（11）广东陆地测量局

（12）广东民政厅

（13）广东全省参议会

（14）广东省政府

（15）广东宪兵司令部

（16）广东盐务稽核造报分所

（17）广东邮政委员会

（18）广东治河处

（19）广韶铁路局

（20）广西省党部

（21）广西省党务整理委员会

（22）广西统计局

（23）广西省政府

（24）广州市党部宣传部

（25）广州市工务局

（26）广州市教育局

（27）广州市政府

（28）广州市政协地方自治委员会

（29）贵阳党部

（30）国民政府航政司

（31）国民政府教育部

（32）国民政府秘书处

（33）国民政府铁道部

（34）河南省政府

（35）湖南省教育厅

（36）胶济铁路管理局

（37）交通部会计司

（38）警卫旅司令部

（39）军政部

（40）廉江县政府财政局

（41）美国纽约市外事处

（42）美国外交部

（43）美国新闻处（United States Information Service）

（44）南京市政府卫生局

（45）青岛市观象台

（46）全国洪水治理委员会

（47）全国经济委员会

（48）日本外务省文化事业部

（49）汕头市政府

（50）上海特别市教育局

（51）税务局

（52）西北区绥靖公署

（53）西南政务委员会

（54）云南省政府

（55）粤海关

（56）中国政府盐务稽核总所

（57）中山县政府

（58）中央侨务委员会

（59）镇江农村改进试验区

捐赠文献的学校及相关机构主要有下列 48 个：

（1）北平交通大学铁道管理学院

（2）北平师范大学

（3）大光学校

（4）党务工作人员训练所

（5）东吴大学

（6）防城县立中学校

（7）广东省地方自治人员养成所

（8）广东中医药学校

（9）广州大学

（10）广州市立六十三小学

（11）广州市立第一中学

（12）工业专科学校

（13）国立音乐专科学校

（14）河南大学文学院

（15）湖南大学

（16）沪江大学

（17）蕙兰中学校

（18）暨南大学（南洋文化事业部）

（19）建道圣经学校

（20）警卫研究班办事处

（21）岭南大学附属小学藏书楼

（22）美国宾夕法尼亚学院代表团（Penn State College Mission）

（23）美国夏威夷大学出版委员会（University of Hawaii, Bureau of Publications）

（24）南海中学

（25）培正中学

（26）齐鲁大学

（27）清华大学

（28）群英学校

（29）沙溪小学

（30）山西铭贤学校

（31）上海交通大学

（32）上海圣约翰大学

（33）圣玛丽亚女校

（34）武汉大学

（35）勷勤大学

（36）兴华中学校

（37）星洲华侨中学

（38）燕京大学

（39）真光中学

（40）之江文理学院

（41）知行中学

（42）中山大学（文史研究所、理工学院）

（43）中山大学附属小学

（44）中山县立中学

（45）中央国术馆

（46）中央陆军军官学校

（47）中央政治学校

（48）仲恺农工学校

捐赠文献的图书馆主要有下列6个：

（1）广东省立第四中学校图书馆

（2）国立中央图书馆筹备处

（3）美国亨廷顿图书馆和艺术馆董事会（Trustees of Henry E. Huntington Library and Art Gallery）

（4）美国夏威夷大学东方文化研究所图书馆

（5）人文图书馆

（6）山西公立图书馆

捐赠文献的研究机构/学术组织主要有下列13个：

（1）北平研究院

（2）德国学术互助协会（Notgemeinschaft der Deutschen Wissenschaft）

（3）广西经济研究社

（4）国立中央研究院

（5）两广地质调查所

（6）美国哈佛燕京学社

（7）美国卡耐基研究院（Carnegie Institution of Washington）

（8）上海市通志馆

（9）尚志学会

（10）太平洋国际学会

（11）文字修正社

（12）中国科学社

（13）中华农学会

捐赠文献的协会社团主要有下列20个：

（1）格礼纪念会（Griggs Memorial）

（2）管理中英庚款董事会

（3）广州博览会

（4）国际联合会驻华通信处

（5）联义海外交通部

（6）留日广东学生会

（7）美国全国教育协会（National Education Association of the United States）

（8）美国史密森研究所国际交换中心（International Exchanges from Smithsonian Institution Washington, U. S. A. ）

（9）棉兰华侨教育总会

（10）南洋书画社

（11）欧美同学会

（12）全国经度测量会议秘书处

（13）日本东京出版协会

（14）太原市文化促进会

（15）英国文化协会（British Council）

（16）中华教育卫生联合会

（17）中华民国拒毒会

（18）中日文化协会

（19）中华图书馆协会

（20）中华学艺社

捐赠文献的基金会主要有下列3个：

（1）美国化学基金会（Chemical Foundation）

（2）美国卡耐基高等教育基金会（Carnegie Foundation for the Advancement of Education）

（3）美国卡耐基国际和平基金会（Carnegie Endowment for International Peace）

捐赠文献的宗教团体主要有下列21个：

（1）东石浸信会堂

（2）广州东山浸信会

（3）广州女子青年会

（4）广州青年会

（5）河南中华基督教会

（6）华南圣书会

（7）基督教女青年会

（8）基督教研究会

（9）浸信自理会堂

（10）两广浸会事务所

（11）美国平信徒调查团（Laymen's Foreign Missions Inquiry）

（12）南昌基督教青年会

（13）青年会阅报社

（14）梧州宣道会华会

（15）香港浸信会

（16）赠送圣经会

（17）中国基督勉励会

（18）中华基督教会广东协会

（19）中华基督教全国总会

（20）中华全国基督教协进会

（21）中华循道会礼拜堂

捐赠文献的商业机构/组织主要有下列 9 个：

（1）兵工厂

（2）广东兵器制造厂

（3）广州全省民营电业联合会

（4）广州航业公会

（5）利民化学工业社

（6）美国马萨诸塞州剑桥的 H. O. Houghton and Co.,
The Riverside Press

（7）上海美国商会

（8）暹罗中华总商会

（9）中华国货股份有限公司

上述这 8 类机构团体向岭南大学图书馆捐赠文献，大多是属长期捐赠性质，其捐赠的特点是：如所赠系各机构团体编制的连续出版物，通常都是每期必赠，持续不辍；或是每次捐赠数量较大，所捐赠文献通常都是经过精心挑选，针对某一学科而组织，如 1935—1936 学年，国立中央图书馆筹备处一次性向岭南大学图书馆赠送前江南制造局所印的初期译书 100 种，计 381 册；① 也有些机构团体是选择其出版的或与其相关的具有资料价值或特殊意义的文献进行捐赠。所有机构捐赠的文献，或是专门的学术作品，或具

① 《廿四年度图书馆馆务报告撮要》，载《私立岭南大学校报》1937 年第 9 卷第 9 期，第 133—135 页。

有资料价值，无论对于教学还是学术研究，均多有裨益。另外在抗战爆发前，所有捐赠文献的机构中，以卡耐基研究院、美国史密森研究所国际交换中心和日本外务省文化事业部的赠书数量为最。①

此外还有来自各个出版社、报社、杂志社的赠送，仅《岭南大学图书馆收入捐赠中文图籍目录（1920 年 3 月）》中记载的向图书馆捐赠书报的出版社、报社和杂志社就有 19 家，共计捐赠书籍、报刊 247 种。其中尤以商务印书馆捐赠的数量为最多，赠书中包括《涵芬楼古今文钞》、《东方杂志》、《妇女杂志》、《教育杂志》、各类辞典和大、中、小学教科书共计 117 种；其次为《民生日报》社，捐赠书报 22 种，广学会捐赠书报 20 种，中华书局捐赠书报 17 种。这些书报社在 1920 年以后仍旧陆续、不定期地向岭南大学图书馆捐赠文献。总的来说，向岭南大学图书馆捐赠文献的出版社、报社、杂志社数量繁多，赠送并不固定，通常出版社会向岭南大学图书馆赠送一些具有特殊意义的出版物，而报社、杂志社通常会在某个时间段内向图书馆赠送所编辑的报纸、期刊，故在此不一一赘述。

5.2.1.2 重要的赠书机关团体

在上述向岭南大学图书馆捐赠文献的众多主要机关团体中，美国宾夕法尼亚大学与岭南大学颇有渊源。宾夕法尼亚大学是岭南大学的创办人兼首任校长哈巴牧师的母校，其早年曾就读于该校医学院，获医学博士学位。② 故自岭南大学创校起，就得到来自宾夕法尼亚大学的捐资、赠书、赠送教席等各种资助，历时逾半个世纪不曾中断。岭南大学农科的发展，得其赞助尤多，农学院院长高鲁甫及该院许多教师都毕业于宾夕法尼亚大学，高鲁甫自 1908 年毕业即

---

① 《岭南大学图书馆一览》，岭南大学图书馆 1936 年版，第 2 页。

② 陈国钦、袁征：《瞬逝的辉煌——岭南大学六十四年》，广东人民出版社 2008 年版，第 2 页。

来岭南大学任教。高鲁甫在校园内的住宅名为宾省大学屋，因此屋是由该大学捐资所建，高鲁甫的讲座也是由该校所赠。[①] 宾夕法尼亚大学对岭南大学图书馆的历年捐赠也以农科书刊为主，且每批捐赠数量都颇为可观，如在1913年时曾一次性向学校图书馆赠农学书籍30种30册，*Experiment Station Bulletins* 约2000册，另有农学期刊7种，均为全年份。[②]

夏威夷大学对岭南大学图书馆的捐赠也与两校的合作及渊源有关，早在20世纪30年代初，有鉴于岭南大学培养出的华侨学生在夏威夷当地享有良好口碑，夏威夷大学开始向岭南大学表达合作意愿，希望建立交换生关系。1933年，一名夏威夷大学的学生到岭大学习了1年，同时此人也是岭大与外国大学交换学生计划的第一人。[③] 至抗日战争爆发前后，因战势缘故，岭大毕业生、原岭大国文系主任陈受颐，哲学系教授陈荣捷以及图书馆馆长谭卓垣3人先后应聘到夏威夷大学，陈受颐和陈荣捷共同创办了该大学的东方研究所，谭卓垣则担任东方研究所图书馆主任，使得两校之间的关系更为紧密。谭卓垣不仅代岭南大学图书馆采购中文文献，也对夏威夷大学向岭南大学捐赠文献产生了一定影响。如在1940年时，夏威夷大学东方文化研究所图书馆就曾一次性赠给岭南大学图书馆西文书籍五大箱。[④]

美国哈佛燕京学社一直以《哈佛亚洲研究学报》（*Har-*

---

① 《宾省大学屋》，载《私立岭南大学校报》1931年第3卷第9期，第153页。

② *The letter to Kenneth Duncan*，1913年9月4日，广东省档案馆藏岭南大学档案，全宗号：38-4-182（81）。

③ 陈国钦、袁征：《瞬逝的辉煌——岭南大学六十四年》，广东人民出版社2008年版，第94页。

④ 私立岭南大学校董会第五十四次会议记录，1940年7月19日，广东省档案馆藏岭南大学档案，全宗号：38-1-19。

vard Journal of Asiatic Studies）等学社出版物相赠，或时赠予
岭南大学图书馆购书款，则源于岭南大学是由哈佛燕京学
社资助的中国 6 所基督教大学之一。[①]

　　卡耐基研究院、卡耐基高等教育基金会和卡耐基国际
和平基金会也是长期向岭南大学图书馆捐赠文献的机构，
所捐赠的文献以经济、政治、军事、法律和社会类的书刊
为主。卡耐基研究院所捐赠的文献涉及的类别更为广泛一
些，还包括化学、生物、农业、医学、考古学和心理学等
方面的书刊。[②]

　　1924 年岭南大学加入美国全国教育协会，成为该协会
的会员，并由此获赠该会自 1857 年成立以来所出版的会刊
（缺 1922 年第 3 期及索引）、研究学刊、通讯录及回忆录。[③]

　　有些机构向岭南大学图书馆捐赠文献的举动不属于长
期或大批捐赠，但是所捐赠的文献非常有价值。如 1934 年
10 月，管理中英庚款董事会赠送外交史料 1 部，计 147
册。[④] 美国平信徒调查团在 1934 年 4 月间将该团编写的 *the
Supplementary series of Re-thinking missions* 赠给图书馆，[⑤] 该
书是 *Re-thinking missions* 的增补本。1931 年至 1932 年由北

---

　　① *The letter of Serge Elisséeff to T. Y. Hoh*，1938 年 3 月 10 日，广东省
档案馆藏岭南大学档案，全宗号：38 - 4 - 534（296）。

　　② 据广东省档案馆藏岭南大学档案，全宗号38 - 4 - 206、38 - 4 -
207 "谭卓垣往来信函" 整理。

　　③ *The letter of Harriett M. Chase（Chief Assistant to the Secretary）to
C. W. Taam*，1929 年 4 月 24 日，广东省档案馆藏岭南大学档案，全宗号：
38 - 4 - 206（8）。

　　④ 《复管理中英庚款董事会谢送书》，载《私立岭南大学校报》
1934 年第 7 卷第 4 期，第 44 页。

　　⑤ *The letter of C. W. Taam to The Laymen's foreign missions inquiry*，1934
年 4 月 11 日，广东省档案馆藏岭南大学档案，全宗号：38 - 4 - 206
（93）。

美七公会平信徒所派"海外事业调查委员会",又称"美国平信徒调查团",对中国、印度和日本三国基督教事业进行调查,此次调查所形成的报告即 *Re-thinking missions*。[①] 此书的中文译本由徐宝谦等人翻译,中文译名《宣教事业平议》,1934 年由商务印书馆出版。《宣教事业平议》全书共14 章,内容涉及宣教事业在世界范围内的概况、基督教与其他宗教和非宗教、基督教对东方的使命、差会在世界范围内的分布、宣教与教会、初级和中学教育、高等教育、基督教文献、医学传教、农业传教、差会与工业发展、妇女事业、宣教事业管理与组织问题等。该书从自由派神学观点出发,是一部重要的基督教研究文献,保存了大量的史料,对中国近代基督教史研究颇有裨益。著名的基督教神学专家赵紫宸曾撰专文评价该书的前 4 章,发表在 1934年出版的《燕京宗教时论》第 3 册上。《宣教事业平议》及其增补各卷,至今仍是各大学神学院指定的重要参考文献,中国近代基督教史研究的著作对该书中所记载的史料和观点也多有引用。

美国亨廷顿图书馆和艺术馆董事会于 1933 年赠给岭南大学图书馆的 *"To Markie," the Letters of Robert E. Lee to Martha Custis Williams*,是关于美国在 19 世纪下半叶介入德克萨斯共和国与墨西哥边境纠纷的重要史料。该书是一部书信集,书信的原件保存在亨廷顿图书馆,由芝加哥大学教授埃弗里·克雷文(Avery Craven)辑注,1933 年在哈佛大学出版社出版。在出版当年的 11 月份,岭南大学图书馆

---

① 徐以骅:《教会大学与神学教育》,福建教育出版社 2000 年版,第 49 页。

就收到了来自亨廷顿图书馆的赠送本。[①] 书中收录罗伯特·E.李（Robert E. Lee）在 1844 年 9 月至 1870 年 8 月间写给玛撒·卡斯蒂斯·威廉斯（Martha Custis Williams）的 40 通信函，李时任美国西点军校校长，当时率部驻扎在巴尔的摩，参加德克萨斯与墨西哥之间的战争，信函中充分反映了李的人格和品质，以及他对德克萨斯独立、战争结果和重建问题的个人态度。[②]

　　向岭南大学图书馆捐赠文献的国外机构主要集中在美国，此外，日本外务省文化事业部及日本东京出版协会也均曾向学校图书馆大宗赠书。关于日本外务省文化事业部的成立，可追溯到庚子赔款这一问题。按照西方国家的做法，庚子赔款一般都是以各种方式全部或部分归还中国，如美国将庚子赔款用于设立和建设清华大学，其余款项则由中华教育文化基金委员会管理，用于发展中国的教育和文化事业。日本则将庚款及经营山东利润，由外务省专设对支文化事业部（后取消"对支"二字）主持该款的支配，声称专用诸中日间文化事业方面。1928—1929 年间，日本外务省资遣一日本特别留学生松平忠久到岭南大学学习中文和英文，该生归国后将岭南大学的状况及需要详细汇报给日本外务省。1928 年，岭大得知日本外务省捐赠给中山大学价值 3000 日元的日文图书后，具函外务省援例请求捐赠。因此前有松平忠久的铺垫，故在来回函商书目 3 次后，

----

　　① *The letter of C. W. Taam to Trustees of the Henry E. Huntington Library and Art Gallery*，1933 年 11 月 16 日，广东省档案馆藏岭南大学档案，全宗号：38 - 4 - 206（50）。

　　② *"To Markie," the Letters of Robert E. Lee to Martha Custis Williams*，Volume 37，Number 3，Southwestern Historical Quarterly Online，http：//www. tsha. utexas. edu/publications/journals/shq/online/v037/n3/review _ DI-VL2924. html［Accessed Thu Sep 3 2009］。

岭南大学于 1928 年 11 月至 1929 年 2 月间，陆续收到日本外务省对支文化事业部捐赠的价值 3000 日元的日文书籍 7 箱。① 1929 年 10 月，在得知对支文化事业部向中山大学馈赠《大正新修大藏经》后，岭南大学再次具函请求捐赠。② 1930 年 2 月，岭南大学图书馆收到第一批《大正新修大藏经》，共计 55 卷，由日本驻粤代总领事宫城转交，③ 后续各卷陆续分批到达。除大藏经外，日本外务省文化事业部还向岭南大学图书馆捐赠过如《支那之工艺图鉴》、《支那佛教史迹》等重要巨著。④

从日本外务省向岭南大学图书馆捐赠书籍的过程可以发现，图书馆收到的部分捐赠书籍来自校方的主动申请。不只是日本外务省对学校图书馆的捐赠是如此，诸如美国纽约市外事处捐赠的该机构出版物内容及卷期索引⑤、美国波士顿基督教科学出版协会（Christian Science Publishing Society）赠送的《基督教科学箴言报》（*Christian Science Monitor*）⑥、广东盐务稽核造报分所赠送的 *Salt Administration* 及

---

① 谢扶雅：《日本教授来校讲学经过报告》，载《私立岭南大学校报》1930 年第 2 卷第 10 期，第 63 页。

② 《致日本对支文化事业部长函》，载《私立岭南大学校报》1929 年第 1 卷第 30 期，第 267 页。

③ 《日本外务省文化事业部赠送大藏经》，载《私立岭南大学校报》1930 年第 1 卷第 49 期，第 418 页。

④ 《岭南大学图书馆廿一年度报告书》，载《私立岭南大学校报》1933 年第 6 卷第 8 期，第 133—138 页。

⑤ *The letter of C. W. Taam to Foreign Affairs*，1926 年 4 月 21 日，广东省档案馆藏岭南大学档案，全宗号38 - 4 - 182（19）。

⑥ *The letter of C. W. Taam to Christian Science Publishing Society*，1936 年 5 月 7 日，广东省档案馆藏岭南大学档案，全宗号38 - 4 - 182（188）。

该所其他出版物①以及中国政府盐务稽核总所赠送的各省份盐务稽核方面的出版物②等，均来自岭南大学主动向各机构的具函申请。再如岭南大学图书馆收藏的全国各个学校出版的"一览"性质出版物及规程汇编亦来自学校的主动函索，1931年底因学校编辑《私立岭南大学一览》的需要，校长钟荣光致函全国各校，请"惠赐最近一览或规程概况等件，俾资借镜"，并承诺"敝校一览不日付梓，俟刊成后，亦当奉上，以供阅览"。③

1931年初，日本东京出版协会赠送岭南大学图书馆书籍两大箱，共有307种314册，皆为日本三省堂、同文馆、四六书院、北隆馆、宝文馆、六合馆、岩波书店、明文堂、北星堂、信义堂、樱木书房、大明堂、目黑书店、古今书院、三松堂、大日本图书株式会社、大仓书店、至诚书院、东西医学社、明治书院、厚生阁、丸善株式会社、大同馆、实业之日本社、东京堂、富山房、雄山阁、神谷书店等新出版物。赠书涉及各类学科，尤以中小学生教材和课外读

---

① 据广东省档案馆藏岭南大学档案，全宗号38-4-182（226）：*The letter of C. K. Edmunds to A. A. Archanglesky of Foreign Salt Inspector for Canton District*，1917年11月23日；全宗号38-4-182（227）：*The letter of A. A. Archanglesky of Foreign Salt Inspector for Canton District to C. K. Edmunds*，1917年11月28日；全宗号38-4-182（228）：*The letter of C. K. Edmunds to A. A. Archanglesky of Foreign Salt Inspector for Canton District*，1917年12月7日。

② 据广东省档案馆藏岭南大学档案，全宗号38-4-182（229）：*The letter of C. K. Edmunds to the Chief Inspectorate of Salt Revenue*，1917年12月7日；全宗号38-4-182（230）：*The letter of Chief Inspectorate of Salt Revenue to C. K. Edmunds*，1918年1月12日；全宗号38-4-182（231）：*The letter of C. K. Edmunds to Chief Inspectorate of Salt Revenue*，1918年1月21日。

③ 《致各大学请赠一览及规程函》，载《私立岭南大学校报》1931年第3卷第26、27期合刊，第478页。

物为最，共计达 77 种之多，其他各类分别为新闻学类 2 种、哲理科学类 7 种、宗教类 8 种、政治类 11 种、经济类 26 种、法律类 10 种、社会学类 6 种、教育类 21 种、体育类 7 种、自然科学类 11 种、医学类 11 种、农业类 4 种、其他应用科学类 24 种、艺术类 17 种、语言文学类 29 种、史地人物传记类 16 种，另有各科工具书 20 种。①②

直至 1937 年 6 月间，日本外务省仍在向岭南大学图书馆捐赠文献。6 月 26 日召开的私立岭南大学校董会第四十三次会议记录显示，此次共捐赠册籍 609 本。③ 然自"七七事变"爆发后，日本方面就终止了对岭南大学图书馆的赠书，但是英美等国的赠书则一直在进行。这一时期的赠书，除来自英美等国的机构团体外，还有西文图书 22 种共 28 册来自袁同礼在美国发起的对华赠书活动。④

抗日战争爆发后，中国国内的高等教育及文化机关蒙受的损害最大。据教育部当时的统计，截至 1938 年 2 月底，各大学的设备、图书和仪器，或焚或劫，或遭轰炸，损失大半，其中尤以图书为最甚。以沦陷区内的 40 所学校为例，国立学校的损失达 1191447 册，省立学校损失达 14950 册，私立学校损失达 1533980 册；而其他战区内的学校，因迁移过迟不及运出者，损失亦大，如国立山东大学在迁移过程

---

① 《日本东京出版协会赠送大宗书籍》，载《私立岭南大学校报》1931 年第 3 卷第 1 期，第 13 页。

② 《日本东京出版协会赠送书籍续志》，载《私立岭南大学校报》1931 年第 3 卷第 2 期，第 36—40 页。

③ 《私立岭南大学校董会第四十三次会议记录》，1937 年 6 月 26 日，广东省档案馆藏岭南大学档案，全宗号：38 - 1 - 19。

④ 《本会赠送岭南中山二大学图书馆西文图书》，载《中华图书馆协会会报》1940 年第 14 卷第 4 期，第 11 页。

中，其 76024 册藏书于浦口车站全部损失。① 在图书馆藏书遭受巨大损失的同时，国内出版事业也因战争遭受重创。拥有一定规模的出版机构纷纷内迁到西南地区，集中于重庆，继续经营，而有些出版机构在战争期间已无法正常出版文献。由于纸张缺乏，印刷厂短缺，国内的印刷事业大大缩减。战前虽然国内的印刷水平不及西方国家，但尚拥有价格低廉的优势；到了战争时期，由于敌军长驱直入，时局更加艰难，至 1939 年初时，所有出版社都被迫提高书价 50% 到 150%，图书馆购书还必须支付书刊的运费和邮费。②

有鉴于上述情况，1937 年底，中华图书馆协会执行委员会主席袁同礼在美国发起了一场为中国捐献西文书的运动（Campaign for Western Books for China），征求书籍和杂志以补充战争期间被破坏的馆藏。美国图书馆协会热烈地响应这一号召，并聘请美国图书馆协会国际关系委员会（Committee on International Relations）主席丹顿（J. Periam Danton）博士负责此项工作。1938 年 6 月，美国图书馆协会第 16 届年会在密苏里州堪萨斯城举行，会上讨论并通过了向中国捐赠文献的提案。截至 1939 年 12 月，美国各图书馆、出版社及机构向中国捐献书刊共计 25000 册。当时中华图书馆协会在香港薄扶林道 94 号冯平山图书馆设有办事处，故香港作为接收和转运书籍到内地的中心，美国所捐赠的

① 《教育部发表全国高等文化机关受敌军摧残之下所蒙损失统计》，载《中华图书馆协会会报》1939 年第 13 卷第 6 期，第 13 页。

② *Editorial Comment to our Readers*，载 *Quarterly Bulletin of Chinese Bibliography* 1940 年第 1 卷第 1 期，第 21 页。

书刊分装成 200 箱运往香港。① 然此批书到达香港后，因运输关系，一时未能运入内地，鉴于各校迫切需要，曾规定"各校如能自行担任运输事宜，亦可酌量分配"。时岭南大学借香港大学校舍上课，因地利之便，得中华图书馆协会赠送西文图书 22 种共 28 册。②

英美国家对中国捐书的活动持续到抗战结束后也未终止。为谋战后图书馆的复兴，袁同礼于战事结束前已赴美，与美国各界人士接洽，再次发起捐书运动。经商洽决定，先由美国各图书馆协会联合各学术团体及出版机关，共同组织捐书运动，成立"美国图书中心"（American Book Center），于 1945 年年底开始募集活动。③ 1946 年 1 月，美国图书供应社董事长、波士顿公共图书馆主任劳特在美国图书馆协会会议上又宣布，美国图书供应社将发起全国性的征书运动，以援助曾遭兵燹之十八国的工业社会与经济复兴。中国被列为受援助的十八国之首。④ 联合国善后救济总署亦决定以 400 万美元的预算，购买图书设备，供给中国有关医药、农业及工业复员的教育机关应用。⑤ 岭南大学图书馆从上述来自联合国以及英美国家的捐书运动中收获了赠书的一部分。1947 年，联合国文教组织宣布向 17 个遭战

---

① *Editorial Comment to our Readers*，载 *Quarterly Bulletin of Chinese Bibliography* 1940 年第 1 卷第 1 期，第 21 页。

② 《本会赠送岭南中山二大学图书馆西文图书》，载《中华图书馆协会会报》1940 年第 14 卷第 4 期，第 11 页。

③ 《英美赠书助我国图书馆复兴》，载《中华图书馆协会会报》1946 年第 20 卷第 4、5、6 期合刊，第 10 页。

④ 《美发起征书运动将赠我大量图书》，载《中华图书馆协会会报》1946 年第 20 卷第 1、2、3 期合刊，第 12 页。

⑤ 《联总供应我国四百万元图书》，载《中华图书馆协会会报》1946 年第 20 卷第 4、5、6 期合刊，第 11 页。

争破坏的国家赠送书籍，中国首先获得《大英百科全书》25 部，岭南大学就在获赠名单之内，国内接受此项书籍的图书馆或机构还有中央图书馆、北平图书馆、中央大学、北京大学、清华大学、同济大学、武汉大学、南开大学、金陵大学、圣约翰大学、沪江大学、东吴大学、燕京大学、中央研究院、北平研究院及国民外交协会等。[①]

除上述来自战后国际社会对中国的赠书以外，岭南大学图书馆还收到了大量专门针对本校的赠书，在抗战后的校务会议记录中，多有关于国内外各界向学校捐赠文献的报告。如 1947 年 4 月，教务长报告图书馆近收到美国寄来书籍 36 箱（大箱 2 箱，中箱 9 箱，小箱 25 箱），系何处送来者尚未查悉；[②] 同月，图书馆还收到来自美国外交部及李星衢先生赠书 5000 卷以上，[③] 英国文化协会赠书 29 种 29 册；[④] 同年 5 月，美国史密森研究所国际交换中心赠送书刊 130 种 160 册，[⑤] 中华图书馆协会赠与学校西文书籍 2000 余册；[⑥] 9 月，英国文化协会赠给学校医学院医学参考书

① 《大英百科全书二十五部运华》，载《中华图书馆协会会报》1947 年第 21 卷第 1、2 期合刊，第 12 页。

② 《卅五年度第十六次校务会议记录》，1947 年 4 月 2 日，广东省档案馆藏岭南大学档案，全宗号：38－1－14。

③ 《卅五年度教务第三次会议》，1947 年 4 月 19 日，广东省档案馆藏岭南大学档案，全宗号：38－1－16。

④ *A List of Books sent by the British Council*，1947 年 4 月 24 日，广东省档案馆藏岭南大学档案，全宗号：38－4－87（126）。

⑤ *Books and Magazines Donated by International Exchanges from Smithsonian Institution Washington*，U. S. A.，1947 年 5 月 6 日，广东省档案馆藏岭南大学档案，全宗号：38－4－87（123—125）。

⑥ 《卅五年度第十七次校务会议记录》，1947 年 5 月 7 日，广东省档案馆藏岭南大学档案，全宗号：38－1－14。

1 箱。①

抗日战争结束后，向岭南大学图书馆捐赠文献持续时
间最长、数量最多的机构当属美国新闻处（United States In-
formation Service）。1946 年 10 月，美国新闻处为美国退伍
军人一部分来华南升学事宜，函询岭南大学收取办法，由
此建立了与岭南大学的合作关系，② 美国新闻处开始陆续向
岭南大学图书馆赠书。目前据档案可查的几次赠书分别为：
1947 年 4 月，捐赠文理类外文书 49 册；③ 5 月，捐赠文理类
外文图书、期刊 44 册；④ 12 月，捐赠文理类外文书 25 册。⑤
1949 年 5 月，岭南大学一次性收到美国新闻处捐赠的新书
共计 645 种 683 册，主要是 1939 年以后的出版物，尤以 40
年代的出版物为最多；赠书以社会科学及人文科学类的文
献为主，其中含"中国问题研究"西文出版物 8 种 8 册
（复本 2 种 2 册），其他书籍按杜威法分类统计如表 5 - 5
所示。

① 《为请填发英国文化协会给本学院书籍之进口许可证由》，1947
年 9 月 3 日，广东省档案馆藏岭南大学档案，全宗号：38 - 2 - 17 （75）。

② 《卅五年度第十次校务会议记录》，1946 年 10 月 2 日，广东省档
案馆藏岭南大学档案，全宗号：38 - 1 - 14。

③ Acknowledgment slip of United States Information Service to Lingnan
University，1947 年 4 月 8 日，广东省档案馆藏岭南大学档案，全宗号：
38 - 4 - 87 （95—96）。

④ Acknowledgment slip of United States Information Service to Lingnan
University，1947 年 5 月 7 日，广东省档案馆藏岭南大学档案，全宗号：87
（97）。

⑤ Acknowledgment slip of United States Information Service to Lingnan
University，1947 年 12 月 8 日，广东省档案馆藏岭南大学档案，全宗号：
38 - 4 - 87 （94）。

表5-5　1949年5月美国新闻处赠书统计

类号	类名	种数	册数	类号	类名	种数	册数
010	书目	2	5	320	政治学	38	38
020	图书馆学	9	9	330	经济学、政治经济学	76	79
050	普通书刊	1	1	340	法律	7	7
070	新闻学总论、报纸	1	1	350	行政管理	5	5
100	哲学总论	2	2	360	社会福利及社会团体	4	4
130	认识论与本体论	6	6	370	教育	6	6
140	哲学体系与学说	3	3	380	商业	8	8
150	心理学	7	7	390	民俗	3	3
170	伦理学	2	2	400	语言学总论	4	4
200	宗教总论	2	2	500	自然科学总论	6	8
220	圣经	1	2	510	数学	3	3
230	神学理论	1	1	520	天文学	2	2
250	布道	1	1	530	物理学	7	7
300	社会学总论	32	33	540	化学	18	22
310	统计学	7	7	550	地质学	4	4

续表

类号	类名	种数	册数
570	生物学、考古学	10	10
580	植物学	1	1
590	动物学	1	1
610	医学	10	10
620	工程学	8	8
630	农业、农艺	17	17
650	通讯、商业	5	5
660	化工	7	7
680	机械贸易、指南	1	1
700	艺术	3	3
710	风景画、城镇画	4	4
720	建筑学	2	2
730	雕塑	1	1
740	绘图及装饰设计	2	2
770	摄影	1	1
780	音乐	2	2
790	游艺	8	8
800	文学总论	30	30
810	美国文学	133	137
820	英国文学	7	7
830	德国文学	1	1
890	其他语种文学	1	1
900	历史总论	15	15
910	地理、游记	6	6
920	传记	33	34
930	远古史	2	3
940	欧洲	30	31
950	亚洲	7	7
970	北美	28	46
980	南美、拉丁美洲、西班牙属美洲	1	3

资料来源：《通知美新闻处赠书一批业已志谢函》，1949年5月3日，广东省档案馆藏岭南大学档案，全宗号：38-4-86（2-22）。

5.2.2 社会人士赠书

5.2.2.1 筹设中籍部的个人赠书

在岭南大学图书馆历史上，规模最大的一次向社会各界人士劝捐图书文献的活动，就是1919—1920年间为筹建中籍部而进行的劝捐活动。初由学校教员关恩佐赴上海，得其友人捐助的中国文学书籍约500余册;① 继而，中籍部主任陈德芸先后赴香港、上海和北平等地劝捐图书。后图书馆将1920年3月前所收到的中文赠书编制成《岭南大学图书馆收入捐赠中文图籍目录》② 1册。该目录共收录了103位人士捐赠的755种中文文献，其中大宗赠书者有吴伯鸾（305种）、王亦鹤（101种）和陈德芸（56种）；在此次中籍部劝捐图书活动中，其余捐赠文献的人士还有：李煜堂（37种）、卢观伟（33种）、钟荣光夫人（25种）、陈子褒（21种）、张曾逢（15种）、钟荣光（12种）、陈公甫（11种）、姚明晖（9种）、麦丹路（6种）、陈其标（5种）、陈仲伟（5种）、陈安仁（4种）、邓勤（4种）、Mr. E. C. G.（3种）、谭卓垣（3种）、许淇阳（3种）、伍雨生（2种）、沈祖荣（2种）、无名民（2种）、陈璧如（2种）、容镒垣（2种）、梅景周（2种）、劳士英（2种）、伍大强（2种）、林可料（2种）、陈其德（2种）、陈辑五（2种）、高冠天（2种）、章奉俦（2种）、甘翰臣（1种）、刘小芸（1种）、于克勋（1种）、Mr. C. H. Byrd（1种）、陈俊民（1种）、马登云（1种）、Mr. C. K. R.（1种）、区励菴（1种）、Mr. Fisher（1种）、赖瑾（1种）、汪宗洙（1种）、周濂（1种）、贺树文

---

① *The letter of Douglass to Graybill*，1919年5月15日，广东省档案馆藏岭南大学档案，全宗号：38 - 4 - 182（145）。

② 《岭南大学图书馆收入捐赠中文图籍目录》，中山大学图书馆校史室藏。

（1 种）、盤丙乾（1 种）、陈达生（1 种）、刘伟才（1 种）、林枚（1 种）、陈树亭（1 种）、沈家驹（1 种）、曾塞（1 种）、张友仁（1 种）、林德元（1 种）、孔昭度（1 种）、黄道南（1 种）、庆云寺和尚（1 种）、杨季谦（1 种）、黄旭昇（1 种）、骆侠挺（1 种）、张幼安（1 种）、吴山（1 种）、黄各（1 种）、林子超（1 种）、余伯谦（1 种）、张炜（1 种）、黄楚璧（1 种）、孙中山（1 种）、李淡愚（1 种）、关乾甫（1 种）、张才（1 种）、钟约翰（1 种）、谢缵泰（1 种）、胡翼南（1 种）、王葆真（1 种）、王振先（1 种）、龚雨庭（1 种）、陈景（1 种）、陶智庭（1 种）、薛基绵（1 种）、陈树焜（1 种）、杨冠璧（1 种）、陈少汉（1 种）、甘乃光（1 种）、陈文驻（1 种）、罗怀坚（1 种）、陈其杰（1 种）、刘炳垣（1 种）、谭焕墉（1 种）、李应林（1 种）、胡继雄（1 种）、廖崇真（1 种）、黄延恺（1 种）、陈绮邻（1 种）、孙雄（1 种）、晏文士（1 种）、高鲁甫（1 种）、黄启明（1 种）、赵恩赐（1 种）、林燿翔（1 种）、简又文（1 种）、嘉女士（1 种）、苏次严（1 种）。

5.2.2.2　本国人士赠书

除上述在岭南大学图书馆筹建中籍部过程中捐赠中文书籍的人士以外，历年来向图书馆大宗捐赠文献的本国人士还有：陈翘学女士（将其父陈子褒的遗书尽赠图书馆）、冯定一（735 册）[1]、甘翰臣、李星衢、梁少文、莫幹、孙少卿、孙中山和徐绍桢等。[2] 另据现存可查到的文献可知，其他零星向图书馆捐赠文献的还有：黄元彬（《游欧美后第一意见书——银问题》）、黎文通（《忆江南馆词》1 套）、邵元冲（《心理建设论》）、杨成志（《云南民族调查报告》3 册）、林蕴光（《愁魂》2 册）、张博士（*Foreign policies of national-*

---

①　李应林：《私立岭南大学十六年至十七年度报告》，载《私立岭南大学校报》1928 年第 6 期，第 92—100 页。

②　《岭南大学图书馆一览》，岭南大学图书馆 1936 年版，第 2 页。

ist China）、张仲平（《中日关系主要实力图表》）、朱义胃（《文微》）等。① 当然，在岭南大学 64 年的发展历程中，曾向图书馆捐赠过文献的社会人士是无法一一列举的。

在向岭南大学图书馆大宗捐赠图书的本国人士中，多有与学校渊源深厚者。如陈子褒，其在 1919 年学校筹设中籍部时就曾捐赠文献 21 种（详见"3.1.3.2 中籍部的藏书基础"）；1928 年，其女陈翘学又将其所遗 1466 册图书尽数捐赠给图书馆。② 陈子褒（1862—1922 年），广东新会外海人，是清末民初著名的启蒙教育家，其名荣衮，字子褒，号耐庵，别号崇兰、妇孺之仆。31 岁参加乡试，膺五经魁，列于康有为之前。后陈子褒读了康有为不沿用朱熹注释的试文《书同文》，自叹不如，特意前往"万木草堂"拜谒，谈论之间，大折服，便效法宋代吕荣阳拜程颐为师的故实，执弟子礼，拜康有为为师，与梁启超、陈千秋等一起学习。③ 据其自述，在"八股时代，入校二十年，教学三年，后复从康南海先生游。此后一便教一便学。所谓惟教学半。其收效殊不少。然苟无康先生教导，则茫无门径"。④ 陈子褒一生服膺真理，笃厚忠纯的品格可从此事中显见。他积极参加康有为、梁启超的戊戌变法，"百日维新"失败后，陈子褒也经上海东渡日本，受日本著名教育家、《东亚报》主编侨本海关的影响，考察日本中小学教育，决心效法，以教育救中国，故回国后弃政从教，立志改良小学教育，

---

① 以上据《私立岭南大学校报》各卷期刊登的图书馆收到赠书消息整理。

② 李应林：《私立岭南大学十六年至十七年度报告》，载《私立岭南大学校报》1928 年第 6 期，第 92—100 页。

③ 陈占标：《陈荣衮》，参见谭思哲主编：《江门五邑海外名人传》（第二卷），广东人民出版社 1994 年版，第 17—22 页。

④ 陈子褒：《庇理罗士女师范演讲》，参见陈德芸、冼玉清、区朗若、冯民德：《陈子褒先生教育遗议》，1952 年出版，第 89 页。

用语体文编辑教科书多种。[①] 时港澳地区赫赫有名的"子褒学校"即是由陈子褒创办、主持。陈子褒主张改革文言文，提倡白话文，注重妇女教育、儿童教育。其创办的子褒学校的前身灌根学塾自 1903 年始招收女生，成为我国男女同校的发端。而当时的岭南学堂积极推广新式的中小学教育，在 1906 年时即实现男女同校，1917 年始实行大学男女同校，其教育理念和实践与陈子褒的主张甚为契合。

岭南大学校长钟荣光与陈子褒亦有长久的交情。1896 年，钟氏主持广州《博闻报》，因该报发了篇有损基督声誉的文章，遭到在穗传教士的攻击，在处理此事件时，钟荣光却意外赢得教会长老左斗山等西人的好感。[②] 而当时的陈子褒常在广州双门底"圣教书楼"看书，该新学书店正是左斗山所开设。[③] 因与陈子褒的交情，钟荣光担任岭南大学校长后，十数年间学校的国文教育基本由毕业于子褒学校的优秀者主持，即使陈子褒去世后，此传统仍未中止。钟荣光担任校长时期的学校副校长李应林，以 32 岁之年纪即担任岭南大学博物馆馆长的冼玉清，均出自子褒学校。图书馆第一位中籍部主任陈德芸更是陈子褒的得意大弟子，1919 年陈氏首次向岭南大学图书馆捐书，与陈德芸亲赴香港劝捐不无关系。此外，陈子褒还是中国倡导同姓远枝通婚的第一人，早在民国初年，就在江门外海发布《通启》，倡导外海陈姓四大房互通婚姻。为此，陈子褒被革去胙肉（祠堂祭祖后分给各人的祭肉），以示开除族籍。钟荣光则在 1915 年时，因与钟庭芬女士结为伉俪，而在家族内掀起

---

① 陈占标：《陈荣衮》，参见谭思哲主编：《江门五邑海外名人传》（第二卷），广东人民出版社 1994 年版，第 17—22 页。

② 陆键东：《近代广东人文精神与冼玉清学术》，参见周义：《冼玉清研究论文集》，香港中国评论学术出版社 2007 年版，第 27—98 页。

③ 陈占标：《陈荣衮》，参见谭思哲主编：《江门五邑海外名人传》（第二卷），广东人民出版社 1994 年版，第 17—22 页。

波澜，险些被逐出宗族。在此一事上，钟陈二人友谊中的惺惺相惜亦可见一斑。

岭南大学图书馆堪称特色的藏书，也多得益于社会各界人士的捐赠。图书馆藏有 1911 年至 1937 年的中文日报全份，此在国内图书馆为绝少有者，而其中 1911 年至 1935 年间的全份日报为老革命家梁少文所赠，是其数十年的积存。梁少文（1877—1951 年），广东南海人，1891 年赴美国旧金山习商，先后加入兴中会、同盟会。1911 年返国，在沪策动起义。辛亥革命时任上海光复军顾问，兼第四营营长，曾率广东籍士兵参与攻克南京，嗣任北伐军炮队科科长。1912 年任国民第一军理财司库长及高等顾问官。继任劝募公债特派员，赴南洋筹捐，筹款 50 余万元。后又加入中华革命党和国民党。[①] 此外学校图书馆所收藏的珍稀善本书，也多得潘明训、徐绍桢、甘翰臣等先生的捐赠。[②] 关于善本书的捐赠，将于第 6 章详述。

其他向学校图书馆大宗捐赠文献者，基本上都是当时活跃在政界、商界、文化教育界的知名人士。如李星衢（1879—1955 年），名连贺，字轸明，号星衢，广东台山人士，是香港的著名商人，先后创办广泰隆办庄和康年银行，并兼任广东银行、新宁铁路公司、四邑轮船公司和多家保险公司的董事，担任过香港台山商会主席，有"香港商界领袖"之称，生前被授予"太平绅士"荣衔。李星衢乐善好施，自 1920 年代起积极投身公益事业，尤其热心于家乡的教育事业，曾在其故乡台山捐资创办福宁医院，其捐资修建的日新宗祠则成为家乡学童接受文化启蒙的场所，1930 年代为台山女子师范学校修缮校舍筹资 4 万毫银，其中本人捐资 5000 毫银，1935 年又独立捐资 17000 余元兴建

---

① 《广东近现代人物词典》，广东科技出版社 1992 年版，第 478—479 页。

② 何多源：《藏善本书题识》，岭南大学图书馆 1936 年版。

台山县立医院第二院，此外，如台山的太平戏院、敬修中学，均得益于李氏的捐资。[①] 李星衢向岭南大学图书馆捐赠文献是在 1947 年 4 月间，遗憾的是捐赠文献的具体情况笔者目前知之未详，仅见到当时的教务会议记录记载："美国外交部及李星衢先生赠书 5000 卷以上。"[②]

抗战胜利后，岭南大学百废待兴，图书资料的重建得到了来自社会各方的大力支持，在个人赠书方面，李星衢的捐赠是其一，另外还有孙少卿女士等人的捐赠。[③] 孙少卿（佩莪），是孙中山的族妹，其夫李仙根曾历任孙中山的机要秘书、中山县县长、国民政府机要秘书、粤汉铁路局局长、西南政务委员会委员等职。[④]

5.2.2.3 外国人士赠书

向岭南大学图书馆捐赠文献的外国人士，就目前可查到的档案及文献记载来看，有布利克小姐（Miss Blick，赠西文书 30 册）、科尔斯博士（Dr. J. A. Coles，大宗赠书）、德克尔（Frank Norton Decker，赠所著 *Kriemhild Herd：A Chapter in Holstein History*）、Edgar Dewstoe、格兰特（Mr. Grant，赠购书款 1 笔）、伊莱休·格兰特（Elihu Grant，赠送 *Beth Shemesh* 和 *Rumeileh* 2 种书）、海斯夫人（Mrs. Frances M. Hayes）、金平亮三（Ryozo Kanehira，赠所著 *Flora Micronesica*）、井野边茂雄、梅布尔·米德小姐（Miss Mabel Mead）、麦克米林（O. D. McMillen，赠 *Language and Laguage monographs*）、莫德·马尔小姐（Miss Maude Meagher）、皮布尔斯小姐（Miss Florence Peebles）、三浦周行、肖夫勒夫人（Mrs. Schauffler）

---

① 据中央电视台纪录片《商海佛心李星衢》。

② 《卅五年度教务第三次会议》，1947 年 4 月 19 日，广东省档案馆藏岭南大学档案，全宗号：38 - 1 - 16。

③ 《卅五年度第十次校务会议记录》，1946 年 10 月 2 日，广东省档案馆藏岭南大学档案，全宗号：38 - 1 - 14。

④ 《李仙根先生小传》，检索于 2017 年 9 月 13 日，http：// zszx. zsnews. cn/Article/view/cateid/250/id/29485. html。

和威治比博士（Dr. W. W. Willoughby）等人。

在所有赠书中，最为珍贵的西文文献当属 Edgar Dew-stoe 牧师赠送的全套 20 卷的 *Chinese Repository*，即《中国丛报》，旧时又译作《澳门月报》，是西方传教士在清末中国创办的一份英文期刊。该刊由美部会的传教士裨治文（Elijah Coleman Bridgeman）创办于 1832 年 5 月，停刊于 1851 年 2 月。1833 年，美部会的传教士卫三畏（Samuel W. Williams）开始在广州负责处理该刊的刊行事项。1847 年之后，该刊的编撰即由卫三畏代裨治文负责。该刊的主要发行地是广州，鸦片战争期间一度搬到澳门及香港，1845 年再移回广州。美国汉学研究者 M. G. 马森在其 1938 年出版的《西方的中华帝国观》（*Western Concepts of China and the People*）一书中这样评价《中国丛报》：

> 是那一时期有关中国问题的最有价值的出版物之一。……一些对中国历史、语言和文学有所研究的学者们向这份杂志投寄了不少优秀的文章。编辑们的目的是为了对有关中国问题的著作作些评论，评介这个'中央王国'（Middle Kingdom）所发生的变化，并区分有关中国问题文章中的正确和错误之处。这份杂志对诸如中国历史、地理、商业、社会关系、道德、文学、艺术、科学、宗教、对外关系之类的问题都作了探讨。如果分析一下后来诸卷的内容，就可以看出有许多有趣的倾向。由于英国直到 1863 年都很难见到这份杂志的版本，所以它可能对在欧洲传播有关东方的知识方面起不到直接的作用。尽管如此，西方学术界的重要权威人士还是了解这套丛报的，他们重视这份丛报对准确资料所作的概括价值，它为西方人了解中国及其人民做了直接的贡献。[①]

---

① ［美］马森著，杨德山译：《西方的中华帝国观》，时事出版社 1999 年版，第 72—73 页。

马森对《中国丛报》的高度评价十分精准、贴切，且仍适用于当代学术界，这份刊物至今仍保持着它的重要性，它不仅是研究中国近代史的重要参考资料，而且其本身也吸引了一些学者对其开展研究。吴义雄教授的《〈中国丛报〉与中国历史研究》一文认为：

> 这份刊物不仅报道时政新闻，而且发表了大量关于中国的学术论文，在西方学术界重构关于中国的知识体系过程中具有显著地位。它所发表的关于中国历史的文章，是其中一个组成部分。这些文章对中国传统史学著作和 19 世纪中期以前天主教传教士关于中国历史文化的观念提出质疑，发表了众多评论中国史学著作和西方学术界的中国历史研究著作的文章，主张重写中国史，就中国历史上的一些关键性问题提出了具有深远影响的观点。该刊还将一些中国历史文化典籍作了翻译或评介。这些，在近代中西文化交流史上都具有不可忽视的意义。①

这份重要的有关"中国问题研究"的西文刊物，因其创刊和停刊的时间均较早，发行的区域有限，因此无论是在当时还是现在，海内外保存有全套原件的机构数量绝少。《中国丛报》停刊 37 年后，岭南大学始在广州开课，图书馆能够得以入藏这份珍贵的文献，全仰 Edgar Dewstoe 牧师的赠送。Edgar Dewstoe 牧师 1873 年出生于英国兰开夏郡（Lancashire）的伯里（Bury），父亲是卫斯理公会牧师 William S. Dewstoe。Edgar Dewstoe 牧师早年就读于金斯伍德（Kingswood），毕业后在康沃尔郡的气象台工作若干年。其后他入迪茨布里学院（Didsbury College）学习，成为一名牧师，并于 1897 年被派往海外服务。Dewstoe 的全部传教生涯

---

① 吴义雄：《〈中国丛报〉与中国历史研究》，载《中山大学学报（社会科学版）》2008 年第 1 期，第 79—91 页。

都贡献给了中国，对基督教在韶关客家人中传播具有开创性的贡献。1921—1936 年，Dewstoe 担任中华基督教循道公会华南区主席（Chairman of the South China District）。1937 年 Dewstoe 回到英国，在斯托克波特（Stockport）度过了晚年。①

Dewstoe 牧师赠送给岭南大学图书馆的这套《中国丛报》原属于佛山惠师礼会。在 1929—1930 学年度，佛山惠师礼会将全套 20 卷的《中国丛报》借存于岭南大学图书馆。② 1936 年 5 月，在 Dewstoe 牧师回英国前，正式将该套刊物赠送给岭南大学图书馆。③ 抗日战争爆发以后，广州沦陷，岭南大学迁校香港，当时图书馆仅将 1250 多种图书及 2 万余册善本书运往香港，这其中就包括《中国丛报》。不幸的是，1941 年底香港沦陷，《中国丛报》全部散佚。

在前述所列的外国人士中，向岭南大学图书馆大宗捐赠文献的美国友人主要有加利福尼亚大学河滨分校柑橘试验站图书馆（Library of Citrus Experiment Station at Riverside, California）的海斯夫人，共计向图书馆捐赠农学类新书 179 种 195 册、期刊 16 种 1846 本、小册子 1700 册。④ 梅布尔·

---

① 据英国曼彻斯特大学图书馆所藏英国卫斯理公会教徒档案传记索引（The Methodist Archives Biographical Index）中关于 Edgar Dewstoe 档案的介绍，http：//www. library. manchester. ac. uk/search-resources/guide-to-special-collections/methodist/using-the-collections/biographicalindex/dalby-dymond/header-title-max-32-words-365962-en. htm。

② 《图书馆状况（节录该馆十八年至十九年度报告书）》，载《私立岭南大学校报》1930 年第 2 卷第 24 期，第 254—255 页。

③ *The letter of C. W. Taam to Edgar Dewstoe*，1936 年 5 月 7 日，广东省档案馆藏岭南大学档案，全宗号：38 - 4 - 182（189）。

④ *A List of New Books and Magazines Contributed by Mrs. Frances M. Hayes Friends of Kung Hsiang Lin and the Library of Citrus Experiment Station at Riverside, California*，广东省档案馆藏岭南大学档案，全宗号：38 - 4 - 87（99—101）。

米德小姐捐赠了一大批物理学方面的新书及旧书，另外还有一批适合女校使用的书籍。① 美国女作家莫德·马尔（1895—1977 年）捐赠了其与友人共同创办的期刊 *World Youth*。②马尔出生于美国马萨诸塞州的波士顿，1917 年毕业于加利福尼亚大学，一生经历丰富，曾从事过通讯员、驻国外记者和演员的工作，并环游过法国、阿尔及利亚和意大利等国，将冒险经历写成小说，其对中国文化具有一定的兴趣，曾经出版过历史小说《杨贵妃》。③ 科尔斯博士、威治比博士也向图书馆捐赠了大批图书。肖夫勒夫人则专门向岭南大学女子学校捐赠了一批书籍，主要为消遣类大众读物。④

美国生物学家皮布尔斯小姐（1874—1956）曾先后 2 次向岭南大学捐赠文献，第 1 次共计捐赠书籍 17 箱，合计 222 种 359 册。其中第 1 箱 10 种 20 册，为文学、历史、语言类书籍；第 2 箱 11 种 14 册，为历史、人物传记、文学类书籍；第 3 箱 21 种 40 册，为历史、政治经济学、心理学、文学、语言学、宗教、天文学、社会学、教育学类书籍；第 4 箱 26 种 26 册，为宗教、人物传记、文学、历史、语言学、心理学、哲学、教育学类书籍；第 5 箱 30 种 35 册，为宗教、语言学、哲学、心理学、历史、文学类书籍；第 6 箱

---

① The letter of Katharine C. Griggs, Assistant Secretary of Trustees of the Canton Christian College to Kenneth Duncan, 1917 年 4 月 7 日, 广东省档案馆藏岭南大学档案, 全宗号: 38 - 4 - 182（119, 123）。

② 据广东省档案馆藏岭南大学档案, The letter of Ho To-yan to Dr. James M. Henry, Provost. 全宗号: 38 - 4 - 534（305）; The letter of Dr. James M. Henry, Provost to Ho To-yan, 1938 年 3 月 16 日. 全宗号: 38 - 4 - 534（306）。

③ 参见 http://en. wikipedia. org/wiki/Maude_ Meagher。

④ The letter of Katharine C. Griggs, Assistant Secretary of Trustees of the Canton Christian College to Kenneth Duncan, 1917 年 4 月 7 日, 广东省档案馆藏岭南大学档案, 全宗号: 38 - 4 - 182（119, 123）。

25 种 51 册；第 7 箱 2 种 10 册；第 8 箱 1 种 18 册；第 9 箱
19 种 19 册；第 10 箱 9 种 21 册；第 11 箱 41 种 48 册；第 12
箱 5 种 10 册；第 13 箱、14 箱未收到；第 15 箱 1 种 10 册；
第 16 箱 1 种 9 册；第 17 箱 20 种 28 册。[①] 第 2 次共计捐赠
书籍 197 种 215 册。前后 2 次共计赠书 419 种 574 册，另有
生物学期刊 5 种 39 本。[②]

　　皮布尔斯出生于肯塔基州的 Pewee Valley，为求学而周
游各地，1895 年在马里兰州的古彻学院（Goucher College）
获得生物学学士学位，1900 年在宾夕法尼亚州的布林莫尔
学院（Bryn Mawr College）获得生物学博士学位，其导师为
著名遗传学家托马斯·亨特·摩根。此外皮布尔斯还曾在
德国的慕尼黑大学（University of Munich，1899 年）、霍尔
大学（University of Halle，1899 年）、波恩大学（University
of Bonn、1905 年）、维尔茨堡大学（University of Würzburg，
1911 年）、弗赖堡大学（University of Freiburg，1913 年）学
习，并在意大利那不勒斯动物学研究所（Naples Zoological
Station）和美国马萨诸塞州的伍兹霍尔海洋生物实验室
（Marine Biological Laboratory at Woods Hole）做研究。皮布
尔斯曾先后在布林莫尔学院、古彻学院、杜兰大学索菲·
纽科姆学院（Sophie Newcomb College of Tulane University）
任教。1928 年，她结束了教学生涯，在加州基督教大学
（California Christian College）建立细菌学系，即今天的查普
曼学院（Chapman College）。1942 年，她在路易克拉克大学
（Lewis and Clark College）建立了生物学实验室。就是在此
期间，皮布尔斯向岭南大学图书馆捐赠了两大宗书籍。
1954 年，古彻学院授予其荣誉法学博士学位。皮布尔斯的

---

　　① *Gift of Miss Florence Peebles*，*Lewis and Clark College*，*Portland*，*Oregon*，广东省档案馆藏岭南大学档案，全宗号：38 - 4 - 87（113—117）。

　　② *Gift of Miss Florence Peebles*，*Lewis and Clark College*，*Portland*，*Oregon*，广东省档案馆藏岭南大学档案，全宗号：38 - 4 - 87（118—122）。

主要研究领域为外界因素对器官组织生命周期的影响。20世纪初，她提出在器官组织的发展过程中，外界因素的变化会影响其如何生长，这一观点在当时具有超前性。直到1981年，3名神经系统学家发现，在小猫生长的某个关键时期内剥夺光源对其的刺激，小猫的眼睛将永久失明，3人凭借这一发现获得了诺贝尔奖。①

此外，来校讲学的教授在离校时，通常也会捐赠自己的代表作给图书馆。日本外务省文化事业部在战前曾应岭南大学的要求，先后派遣井野边茂雄和三浦周行2位教授到岭南大学开设讲座。最初，日本外务省文化事业部计划派遣京都帝国大学历史学主任教授三浦周行博士到岭南大学讲学，但因三浦氏患病，未克成行，故改派井野边茂雄来华讲学。井野边茂雄于1930年4月12日至5月11日期间，在学校公开演讲"明治维新概论"，并开设"明治维新史"选修班，并在回国前赠送学校图书馆其代表作3部，分别为：《幕末史研究》（昭和二年出版，第690页）、《幕末史概说》（昭和五年出版，第701页）、《明治维新史》（昭和四年出版，第264页）。井野边茂雄生于1877年1月25日，1897年7月国学院大学卒业，同年入东京经济杂志社，纂订《正续国文大系》及《正续群书类纂》；1909年入涩泽家编纂所，着手编纂德川庆喜公爵的家传，并于1917年完成《德川庆喜公传》，同年开始编纂《涩泽荣一子爵传记》；1923年任东京帝国大学史料编纂所助理，1924年4月任国学院大学教授，自1925年4月起任东京帝国大学史料编纂官。② 据当时校报描述：

"井野边茂雄为一笃学老成之长者，未曾出国门一步，

① 参见 http：//encarta. msn. com/encyclopedia_ 761582677/Florence_ Peebles. html。

② 谢扶雅：《日本教授来校讲学经过报告》，载《私立岭南大学校报》1930年第2卷第10期，第63页。

孜孜于史传工作者已三十有三年；其专业为十九世纪上半之日本历史。有著作多种；性情温静而恬和，无嗜好，营极简朴淡泊之生活，喜抽纸烟，日尽一罐；夜读恒至更阑，孤洁自赏，鲜顾世务，似吾国所谓书痴一流也。"①

　　三浦周行病愈后，于同年 12 月特赴广州，专为岭南大学师生开设题为"西洋文化所及于明治法制革新之影响"的讲座，② 并向图书馆赠送其代表作《日本史之研究》和《续法制史之研究》各一函。③

5.2.3　校友和校内人士赠书

　　岭南大学作为一所具有教会性质的大学，在教育方针上始终贯彻"训练学生品性时宜自始至终侧重基督教特有的精神"④，即培养学生的基督化人格和服务精神。这一教育方针体现在学校的校训上，即"作育英才，服务社会"，体现在校园生活上，就是"南大一家"的格言，以及《南大一家亲》的校园歌谱。学校的基督教青年会一直致力于发展同学的团结友爱精神及"推诚相与"的服务和合作精神，立"同心同德同志力，为神为国为岭南"为会员格言，组织全校同学开展各种各样的社会活动。⑤ 除基督教社团组织外，学生还以各个年级为单位，组成社团（表 5 - 6 所

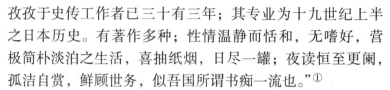

① 　谢扶雅：《日本教授来校讲学经过报告》，载《私立岭南大学校报》1930 年第 2 卷第 10 期，第 63 页。

② 　《私立岭南大学布告第二四号》，载《私立岭南大学校报》1930 年第 2 卷第 27 期，第 386 页。

③ 　《最近收到赠送书籍》，载《私立岭南大学校报》1931 年第 2 卷第 29 期，第 386 页。

④ 　《岭南大学今后发展方针》，1946 年 3 月 15 日，广东省档案馆藏岭南大学档案，全宗号：38 - 2 - 28。

⑤ 　陈国钦、袁征：《瞬逝的辉煌——岭南大学六十四年》，广东人民出版社 2008 年版，第 63 页。

示），开展各类课外活动。翻开岭南大学的校报，每期关于学生所组织的各类体育比赛、纪念日活动、讨论会、报告会、演讲会、音乐会和歌剧晚会的报道不胜枚举。岭南大学的同学会即校友会，不以在大学毕业为限，凡在校读书者、教书者，均可加入同学会。[①]

表5-6　岭南大学各级社一览（1922—1945）

入学年份	社名	入学年份	社名	入学年份	社名
1922 年	甡社	1930 年	精社	1938 年	日社
1923 年	真社	1931 年	英社	1939 年	晖社
1924 年	辛社	1932 年	合社	1940 年	忠社
1925 年	风社	1933 年	中社	1941 年	明社
1926 年	方社	1934 年	刚社	1942 年	雄社
1927 年	全社	1935 年	昭社	1943 年	荣社
1928 年	惺社	1936 年	晶社	1944 年	伟社
1929 年	莘社	1937 年	易社	1945 年	轰社

资料来源：杨华日：《钟荣光先生传》，岭南大学广州校友会2003年版，第84页。

这些社团组织和校园活动无形中树立了学校别具一格、极具凝聚力的"岭南精神"。即使是在学校已经不存在半个多世纪的今天，岭南校友分布于世界各地，但是对母校所表现出来的热情都令人称奇。而在当时，岭南大学的校友更是不遗余力地贡献力量，支持母校发展，捐赠文献就是表达对母校关爱的方式之一。许多学生、教师在离开学校时，都会自觉将私人藏书赠予图书馆，以资纪念，如1937

---

① 杨华日：《钟荣光先生传》，岭南大学广州校友会2003年版，第83页。

年"七七"事变爆发前后，李宝荣博士及施云孙先生离校，各将所藏富有价值之西文图书 200 余册赠送图书馆。[①] 在某些学年度里，图书馆收到的赠书绝大多数都来自校友和校内人士捐赠，如 1935—1936 学年度，图书馆共收到中日文赠书 2947 册，其中有 2000 册是由精社所赠的《影印四库全书珍本初编》，而在所收到的 720 册西文书中，有 240 册是由格兰先生赠送，75 册由龚约翰夫人（Mrs. J. S. Kunkle）赠送，76 册由上海岭南分校的关汉光所赠，40 册由基来度（Paul A. Grieder）所赠，[②] 即当年校友赠书占总赠书量的 66.3%。

　　历年来向图书馆捐赠书籍的学校毕业生中，个人以徐甘棠（20137 册）、周钟岐（2484 册）[③]、卓有亨、关汉光、吴景奇为最。团体方面，除上述精社捐赠《影印四库全书珍本初编》外，萃社同学向图书馆捐赠大洋 401 元，指定购买商务印书馆出版的《万有文库》第一集；[④] 鸿社先于 1935—1936 学年度赠送中国珍贵图籍，如《影印天禄琳琅》（28 册）、《宛委别藏》（150 册）和《乾隆内府舆图》（1 册）[⑤]，又于 1937 学年度赠送《影印宋会要》（1 套 200 册，

---

　　① 《图书馆消息》，载《私立岭南大学校报》1937 年第 10 卷第 1、2 期合刊，第 11—13 页。

　　② 《岭南大学图书馆汇讯》，载《中华图书馆协会会报》1936 年第 11 卷第 5 期，第 33 页。

　　③ 李应林：《私立岭南大学十六年至十七年度报告》，载《私立岭南大学校报》1928 年第 10 卷第 6 期，第 92—100 页。

　　④ 《萃社捐购万有文库》，载《私立岭南大学校报》1930 年第 2 卷第 2 期，第 11 页。

　　⑤ 《廿四年度图书馆馆务报告撮要》，载《私立岭南大学校报》1937 年第 9 卷第 9 期，第 133—135 页。

价值大洋 104 元);① 辛社赠《四部丛刊》。② 1929 年 12 月,
岭南大学举行建校康乐 25 周年纪念礼,西关、香港、上海
和海南 4 分校联合赠送英文最新百科全书 1 部,价值 400 余
元,并敬献祝词曰:

> 岭南大学　　与年俱进　　五五二五　　周年发振
>
> 旁瞩五州　　百科并兴　　惟英先进　　科学万能
>
> 新书告成　　环球所共　　母校采之　　学以致用③

学校校董及教职工方面,捐赠大宗图籍与图书馆者有:
校董龚约翰的夫人美智贻(Julia Post Mitchell)、曾担任过
图书馆馆长的邓勤(Kenneth Duncan)、格兰特
(Mr. H. G. Grant,私人藏书尽送图书馆)④、上海分校校董
陈炳谦(中华书局版《影印图书集成》800 册)⑤ 和校长钟
荣光(263 册)⑥⑦ 等。文理学院植物标本室主任莫古黎
(F. A. McClure)博士捐赠包括农业经济学、畜牧学、农学、
哲学、心理学及军事类书籍若干;古察(James Franklin
Karcher)博士捐赠生物学书籍若干,并指定向岭南大学师
生开放的同时,也向其兼任生物学课程的夏葛医学院的学
生开放。⑧ 其他还有如文理学院中国文学教授容肇祖(《金

---

① 《图书馆消息》,载《私立岭南大学校报》1937 年第 10 卷第 1、2
期合刊,第 11—13 页。

② 《岭南大学图书馆一览》,岭南大学图书馆 1936 年版,第 2 页。

③ 《建校康乐廿五周年纪念礼纪录》,载《私立岭南大学校报:建校
康乐廿周年纪念特刊》1929 年第 1 卷第 39 期,第 340 页。

④ 《岭南大学图书馆一览》,岭南大学图书馆 1936 年版,第 2 页。

⑤ 《陈炳谦赠书》,载《私立岭南大学校报》1934 年第 7 卷第 4 期,
第 47 页。

⑥ 李应林:《私立岭南大学十六年至十七年度报告》,载《私立岭南
大学校报》1928 年第 10 卷第 6 期,第 92—100 页。

⑦ 《最近收到各处赠送中文书籍》,载《私立岭南大学校报》1930
年第 2 卷第 21 期,第 192 页。

⑧ *The letter of F. A. McClure to C. W. Taam*,1927 年 6 月 6 日,广东省
档案馆藏岭南大学档案,全宗号:38 - 4 - 206(4—5)。

石书目》1 册)①、自然博物采集所标本部主任麦克福
[Franklin P. Metcalf，《标准邮资邮票目录》(*Standard Post-
age Stamp Catalog*)]② 等零星向图书馆捐赠文献者。此外，
美国基金委员会长期以来也时以大批书籍相赠送。

　　岭南大学图书馆素以系统、完整的期刊馆藏著称于世，
这其中有中文杂志 99 种，共 981 册是由王亦鹤于 1934 年 3
月间所赠。③ 王亦鹤，广东番禺人，别号耐茶老氓，万木草
堂弟子，曾留学日本，归而致力教育，④ 曾任教于岭南大学
中学部，⑤ 担任过广东女学堂董事，⑥ 后担任中华书局广州
分局经理兼编辑，著有《中国历朝统系图》及教科书多种。
王亦鹤政治思想倾向改良，与梁启超深相结纳，梁氏还曾
为王亦鹤的《中国历朝沿革表解》写序言。⑦ 王亦鹤向学校
图书馆所赠的期刊和图书为其数十年之珍藏，其中多已绝
版，是难得的佳本（详见表 5 - 7 之统计）。

---

　　① 《最近收到各处赠送中文书籍》，载《私立岭南大学校报》1930
年第 2 卷第 21 期，第 192 页。

　　② *The letter of Franklin P. Metcalf to C. W. Taam*，1934 年 2 月 16 日，
广东省档案馆藏岭南大学档案，全宗号：38 - 4 - 206（75）。

　　③ 《复王亦鹤谢赠书》，载《私立岭南大学校报》1934 年第 6 卷第
15 期，第 231 页。

　　④ 黄健敏：《冼玉清与陈垣》，载《岭南文史》2003 年第 3 期，第
14 页。

　　⑤ 陈友祝口述，陈天杰整理：《陈友祝谈岭南大学》，参见广州市政
协学习和文史资料委员会编：《广州文史资料存稿选编》，中国文史出版
社 2008 年版，第 121—130 页。

　　⑥ 冯自由：《女医士张竹君》，载《革命逸史》第二集，第 37—41
页，中华书局 1981 年版。

　　⑦ 何季堂：《广州诗钟社拾零》，载广东省广州市省委员会文史资料
研究会编：《广州文史资料选辑》（第十九辑），广东人民出版社 1980 年
版，第 146—157 页。

表 5 - 7　王亦鹤怡爱堂捐赠报志目录

刊名	册数	刊名	册数	刊名	册数	刊名	册数
京报	23	教育世界文编	9	粤西	3	日本文部省沿革	1
奏议汇集	15	教育丛书	19	河南	8	福泽谕吉传	1
两广官报	12	教育	1	湖北	7	算术条目	1
学部官报	61	时务报	24	夏声	8	学校卫生学	1
学部奏辑要	9	知新报	50	江苏	9	国民教育资料	1
广东教育官报	23	请议报	18	浙江潮	8	内外教育小史	1
广东教育公报	11	新民丛报	91	四川	3	教授学	1
广西教育公报	9	新小说	17	关陇	4	学校管理法	1
广州市教育报告	1	政论	5	西北杂志	1	19世纪教育史	1
广东教育会杂志	1	国风报	35	东洋	1	新会学校管理法	1
世界杂志	1	庸言	24	南洋兵事杂志	10	实用科教育学	1
青年会报	1	不忍	11	科学世界	1	励学译编	1
新会青年	1	中国报	12	学海	1	印度蚕食战史	1

续表

刊名	册数	刊名	册数	刊名	册数	刊名	册数
卫道季刊	1	大陆报	47	博物学杂志	1	日本政体史	1
万国公报	37	牖报	9	实业界	2	大彼得传	1
新世界学报	13	民报	5	机聊会刊	10	普通地理学	1
新经世文编	18	中国新报	9	光华医社月报	8	化学初桄	1
游学译编	12	外交报	97	社会世界	2	丁酉列国岁计政要	1
译书汇报	15	外交时报	1	劳动	1	迦因传	1
萃报	10	法政杂志	23	东方商埠述要	1	理财学学备	1
选报	16	政治学报	7	编辑教科图书商榷书	1	日本近世名人事略	1
中国白话报	20	法政丛报	1	会审信隆租船全案	1	国债论	1
文言报	5	宪政杂志	2	时务报文编	1	维多利亚大事记	1
砭群丛报	1	政法理财讲义	1	重译富国策	1	明治法制及征兵表	1
中华教育界	14	云南	15	欧洲近世史	1		

资料来源：《王亦鹤捐赠本校图书馆杂志数十种》，载《私立岭南大学校报》1934年第6卷第15期，第237页。

5.3　其他来源

5.3.1　交换

交换是一种重要的非购入式的书刊文献采集方法，文献收藏机构用本机构所拥有的文献资源与其他相关机构直接展开交换，或通过协调机构间接开展交换，可以达到互通有无、调剂余缺的目的。岭南大学图书馆与国内外很多机构建立交换关系，这使岭南大学图书馆获得了大量的内部文献资料和难得的文献资源，这不仅丰富了图书馆的馆藏，而且对图书馆特色馆藏的建设具有特殊的意义。

岭南大学图书馆最具特色和最有价值的馆藏是完备、系统的西文学术期刊，而这类收藏中很多是通过交换这一渠道所获得。据 1932—1933 学年的图书馆统计数据，该学年度图书馆拥有的 490 种西文期刊中，通过交换所得的刊物达 250 种之多，其余 220 种来自订购，30 种来自赠送。[①] 岭南大学图书馆与国内外各机构交换文献，主要是使用岭南大学自办的各类学术刊物或自行出版的各类出版物进行交换，其中《岭南科学杂志》（*Lingnan Science Journal*）是最重要的 1 种。

《岭南科学杂志》的前身是岭大农学院创刊于 1922 年的《岭南农业学刊》（*Lingnan Agricultural Review*，半年刊），1927 年改为英文季刊，并更名为《岭南科学杂志》。杂志刊载的学术论文涉及农业、地理、生物学、公共卫生、医学及数理化等多个领域，发行范围达全世界 65 个国家 500 个

---

① 《岭南大学图书馆廿一年度报告书》，载《私立岭南大学校报》1933 年第 6 卷第 8 期，第 133—138 页。

以上的机关、大学及图书馆。① 杂志的编委由学校的知名教授担任，如贺辅民、朱有光、富伦、贵丽梨、高鲁甫、陈心陶、李德铨、赵恩赐、聂雅德等人，都担任过该杂志出版委员会的委员。②③ 故杂志一直保持着较高的学术水平，国内外许多学者都愿意在上面发表自己的最新科研成果。1936 年，杂志向科学界公布了 2 个新发现的生物属、61 个生物种、4 个变种、1 个亚种，还刊登了很多具有很高学术价值的论文。杂志在世界范围内都享有很高的知名度，有来自 41 个国家的机构索取全套杂志。岭南大学图书馆则利用《岭南科学杂志》向英、美、德、法、日等 75 个国家的450 个机构交换 1000 多种科学杂志，④ 其中以美国的机构居多，中国次之。如 1931 年底，美国《化学文摘》社致函岭南大学图书馆，要求以《化学文摘》交换《岭南科学杂志》;⑤ 再如国民政府工商部工商访问局主办的《中国经济杂志》(*Chinese Economic Journal*) 也是由《岭南科学杂志》交换而来的⑥; 1935 年 5 月，印度支那海洋研究馆(Oceanosraphic Institute) 来函请求以该馆出版的科学学报及

---

① 陈国钦、袁征:《瞬逝的辉煌——岭南大学六十四年》，广东人民出版社 2008 年版，第 91 页。

② 《二十一年度各委员会名表》，载《私立岭南大学校报》1932 年第 5 卷第 3 期，第 58 页。

③ 《委派科学出版委员会布告》，载《私立岭南大学校报》1933 年第 6 卷第 1 期，第 3 页。

④ 〔美〕郭查理著，李瑞明译:《岭南大学简史》，浙江教育出版社1988 年版，第 91 页。

⑤ *The letter of Clinton N. Laird to P. Y. Chan*，1931 年 12 月 4 日，广东省档案馆藏岭南大学档案，全宗号: 38 - 4 - 207 (218)。

⑥ *The letter of Ministry of Industry. Commerce and Labor bureau of industrial & commercial information to Lingnan Science Journal*，1931 年 1 月 12 日，广东省档案馆藏岭南大学档案，全宗号: 38 - 4 - 534 (317)。

丛刊共 24 册交换《岭南科学杂志》。① 据 1935—1936 学年度馆长报告统计，当年以《岭南科学杂志》与西方各学术机构交换的定期刊物凡 635 种，与国内及日本学术机关交换的定期刊物凡 113 种。②

图书馆用于交换的另一种重要自办刊物是《岭南学报》（*Lingnan Journal*），该期刊创刊于 1929 年 12 月，1952 年停办，也是一种具有相当高学术价值的学术期刊，所刊登的学术论文的研究领域涉及古今中外的文学、艺术、经济、社会、历史、教育等。1952 年以前许多知名学者如杨树达、陈寅恪、陈受颐、容庚、刘节和陈槃等均在此发表重要论文。岭南大学图书馆收藏的瑞典东方博物馆（Museum of Far Eastern Antiquities）的馆报，自创刊号到 1934 年的各期均由《岭南学报》交换而得。③

与岭南大学图书馆建立有长期交换关系的机构主要有美国华盛顿的卡耐基研究院④、国民政府工商部工商访问局、美国哈佛燕京学社和国立北平图书馆等。国民政府工商部工商访问局自 1929 年起就与岭南大学图书馆建立了文献交换关系，主要以岭大出版的经济类出版物，如农学院

---

① 《岭南科学杂志》，载《私立岭南大学校报》1935 年第 7 卷第 17 期，第 228 页。

② 《廿四年度图书馆馆务报告撮要》，载《私立岭南大学校报》1937 年第 9 卷第 9 期，第 133—135 页。

③ *The letter of C. W. Taam to Museum of Far Eastern Antiquities*，1934 年 5 月 10 日，广东省档案馆藏岭南大学档案，全宗号：38 - 4 - 206（101）。

④ *The letter of C. W. Taam to Carnegie Institution of Washington*，1935 年 10 月 29 日，广东省档案馆藏岭南大学档案，全宗号：38 - 4 - 207（79）。

出版的《龙眼与荔枝》（*Longan and Lychee*）等小册，[①] 以及《岭南科学杂志》等文献交换该局出版的刊物。

1938 年 3 月，哈佛燕京学社社长叶理绥（Serge Elisséeff）致函时任岭大图书馆代馆长的何多源，表示愿意以《哈佛亚洲研究学报》（*Harvard Journal of Asiatic Studies*）交换岭南大学图书馆所能提供的任何出版物。[②] 由此，岭南大学图书馆先后以《岭南学报》、《古今人物别名索引》（陈德芸著，岭南大学图书馆 1937 年出版）、《中文杂志索引》（谭卓垣编，岭南大学图书馆 1935 年出版，2 卷）、《广州定期刊物的调查（1827—1934）》（谭卓垣编）、《广东研究参考资料叙录》（李景新编）、《中文参考书指南》（何多源编著，1936 年 9 月出版）、《馆藏善本书题识》（何多源编，岭南大学图书馆 1937 年出版）、《汉译英文历代日本名人录》、《岭南大学图书馆一览》、《岭南大学图书馆西文杂志目录》等本校出版物交换《哈佛亚洲研究学报》以及《美国东方学会杂志》（*Journal of the American Oriental Society*）等重要的学术期刊。[③]

除利用本校出版物与国内外各机构交换文献以外，图书馆还会利用本馆所藏的复本进行交换，或针对交换机构的需要，选择相应的文献进行交换。如 1932—1933 学年度，德国学术互助协会曾与图书馆交换图书 2 次，德国方面寄来者多属有价值之德文科学新书，图书馆送往之书籍则多属

[①]　*The letter of Milton C. Lee*，*Bureau of Industrial & Commercial Information Ministry of Industry. Commerce and Labour National Government of the Republic of China to C. W. Taam*，1929 年 7 月 17 日，广东省档案馆藏岭南大学档案，全宗号：38 – 4 – 534（321）。

[②]　*The letter of Serge Elisséeff to T. Y. Hoh*，1938 年 3 月 10 日，广东省档案馆藏岭南大学档案，全宗号：38 – 4 – 534（296）。

[③]　*The letter of T. Y. Hoh to Serge Elisséeff*，1938 年 4 月 12 日，广东省档案馆藏岭南大学档案，全宗号：38 – 4 – 534（393）。

中文古书，其种类以医学为大宗，如《医统正脉全书》、《广群芳谱》、《景德镇陶录》、《读史兵略》、《金石萃编》、《氏姓谱》等，主要购自北平、上海各大书庄，并经由图书馆改订。[①]

在所有交换所得的文献中，比较重要的一部文献是与国立中山大学图书馆交换而得的《道藏》。岭南大学图书馆曾经就《道藏》一书请求中大图书馆让与，但未获允许，故于1932—1933学年度，托陈受颐在北平搜购，但出价大洋1200元亦不可得。图书馆鉴于此书为阅者参考必需之书，且属难得之本，乃再与中大数次往返磋商，卒蒙允许准予交换，图书馆遂以价值大洋700余元的书籍与之交换。[②]

5.3.2 复制

复制是补充稀缺文献的一种来源，在20世纪上半叶前，图书馆通过复制获得文献的方法主要包括抄录、照相复制和缩微复制。岭南大学图书馆在常规的订购、赠送与交换3种文献获得来源的基础上，也十分注意通过复制的渠道获得孤本、善本以及无法购入原版的文献。

岭南大学图书馆拥有1套800种盛京行宫所藏古铜器的照片，此批照片即来自于对古铜器的拍摄。盛京行宫所藏古铜器，见于《西清续鉴》乙编者凡800种，民国初年时曾移置北平古物陈列所，1929年由容庚编著成《宝蕴楼彝器图录》印行。1930年，国民政府议决将此批古铜器归还

---

① 《岭南大学图书馆廿一年度报告书》，载《私立岭南大学校报》1933年第6卷第8期，第133—138页。

② 《岭南大学图书馆廿一年度报告书》，载《私立岭南大学校报》1933年第6卷第8期，第133—138页。

当时的奉天。为日后研究便利，中央研究院、国立北平图书馆、清华大学图书馆、燕京大学图书馆和岭南大学图书馆5个机关联合发起，将各器尽行摄影，并派中央研究院的徐仲舒、国立北平图书馆的赵万里、清华大学的商承祚、燕京大学的容庚审查器物之真伪。最后对800种古铜器摄制照片，每片8寸（不重要之器用6寸片），制作成本为每片价1.5元（6寸片价格减半），由上述5所机构共同分担，底片归北平古物陈列所所有。对于约150种有文字的器皿，无论真伪，一律拓存。[①]

在岭南大学图书馆的馆藏中，有部分是拍照复制的影印本，这其中既有委托书店影印而得者，也有来自有计划的大批购入者。如抗战期间，学校图书馆就曾一次性大批购买过影印本西文汉学书籍。[②] 抗战胜利后，学校图书馆从国际救济会获得影印教科书若干。[③]

岭南大学图书馆馆藏中的缩微胶卷，部分来自于图书馆对已有馆藏的缩微拍摄，部分是购入的稀缺文献的缩微胶卷。抗战时期，生物学系、化学系、物理学系向图书馆提交过一份生物学、化学和物理学学术期刊缩微胶卷的目录，共约合订本750册，图书馆使用了约200美元购入此批合订本学术期刊的缩微胶卷。[④] 1940年代时，图书馆还曾从美国国会图书馆购得部分中文古籍善本的缩微胶卷。当时美国国会图书馆制作或购入中文古籍善本缩微胶卷的标准为：印行于12—18世纪，以中文方志、植物学方面的珍本、

---

①　《加入摄影盛京行宫所藏古铜器箸录》，载《私立岭南大学校报》1931年第3卷第6期，第114页。

②　据中山大学图书馆藏岭南大学档案缩微胶卷 Reel 37。

③　《卅五年度第四次校务会议记录》，1946年2月6日，广东省档案馆藏岭南大学档案，全宗号：38-1-14。

④　据中山大学图书馆藏岭南大学档案缩微胶卷 Reel 37。

个人文集的珍本以及历史学方面的书籍为主。因此美国国会图书馆也表示，希望购买岭南大学图书馆所制作的馆藏善本，尤其是中国西南方志的缩微胶卷。①

---

① 据中山大学图书馆藏岭南大学档案缩微胶卷 Reel 36 中的文件 *the letter of Olin D. Wannamaker to Arthur W. Hummel*（1940 – 02 – 08）及 *the letter of Arthur W. Hummel to Olin D. Wannamaker*（1940 – 02 – 08）。

6 岭南大学图书馆专藏研究

岭南大学图书馆堪称特色的专藏有4类，一为系统、完整的期刊收藏，二为1911年至1937年的日报全份，三为善本古籍，四为"中国问题研究"西文出版物。在此4类中，期刊收藏中的西文学术期刊为全国之首，全份日报收藏在国内图书馆中为少见，仅有善本古籍和"中国问题研究"西文出版物在种类和数量上，难与国内以典藏善本书籍和西文中国学书籍而著称的图书馆比拟。但是在其馆藏善本中，亦有海内孤本，为他馆所无者；在"中国问题研究"西文出版物中，也有特色藏本，为他馆所未收者。而这些善本藏书和"中国问题研究"西文出版物专藏，除其书籍本身的价值以外，更体现了岭南大学所特有的教育理念和办学方针，折射出学校在20世纪30年代教会大学国学研究热潮中的冷静坚持与学术独立的精神，为观察近代中国的学术转型提供了某些侧面的视角。

6.1 中文善本图书

6.1.1 抗战前的馆藏中文善本图书

张之洞在《书目答问》中对"善本"的定义有三：一是足本，指文字完足，未经删削的本子；二是精本，指精校、精注的本子；三是旧本，即旧刻、旧抄本。[1] 其对"善本"的诠释，既从读书角度强调学术价值，又强调了书籍的版本价值和文物价值。[2] 但是事实上历来对"善本"的定义，各家的说法都不尽相同，各善本书目的收录标准也都有所不同。据《馆藏善本图书题识》《凡例》所言，岭南大学图书馆将符合如下 3 条标准的文献作为善本图书：一为图书馆历年所藏之元、明刊本及旧抄、稿本；二为清代刊本中的稀见佳本，如《粤海关志》、《粤闽巡视纪略》等；三为各流传较少的刊本、抄本和稿本。对于流传广泛的书籍，即使价值昂贵，亦不作为善本。[3]

本节所研究的岭南大学图书馆馆藏善本图书以抗战爆发前的收藏为主，原因有二：第一，岭南大学图书馆所藏善本图书绝大多数入藏于抗战爆发之前，而在 1937 年到 1952 年这 15 年间，因先后经历抗日战争、解放战争以及受战后经济和局势的影响，入藏的善本图书数量不多；第二，抗日战争期间，馆藏善本图书多有损毁、丢失，实际较战

---

[1] 张之洞：《书目答问二种》，生活·读书·新知三联书店 1998 年版，第 303 页。

[2] 陈先行：《打开金匮石室之门：古籍善本》，上海文艺出版社 2003 年版，第 20 页。

[3] 何多源：《馆藏善本图书题识》，岭南大学图书馆 1937 年版，《凡例》第 1 页。

前已不甚完整，战后岭南大学图书馆没有编印过新的善本图书目录，1952 年院系调整时藏书又被调拨分配，故至今已难追寻抗战爆发后直至岭南大学停办这一阶段善本图书的增益、散失情况。

岭南大学图书馆在抗战爆发前藏有经、史、子、集各类善本图书共计 174 种，11302 卷，另不分卷者 654 册，其中以明（刻）刊本为最多，抄本次之，馆藏最早的版本为元刊本。在所有善本图书中，史部数量为最多，其次为子部，再次为集部，而经部善本图书数量为最少；若以二级类目观之，则属地理类的方志善本数量为最多，其次多者分别为明别集类和类书类。① 各类善本图书的数量分布情况与前述岭南大学的办学方针和教学理念，以及图书馆历年来在藏书建设中重点建设的学科相吻合。战前岭大图书馆藏善本图书的具体统计数据如表 6 - 1 所示，对于每种图书的统计，若分卷则统计卷数，不分卷则统计册数，并以数字加 "c" 表示册数。

6.1.2　馆藏善本图书的来源

岭南大学图书馆馆藏善本图书的来源主要为徐甘棠、潘宗周、徐绍桢和甘翰臣 4 人所赠，以及图书馆从广东藏书家顺德温氏后人和书肆处所购温氏及南海曾钊旧藏。而顺德温氏、徐甘棠、潘宗周、徐绍桢和甘翰臣等人的藏书中亦

---

① 据何多源编《馆藏善本图书题识》（岭南大学图书馆 1937 年出版）统计。岭南大学图书馆对中文古籍的分类采用该馆自编的仿杜威十进分类法，但是在《馆藏善本图书题识》中将所收录书籍采用传统的四部分类法编列，分为经、史、子、集四大类，二级类目的设定基本上按照《四库全书总目》的分类法，对于该馆没有对应藏书的二级类目则阙如，对于该馆对应藏书较多的二级类目则作细分，如集部下的别集类就按朝代加以细分。

表6-1　抗战前岭南大学图书馆馆藏善本图书统计

部	分类	抄本		稿本		元刊本		明刻（刊）本		明评阅本		清刻（刊）本		民国印本		合计	
		种数	卷册	种数	卷册	种数	卷册	种数	卷册	种数	卷册	种数	卷册	种数	卷册	种数	卷册
经部	易类	2	18					1	4							3	22
	礼类							3	157							3	157
	春秋类							2	42							2	42
	四书类							1	4							1	4
	乐类	1	10													1	10
	小学类	2	36	1	4c			3	78	3	44					9	158＋4c
	小计	5	64	1	4c			10	285	3	44					19	393＋4c
史部	正史类	2	250＋5c					1	85	2	493					5	828＋5c
	编年类	4	254					2	63							6	317
	纪事本末类	1	1c									1	5			2	5＋1c
	杂史类	3	26＋1c					3	281							6	307＋1c
	诏令奏议类	4	12＋27c									2	323			6	335＋27c
	传记类	1	1					2	34＋1c							3	35＋1c
	地理类	8	768					6	71			12	272	1	22	27	1，133
	政书类	2	100					4	358							6	458
	目录类	1	4													1	4
	史评类	1	101					3	40							4	141
	小计	27	1516＋34c					21	932＋1c	2	493	15	600	1	22	66	3563＋35c

续表

分类		抄本 种数	抄本 卷册	稿本 种数	稿本 卷册	元刊本 种数	元刊本 卷册	明刻（刊）本 种数	明刻（刊）本 卷册	明评阅本 种数	明评阅本 卷册	清刻（刊）本 种数	清刻（刊）本 卷册	民国印本 种数	民国印本 卷册	合计 种数	合计 卷册
子部	儒家类					2	30	1	1c			1	66			4	96+1c
	兵家类	4	59					3	263							7	322
	农家类	2	20													2	20
	天文算法类	3	42					1	72			1	42			5	156
	术数类	2	130													2	130
	艺术类							1	20							1	20
	杂家类	1	30					4	153			1	50			6	233
	类书类							10	2274							10	2274
	丛书类	2	498c					1	71			3	886			6	957+498c
	小说类	1	?					1	64c							1	64c
	道家类					1	8									2	8
	小计	15	281+498c			3	38	22	2853+65c			6	1044			46	4216+563c

续表

分类		抄本 种数	抄本 卷册	稿本 种数	稿本 卷册	元刊本 种数	元刊本 卷册	明刻(刊)本 种数	明刻(刊)本 卷册	明评阅本 种数	明评阅本 卷册	清刻(刊)本 种数	清刻(刊)本 卷册	民国印本 种数	民国印本 卷册	合计 种数	合计 卷册
集部	唐别集	1	20					2	10			1	30			4	60
	宋元别集	1	4					2	64							3	68
	明别集							18	311+4c			2	65			20	376+4c
	清别集	1	23									3	53			4	76
	总集类	1	1					2	17			3	2222+48c			6	2,240+48c
	诗文评							2	270							2	270
	词曲类							1	20			3	20			4	40
	小计	4	48					27	692+4c			12	2,390+48c			43	3,130+52c
合计		51	1909+532c	1	4c	3	38	80	4762+70c	2	493	36	4078+48c	1	22	174	11302+654c

多曾钊故物，就《馆藏善本图书题识》的著录观之，在 174 种馆藏善本图书中，钤有曾钊藏书印的善本图书达 70 种，而其他未钤有曾钊藏书印的图书中亦有属于曾钊者，故可以说岭大的善本图书是以曾钊的旧藏为主体。现将善本图书的各来源分述于下。

6.1.2.1　曾钊面城楼旧藏

岭南大学图书馆大批购入曾钊旧藏主要是在 1935—1936 学年度，据这一年度的馆务报告记载，时图书馆以极低廉的价格购入曾钊旧藏佳本颇多，如明刊本之《两朝从新录》、《昭代典则》、《夏桂洲先生文集》、《思玄集》、《想玄集》、《屏山集》、《冯琢菴文集》、《百可亭摘稿》、《韦苏州集》、《祝氏集略》、《弥雅翼》（正德本棉纸）、《邱文庄公集》、《礼记集说》（棉纸）、《礼记注疏》（棉纸）、《頖宫礼乐疏》等 30 余种。[①] 加之在 1935—1936 学年度前后陆续购入的曾氏藏书，到抗战爆发前岭大图书馆馆藏善本中有其旧藏至少不下 70 种。何多源在为岭南大学《馆藏善本图书题识》所作的自序中有言：

> 益年来顺德温氏旧藏曾钊抄本善本逐渐流出，此种抄本善本，多为宋明史书，明人文集，近日绝少流传者。本馆以其罕见传稀，且不少为国内孤本，而亦为研究明史之重要史料，故特为尽量购求，而旧藏主人亦以本馆藏有此种图书较其私人保存为有用，亦愿以较通行本为廉之书价让与本馆。[②]

曾钊（1793—1854 年），字勉士，又字敏修，广东南海人士，道光五年（1825 年）选乙酉科拔贡，官合浦教论，

---

① 《廿四年度图书馆馆务报告撮要》，载《私立岭南大学校报》1937 年第 9 卷第 9 期，第 133—135 页。

② 何多源：《馆藏善本图书题识》，岭南大学图书馆 1937 年版，第 1 页。

调钦州学正，1826 年秋举学海堂学长。① 曾钊是清代广东地区的著名藏书家，同为粤省著名藏书家的吴兰修曾言：

"岭南地淫，易长蠹鱼，藏书无至二百年者，吾家守经堂藏本多于勉士，而旧椠不及焉，勉士尝云：当无聊时，阅古人书目，亦自快意。可想见其癖好矣。"②

周连宽在《广东藏书家曾钊》一文中则评价道：

清嘉庆、道光两朝，广东出了许多著名的学者，或以诗文雄于时，或以经学道行为世所宗仰，或以史地金石之学见称于当代，而藏书之富，则以曾钊为最。……昔洪北江谓藏书家有数等，即考订家，校雠家，收藏家，赏鉴家，掠贩家。叶焕彬则谓考订校雠可合并之，统名著述家。除掠贩家已入市贾之流，为学者所耻为之外，举上述诸家而褒之者，吾粤曾勉士，可当之而无愧。③

曾钊一生喜读书，亦喜藏书，每遇古本辄爱不释手，"即力所不及，亦必多方购求之。既得之后，又必寝食其中，校讹正谬，剖析异同"④，故所藏图书"多有题跋，丹黄殆遍，经勉士审订者，钤一'善本'二字印章"⑤。其藏书之所初名"古输廖山馆"，后因地方潮湿、狭窄，又筑"面城楼"储之，所藏图书一般钤有"面城楼藏书印"、"曾钊之印"、"曾氏珍本印"、"曾钊印"、"曾钊面城楼藏

---

① 徐信符：《广东藏书纪事诗》，（香港）商务印书馆 1963 年版，第 16 页。

② 徐信符：《广东藏书纪事诗》，（香港）商务印书馆 1963 年版，第 17—18 页。

③ 周连宽：《广东藏书家曾钊》，载《大公报·艺文周刊》1963 年 12 月 22 日。

④ 周连宽：《广东藏书家曾钊》，载《大公报·艺文周刊》1963 年 12 月 22 日。

⑤ 徐信符：《广东藏书纪事诗》，（香港）商务印书馆 1963 年版，第 16 页。

书印"、"勉士"。

曾氏因博通掌籍，故长于训诂，著有《周礼注疏小笺》和《面城楼集》。陈璞在《面城楼集·序》中云：

> 勉士矻于学，考据精确，最长于核证典礼，辨证经传。生平抱用世志，战守兵法，无不研究。道光辛丑、壬寅间，夷事孔棘，制府祁墳，檄令修碉筑坝，募勇团守。旋因议款，敌兵不至，而所支帑不能报销者至三十二万余金，倾家不偿，坐此免官，藏书数万卷，并质于人。①

此文中所述及之事即指鸦片战争时期，曾钊受命带兵抵御外敌，修筑蚺蛇洞等炮台。钊为恂恂儒者，而胸罗十万甲兵，其为建造炮台，殚精竭虑，创"之"字形台，以勾股之法测定炮台射线，极富现代科学原理。然因事起突然，动工仓促，未及逐一收集工程凭证，故事后清理账目，不能报销者达 32 万余金，又因祁墳故去，对立者以此事讦之，以致曾钊被免职，倾家荡产亦不足抵偿缺欠，故其藏书全部散出。②

曾钊面城楼藏书散出后，大部分为顺德龙山温澍梁所得，其藏书之处名"漱绿楼"，另一部分则入于顺德大良龙凤镳的六篆楼。温澍梁为温汝适、温汝能之族人，清代龙山温氏家族声名显赫，一直晴耕雨读，诗书传礼，温汝适曾官至兵部侍郎。③《群书跋·万卷菁华前集》云："温氏族人有澍梁者，善收藏，颇称富有，而以出自面城楼者为善本。"龙凤镳，字伯鸾，官某部员外，其家族亦"累代显

---

① 徐信符：《广东藏书纪事诗》，（香港）商务印书馆 1963 年版，第 18 页。
② 周连宽：《广东藏书家曾钊》，载《大公报·艺文周刊》1963 年 12 月 22 日。
③ 李健明：《走进顺德·龙山温家》，载《珠江商报》2007 年 2 月 2 日。

宧，藏书丰富，六篆楼所藏，不少精椠"①，其中既收有李文田太华楼藏书，又收有曾钊旧藏部分。

后来温氏藏书、龙氏藏书亦陆续流出，其中部分为岭南大学图书馆收入，故岭大图书馆抗战前所藏曾钊旧藏中，除钤有曾氏各类藏书印以外，还有 20 种善本图书上同时钤有温氏各类藏书印，如岭南温氏印、岭南温氏珍藏印、岭南温树材珍藏印、龙山温氏珍藏印、漱绿楼藏书印、漱绿楼书画印、漱绿楼印、顺德温季材之印、顺德温氏藏书印、顺德温氏家藏印、顺德温氏所藏金石书画之印、顺德温氏印和温澍梁藏书印；有 5 种善本图书上同时钤有龙凤镳各类藏书印，如六篆楼藏书印、六篆楼印和六篆山堂印。

此外，依据岭南大学图书馆 1935—1936 学年度馆务报告可知，《馆藏善本图书题识》中收录的《夏桂洲先生文集》、《冯琢菴文集》、《韦苏州集》和《邱文庄公集》，虽未著录曾氏藏书印，但是也为曾氏旧藏。另有《两朝从新录》、《弥雅翼》和《礼记注疏》亦为曾氏旧藏明代佳本，但在《馆藏善本图书题识》中未有著录。而岭大图书馆所藏温澍梁旧藏中的《历代名臣奏议》、《两浙海防类考续编》、《千一疏》和《五朝小说》，以及六篆楼旧藏中的《经籍志》、《何氏类镕》、《古今逸史》、《唐诗纪》和《观象玩占》等书上未钤有曾钊藏书印，故是否为曾氏旧藏尚不可知。

6.1.2.2 徐甘棠赠书

《馆藏善本图书题识》中所载有 17 种书籍为岭南大学校友徐甘棠捐赠，其中 11 种为明代刊本，多为曾钊、温澍梁和龙凤镳旧藏。徐甘棠（1875—1935 年），广东花县人，早年肄业于培英学校，聪颖强记，刻苦卓绝，独好西学，

---

① 徐信符：《广东藏书纪事诗》，（香港）商务印书馆 1963 年版，第 61—62 页。

"年最少而成绩为全校冠"。1897 年被聘为格致书院教员，并始于教学之余专攻国学，研习诗词。1905 年，徐甘棠一方面兼任夏葛医学院化学教授，一方面"以国内西学仅具皮毛，欲求精深，非从外国求之不可"，而在岭南学堂学习英文。1907 年徐甘棠赴美留学，为筹集学费而在美担任青年会总干事兼《大同日报》记者，积极宣扬革命，主笔 3 年，稍有余蓄，即入俄克拉荷马大学（University of Oklahoma）学习数学，获学士学位后入西北大学研究院，获数学硕士学位。1917 年徐甘棠回国，1918 年受聘于商务印书馆，编辑数学及大学辞典，旋任江苏省教育会月刊总编辑，月刊停办后就南京高师数学教授职。1921 年徐甘棠返粤，担任广东高师数学教授，高师改组为广东大学后，出任数学系主任，后又担任工专、执信、培英等校教授，兼教务主任。广东大学改国立中山大学后，徐甘棠受聘为教务主任兼教授，并历任广东省教育厅秘书、民政厅秘书。1927 年南京国民政府成立，胡汉民执掌立法院，聘其担任立法院秘书。1930 年后徐甘棠返回广东，先后担任广州工务局局长秘书、市府秘书长兼教育局长、市立第二中学校长、培英教务长、中大教务主任、广东省建设厅秘书长。1932 年，邹鲁重长国立中山大学，徐甘棠再次被聘为教授，兼广东通志馆主任。1935 年 5 月 31 日，徐甘棠因急性肾炎病逝。[①]

徐甘棠的文章"气格苍古，上追秦汉"，中年以后对国学研究饶有兴趣，并由此产生搜集古籍的爱好，积书数万卷，以经史子集为最多，其中不乏海内孤本，渐成广东知名藏书家。徐甘棠去世后，其夫人罗秀云将其所遗中西文藏书赠予岭南大学图书馆，计西文书 80 册，以数学书籍为

① 黄受照：《徐甘棠同学事略》，载《私立岭南大学校报》1935 年第 7 卷第 20 期，第 278—279 页。

主；中文书 1222 种，20057 册，[①] 其中包括丛书 54 种，类书 9 种，经籍 64 种，史乘 77 种，方志 123 种，文集 250 种，杂类 645 种。[②] 其赠书中有明代汲古阁刊本的《中州集》、清内府刻本桃花纸的《（御纂）朱子全书》等善本 17 种，书上钤有"徐甘棠藏书印"。所赠清道光刻本《粤海关志》流传颇少，是研究清代广东海关制度、设置及贸易情况的重要参考文献；明正德戊寅（1518 年）刊本《四川志》为海内外孤本，朱士嘉《中国地方志综录》载国内外图书馆所藏《四川志》只有嘉靖本、万历本、康熙本等，刊刻年代均晚于徐甘棠赠给岭南大学图书馆的《四川志》。

6.1.2.3 潘宗周赠书

潘宗周（1867—1939 年），字明训，广东南海人。少时供职上海洋行，后任沪英租界工部局总办，经商成巨富，以巨资藏书，尤重宋刻，编有《宝礼堂宋本书录》四卷，附录一卷，收入 20 年所积宋版书 99 种[③] 107 部，元本 6 种 6 部，是书目由张元济作序。[④] 潘宗周藏书之处名为宝礼堂，藏书上一般钤有"南海潘明训珍藏印"。徐信符《广东藏书纪事诗》中载：

> 宗周虽执业商廛，壮岁获交宜都杨守敬，慨然有收书之志。喜储宋椠，初以百种为限，后已逾限矣。其眼识极高，元明已下，视之蔑如也。从袁克文购得宋刊《礼记》，乃南渡后三山黄唐所刻，旧藏曲阜孔

---

① 《本校一年来之进展》，载《私立岭南大学校报》1936 年第 9 卷第 6 期，第 82 页。

② 《图书馆消息》，载《私立岭南大学校报》1935 年第 8 卷第 2 期，第 18—19 页。

③ 上海古籍出版社 2007 年出版的《中国历代书目题跋丛书》第二辑中收有《宝礼堂宋本书录》，整理说明中称宋本 111 种，数据有误。

④ 潘祖荫、潘宗周：《滂喜斋藏书记·宝礼堂宋本书录》，上海古籍出版社 2007 年版，第 6 页。

氏，海内传为孤本。潘氏适构新居，因颜其堂曰"宝礼"。①

明清以来的广东藏书家中，以宋本收藏著称者惟有丰顺丁日昌之持静斋，潘氏宝礼堂则为后起者。宝礼堂藏书中有杨守敬旧藏，亦多黄丕烈"百宋一廛"、汪士钟"艺芸精舍"、郁松年"宜稼堂"、杨氏"海源阁"、韩应陛"读有用书斋"散出之物，袁世凯洪宪失败后，所藏善本旧椠十之六七为潘氏所得。②

岭南大学图书馆共藏有元本 3 种，分别为《（纂图互注）荀子》、《（纂图互注）扬子法言》和《冲虚至德真经》，均为潘宗周所赠，而此 3 种书在《宝礼堂宋本书录》中均无著录。其中《冲虚至德真经》为杨守敬旧藏，有宜都杨氏藏书印、杨印守敬、杨氏小像和弘前医澀汪氏藏书记朱印。杨守敬的藏书曾以国币 35000 元鬻诸国民政府，后政府将大部分藏书交与故宫博物院保存，并由该院何澄一编成《观海堂书目》付梓行世，岭大图书馆所藏《冲虚至德真经》为此书目内未载之书，《国立北平图书馆善本书目》中亦未载有此本。③此外，收入岭南大学图书馆《馆藏善本图书题识》的潘宗周赠书还有明刊本《（东莱先生音注）唐鉴》、明万历郑云斋刊本《（笺注决科）古今源流至论》、吴门缪曰苞仿宋刊本《李太白集》和清乾隆三年五色套印内府刻本《（御选）唐宋文醇》。

6.1.2.4　其他来源

岭南大学图书馆藏中文古籍，除来自前述徐甘棠和潘

---

① 徐信符：《广东藏书纪事诗》，（香港）商务印书馆 1963 年版，第 115—116 页。

② 佛山大百科，检索于 2009 年 10 月 4 日，http：//wiki.0757family.com/index. php？doc－view－3363。

③ 何多源：《馆藏善本图书题识》，岭南大学图书馆 1937 年版，第 55—56 页。

宗周的大宗捐赠外，得自徐绍桢和甘翰臣的捐赠也不少，何多源在《馆藏善本图书题识》自序中亦言珍藏善本有赖于徐甘棠、潘宗周、徐绍桢和甘翰臣所赠。

在《馆藏善本图书题识》中，著录有"徐固卿赠"者计有6种，其中4种为明本，2种为旧抄本，《资治通鉴》、《宋元通鉴》均为明天启年间陈仁锡评阅本，而明万历刊本《南征录》则为清宗室怡府明善堂旧藏。徐绍桢（1868—1934年），字固卿，广东番禺人。其父徐子远曾参总督节署幕，而娴于经术，家富藏书，藏书处名为通介堂、水南楼、搋云阁。徐绍桢继承家学，收藏甚富，中光绪甲午科（1894年）广东乡试举人，嗜书并精版本研究，虽历任军职、戎马一生，却始终书卷相随。徐绍桢于光宣间在南京治兵，于后湖胡神庙之左建藏书楼，藏书20余万册。因辛亥起义，藏书尽为张勋所焚。民国成立，徐绍桢历任南京卫戍总督、孙中山广东军政府广州卫戍总司令、总统府参军长、广东省长和内政部长等职，并重新搜求图书。寓居北平时期，与琉璃厂书肆来往最密，所藏复充牣，著有《学寿堂题跋》。其晚年因境遇所迫，藏书散佚，珍本无存。[1]

甘翰臣是在沪经商的广东中山人士，曾担任上海公和祥码头买办、怡和洋行总办，并担任岭南大学上海分校的校董。[2]甘翰臣生前在上海筑有非园、愚园，好藏金石书画，与沪上文化界素有往来，与康有为、叶恭绰、朱祖谋、梅兰芳、程砚秋等人均有交情。抗日战争胜利后，其女甘恕先曾将其生前收藏的30多件广东文物交原广东文献馆馆长简又文携归广州，其中包括现藏于广东省博物馆的"刘

---

① 徐信符：《广东藏书纪事诗》，（香港）商务印书馆1963年版，第112—114页。

② 司徒荣：《广州岭南大学上海分校的旧事》，载《岭南校友》第15期，第44—46页。

猛进碑"。① 岭南大学图书馆抗战前藏有的善本图书中，有3种为甘翰臣所赠，分别为明黄国琦刊本《册府元龟》、清康熙四十九年内府刊本《渊鉴类涵》和殿板初印《（钦定）全唐文》。

作为一所大学图书馆，其收藏的善本图书必然是多年来涓滴搜罗而致，岭南大学图书馆所藏的善本图书除通过各种渠道而购得的曾钊、温澍梁、龙凤镳旧藏，以及得自徐甘棠、潘宗周、徐绍桢和甘翰臣赠书外，还有其他相当广泛的来源。如哲学史家、民俗学家容肇祖就曾为岭大图书馆搜购文献，馆藏明刻官书精品《春秋经传》、旧抄本《光孝寺志》、清道光南海吴氏筠清馆刊本《石云山人集》等都来自容肇祖的搜购，其中《光孝寺志》书有容肇祖题跋，《石云山人集》书前有容肇祖手录之该书作者吴荷屋传。

由于当时对采访文献的文字记载有限，而保存下来的档案和相关文献亦非齐全，因此很难一一查析每种书的具体来源。但由馆藏善本图书上钤印的藏书章，或可窥见藏书的渊源，以下所列即为馆藏善本图书上钤有的除曾钊、温澍梁、龙凤镳、徐甘棠和潘宗周藏书印以外的其他家藏书印：陈澧印、兰甫印、登斋藏书印、栋臣印、方氏碧琳琅馆藏书印、冯钤士印、衡阳常氏藏书印、弘前医澏汪氏藏书记朱印、黄芝仙印、璜川吴氏图书印、汲古阁印、静观亭图书印、毛氏子晋印、明善堂所藏书画印记、明善堂珍藏书画之印、南海式之苏氏所藏印、南海苏氏藏书印、南海苏式印、晴臬印、汤子寿读书印、吴琯圆形小印、吴氏家藏印、锡山李氏珍藏之印、阳湖陶氏印、杨守敬小印、杨氏小像、杨印守敬、宜都杨氏藏书印、赵氏鉴藏印、朱

---

① 《隋广州前陈散骑侍郎刘府君墓铭并序》，参见广东文化网，2009年2月23日，检索于2009年9月6日，http://www.gdwh.com.cn/whyc/2009/0223/article_1213.html。

彝尊印和竹垞藏本印。

6.1.2.5　1937 年后对广东藏书家旧藏的访购

抗战爆发后至岭南大学停办的 15 年间，岭南大学图书馆也陆续购入了若干广东藏书家散佚出的旧藏。李文田泰华楼藏书的精华在抗战期间运存香港，广州、香港相继沦陷后，藏书流散，但寄存于北平燕京大学的明代野史得获保全，周连宽和容庚曾赴平拜访李文田之孙李劲庵，为岭南大学图书馆选购明人集部及其他明刻本数十种，取价均廉。又有李劲庵清理出水渍损失的图书一大批，依重量计价出售，周连宽为岭大图书馆选得有李文田朱笔批校之图书如下：

（1）《汉书地理志水道图说》七卷，清陈澧撰，咸丰陈氏刻；

（2）《古今尚书经说考》三十三卷，《叙录》一卷，清陈乔枞撰，同治刻；

（3）《脚气集》二卷，宋章茗水撰，宝颜堂秘笈本；

（4）《地球韵言》四卷，清张之洞编，光绪二十八年广州明道堂刻；

（5）《问奇类林》三十五卷，明郭良翰撰，明万历六年刻；

（6）《外国师船表》十六卷，清许景澄撰，光绪十二年石印。[①]

徐信符的南州书楼抗战期间亦运往香港，寄存于香港大学，并以港币 9000 余元之价格售出含宋元刻本在内的善本一批。抗战后余存图书运返广州。1948 年徐信符病逝，其女又选出善本一批，分装 10 箱运往澳门，将除广东文献

---

① 周连宽：《羊城访书偶记：（三）广东藏书家近况》，载《广东图书馆学刊》1986 年第 2 期，第 13—16、40 页。

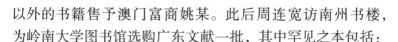

以外的书籍售予澳门富商姚某。此后周连宽访南州书楼，为岭南大学图书馆选购广东文献一批，其中罕见之本包括：

（1）《粤大记》三十二卷（缺卷一、二、卅、卅二），明郭棐编，明万历刻；

（2）《广州府志》六十卷，清张嗣衍等修，乾隆二十四年刻；

（3）《粤秀书院志》十六卷，清梁廷枏撰，道光二十七年刻；

（4）《广州乡贤传》四卷，清潘楳元辑，道光十九年刻；

（5）《温氏家集》十二卷，清温承恭等撰，咸丰元年家刻，卷端有徐信符题记云："此书原版毁于咸丰七年，后欲重刻而未果，故流传极少。"①

6.1.3　馆藏善本图书的特色

6.1.3.1　版本特色

岭南大学图书馆馆藏善本图书的特色之一是多明本和抄本。在抗战前馆藏的 174 种善本图书中，明代刊刻之本有 80 种，抄本 51 种，其中多为曾钊旧藏，其数量明本和抄本各不下 35 种。在各类明本中，馆藏《宋之问集》的版式、字体与《四部丛刊续编》影印常熟瞿氏铁琴铜剑楼所藏之本均不相同，还有诸如凌濛初朱墨本《韦苏州集》、绿野堂刊本《许文穆公集》、明万历间新安黄一桂刊本《苍霞草》、明万历南昌胡见原刊本《頖宫礼乐疏》、明嘉靖壬子三衢夏相宠摹宋版校刊《古今合璧事类备要》、明嘉靖元年菁溪堂刊本《韩（雍）襄毅公传》、明万历仁寿堂刊本《（新编簪

---

① 周连宽：《羊城访书偶记：（三）广东藏书家近况》，载《广东图书馆学刊》1986 年第 2 期，第 13—16、40。

缥必用）翰苑新书》、明万历郑云斋刊本《（笺注决科）古今源流至论》、明天启陈仁锡评阅本的《资治通鉴》和《宋元通鉴》、明黄国琦刊本《册府元龟》、明内府刊本《重修玉篇》以及明隆庆海盐夏儒刊本《奚襄琐言》等，这些明代文献不但为明史各方面的研究提供了第一手的资料，也在版本学上为有明一代刊刻的文献留存了许多宝贵的实物。

抄本中有残缺已久的《（咸淳）临安志》，抄自毛氏所得宋椠本。原书一百卷，岭大图书馆藏本存九十五卷，阙卷六十四、九十、九十八至一百，而该书的振绮堂汪氏刻本、瞿氏铁琴铜剑楼藏本亦阙如上卷，仅有当时的国立北平图书馆存有九十六卷，该书为幸存下来的宋人地志中唯独较详细者。① 馆藏抄本《中兴礼书》存三百二十五卷，阙五十五卷，该书在《四库全书》中没有著录，书世罕传，清代徐松曾从《永乐大典》中辑出一百五十卷，但未刊行；海宁蒋光煦有家传抄本，但未经校勘，讹误颇多；当时国立北平图书馆亦有藏本，但缺卷较岭南大学图书馆藏本的缺卷多。《馆藏善本图书题识》中言：

> 此书系宋高孝两朝之大典章制度，足以补正《宋史通考》等书者甚多。书中之郊祀御札、明堂御札、郊祀祝册、表文祝文各门，及吉凶礼中所载之表议各篇，均为高宗时之重要文字，尤可贵者，《宋史·乐志》所载乐章，有词无谱，此书乐曲旁注律吕，他书所无，为研究古乐之重要参考资料。②

其他少见的抄本还有《金史补》5 册，此书缪荃孙只藏有残稿 2 册，《艺文志二十种引得》未有著录，可能未有刊本行世。《太平寰宇记》为毛晋汲古阁旧藏，流入曾钊之

---

① 何多源：《馆藏善本图书题识》，岭南大学图书馆 1937 年版，第 25 页。

② 何多源：《馆藏善本图书题识》，岭南大学图书馆 1937 年版，第 35 页。

手，最后为岭南大学图书馆所得，所藏之本较上元焦氏、昆山徐氏、秀水朱氏等藏本所缺均少，且每卷末附校正一页。《太乙统宗宝鉴》馆藏二十卷，续编十二卷，此书《四库全书》列入存目，仅二十卷，《读书敏求记》中记载钱曾家藏有 2 本，故岭大所藏之抄本可能为当时最全者。另有守经堂影宋抄本《三朝北盟会编》、四库传抄本《齐民要术》、明红格抄本《观象玩占》、满汉对照之稿本《大清全书》等，均为精心缮写之本。

关于广东雕版刻书始于何时，已难考察。1941 年，黄慈博在《广东文物》上发表《广东宋元明经籍椠本纪略》一文，记载宋代广东刻本 17 种，元代广东刻本 3 种，明代广东刻本不下 100 种，周连宽则言明初广东刻本以及清代道光前广东刻本流传下来者已不多。① 而岭南大学图书馆保存了大量广东各地方志和粤人文集，方志包括广州、番禺、南海、顺德、东莞、从化、龙门、增城、香山、新会、三水、新宁、清远、新安、韶州、曲江、乐昌、翁源、英德、博罗、鹤山、惠州、归善、雷州、琼郡等地，这些郡县方志旧刻的留存，保存了广东各地刻书的实物；粤人文集中有不少明清两代广东刻本，尤多明万历年间和清道光年间刻本，明万历刊本《百可亭摘稿》九卷，每半页 10 行，行 20 字，双边白口，上单鱼尾，白棉纸，所刻字体清朗，堪称广东刻本中的精品。② 粤人文集中还有不少广东藏书家私家刊刻之本，如清康熙三间书院刊本《广东文选》、道光南海吴氏筠清馆刊本《石云山人集》等。这些文献为研究广东刻本的用纸、版式、字体，以及广东刻书事业情况，提供了实证参考。

---

① 周连宽：《羊城访书偶记：（二）广东刻本》，载《广东图书馆学刊》1986 年第 1 期，第 5—9 页。

② 何多源：《馆藏善本图书题识》，岭南大学图书馆 1937 年版，第 60 页。

6.1.3.2　明代史料和明人文集

叶德辉《藏书十约》中关于购置文献之法写道："置书先经部，次史部，次丛书。"[①] 而岭南大学图书馆在中文古籍方面的购书政策十分不同于传统的藏书观，与其他图书馆亦相异。岭大图书馆对各类文献的采访均受学校办学方针和教育理念的影响，依据学校的课程设置和教学、研究方案进行选购，注意文献的材料价值和研究价值。岭南大学的办学方针一贯坚持发展实用科学，注重与广东社会的融合，即使在 20 世纪 30 年代的国学研究热潮中，亦有冷静的态度和相应的办理政策。因此岭南大学图书馆所藏中文善本图书中经部数量最少，史部图书数量最多，尤其重视明代史料和明人文集的搜集，前者的数量占史部善本图书数量超过三分之一，后者的数量占集部善本图书数量的一半。

据对《馆藏善本图书题识》的统计，岭南大学图书馆抗战前收有明代史料善本 24 种，明代兵书善本 2 种，明人文集善本 21 种。明代史料善本中有编年类 2 种，纪事本末类 6 种，诏令奏议类 4 种，传记类 2 种，地理类 6 种，政书类 4 种，其中不少为清代的禁毁书籍，在当时已绝少流传。如明万历年间陈于廷刊之《纪录汇编》3 种，216 卷，共 66 册，明代沈节甫辑，采辑嘉靖以前明代君臣杂记，分卷编次，以同一史实集中。因现存元至明初期间史料匮乏，此汇编实有管窥之效，足为研究明史之参考，清代该书被列入禁毁书目，流传甚少。

《今言》四卷，明郑晓著，刊于明嘉靖二十一年，书前有郑晓自序，每半页 8 行，行 16 字。此书记明代洪武至嘉靖 180 余年间国政朝章、兵戎邦计等方面的史事，凡 344

---

① 叶德辉：《藏书十约》，古典文学出版社 1957 年版，第 43 页。

则，其中的许多记载可补史之缺佚，正史之谬误，为研究明代前期社会的政治、经济、军事、文化，提供了宝贵资料。而目前国内各图书馆所藏的《今言》一书有嘉靖四十五年项笃寿刻本、万历四十二年彭宗孟刻本、清顺治三年李际期宛委山堂刻本等9种版本，均晚于当时岭南大学图书馆的藏本。根据台湾的图书馆中文古籍书目资料库检索的结果可知，现存《今言》较早版本的有美国伯克利加州大学东亚图书馆明嘉靖四十五年项笃寿刻本、上述台湾的图书馆和东京大学东洋文化研究所的明嘉靖四十五年刊本，其他各图书馆所藏均为嘉靖四十五年以后的版本，从时间上来看均晚于当时岭南大学图书馆的藏本。

　　史部诏令奏议类下的《大明宣宗章皇帝宝训》十二卷2册，为旧抄本，现已被中山大学图书馆收藏，据国家图书馆中国古籍善本书目联合导航系统显示，大陆其他图书馆再无藏本。据上述台湾的图书馆中文古籍书目资料库检索联合导航系统显示结果可知，仅台北故宫博物院图书馆藏有明刊本的五卷，东京大学东洋文化研究所藏有五卷，即所藏之卷数远少于广州中山大学图书馆现藏的旧抄本十二卷。《馆藏善本图书题识》中载：

　　　　此书北平图书馆善本书目、故宫善本书目均未载，内阁藏书目录则有以下之著录："帝训一册全，宣宗章皇帝御制，首君德，终驭夷，凡二十四条，分四卷，抄本。"查本馆所藏凡十二卷，首敬天，终驭夷狄，凡七十三条，较内阁藏本多八卷，即多49条，据千顷堂书目则载此书凡十五卷正统三年修，今馆藏卷数虽较千顷堂书目所载者少三卷，然遍查各家书目，均无著录，即内阁书目亦仅存四卷，查内阁书目系明孙能传等编，可知明代此书已残缺不完，今馆藏之本想已成人间孤帙矣。①

其他如抄本《皇明诰敕》、抄本《历朝奏疏》、抄本《郭给谏疏稿》、明嘉靖元年蔚溪堂刊本《韩（雍）襄毅公传》、明崇祯间刻本《皇明世法录》、明万历廿三年刊本《荒政汇编》等均为极罕见的明代史料。明刊本《三镇边务总要》五卷，由明人李如樟编纂，其曾任都指挥签事及广西延绥总兵官，其兄如柏任蓟镇副总兵，并官镇辽东，是书记载了明代沿长城一线的辽镇、蓟镇和昌镇的边防、戍务情况，有关道里险夷、形势冲缓、夷酋多寡、住牧远近等问题具编其中，②是研究明代边防事务、边关社会及北方游牧民族的珍贵资料。岭大所藏之本现存中山大学图书馆，经检索国家图书馆中国古籍善本书目联合导航系统，未发现大陆其他图书馆有藏，检索台湾中文古籍书目资料库发现台湾的各图书馆及美国国会图书馆、哈佛大学图书馆、东京大学东洋文化研究所等机构也无该书。而清乾隆重刊本《吴江水利考》，为明代沈氏所作，书前有嘉靖沈启序，王世贞所撰传赞，书中记载苏、松、常、镇、杭、嘉、湖七郡水利，总结明代治水的经验和教训。《明史·艺文志》中，《吴江水利考》作四卷，岭南大学图书馆藏本为五卷，卷首有吴江水利图。该书现存中山大学图书馆，南京图书馆未有藏本，就笔者所查尚未见国内其他图书馆有藏，国外如美国国会图书馆、哈佛大学图书馆均无是书。

岭南大学图书馆亦收有不少明代兵书，其中可称为善本者有《纪效新书》十八卷和《水师辑要》一卷，均为旧抄本。《纪效新书》是戚继光在东南沿海平倭战争期间练兵和治军经验的总结，全书分六秩（礼秩、乐秩、射秩、御

---

① 何多源：《馆藏善本图书题识》，岭南大学图书馆 1937 年版，第 18—19 页。

② 何多源：《馆藏善本图书题识》，岭南大学图书馆 1937 年版，第 29 页。

秩、书秩、数秩）十八篇，由束伍篇始，至水兵篇结束，各系以图而为之说，对于研究明代之兵法、兵士操练及兵营制度有重要的参考价值，尤其是书中记录了戚继光调任浙江抗倭期间东南沿海的地形、我情与倭情，其史料价值自不言而喻。《水师辑要》内容包括船式说、各船说、配船水兵、赶绘船备用器械、配驾官兵等，保留了明代各类船舶之说明和图解，尤其是对澎湖海战前后明郑在役的战船详加剖析，亦足作为明史研究之参考资料。

注重对明人文集的收藏也是岭南大学图书馆馆藏特色之一。在传统藏书观念中，诗文集为等而下一类的文献，尤其是明代的作品，更不足取，在清代叶德辉的《藏书十约》中集部之购置显然为最次一等，明代祁承㸁则认为：

> 盖文集一事，若如今人所刻，即以大地为书架，亦无可安顿处，惟听宇宙之所自为消磨。则经几百年而不消磨者，自有一段精彩，不可埋没也。①

可见传统藏书家对文集一类文献的收藏态度。然岭南大学图书馆却对明人文集着意收集，其中原因之一并非在乎这些文集的文学价值，而是关注其史料价值。自陈寅恪之后，诗文证史的研究方法被广泛应用，所以明人文集的史料价值更加凸显。传统藏书观念下前人对明人文集的轻视，使得大量明人文集到近代已成"孤本"，故有幸保存下来的这类文献亦显得弥足珍贵，此也为岭大图书馆注意购求明人文集的原因。

岭大图书馆馆藏明人文集中的善本，许多在清代被列入禁毁书目，流传稀少，许多藏本至今已寥寥无几。如明万历卅五年刊本《冯琢菴文集》（又名《冯宗伯文集》）四卷、明万历刊本《李沧溟先生集》卅二卷、明天启刊本

---

① 祁承㸁《澹生堂集》卷十八，尺牍《与潘昭度》，参见黄裳：《天一阁被劫书目》前记，载《文献》1979 年第 1 期，第 99 页。

《邱文庄公集》廿四卷、明绿野堂刊本《许文穆公集》、明隆庆海盐夏儒刊本《奚襄琐言》四卷、明崇祯刻清康熙间印《桂洲文集》十八卷、明万历刊本《南征录》六卷等，在内地、港、澳、台及其他国家和地区的图书馆都已是绝少见之本。

明嘉靖刊本《王氏家藏集》，又名《浚川集》，馆藏十八卷，内含《浚川公移集》三卷，《浚川驳稿集》二卷，《浚川内台集》三卷，《浚川奏议集》十卷，清代时亦为禁书，流传不多，目前仅知此书在台湾的收藏卷数较为丰富，如台北故宫博物院图书馆藏有嘉靖十五年至四十年刊本四十一卷，台北的图书馆藏有嘉靖十五年至四十年刊本《王氏家藏集》四十一卷，《内台集》七卷，《慎言》十三卷，《雅述》二卷，《丧礼备纂》二卷；海外则有美国国会图书馆收藏的明嘉靖间刻本《王氏家藏集》四十一卷，《内台集》七卷。另据中国国家图书馆中国古籍善本书目联合导航系统、台湾中文古籍书目资料库检索可知，目前大陆有多个图书馆以及美国加州大学伯克利分校东亚图书馆、澳门大学国际图书馆均有藏，但是残缺情况不一。比对上述图书馆的收藏可知，虽然岭大所藏之卷数并不多，但是其所藏的《浚川公移集》三卷、《浚川驳稿集》二卷和《浚川奏议集》十卷均为其他图书馆所无者，可谓是孤本。岭南大学的《馆藏善本图书题识》则言：

> 此书为清代禁书，故流传甚少，国立北平图书馆藏有是书，较本馆所藏者多诗二十卷文廿一卷，但无奏议集公移集驳稿集等，浙江省立图书馆藏公移集驳稿集，但无奏议集，范氏天一阁藏有奏议集，但残缺不完（见重编天一阁书目），本馆所存者想为孤本矣。"①

---

① 何多源：《馆藏善本图书题识》，岭南大学图书馆 1937 年版，第 61—62 页。

6.1.3.3 广东地方志与广东文献

苏轼暮年流放岭南，曾有"九死南荒吾不恨"的诗句，事实上广东因僻处南疆，自周秦以来就被冠以"荒蛮"之名，"虽羲叔申命于虞书，疆理兴歌于周雅，然征文不足，考献无从"①。秦汉之后，岭南地区相继置郡，至此"华风南寖，岭海文物，遂蒸蒸日上。晋室东迁，中原文物随侨郡而南，南北之风会，乃大殊于昔。隋唐以来，人文蔚起，声教日隆。迄自海通以远，文献之盛，麟麟炳炳，赫赫烜烜，昭人耳目，而征文考献，缵述代有其人。是故卷帙浩繁，包罗万象"②。

然而千年来有关岭南的艺文典籍因被忽视而日沦以泯，明代粤人伦以训曾语"吾邦自秦汉以来几二千载，其文献之录"，"皆缺有间矣"，"荒脱而不核"，"叛涣而无统"。③直至明代中叶，"白沙、甘泉之学"的出现以及稍后的黄佐及其弟子对百越先贤事迹的著述、对广东文物的表彰，才使岭南"文化荒漠"的状态有所改变，并对广东学术与人文精神走向产生了深远影响。此后历400年之人文积累，至清朝嘉庆、道光年间，大儒阮元督粤，为岭南带来了治学新观念，广东学术在沉寂百年后风气为之一变。广东文人间开始了新一轮的"广东文献整理与挖掘"风气，且此风下贯民国。④

但是直至民国时期，广州的典型形象仍是东西方贸易

---

① 李景新：《广东研究参考资料叙录·史地篇初编》，岭南大学图书馆1937年版，自序页。

② 李景新：《广东研究参考资料叙录·史地篇初编》，岭南大学图书馆1937年版，自序页。

③ 陆键东：《近代广东人文精神与冼玉清学术》，参见周义：《冼玉清研究论文集》，香港中国评论学术出版社2007年版，第27—98页。

④ 陆键东：《近代广东人文精神与冼玉清学术》，参见周义：《冼玉清研究论文集》，香港中国评论学术出版社2007年版，第27—98页。

的重要港口、"新思潮"与"革命"的策源地，广东本土文化与学术仍然不入主流学术的法眼，故对粤文化的研究依旧有赖于广东学人。岭南大学在当时是广东文化研究之中心，陆键东在《近代广东人文精神与冼玉清学术》一文中曾这样描述岭南大学的学术研究情况：

> 以可称为广东学术重镇的刊物《岭南学报》为例，从民国二十年（1931）起，有关岭南文化研究的论文与文献开始出现，且逐年增多，并最终形成该刊物风格的一个大特色。民国二十三年（1934）至二十四年（1935），《岭南学报》以两期的篇幅先后刊布"广东专号"上、下两辑，集中刊发十三篇关于"广东文献"的研究论文。风气下新一代研究广东文化的年轻学者崛起，其中有终身对"岭南文化研究"情有独钟者多人，如冼玉清、饶宗颐、汪宗衍、罗香林、容肇祖、何格恩等。①

与学校这一研究重点相应，岭南大学图书馆在收集广东地方志和广东文献方面亦不遗余力，并日渐形成特色。

方志的价值在于提供纂修当时某一地区有关自然、社会、人文、天文、地理等各方面的资料，可供作各种方面学术研究的参考。② 岭南大学图书馆对方志的着力收藏可上溯到1919年筹建中籍部之时，尤其重视广东地方志，其原因就在于地方志中记载的自然、天文和地理方面的资料对于学校农学院的教学、研究工作具有十分重要的意义。进入20世纪30年代后，岭南大学图书馆加大对地方文献的搜罗，或重资购买，或向藏家借抄，至抗战爆发前共入藏广

---

① 陆键东：《近代广东人文精神与冼玉清学术》，参见周义：《冼玉清研究论文集》，香港中国评论学术出版社2007年版，第27—98页。
② 蔡佩玲：《范氏天一阁研究》，汉美图书有限公司1991年版，第109页。

东 70 余县①，计 105 种广东方志②。据当时的统计，在抗战前收有广东方志数量最多的是国立北平图书馆，计有 166种；其次为上海东方图书馆，计有 136 种；再次为北平故宫博物院图书馆，计有 109 种。③ 岭南大学图书馆拥有的广东地方志数量位居全国第四，当时的广州市立中山图书馆拥有广东方志 102 种，国立中山大学图书馆拥有广东方志 94种，④ 均位于岭南大学之后。而在国外，美国国会图书馆在1937 年前藏有广东方志 79 种，哈佛大学哈佛燕京学社汉和

---

① 李景新在《广东研究参考资料叙录·史地篇初编》第三章《广东方志论略》中言：广东共有 94 县，当时广东藏书最丰富的三大图书馆为：中山大学图书馆、岭南大学图书馆和市立中山图书馆。藏省志最多者亦为此三大图书馆（岭南大学图书馆 1937 年版，第 235—236 页）。据 1933 年郑慧英女士调查，时三大图书馆内所藏之方志存者共计只有 82 县，未见者有 12 县。而美国哈佛大学哈佛燕京学社汉和图书馆馆长裘开明在 1938年度之后的历年馆长报告中提交的数据均为广东省行政分区总数为 108 个（参见程焕文：《裘开明年谱》，广西师范大学出版社 2008 年版）。数字的不同或因统计的标准不同。

② 此数据为笔者据李景新所编《广东研究参考资料叙录·史地篇初编》（岭南大学图书馆 1937 年版，第 253—254 页）中所记载的每种广东方志馆藏情况统计而得。该书中，李景新统计了明朝至民国期间修纂的广东方志的数量，据其统计共计 347 种，其中明朝 37 种，清朝 296 种，民国 14 种。而据美国哈佛大学哈佛燕京学社汉和图书馆馆长裘开明在 1938年度的馆长报告中提交的数据为广东已知现存方志种数 344 种，（参见程焕文：《裘开明年谱》，广西师范大学出版社 2008 年版，第 229 页）比李景新统计的数据少 3 种。自 1941 学年度起，裘开明在馆长年度报告中记录的数据变为广东已知现存方志种数 375 种。（参见 HYL Archives：Chinese - Japanese Library Harvard University Report of the Librarian for the Year July 1，1941 to June 30，1942.）

③ 李景新：《广东研究参考资料叙录·史地篇初编》，岭南大学图书馆 1937 年版，第 251 页。

④ 李景新：《广东研究参考资料叙录·史地篇初编》，岭南大学图书馆 1937 年版，第 251 页。

图书馆则为 6 种，日本内阁文库则为 43 种，[1] 均不及岭南大学图书馆拥有之数量。[2]

在岭南大学图书馆拥有的众多广东方志中，有不少善本、珍本，甚至孤本，在 1937 年出版的《馆藏善本图书题识》中，作为善本收入地理类的文献有 27 种，其中 8 种为广东各地方志，分别为：

（1）博罗县志 十四卷 清陈斋虞修 清乾隆二十八年刻本

（2）澄迈县志 十卷 谢济韶修 李广先等纂 嘉庆二十五年刊本 六册

（3）鹤山县志 十二卷 刘继纂修 乾隆十九年 四册

（4）鹤山县志 十二卷附卷末一卷 徐香祖修 吴应逵纂 道光六年 五册

（5）徐闻县志 十五卷 王辅之 清宣统三年闰六月 徐城锦文斋刊本

（6）崖州志 廿二卷卷首一卷 钟元棣修 张寯、邢定纶等纂 光绪卅四年编修 民国三年重印本

（7）丰顺县志 八卷 王承鋆修 许普济、吴鹏等纂 光绪十年编纂同年刊印 五册

---

① 李景新：《广东研究参考资料叙录·史地篇初编》，岭南大学图书馆 1937 年版，第 252 页。

② 抗战爆发后，哈佛大学哈佛燕京学社汉和图书馆拥有的广东方志数量迅速增长。第一次在该馆《馆长年度报告》中统计所藏中国各省方志数量是在 1938—1939 学年度，即第 13 次馆长报告中，据载当时该馆拥有广东方志数量为 69 种。如果李景新 1937 年的统计数据无误，则可以说汉和图书馆所藏广东方志的数量在中国抗战爆发后的 2 年内增长了 63 种，其后继续增长，1939—1940 年度为 93 种，1940—1941 年度为 116 种，1941—1942 年度为 120 种，1942—1943 年度为 122 种，1946—1947 年度为 124 种，1947—1948 年度为 124 种，1948—1949 年度为 126 种，1954—1955 年度增长到 127 种，1955—1956 年度增长到 128 种。

（8）长宁县志 十卷 高炳文修 冯兰纂 道光十九年刊本

遗憾的是岭南大学图书馆上述8种方志已不知去向。通过国家图书馆中国古籍善本书目联合导航系统检索发现，仅台北故宫博物院图书馆藏有清乾隆二十八年刊本的《博罗县志》十四卷，而乾隆十九年的《鹤山县志》现在台北故宫博物院图书馆、中国科学院南京地理研究所有存，其他6种在系统中未见。据《馆藏善本图书题识》的记载，清宣统三年闰六月徐城锦文斋刊本的《徐闻县志》当时只有广东省立图书馆及岭大图书馆有存各一部，现省馆一部仍存于馆。而经过对美国国会图书馆和哈佛大学图书馆书目的检索发现，仅哈佛大学图书馆藏有嘉庆二十五年刊本的《澄迈县志》。由此，岭南大学图书馆当时苦心搜集的广东各地地方志的珍贵程度可见一斑。

至1940年底，因抗日战争局势的恶化，时在香港的岭南大学图书馆开始着手将馆藏文献制成缩微胶卷，并由岭南大学美国基金会黄念美（Olin D. Wannamaker）秘书、何士健（Harold B. Hoskins）、加利（Melbert B. Cary, Jr.）负责与美国 Committee on Scientific Aids to Learning、香港大学等机构联系相关事宜。1940年2月14日，时任岭南大学教务长的朱有光致函黄念美，请其筹备经费将函后所附的91种书籍制成缩微胶卷，其中89种为明清两代修纂的广东各地方志（清单详见文后附录五）。[①] 此89种广东各地地方志中不包括前述所提收入《馆藏善本图书题识》的8种方志，可能是抗战爆发后，美国基金委员会以及岭南大学利用国学图书专项经费从多方搜购而得的。经检索国家图书馆中国古籍善本书目联合导航系统、美国国会图书馆在线书目

---

① 据中山大学图书馆藏"岭南大学档案缩微胶卷" Reel 36 中的文件 *List of Rare Books in Chinese to be Filmed*。

检索系统和哈佛大学图书馆在线书目检索系统发现，此89种方志中有很多在国内已属罕见，在美国国会图书馆和哈佛大学图书馆也少有入藏。

除善本方志外，岭大图书馆所藏地理类善本中还包括关于广东海关、边防以及专志方面的文献，如清杜臻撰《粤闽巡视纪略》五卷（清康熙经纬堂刻本），明李辀辑、清康熙李文焰重辑《海珠志》十一卷（乾隆李珀增刻编次，抄本），清梁廷枏撰《粤海关志》三十卷（清道光刻本），罗国器辑、马符录编梓《西樵志》四卷（明万历刊本），何厚宣、顾光合修《光孝寺志》（旧抄本）、清梁廷枏撰《粤道贡国说》（清道光刻本）等，现均已被中山大学图书馆收藏，除《粤道贡国说》外，广东省立中山图书馆也藏有上述各书，其他国内图书馆可能有藏者不多。

历代以来所产生并保存下来的有关广东之文献，除了方志以外，还有大量的关于史地、民族、学术、经政、艺文、社会、教育、实业和物产方面的文献，笔者仅对李景新收录于《广东研究参考资料叙录·史地篇初编》中方志以外的文献加以统计，就得出文献359种，其中史地文献52种，乡土志139种，关于名胜古迹之文献40种，游记31种，边防志2种，舆图50种，家谱7种，总传20种，个人传记15种，年谱3种。而实际保存下来的有关广东的文献数量必然远远不只如此，因李氏在自序中表示尚有史地篇续编以及民族、学术等各篇因经费问题尚无法出版。而李景新对《广东研究参考资料叙录》的编纂，主要还是以岭南大学图书馆的收藏为基础，辅以其他各图书馆之书目加以补充，可见岭南大学图书馆在广东文献方面收藏之富。

截止到抗战爆发前，馆藏广东文献中可称得善本者计有15种。有汇集唐、宋、明3代粤人所作事理疏议、礼类杂文、事类杂文、理类语录和事类语录的明刻本《岭南文献轨范补遗》（六卷，明杨瞿崃编），是书现仅国家图书馆、山西图书馆、广东省立中山图书馆、中山大学图书馆和台湾有存。有明代粤人之文集，如陈献章撰、湛若水注《白沙诗教解》（存八卷，明隆庆元年刊本），庞尚鹏撰《百可亭摘稿》（九卷，明万历刊本），区越撰、余一鹏校、周鲲编《区西屏集》（十卷，明万历刊本），区元晋著、郭梦得校《区奉政遗稿》（十卷，明万历四年刊本），李时行的《李驾部集》（五卷，清乾隆刊本），黄瑜的《双槐岁抄》（十卷，明刊本）。

　　陈献章，号白沙先生，为有明一代广东大儒，后人还称之为"广东书坛第一家"，其所开创的白沙学派对广东后世的学术与人文产生了深远的影响，《白沙诗教解》是白沙门中的标准教材，其研究价值不容忽视。现是书藏于中山大学图书馆，广东省立中山图书馆、国家图书馆以及港、澳、台地区及其他国家的图书馆均未见有藏，而《白沙诗教解》另有乾隆刻本传世，但颇有异同，其中明刻本中的《夷狄犯中国》一首乾隆本无。李驾部为明"南园后五先生"①之一，生平著述甚多，可流传下来者仅有《李驾部集》和《青霞漫稿》，岭大图书馆所藏的这部《李驾部集》已被中山大学图书馆收藏，此外国家图书馆、广东省立中山图书馆、华盛顿大学东亚图书馆、澳门大学国际图书馆也有收藏。《双槐岁抄》为笔记随录类文献，收文220篇，清代时入全毁书目之内，其中所载之事对研究明代广东地方势力的转变以及乡土文化有重要的参考价值。

　　至所收藏的清代粤人文集数量则更多，其中重要且传世稀少者有如记清代禁烟御夷情况的《夷氛闻记》（五卷，

----

　　① 南园后五先生是指欧大任、黎民表、梁有誉、李时行、吴旦五位岭南诗人。他们续南园前五先生故事，于明中期重建南园诗社。南园后五先生受到黄佐诗风影响，自觉继承岭南诗歌的优良传统，不受当时中原诗坛复古主义的束缚，促进岭南诗风的健康发展。（参见张敏：《南园后五先生诗歌研究》，暨南大学2007年博士学位论文。）

清梁廷枏撰，清刊本），《馆藏善本图书题识》云：

> 由葡人入澳起，逮英人因禁烟肇事议款开五港后，迄广东阻遏入城止，所有内外臣工之奏议，当事御夷之得失，声叙极为明晰，为研究鸦片战争不可少之参考书。①

清代广东著名学者、藏书家的作品，诸如陈澧的《东塾遗稿》和《东塾类稿》，吴荣光的《石云山人诗集》和《石云山人集》，温汝能的《粤东诗海》，以及梁廷枏的《圆香梦杂剧》等，在当时除广东一些私家藏书外，大抵也只能在岭南大学图书馆等为数不多的几所图书馆得以一见。而在今天，上述各书只有国家图书馆、广东省立中山图书馆、中山大学图书馆、东海大学图书馆、东京大学东洋文化研究所等为数不多的几所图书馆有收藏，且并非每部都有入藏。

6.2 "中国问题研究"西文出版物专藏

6.2.1 "中国问题研究"范围界定

海外对中国的研究一般被称为"汉学（Sinology）"或"中国学（China Studies or Chinese Studies）"，而在岭南大学的文件、往来函牍及出版物中，尽管对本校此类研究的英文使用的是 Studies in Chinese problems 或 Chinese Studies，但是中文则一概使用的是"中国问题研究"，几乎未出现过"汉学"或"中国学"的提法。出现这一现象的原因显然不是因为译法的不同，事实上在当时的中国，

---

① 何多源：《馆藏善本图书题识》，岭南大学图书馆 1937 年版，第12 页。

"汉学"以及稍后出现的"中国学"译法已经相当普及，并被广泛接受和使用，在 20 世纪 30 年代的北平，一批中国知名学者，如陈垣、陈寅恪、胡适、傅斯年等就曾严肃地讨论有关西方"汉学"的各种问题。文章不使用常用的"汉学"或"中国学"这 2 个术语，而是延用岭南大学"中国问题研究"这一提法，一方面是尊重该校之传统，另一方面是因为在不同术语的背后，的确存在着研究内容上的差异，即使有时候这种差异是细微的，但是反映到治学理念、学术兴趣以及研究目的和方法的层面上，就成为本质上的差异。

本部分的目的在于比较岭南大学所谓的"中国问题研究"与"汉学"、"中国学"在研究目的、方法和内容上的不同，因此有关"Sinology"译为"汉学"是否准确的问题不在讨论范围内。下面首先仅就近现代以来各学者对"汉学"和"中国学"研究内容以及两者间关系的研究加以简要回顾。

关于"汉学"和"中国学"两者间的关系，观点之一是两者有严格的界限，甚至是取代的关系。钱存训认为：

> 一般来说，西方的所谓"汉学"（Sinology）乃是他们的"东方研究"之一支，在第二次大战以来，"汉学"研究的对象是中国传统文化中的语言、历史、哲学、宗教、美术和制度，主要是基于研读中国经典原著，以西方治学的方法作出分析、阐述和结论，但自从一九五〇年以来，因为现代中国的研究进入了社会科学的各个领域，"汉学"这一名词便逐渐消失，而代之以"中国研究"（China Studies），虽然研究的范围仍有"传统"与"现代"之分。换言之，"汉学"可说是一种书本上的纯学术研究，其他非书本的研究（如访问、考察或调查）和非传统文化的研究，就不在

"汉学"的范围之内。①

按照这一理解，则"汉学"与"中国学"的界限不只在于"传统"与"现代"的区别，更重要的是"汉学"属于纯学术的、基于经典原著之研究，故诸如早期来华的探险家、传教士、商人等撰写的游记、调查报告、一般的叙述性著作、信函、文学作品等文献，即使其内容是关于传统中国社会、人文、风俗的记述，但也只可能算作有关中国的著述，而非"汉学"文献。

第2种观点则认为"汉学"的含义更为广阔，"中国学"是其在现代学术研究过程中产生的1个分支。如美国普林斯顿大学教授余英时认为：

> "汉学"的西文原字是"Sinology"。严格地说，它包括了有关最广义的"中国"的一切研究成果。其中，很重要的一部分是关于中国边疆和内地的"非汉族"的历史、语言、文化、宗教、风俗、地理等方面的探讨。②

显然，余英时教授谓之的"汉学"，在研究范围上更为广阔，涵盖了一切有关中国的研究。余教授是在为《海外汉学研究——汉学在20世纪东西方各国研究和发展的历史》一书作序时写下上述文字的，而该书的作者刘正的观点则与余教授相一致，并在书中进一步解释道，一般"传统汉学"或"古典派汉学"是对中国古代语言、思想、历史和文化开展研究，而所谓的"中国研究"，或者说"中国学"，则是对近现代中国政治、经济、外交和社会的研究，由费正清（John King Fairbank）开创的所谓中国研究，是以

---

① 钱存训：《欧美各国所藏中国古籍介绍》，载《图书馆学通讯》1987年第4期，第105—116页。

② 余英时：《余英时先生原序》，参见刘正：《海外汉学研究——汉学在20世纪东西方各国研究和发展的历史》，武汉大学出版社2002年版，第1页。

对外交、政治制度、国际关系三者的研究为核心内容的，以外交史和制度史为方法，近似于"国情研究"。① 按照这种观点的解释，汉学文献的范围可扩大到一切有关中国传统和现代社会的研究成果，因为研究方法不再局限于对书本性研究方法的应用，而是扩大到对各种人文、社会科学研究方法的应用，因此汉学文献的体裁也变得多样化，诸如游记、日记、书信、调查报告、政府文件等等均可纳入其中。

第3种观点与第2种观点完全相反，认为汉学研究仅仅是所有中国研究的一部分，"汉学"只把中国研究的范围限制在汉民族传统文化的层面上，不包括中国其他民族历史与文化的研究，而"中国学"虽侧重于当代和现实问题，但却能将中国各省、各地区、各民族数千年的历史文化遗产都纳入其中，不仅包括中国的历史、语言、文化、宗教等汉学研究，还涵盖现代中国的社会、经济、政治、军事乃至人口、资源、环境、科学和技术等研究。② 尽管在这种观点下汉学文献的范围缩小到对汉民族传统文化和历史的研究作品，但是中国学文献的范围则扩大到比第2种观点中的汉学文献更广泛的范围。

第4种观点认为"汉学"就是"中国学"，而且持这种观点的人亦不占少数，如王景伦、侯且岸、卢敦基等。王景伦在《走进东方的梦——美国的中国观》中言："汉学（Sinology）亦称中国学（China Study），作为外国研究中国的一门学问，最初是在英国发展兴起的，二战后，在美国

---

① 刘正：《海外汉学研究——汉学在20世纪东西方各国研究和发展的历史》，武汉大学出版社2002年版，第12—15页。

② 陈君静：《大洋彼岸的回声》，中国社会科学出版社2003年版，第3—4页。

得到了迅速的发展，美国遂成为西方'中国研究'的中心。"①

虽然王景伦文中所谓汉学最初发展、兴起于英国是一种误读，事实上中国文化最早传到欧洲是南欧的葡萄牙、西班牙和意大利，随后由法国学者开创了正统的汉学研究，②但是他的"汉学亦称中国学"的主张具有一定的代表性。在这种观点下，汉学就是中国学，在其发展的不同阶段研究的侧重点有所不同，而所谓的汉学或中国学文献则指一切对中国语言文字、历史、地理、哲学、宗教等诸方面的研究成果。

上述4种关于"汉学"和"中国学"研究内容以及两者间关系的观点各不相同，但是哪一种观点更科学并不是本部分要分析的重点，笔者关心的是各种观点中具有共识性认识的问题。从上述观点的表述中不难发现，各派学者都认为：首先无论是"汉学"还是"中国学"，一般都是特指国外开展的研究，所以研究成果所使用的文字都是英、法、德等西文；其次无论是针对传统还是现代的研究，研究的主要内容或者是语言、文字、历史、宗教、思想史和哲学，或者是政治、经济、外交和社会，均属于人文社会科学。但值得一提的是，宁波大学教授陈君静认为对现代中国开展研究的"中国学"还包括资源、环境、科学和技术等自然科学与应用科学领域的研究。但事实上国外学者对中国的资源、环境、农业、医学、科学和技术的研究并不是在 20 世纪 50 年代前后才开始的，而是至少可以上溯到 20 世纪初，如 1909 年时美国的卡耐基研究院地磁部（Department of terrestrial magnetism, Carnegie Institution）磁学观

---

① 王景伦：《走进东方的梦——美国的中国观》，时事出版社 1994 年版，作者自序页。

② 钱存训：《欧美各国所藏中国古籍介绍》，载《图书馆学通讯》1987 年第 4 期，第 57—67、84 页。

测员（magnetic observer）Don Sowers 就曾领导地磁学考察队，从北京出发到孟买，进行为期 10 个月的科学考察。[1]

　　或许正是因为学界普遍的认识是"汉学"或"中国学"开展的是人文社会科学领域的研究，特别是 20 世纪初的"汉学"研究以传统中国的语言、文字、历史、宗教、思想史和哲学为核心，而岭南大学一直以来所感兴趣的是对中国尤其是华南地区的地理、生物、农业和商业的研究，而对中国民族、人种、风俗习惯、历史文化的研究是在 20 世纪 30 年代前后才开始的，因此岭南大学从一开始就以"中国问题研究"（Studies in Chinese problems 或 Chinese Studies）统称对中国所开展的各个领域的研究。可以说，岭南大学所提出的"中国问题研究"这一术语所涵盖的范围更为广阔，包括了一切人文社会科学、应用科学以及自然科学领域对中国的研究，"汉学"以及后来出现的"中国学"只是"中国问题研究"的 1 个分支。此外，岭南大学图书馆"中国问题研究"西文出版物专藏不只是限于西方作品，也包括中国、日本等国产生的西文写成的作品，从这一点来看，或许说明岭南大学并不认为"中国问题研究"特指国外开展的研究，"中国问题研究"西文出版物专藏（Western books on China）只是强调文献的语种为西文而已。

　　基于上述"中国问题研究"与"汉学"、"中国学"在所表达的研究领域宽广程度上的差异，本部分的研究采用"中国问题研究"西文出版物这一提法。事实上这种提法并非为岭南大学所独有，国内外不少图书馆也采用类似的提法，如 1936 年美国哈佛大学哈佛燕京学社编制的 1 份书目就名为《关于中国的重要西文书籍选目》（*Check List of Important Western Books on China*，2nd ed. 1936）；1991 年台湾

---

　　① *Travelling China's Back Roads 100 Years Ago*，2009 年 4 月 29 日发布，检索于 2009 年 8 月 2 日，http：//www. dtm. ciw. edu/news － mainmenu －2/71 － features/545 － fuson － expedition。

1991 年"国立中央"图书馆台湾分馆将该馆所藏用英、法、德等西文撰写成的与中国相关的图书、地图、缩微胶卷等资料编辑成书目，书名采用的是《西文中国研究资料目录》（*Catalog on China in Western languages*）。

6.2.2 "中国问题研究"西文出版物收藏情况

1917 年岭南大学图书馆已经将"中国问题研究"西文出版物作为专藏进行建设，单独分类、编目，并统一在分类号前缀以 China 的缩写"Chi"以示标识（下文为简省起见，以"Chi 类书"代表"中国问题研究"西文出版物）。从前文对"中国问题研究"这一术语的界定即可知，岭大图书馆之所以将此类专藏冠以"中国问题研究"之名，是因为其从建设之初就不是以研究传统中国语言、文字、历史、宗教、思想史和哲学的"汉学"作品为重点，甚至在实际情况中，早期被纳入这类专藏的西文文献与一般意义上的"汉学"文献丝毫不相干。

这一现象与学校图书馆建设这类专藏的初衷有关，岭南大学是一所以自然科学和应用科学见长的教会大学，国学研究从来都不是该校的长项，即使在国学研究十分兴盛的 20 世纪 30 年代，岭南大学的研究内容和研究方法也有别于一般意义上的"传统汉学"，而更接近于 20 世纪 40 年代以后开始占据主流的"中国学"研究，因此 Chi 类书专藏的建设不是为了支持本校的国学研究，而是为了配合当时学校农科、商科的教学与科研。在学校"作育英才，服务社会"的办学精神，以及把教学研究成果推广到中国社会的办学模式下，早在学校正式开办文理科大学之前，学校的农科教育已经开始尝试着与广东自然、地理和气候条件相结合，在 1917 年开设商科课程伊始就确立了"使学生在毕业后即可到中国的各类商业机构服务"的培养目标，这促使图书馆必须尽可能多地入藏有关中国，尤其是华南地区地理、气候、生物、农业、经济、金融等方面的西文文献，所以这类西文文献也就成为岭南大学图书馆建设 Chi 类书专藏的重点收集对象。

一般认为中国被西方所认识并纪之以书，大抵应从《马可·波罗游记》算起，① 此后随着航海技术的发展，尤其是在 16 世纪以后，西方航海家、探险家、旅游家、传教士等陆续来到中国，并将大量有关中国的认识传到南欧乃至整个欧洲，西方有关中国的作品不断出版。迄今为止产生过多少有关中国的西文文献，这一数量难以考证，但是从一些书目中或可窥其全貌，高第（Henri Cordier）于 1881—1885 年间在巴黎出版的《中国书目》（*Bibliotheca Sinica：Dictionnaire Bibliographique des Ouvrages réatifs à l'Empire chinois*）正文有 4 卷，1893—1895 年间又出版了补遗，其中仅 1645 年至 1742 年出版的西文有关中国的书籍就有 262 部之多；1939 年美国学者马森（Mary Gertrude Mason）撰写的《西方的中华帝国观》（*Western Concepts of China and the Chinese：1840—1876*）在美国纽约出版，该书之后所附的有关中国的西文著作目录达 4000 多个条目，包括一般性叙述著作、游记、中国文献的译作、供西方学者使用的中文语法和词典、刊登在一般期刊和学术出版物上的文章，还有从 1840 年到 1876 年之间的各种文字材料。②

由此可以推知有关中国的西文文献数量十分可观，仅依照马森的目录就可知，截止到 1938 年有关中国的西文专著、文章及其他各种文字材料的数量绝不少于 4000 多种。而据岭南大学图书馆的报告，截止到 1938 年 4 月图书馆所

---

① 戴逸：《序言》，参见［美］马森著，杨德山译：《西方的中华帝国观》，时事出版社 1999 年版，第 3 页。

② 杨德山：《前言》，参见［美］马森著，杨德山译：《西方的中华帝国观》，时事出版社 1999 年版，第 3 页。

藏 Chi 类书已达 2049 册，另外还有关于中国的西文期刊 311 种。[①] 比照哈佛燕京学社编制的《关于中国的重要西文书籍选目》（*Check List of Important Western Books on China*，2nd *ed.* 1936），截止到 1938 年 11 月，该书目上所列的 307 种专著中有 123 种岭南大学图书馆已有入藏，书目上所列的 17 种期刊中有 12 种已入藏，分别为：

1. *Bulletin of the Museum of Far Eastern Antiquities.* Stookholm 1929—

2. *Bulletin of the School of Oriental Studies.* London Institution 1917—

3. *The China review.* Hongkong，1872—1901

4. *The China year book.* Tientsin，1912—

5. *The Chinese repository.* Canton，1832—1851

6. *Journal of the North China Branch of the Royal Asiatic Society.* Shanghai，1858—

7. *Journal of the Royal Asiatic Society of Great Britain and Ireland.* London，1935—

8. *Mitteilungon des Seminars fur Orientalische Sprachen.* Berlin，1898—

9. *The New China Review.* Shanghai，1919—1922

10. *Oatasintische Zeitschrift.* Berlin，1912

11. *Revue des arts Asiatiques.* Paris，1924—

12. *T'oung Pao.* Laiden，1890—[②]

上述期刊中除第 7 种以外，其他 11 种均是从创刊开始入藏。遗憾的是岭南大学图书馆没有为馆藏 Chi 类书编辑过系统的书目，就笔者所掌握的岭南大学图书馆 1938 年以后

---

① 据中山大学图书馆藏"岭南大学档案缩微胶卷" Reel 36 中的文件 *Information Concerning the Library of Lingnan University*。

② 据中山大学图书馆藏"岭南大学档案缩微胶卷" Reel 36 中的文件 *Check List of Important Western Books on China*，2nd ed. 1936。

的材料中，也再未见有关于 Chi 类书数量的统计，加之岭南大学停办后馆藏文献被调配给多所院校，种种原因导致这批珍贵的书籍到现在已经散佚不全，故无从得知岭南大学图书馆曾经藏有的 Chi 类书一共有多少种。

　　就笔者在中山大学图书馆馆藏中发现和整理出的原属岭南大学图书馆藏 Chi 类书的情况观之，岭大此类旧藏现存于中大馆的仅有 886 种①，其中属于哈佛燕京学社编制的《关于中国的重要西文书籍选目》所列之书的仅余 34 种，较之 1938 年 11 月时所拥有的关于中国的重要西文专著的数量，则有 89 种已散佚。尽管如此，现保存于中山大学图书馆的这批 Chi 类书依旧资料类型多样，广泛包括通俗性著作、表象性研究作品、偶然性记述书籍、学术性研究专著、准确系统的资料记录以及对中国文献的翻译作品等；作为认识主体的著者，既有各个学科领域的专家，也有来华的一般商人、游客、外交官员和传教士等，还有在华的各西方团体、机构。作品研究的内容广泛涉及中国的社会、政治、经济、历史、文学、语言、哲学、宗教、科学、艺术、地理、生物、矿产、工业、医学，中国人的性格及各个民族的风俗、习惯等等。

　　岭南大学图书馆所拥有的如此丰富、系统的一批特色馆藏主要来自多方购买和赠送，其购书的主要参考依据之一就是前述提及的哈佛燕京学社所编《关于中国的重要西文书籍选目》。② 从现存的岭南大学图书馆购书档案可知，当时以出版有关"中国问题研究"西文出版物为主要业务内容的上海别发洋行、广协书局总发行所，英国剑桥的

---

　　①　在本次统计中，同一作者所著同一题名的书籍，如出版年不同则按不同书籍统计；年鉴类书籍，不同年份亦按不同书籍统计；本次仅对有关"中国问题研究"的西文书籍进行统计，西文刊物未列入统计数据中。
　　②　《岭南大学图书馆馆务报告——民国廿九年七月至三十年六月》，存于中山大学图书馆校史室。

W. Heffer and sons，Ltd. 等国内外出版商是该图书馆订购新出版的 Chi 类书籍的主要来源之一。而对于已经绝版的古旧 Chi 类书的购买，主要是通过美国、英国和法国专营此类书籍的大型书店或书刊代理机构直接购买而得，图书馆或是在这类书店寄来的书目上勾选所需书籍，或是直接写函与这类书店联系，请其代购所需书籍，诸如法国巴黎的 Librairie Orientaliste Paul Geuthner、英国牛津的 B. H. Blackwell，Ltd.、美国纽约的 Orientalia，Inc. 等书店或图书公司都是与岭南大学图书馆在购买绝版 Chi 类书刊方面合作较多的书店。当然，书店和书刊代理机构同时也是岭南大学图书馆获得新出版的 Chi 类书籍的主要来源之一。此外，购买国内外各图书馆出让的 Chi 类书，或与其进行交换，也是岭南大学图书馆获得绝版的古旧 Chi 类书的途径之一，如广东省档案馆所藏的岭南大学档案中有一通广州海关图书馆馆长致岭南大学图书馆馆长谭卓垣关于出让部分馆藏图书之函，函中记录了 1927 年岭南大学图书馆从广州海关图书馆购得的若干种当时已属绝版书的 Chi 类书，包括：

1. *Notes made of voyages in* 1857 *from Canton in the ship* "*Morrison*" & "*Himmaleh*" *Voyage of* "*Himmaleh*". New York，1859

2. *China Review* July 1872—June 1873，3 Volumes；Cont'd from vol. 5 page 251，1877；Cont'd from vol. 6 page 332，1878；Cont'd from vol. 7 page 370 1879；July 1879—June 1880；Cont'd from vol. 9 page 350 1881；Cont'd from vol. 10 page 394 1882；July 1882—June 1883；July 1883—June 1884；July 1884—June 1885

3. *China from the Medical Point of View— Gordon.* C. A.，1862

4. *Past & Future of British Relations in China—Osborne*，1860

5. *Chinese Researches.* Shanghai，1897

6. *Wanderings in China.* Edinburgh，1886

7. *Among the Sons of Han.* London，1881

8. *The Triad Society.* Shanghai，1900①

上述8种珍贵文献中只有其中的后4种书尚存于中山大学图书馆。

岭南大学图书馆所藏 Chi 类书中来自赠送的数量亦不少，尤其多来自国内外各个机构、团体以及相关刊物出版社的赠送。如在此类专藏建设之初，中国政府盐务稽核总所和广东盐务稽核造报分所就曾向岭大图书馆捐赠了一批本机构出版的有关中国盐务问题的西文出版物。② 全套的《中国丛报》（*The Chinese Repository*）来自中华基督教循道公会华南区主席 Edgar Dewstoe 牧师的赠送。③ 抗战胜利后美国新闻处通过其在广州的办事处多次向岭南大学图书馆赠书，其中亦包括若干 Chi 类的新书。④

6.2.3 "中国问题研究" 西文出版物馆藏特色与菁华

"中国问题研究" 西文出版物既具有学术价值又具有史料价值，对于中国近现代史、中外交通史以及基督教史的研究有重要意义，因此国内外许多图书馆都十分注重此类

① *The Librarian of Customs Library（Honam）to C. W. Taam*，1927 年 3 月 25 日，广东省档案馆藏岭南大学档案，全宗号：38 – 4 – 534（256—264）。

② *The letter of C. K. Edmunds to The Chinese Government Salt Revenue Department*，1917 年 12 月 7 日，广东省档案馆藏岭南大学档案，全宗号：38 – 4 – 182（229）。

③ *The letter of C. W. Taam to Edgar Dewstoe*，1936 年 5 月 7 日，广东省档案馆藏岭南大学档案，全宗号：38 – 4 – 182（189）。

④ 《通知美新闻处赠书一批业已志谢由》，1949 年 5 月 3 日，广东省档案馆藏岭南大学档案，全宗号：38 – 4 – 86（2—22）。

文献的收集，将其作为专藏或一个专题编制目录。美国藏有"中国问题研究"西文出版物较丰富的图书馆主要有哥伦比亚大学图书馆（Library of Columbia University）、纽约公共图书馆（New York Public Library）、康奈尔大学华森资料中心（Wason Collection Cornell University）、马萨诸塞州塞伦爱色克斯研究院（Essex Institute Salem Massachusetts）、哈佛大学贝克图书馆（Baker Library Harvard University）、波士顿公共图书馆（Boston Public Library）、国会图书馆（Library of Congress）、教会研究图书馆（Mission Research Library）、神学联合会图书馆（Library Union Theological Seminary）等。① 当时中国国内的各所教会大学也十分注意收集"中国问题研究"西文出版物，如哈佛燕京学社北平办事处1947—1948 年度仅用于购置此类出版物的经费就达2000 元。②

若仅以数量论之，岭南大学图书馆所拥有的"中国问题研究"西文出版物与上述国外图书馆以及同时代的诸如燕京大学图书馆之类的国内图书馆相比则不具备明显的优势。但是重要的有关中国研究的西文出版物在岭南大学图书馆都基本有所收藏，且由于其开始收藏此类出版物的时间早于国内其他图书馆，在文献收藏的主题方面与学校的重点学科密切结合，有别于其他图书馆的收藏兴趣，因此所收藏的"中国问题研究"西文出版物在版本和内容上都具有鲜明的特色。

6.2.3.1　1840 年前有关中国的西文出版物

1840 年 6 月英国借口中国禁烟，发动第一次鸦片战争，

---

① ［美］马森著，杨德山译：《西方的中华帝国观》，时事出版社1999 年版，第 4 页。

② 据 *Harvard-Yenching Institute Peiping Office Annual Report on Institute Activities supported on the Unrestricted fund 1947—1948*，哈佛大学图书馆藏哈佛燕京学社档案，全宗号：HYI archives：File：Annual Report 47″48″。

此后《中英南京条约》、《中英五口通商章程》、《虎门条约》、《中美望厦条约》和《中法黄埔条约》陆续签订，中国社会从此开始沦为半殖民地半封建社会，同时中西关系亦发生了转折。随着中国 5 个最大的沿海城市对外打开门户，西方来华的商人、传教士、外交官员以及游客等日益增加，由此有关中国的西文出版物数量也迅速增长，并在中国国内广泛传播。而在此之前的 16、17 和 18 世纪以及 19 世纪上半叶期间，有关中国的西文出版物虽然数量不算少，但是增长速度缓慢，在中国国内的传播亦十分有限，加之此类文献几乎不会纳入中国传统官私藏书体系之中，所以在国内的公共图书馆和大学图书馆中藏有 1840 年以前有关中国的西文出版物的数量和种类都少之又少。

上海图书馆徐家汇藏书楼拥有 16—19 世纪初有关中国的西文书籍 20 种，而目前保存于中山大学图书馆的原岭南大学图书馆藏 Chi 类书中，能够明确确定出版于 1840 年以前的文献则有 11 种，分别为：

（1）Jean Nieuhoff. *L'Ambassade de la Compagnie Orientale des Provincies—Unies vers l'Empereur de la Chine, ou Grand Cam de Tartarie.* Leyde：Jacob de Meurs，1665。此书中文译名为《荷兰东印度公司使节团访华纪实》，作者约翰尼斯·纽荷夫系荷兰人，是一名绘图员兼水手，擅长绘画。西方国家对中国文化产生兴趣的主要原因有 4 个，即基督教教义的传播、商业发展的需要、外交人才的培养和学术研究的鼓励。[①] 随着东西方交流往来的发展，西欧封建制度内部商品货币关系的发展，欧洲的商人、封建主对地大物博、繁荣富庶的中国充满了渴望，并希望进一步加深对中国的认识和了解。1600 年英国成立了东印度公司，随后于 1602 年

---

① 钱存训：《欧美各国所藏中国古籍介绍》，载《图书馆学通讯》1987 年第 4 期，第 57—67、84 页。

荷兰也成立了东印度公司，1655 年纽荷夫随荷兰东印度公司的使节团从巴达维亚出发来访中国。由于自明嘉靖二年（1523 年），朝廷罢福建、浙江两市舶司，只留广州舶司一口通商，故纽荷夫的在华访问范围只限于澳门至广州一线。① 其将从澳门到广州的沿途见闻以文字图画记录下来，回国后辑录成《荷兰东印度公司使节团访华纪实》一书，书中详细介绍 17 世纪中国的地理、文化、风景和建筑等情况，其亲手绘制的图画和地图包括版画、水彩画、水粉画、油画、素描、钢笔淡彩、玻璃画、套色或墨彩彩瓷等多种形式，这些作品可能是西方最早关于中国的绘画，使欧洲人第一次有机会对中国产生直观的视觉形象，同时也具有很高的资料价值。此书的 1665 年版在国内已经十分罕见，即使国家图书馆、上海社会科学院历史研究所资料室、上海图书馆徐家汇藏书楼也未见有藏本，而在国外也只有诸如英国国家艺术图书馆和维多利亚—阿尔伯特博物馆（National Art Library Victoria & Albert Museum）、威尔士大学兰彼得分校（Vniversity of wales, Lampeter），美国的明尼苏达大学（University of Minnesota）、加利福尼亚大学（University of California）、波士顿图书馆（Boston Athenaeum）、波士顿美术馆（Museum of Fine Arts）、芝加哥大学（University of Chicago）、布朗大学（Brown University）、美国三一学院（Trinity College）、耶鲁大学（Yale University）、堪萨斯大学（University of Kansas），法国的 Biblio Cent du Mus Nat Hist Naturelle、Bibliotheque du Musee de L'Homme-Rcon、Bibliotheque Cent du Mus Nat D'Hist Nat、巴黎人类博物馆图书馆（Bibliotheque du Musee de L'Homme）等十几所大型图书馆、博物馆有藏本。

---

① 泽泓：《从晚清广州风情画看中外文化交流》，参见李明华：《广州：岭南文化中心地》，香港中国评论学术出版社 2007 年版，第 250—260 页。

（2） J. B. Du Halde. *A Description of the Empire of China
and Chinese-Tartary*. London：T. Gardner for E. Cave，1738—
1741。此书即杜赫德的《中华帝国全志》，第1版为1735年
出版的法文版，随后又出版了2版法文版和2版英文版，中
山大学图书馆现存本为英译本。此书的编者杜赫德既不懂
中文也未曾到过中国，只是与居留在东方的传教士保持通
信联系达25年之久，此书就是其根据17世纪以来到华传教
士的报道编辑而成。该书出版时正值西方教会内部对中国
的"礼仪"之争达到白热化的程度，为了实现在中国的传
教，在华传教的耶稣会会士们除了在外在形式上顺应中国
的习俗和传统，同时也竭力领悟中国的哲学和文化，他们
认为儒教不是一种宗教律令，而是一种道德规范，且与基
督教的道德原则不冲突，应该允许中国的基督教加入儒教
祖先崇拜的成分；① 但是教会中的其他教派则认为顺应与习
惯中国文化、对尊孔和祭祖行为的容忍违背基督教教义。
杜赫德《中华帝国全志》编写的目的在于力图向教会和欧
洲公众证实中国人是有灵论者，从很早开始便相信一个人
格化的上帝，而非迷信妖魔、鬼怪和神仙，因此美国学者
马森认为"杜赫德为了这些明确的目的而写成的著作是不
可靠、不准确的编撰物"②。尽管如此，该书与《域外耶稣
会士之有趣而有益的通讯集》、《北京耶稣会士杂记》并称
欧洲三大汉学著作，被认为是"对18世纪上半叶西方流行
的中国见闻的一个真正总结"③，是18世纪欧洲人对中国知
识的重要来源，直到19世纪末都被看作是关于中国问题的

① ［美］马森著，杨德山译：《西方的中华帝国观》，时事出版社
1999年版，第7页。
② ［美］马森著，杨德山译：《西方的中华帝国观》，时事出版社
1999年版，第15页。
③ ［美］马森著，杨德山译：《西方的中华帝国观》，时事出版社
1999年版，第14页。

知识手册。1738 年英文版的《中华帝国全志》目前在国外图书馆都十分罕见，只有美国杨百翰大学图书馆（Brigham Young University Library）、加利福尼亚大学圣芭芭拉分校（University of California，Santa Barbara）、纽约大都会博物馆（Metropolitan Museum of Art）等少数机构有藏，可见中山大学图书馆之藏本的珍贵。

（3）George Staunton. *An Historical Account of the Embassy of the Emperor of China*，*undertaken by order of the King of Great Britain*；*including the manners and customs of the inhabitants.* London：John Stockdale，1797。此书的中文译名为《英国使团来华记》，作者乔治·斯当东爵士是英国马戛尔尼爵士（Earl Macartney）访华使团的副使。18 世纪中外关系史上的一个重要事件就是 1793 年英国政府派遣马戛尔尼爵士率团访问大清帝国，目的是缔约通商；然而此行目的未能达成，马戛尔尼爵士只是带回了一封乾隆帝致英王的信。该使团访华的路线为由澳门洋面经浙江、江苏、山东沿海抵达天津，再经通州至北京，旋抵承德，于承德避暑山庄觐见乾隆帝后返京，经大运河到杭州，再到广州，自 1793 年 6 月 29 日到达澳门至 1794 年 1 月 8 日起航回国，在华共历时 204 天。此次访华结束后，使团中的许多成员撰写了详细的回忆录或笔记，此书即为其中 1 种。[1] 因为该书以西方人的视角，运用访华期间搜集的丰富资料，对大清帝国盛世时代的中国社会作面面俱到、具体入微的记述，故出版后在欧洲取得巨大轰动，从此成为西方汉学家论述 18 世纪中国社会的最权威的资源和依据，可谓是有关中国问题西文文献中的重要著作。中山大学图书馆的藏本为该书 1797 年在伦敦出版的首版，32 开本，475 页，约 30 幅插

---

① 马军：《上海社会科学院历史研究所资料室珍藏"西文汉学旧籍"简介（五）》，载《史林》2003 年第 1 期，第 120—121 页。

图，同一版本的书目前已知在国家图书馆、上海社会科学院历史研究所资料室亦有藏，而在国外入藏有该书的图书馆数量较多。事实上，斯当东爵士来华后所写的专著不只此1部，另有1部名为《英使谒见乾隆纪实》（*An authentic account of an embassy from the king of Great Britain to the emperor of China*，1796年伦敦Atlas公司首版，1798年伦敦G. Nicol公司重印，1797年伦敦W. Bulmer再版），因1963年商务印书馆出版了叶笃义的中译本，因此是书较《英国使团来华记》在国内更为闻名，而两书在内容上是有较大出入的。上海图书馆徐家汇藏书楼有藏英文原版的《英使谒见乾隆纪实》，而无《英国使团来华记》。

（4）George Lord Macartney. *Voyage dans l'interieur de la Chine，et en Tartarie，fait dans les années* 1792，1793，*et* 1794. Paris：Chez F. Buisson，1798。此为马戛尔尼访华使团特使马戛尔尼爵士所撰写的日记体回忆录《马戛尔尼伯爵在中国内地和鞑靼的游记（1792，1793，1794年)》，详细记载了其率团抵达澳门开始一路北上至北京、承德，再由京城南下广州的所见所闻，以及准备觐见事宜、谒见和珅、觐见乾隆、为其祝寿、通商事宜交涉等事件的经过。马戛尔尼使团访华是清乾隆年间中英两国一次重大的外交活动，是为中英两国首次正式通使，因此此书对于清史研究、中国近现代史研究以及外交史、中西交流史的研究均有重要的史料价值。1916年上海中华书局出版了由刘半农翻译的中文版，书名为《乾隆英使觐见记》。中山大学图书馆现藏本为1798年在法国出版的法文版，共3册，内容分为5卷：第1卷独立1册，515页；第2、3卷合为第2册，每一卷独立编排页码，第2卷为412页，第3卷为399页；第4、5卷合为第3册，每一卷亦独立编排页码，第4卷为326页，第五卷为402页。查国家图书馆藏有的《马戛尔尼伯爵在中国内地和鞑靼的游记（1792，1793，1794年)》为1804

年出版的法文版，出版社同为巴黎 F. Buisson 公司。

（5） George Staunton. *Des Grafen Macartney Gesand-schaftsreise nach China.* Berlin：（出版社不详），1798。本书为乔治·斯当东爵士访华著作的德文译本，原书共 3 册，中山大学图书馆现仅存 1 册。该书在国家图书馆、德国巴伐利亚图书馆等少数图书馆有藏。

（6） E. Donovan. *An Epitome of the Natural History of the Insects of China.* London：T. Bensley，1798。本书为西方学者对中国昆虫进行研究的专著中较早的 1 部，中文译名为《中国昆虫博物志》，作者是英国的博物学家多诺万。近代以来西方人对中国的研究不仅仅是集中在中国社会与文化领域，同时对中国生物区系和地理分布的研究亦十分重视，发表了不少有关中国动物学、植物学的文章与专著。较之西方学者对中国植物学以及动物学中兽类、鸟类和鱼类的研究，西方对我国昆虫的研究则相对薄弱，尽管如此，我国所拥有的很多价值非常高的经济昆虫资源很早就引起了西方学者的兴趣。鸦片战争前，清政府的闭关锁国政策使西方学者来华进行科学考察的活动受到了极大限制，因此 18 世纪的西方学者主要是通过商人收集到的有关我国昆虫的绘画资料和成盒购买的昆虫标本（主要是蝴蝶和甲虫）进行一些研究。多诺万的这本《中国昆虫博物志》就主要是根据在广州一带通过购买等途径收集而来的标本，进行相关的描述而成的，书中还收录有斯当东爵士来华带回的少量经济昆虫资料。[①] 本书除 1798 年版外，还有 1800 年版和 1842 年的订正版，1986 年美国的出版公司 CT Research Publications，Inc. 将 1798 年版制成缩微胶卷，2004 年美国出版公司 Adamant Media Corporation 又影印出版了 1798 年版。而在国内 1798 年版的《中国昆虫博物志》则难得

---

① 罗桂环：《近代西方对中国生物的研究》，载《中国科技史料》1998 年第 4 期，第 1—18 页。

一见。

（7）John Barrow. *Travels in China*. London：T. Cad ell and W. Davies，1806。此书为马戛尔尼访华使团总管约翰·班洛所作的《中国行记》，记述了作者访华期间暂居于圆明园的活动以及随后由北京到广州之行的见闻，内容以对中国的政治、法律、财政、税收、对外贸易、军事、建筑、民情风俗、宗教、语言和文学等方面的描述、观察和比较为主。《中国行记》的首版于1804年由伦敦 T. Cad ell and W. Davies 公司出版（1806年重印），1805年美国费城的 W. F. M' Laughlin 出版社又出版了该书，1966年 Worcester, Mass 公司将费城版制成缩微胶卷。现上海图书馆徐家汇藏书楼藏有该书的1804年伦敦本，632页，28cm 开本；[①] 上海社会科学院历史研究所资料室藏有费城，32开本，422页；[②] 而国家图书馆则藏有1804年版的缩微胶卷和1805年费城版、1806年伦敦版重印本的原书。中山大学图书馆现存的则为1806年伦敦版重印本。

（8）Rev. Robert Morrison. *Hora Sinica*：*translations from the popular literature of the Chinese*. London：C. Stower，Hackney，1812。本书为西方派到中国大陆的第1位基督新教传教士马礼逊对中国文学的翻译作品，通常国内学者将其题名译为《中国通俗文学译文集》。一直以来马礼逊是以其在华所开创的译经、编字典、办刊物、设学校、开医馆、印刷出版等事业而闻名，其翻译的《圣经》中文全译本、编写的《华英字典》以及创办的第1份中文月刊《察世俗每月统记传》备受国内外研究者重视。而《中国通俗文学译文集》则是他的第1部中国文学译作，内容包括《三字

① 马少甫：《徐家汇藏书楼清代英文珍本述要》，载《图书馆理论与实践》2006年第2期，第50—52页。

② 马军：《上海社会科学院历史研究所资料室珍藏"西文汉学旧籍"简介（五）》，载《史林》2003年第1期，第120—121页。

经》、《大学》、《三教源流》中介绍佛道两教的部分文字、1 篇劝阻食用牛肉的幽默文章以及几段中国书信样本。① 译文集中篇目的选择主要来自伦敦大学亚非学院图书馆（library of the School of Oriental and African Studies，University of London）的中文馆藏。此书对于研究西方人对中国作品的译介有重要价值。

（9）John M'Leod. *Narrative of a voyage，in His Majesty's late ship Alceste to the Yellow Sea，along the coast of Corea，and through its numerous hitherto undiscovered islands，to the Island of Lewchew；with an account of the shipwreck in the straits of Gaspar.* London：John Murray，1817。《阿尔西斯特号黄海、朝鲜、琉球航行记》的作者 John M'Leod 是一名外科医生。英国政府继 1792—1794 年派马戛尔尼使团访华失败后，于 1816 年再派阿美士德勋爵（William Pitt Amherst）率团出使访华，与清政府再商中英贸易事宜，使团于 1816 年 2 月从英国南部的斯皮特黑德（Spithead）出发，7 月初抵广州，继续北上，于 1816 年 8 月 13 日抵达天津，于此筹备觐见嘉庆帝事宜，并于 8 月 29 日抵达北京。然而由于"三跪九叩之礼"以及觐见细节方面的分歧，阿美士德勋爵最终未能见到嘉庆皇帝，使团被下令驱逐离京。John M'Leod 是以医生身份随阿美士德勋爵使团来华的，其所撰写的这本《阿尔西斯特号黄海、朝鲜、琉球航行记》是有关阿美士德勋爵使团访华的重要文献，书中记载了使团从派遣来华到归国的整个经过与见闻，尤其可贵的是记录了阿尔西斯特号沿朝鲜海域航行，经过无数当时未知的岛屿以及琉球岛，驶抵黄海的详细经过，以及使团返国时在加斯帕尔海峡（the straits of Gaspar）遭遇海难的经过。因其书中有关于朝

---

① 王辉、叶拉美：《马礼逊与马士曼的〈大学〉译本》，载《中国文化研究所学报》（香港）2009 年第 49 期，第 413—426 页。

鲜海域和琉球岛的记载，故该书在日本先后有 1965 年和 1999 年 2 种日文译本。《阿尔西斯特号黄海、朝鲜、琉球航行记》的首版于 1817 年在伦敦出版，中山大学图书馆现藏本即为此书的 1817 年版本，288 页。查国家图书馆的藏本为 1818 年在美国费城出版，共 224 页。

（10）Eliza A. *Mrs. Robert Morrison. Memoirs of the Life and Labours of Robert Morrison.* London：Longman，Orme，Brown，Green，and Longmans，1839。此书为马礼逊夫人搜集其丈夫生前的日记、书信和文件等手稿编纂而成的《马礼逊回忆录》，书后另附有《恒河域外传道团总章程》、《恒河域外传道团关于遗孀、孤儿救助金的规定》、《关于清官府对待东印度公司在华职员行为的思考》、《伶仃案纪实》、《1822 年广州火灾纪实》等文献 9 种。书中的内容大多为珍贵的一手资料，既展现了马礼逊作为西方派到中国的第 1 位新教传教士为开拓基督教在中国的传教事业所作出的贡献，也从另一个视角透视了 18 世纪初中国社会的政治、经济、生活等方面的情况。此书在国家图书馆仅藏有缩微胶卷，另有 2008 年郑州大象出版社重新出版的版本。

（11）M. G. Pauthier. *China.* Stuttgart：S. Cdmeizerbart's，Berlagsbandlung，1839。M. G. Pauthier 是 19 世纪法国重要的汉学家，其因对"支那"（China）一词起源问题的研究以及对中国儒家经典的翻译和研究而在法国汉学界占有一席之位，英国汉学家伟烈亚力（Alexander Wylie）曾为其编写过著作目录。然而国内学界对其的研究并不十分充分，其名字的中文译法学界至今都未统一，译作纪尧姆·鲍狄埃、颇节、卜铁、鲍吉耶、博迪耶者皆有。中山大学图书馆现存其所撰写的《中国》这一书为 1839 年在斯图加特出版的德文版，共 530 页，另书后附有关于中国的图片 73 幅，除中大图书馆所藏的这一版本外，据 worldcat 的数据显示该书另外还有 1835 年的德文版，出版地和出版社与 1839 年版同。除《中国》这一书外，中山大学图书馆还藏有其所著的法文版的 *Chine ou Description Historique：Geographique et Litteraire de ce Vaste Empire*，*D'apres des Documents Chinois*、*Confucius et Mencius*（《孔子和孟子》）等书，其中前者出版年不详。

除上述 11 种文献出版年份可以确定以外，还有些馆藏因年代久远、纸张破损等原因而导致出版年缺失，故暂时无法确定馆藏版本的年代，只能据 Worldcat 中著录的出版年推测。若以此为依据，则馆藏中属 1840 年前出版的有关中国的珍稀西文文献还有如下 7 种：

（1）曾德昭（P. Alvarez Semedo）：《中国通志》（*Histoire Universelle de la Chine*），里昂：chez H. Prost 出版社。法文，458 页。此书初版于 1645 年，由巴黎 Cramoisy 出版社出版，而里昂版应为 1667 年出版。

（2）巴耶（Theophili Sigefridi Bayeri）：《中国博览》（*Mvsevm Sinicvm*），Petropoli：Ex typographia Academiae imperatoriae。拉丁文，372 页。据 worldcat 中的著录，此书应出版于 1730 年。

（3）Nicolas Gabriel Le Clerc：《从大禹到孔子：中国历史》（*Yu Le Grand et Confucius*，*Histoire Chinoise*），苏瓦松（Soissons）：De L' Imprimerie de Ponce Courtois，Imprimeur du Roi。法文，701 页。据 worldcat 中的著录，此书应出版于 1769 年。

（4）C. Charpentier Cossiigny：《广州之行》（*Voyage A Canton*），巴黎：Chez Andre，Imp. -Libraire 出版社。法文，607 页。此书应出版于 1799 年。

（5）Hirschmann 译：《马戛尔尼勋爵中国之行》（*Lord Macartney's Reise Nach China*），柏林：Schuppelschen Buchhandlung 出版社。德文，149 页。据 worldcat 中的著录，此书有 1805 年和 1835 年 2 个版本。

（6）博迪耶（M. G. Pauthier）：《中华帝国历史：文献记载中的中华帝国地理与文学》（*Chine ou Description Historique：Geographique et Litteraire de ce Vaste Empire，D'apres des Documents Chinois*），巴黎：Libraire de Firmin-Didot et C 出版社。法文，488 页，正文后有大量插图。据 worldcat 中的著录，此书应出版于 1837 年。

（7）阿罗姆（Thomas Allom）：《中华帝国》（*The Chinese Empire：Historical and Descriptive*），伦敦：London Printing and Publishing Company，Limited。英文，共 2 册，上册 106 页，下册 116 页，书中有大量阿罗姆绘制的东方画。据 worldcat 中的著录，此书应出版于 1870 年。

审视西方人有关中国的作品，不难发现作品的时代集中于 2 个阶段，即明代后期至清初西班牙、葡萄牙和意大利等国传教士所撰写的大量关于中国的作品，以及晚清以来欧美各国来华人士对中国的记述性和研究性作品。唯独自康乾迄嘉庆年间，也就是清代最鼎盛的时期，西方人有关中国的作品空白很多，所以这一时期有关中国的西文文献无论从其资料价值、研究价值还是版本价值观之，都弥足珍贵。中山大学图书馆现存原岭南大学图书馆所藏的有关中国的西文出版物菁华中，保留了不少西方人对清朝盛世时代描述的作品，其对中国社会的观察可谓面面俱到、细致入微，对于学术研究十分有价值。

6.2.3.2 有关中国农业、生物、地质和医学的西文文献

作为一所以应用和理工学科见长的大学，岭南大学的教学和研究与中国社会相结合也是从应用和理工学科开始的，并长期以此为主。因此岭南大学图书馆所藏的“中国问题研究”西文出版物中有不少农业、地质学、生物学和医学方面的文献，尽管在 1952 年院系调整时，此类文献大多数被调整至现华南理工大学、华南农业大学和中山大学

医学院，并多有散佚，但目前仅保存于中山大学图书馆总馆的有关中国农业、地质、生物和医学的西文文献就共计有103种。这与诸如燕京大学等以文科见长的教会大学图书馆中所藏的"中国问题研究"西文出版物的学科类型相较之，具有鲜明的岭大特色。

岭南大学的办学目的是走向世俗化和中国化，形成集教学、科研和推广一体化的教学模式，并有意识地关注广东乃至中国社会发展的需要，始于农科教育的开办。[①] 1907年美国园艺学家高鲁甫（George Weidmen Groff）来到岭南大学，时值学校迁入康乐新校址3年，校园建设百事待兴，高鲁甫开始结合广州的气候和土壤条件探索校园的绿化和环境改造工作；为满足学校外籍教师饮食习惯上对牛奶的需求，高鲁甫又尝试建设标准奶牛场；1915年菲律宾科学局帮助岭南大学建立草药种植园；1916年春，纽约岭南董事局总干事格兰先生与堪萨斯州立农业大学校长华达商洽关于美国农业通过岭南学校与广东农业相互合作支援问题，并达成共识，派遣罗飞云（Carl Oscar Levine）来华任教，[②] 同年高鲁甫与美国农业部合作考察柑橘属水果情况，建立柑橘属水果引种站；1917年，明尼苏达大学生物学家考活（Charles W. Howard）把研究所得的免疫蚕种赠送给附近村民；1919年，法国和美国的丝绸出口商与岭大合作改进中国生丝质量，并于当年开始正式接收修读农学的学生。岭南大学开始进行农学教育时正值广东省实施新兴农业计划，因此农学教育计划得到了广东社会各界人士的支持，所开

① 陈国钦、袁征：《瞬逝的辉煌——岭南大学六十四年》，广东人民出版社2008年版，第24—27页。

② 华南农业大学校友会：《校史概览》，检索于2009年11月12日，http：//web. scau. edu. cn/xyh/xsgl_ 2. asp。

设的课程中很多为专门研究华南地区的农学。①

因农学教育和科研与广东社会的结合，故在图书资料方面对有关中国农业问题的书籍产生了迫切的需求，在广东省档案馆所藏岭南大学档案中，就保存有一份 1920 年 5 月 21 日高鲁甫教授致图书馆馆长特嘉女士荐购有关中国农业问题西文书籍以便于研究使用的函件。② 目前已知的保存于中山大学图书馆的有关中国农业的西文文献有 26 种，涉及的类别包括：

（1）园艺类，如华盛顿国家植物标本馆的著名东亚植物文献权威 Egbert H. Walker 的《岭南大学的 51 棵普通观赏树》（*Fifty-one Common Ornamental Trees of the LingNan University*），英国园艺学家、植物学家威尔逊（Ernest Henry Wilson）的《中国：园林之母》（*China：Mother of Gardens*）等。

（2）经济作物研究，如英国植物学家、汉学家韩尔礼（Augustine Henry）的《中国经济植物笔记》（*Notes on Economic Botany of China*），C. Y. Shih 的《中国经济植物研究》（*Studies in Chinese Economic Botany*），美国植物病理学家 Otto August Reinking 的《华南经济作物病变》（*Diseases of Economic Plants in Southern China*）；还有不少关于某一种具体经济作物栽培研究的专著，如 Samuel Ball 的《中国茶叶的耕种与加工：个人观察》（*An Account of the Cultivation and Manufacture of Tea in China：Derived from Personal Observation*），英国作家福钧（Robert Fortune）的《中国茶乡之行》（*A Journey to the Tea Countries of China*）和《两访中国茶乡和喜马拉雅山麓的两座英国茶园》（*Two Visits to the Tea*

---

① 陈国钦、袁征：《瞬逝的辉煌——岭南大学六十四年》，广东人民出版社 2008 年版，第 24—27 页。

② *The letter of G. W. Groff to Jessie Douglass*，1920 年 5 月 21 日，广东省档案馆藏岭南大学档案，全宗号：38 – 4 – 182（142）。

Countries of China and the British Tea Plantations in the Himalaya）等，前述 3 书分别成书于 1848 年、1852 年和 1853 年，不仅仅对于研究中国茶叶有重要的参考价值，更从另外一个侧面反映出鸦片战争后西方人对中国的兴趣所在以及资本主义经济对中国封建主义经济的渗透；此外，这一类中还有不少岭南大学农学院教师所撰写的专著，如高鲁甫教授的《荔枝与龙眼》（*The Lychee and Lungan*）等。

（3）林业研究，如 Norman Shaw 的《中国的林业与木材供应》（*Chinese Forest Trees and Timber Supply*）等。

（4）畜牧业研究，如 Ralph W. Phillips 等人的《中国家畜》（*The Livestock of China*），岭南大学农学院教授罗飞云所著的《中国饲养动物与农牧产业研究》（*Notes on Farm Animals and Animal Industries in China*）等。

（5）蚕桑研究，如《华中蚕茧研究》（*A Study of Cocoons of Central China*）等。

（6）农业经济研究，如美国著名农业经济学家卜凯（John Lossing Buck）的《中国农场经济：对 7 省 17 个地区 2866 个农场的调查》（*Chinese Farm Economy：A study of 2866 farms in seventeen localities and seven provinces in China*），中国著名农业经济学家陈翰笙的《工业资本与中国农民：中国烟草种植者生计调查》（*Industrial Capital and Chinese Peasants：A Study of the Livelihood of Chinese Tobacco Cultivators*），高鲁甫的《潮汕地区与土地利用相关的拖拉机耕种试验》（*The Chungshan District Tractor Farming Experiment in Relation to Land Utilization and Chinese Food Supply*）以及 W. H. Tomhave 的《满洲农业报告》（*Reports on Agricultural Work in Manchuria*）等。

这些藏书基本上都是有关中国农业研究的西文文献中的经典著作，有很高的学术水平和研究价值，大多成书于 20 世纪二三十年代，而书的作者除了是长期在国外各科研机构工作的研究者以外，还有很多是长期在国内教会大学等研究机构工作的外国研究者。

　　岭大农学教育所探索出的集教学、科研和推广一体化的办学模式，以及关注广东乃至中国社会发展的理念，渐渐推广至学校其他理工及应用科学的教学和研究中，并反映到了馆藏中。岭南大学图书馆旧藏有关中国生物研究的专著现存于中山大学图书馆的尚有 50 种，其中动物学研究专著有 33 种，植物学专著 17 种。近代西方学者研究中国动物的整体特点，据中国科学院自然科学史研究所研究员罗桂环总结如下：

　　　　西方对我国动物方面的研究主要是分类和地理分布研究。一般而言，西方对我国的鸟兽研究得多一些，鱼类和两栖爬行类次之；昆虫除一些有重要经济价值的蚕和白蜡虫之外，以鳞翅目（蝴蝶）和甲虫研究得多一些；相比之下，软体动物等其它低等动物研究得少一些。①

　　罗氏的结论得自其对近代以来西方 148 位生物学家所从事的中国动物学研究及 59 部代表性著作的系统梳理，却颇能与中山大学图书馆现在仅存的 33 种有关中国动物研究的西文文献研究主题相互印证。藏书中以研究鸟类的著作为最多，如美国传教士柯志仁（H. R. Caldwell）父子撰写的《闽江河谷的常见鸟类》（*Common Birds of the Lower Min Basin*）、《华南的鸟》（*South China Birds*），东吴大学生物学系主任祁天锡（N. Gist Gee）等撰写的《长江下游鸟类索引》（*A Key to the Birds of Lower Yangtze Valley*），曾在中国海关任职的赖陶齐（J. D. D. La Touche）撰写的《中国东部的鸟类手册（直隶、山东、江苏、安徽、江西、浙江、福建、广

----

① 罗桂环：《近代西方对中国生物的研究》，载《中国科技史料》1998 年第 4 期，第 1—18 页。

东)》［*A Handbook of the Birds of Eastern China（Chihli，Shantung，Kiangsu，Anhwei，Kiangsi，Chekiang，Fohkien，and Kwangtung Provinces）*］，E. S. Wilkinson 的《上海鸟类：上海及周边地区鸟类生活研究》（*Shanghai Birds：a Study of Bird Life in Shanghai and the Surrounding Districts*）等。

关于兽类研究的藏书也为数不少，且基本上都是代表当时最高研究水平的经典著作，如《中国动物区系论文集》（*Beitrage Zur Fauna Sinica*），其作者是德国学者麦尔（R. Mell），曾在岭南执教十多年，一直注重收集中国的动物标本，潜心于中国动物研究，并致力于编写系统地反映中国尤其是中国南方各类动物的著作;①《中国和蒙古的兽类》（*The Mammals of China and Mongolia*）的作者是执教于哈佛大学的美国著名兽类学家埃伦（Glover M. Allen），这部著作在当时被视为是综合了此前欧美其他学者研究中国兽类学术成果的总结性著作，其扉页上题有"美国博物馆中亚调查记"的中文题名，著作分为 2 册，第 1 册 620 页，于 1938 年出版；第 2 册 730 页，于 1940 年出版。此外再如《中国东北部和中部脊椎动物手册（不含鸟类）》（*Manual of the Vertebrate Animals of Northeastern and Central China Exclusive of Birds*），书中有相当篇幅是研究中国鱼类资源的资料，其作者为在金陵女子大学任教的里夫斯（C. D. Reeves）。

在现存馆藏有关中国两栖爬行类动物研究专著中比较重要的有美国著名生物学家蒲伯（Clifford H. Pope）的《中国的爬行动物：海龟、鳄鱼、蛇、蜥蜴》（*The Reptiles of China：Turtles，Crocodilians，Snakes，Lizards*），该书为"美国博物馆中亚调查记"系列丛书的第 10 卷，是当时关于中

---

① 罗桂环：《近代西方对中国生物的研究》，载《中国科技史料》1998 年第 4 期，第 1—18 页。

国爬行类动物最全面的著作。有关中国昆虫的研究著作则仅存 3 部，除上一节所述的《中国昆虫博物志》外，还有英国昆虫学家科芍（J. C. Kershaw）1907 年出版的《香江蝴蝶谈》（*Butterflies of Hongkong*）和著名德裔美籍汉学家劳费尔（Berthold Laufer）1927 年出版的《中国昆虫音乐及斗蟋蟀》（*Insect-Musicians and Cricket Champions of China*）。

有关软体动物研究的西文著作，目前进入国内从事生物学史研究的研究者视野的主要是美国学者莫尔（P. J. Moore）、法国天主教神父韩伯禄（Pierre Heude）、曾在北京大学执教的美国学者葛拉普（Amadeus W. Grabau）、曾在动物大学执教的祁天锡（N. Gist Gee）以及德国学者米彻荪（W. Michaelsen）的著作。而从中山大学图书馆现存的藏书来看，西方学者对中国软体动物研究著作的数量并非目前所知的这么少，现存藏书中除上述提到的葛拉普的著作《北戴河的贝壳》（*Shells of Peitaiho*）以外，还有如俄德诺（Nils H. J. Odhner）的《中国广西上新世矿床的非海产软骨动物》（*Non-Marine Mollusca from Pliocene Deposits of Kwangsi，China*）以及桑志华（E. Licent）等天津北疆博物院（Musee Hoang ho Pai ho de Tien Tsin）的研究者出版的有关中国北方环节动物、浮游生物、非海洋（陆地）腹足动物的著作。

在馆藏现存的 17 种有关中国植物的西文著作中，最早的一部可上溯到 1861 年英国植物学家边沁（George Bentham）出版的《香港植物志：香港岛的开花植物和蕨类植物》（*Flora Hongkongensis：A Description of the Flowering Plants and Ferns of the Island of Hongkong*），其他比较重要的著作还包括俄国汉学家、植物学家埃米尔·布雷特施奈德（Emil Bretschneider）于 1895 年出版的《中国植物学：当地及西方资料中对中国植物学的记录》（*Botanicon Sinicum：Notes on Chinese Botany From Native and Western Sources*）、美

国植物学家迈耶的《中国植物名录》（*Chinese Plant Names*，1911）、英国植物学家 Stephen Troyte Dunn 的《中国广东和香港植物志》［*Flora of Kwangtung and HongKong (China)*，1912］等。馆藏德文书《中国植物志要》（*Symbolae Sinicae*）是当时国际上公认的研究中国植物的总结性质的重要著作，其中所记录的植物来自奥地利植物学家韩马迪（Heinrich Handel-Mazzetti）在中国的采集。韩马迪曾在我国的云南、四川和西藏等西南地区进行植物学考察，采集了大量的植物标本，是 20 世纪研究中国植物的重要代表人物之一，该书是他从中国回到维也纳后，与凯斯勒（K. Keissler）、查尔布鲁克奈（A. Zahlbrucker）、尼可尔森（W. E. Nicholson）、赫佐格（T. Herzog）、维杜恩（F. Verdoorn）等植物学家一起精心研究、编写而成，全书共分藻类、真菌、地衣、藓类、苔类、蕨类和种子植物 7 卷，① 1936 年由德国著名的科学出版商 Springer 公司出版，共 1186 页，附图 7 页。馆藏《东亚植物文献目录》（*A Bibliography of Eastern Asiatic Botany*，1938）则是一部研究中国和东亚植物的重要参考工具书，作者梅里尔（Elmer D. Merrill）是国外研究中国植物最著名的研究者之一，从事东亚植物研究长达数十年，我国不少学者采集的标本也是由其鉴定、命名的，此外图书馆还藏有其撰写的《中国植物笔记》（*Notes on the Flora of China*），是其 1917 年、1918 年和 1919 年发表在《菲律宾科学学报》（The Philippine Journal of Science）上的 3 篇论文《中国广东省植物笔记》（*Notes on the Flora of Kwangtung Province，China*）、《中国广东省罗浮山区植物笔记》（*Notes on the Flora of Loh Fan Mountain，Kwangtung Province，China*）和《广东植物附记》

---

① 罗桂环：《近代西方对中国生物的研究》，载《中国科技史料》1998 年第 4 期，第 1—18 页。

（*Additional Notes on the Kwangtung Flora*）的抽印本。

在馆藏 50 种有关中国生物研究的西文专著中，有 23 种属天津北疆博物院（La Musée Hoang ho Pai ho de Tien Tsin）的系列出版物，均为法文著作，内容涉及中国北方兽类、鸟类、鱼类、两栖爬行类、昆虫和软体动物及各类植物标本的收藏情况以及相关研究资料；另外还存有 8 种北疆博物院馆藏指南、馆藏目录、馆藏地质类标本及相关研究文献和参考文献等系列出版物。天津北疆博物院系今天津自然博物馆的前身，于 1922 年由法国耶稣会出资创办，是时在上海已有徐家汇博物馆（后称震旦博物馆，中国科学院动物研究所标本馆前身），专事长江以南地区标本的收集与研究，而以黄河流域为中心的中国北方在标本收集与研究方面却是空白，[①] 北疆博物院成立的目的就是重点收藏中国西北、华北、东北地区及世界范围内具有代表性、典型性的动物、植物、地质、古生物和古人类的标本。北疆博物院的首任院长桑志华[②]1914 年从欧洲经西伯利亚来华，于 7 月 13 日开始了对我国北方长达 20 余年的考察和采集活动，[③]至 1925 年北疆博物院成立 4 周年时，桑志华已为博物院采集了"三万种之植物，三万五千种之特种木质性物，各种奇异难得之哺乳类及爬行类动物，二千种关于人类学及生物学最有价值之标本，七千种关于岩与矿质之标本，……

---

① 李枢强：《北疆博物院》，载《生物学通报》2007 年第 9 期，第 62 页。

② 房建昌在《天津北疆博物院考实》（载《中国科技史料》2003 年第 24 卷第 1 期，第 6—15 页）文中言："桑志华，黎桑，号志华，1876 年生，法国科学院动物学博士。"而王嘉川和王珊的《天津北疆博物院补考》（载《中国科技史料》2004 年第 25 卷第 1 期，第 37—48 页）文中称："古生物地质学博士桑志华，1876 年生，1895 年入耶稣会，是法国著名地质学家，法国科学院院士。"

③ 房建昌：《天津北疆博物院考实》，载《中国科技史料》2003 年第 24 卷第 1 期，第 6—15 页。

此外尤有一万八千基罗之第三及第四地层之动物骸骨，以及各种关于人类学、工商学、农学之报告"①。至20世纪30年代，北疆博物院已有藏品23万余件，其中甘肃庆阳、内蒙古萨拉乌苏、河北阳原泥河湾、山西榆社4地的动物群化石之丰富和完备为世界所罕见；② 德日进、桑志华、暴安良、侯仁之、林镜瀛等44位研究人员发表和出版著述112种（含译文）。从中山大学现存的共计31种北疆博物院系列出版物推测，当时岭南大学图书馆应该曾对北疆博物院的有关出版物做过系统收藏，因北疆博物院的藏品在国际同类型博物馆中享有盛誉，具有极高的研究价值，故岭南大学图书馆所藏的北疆博物院系列出版物无疑也具备非常高的资料价值和研究价值，甚至可以填补有关中国北方动物、植物、地质、古生物和古人类学研究领域的空白，是非常珍贵的一批文献。

此外现保存于中山大学图书馆的西文藏书中，还有一些关于中国地质、矿产的专著，如 William F. Collins 的《中国的矿产业》（*Mineral Enterprise in China*），E. M. de Villa 的《中国、印度支那和马来亚矿产研究》（*The Study of Mines in China, Indochina and Malaya*）等。中山大学图书馆保存下来的有关中国医药的西文文献有13种，其中包括北京协和

---

① 《天主教在中国五大文化事业概况》，载《公教学生》1943年第3卷第2、3期合刊，河北大学档案馆藏档案，全宗号：1934—CB13—8，参见王嘉川、王珊：《天津北疆博物院补考》，载《中国科技史料》2004年第1期，第37—48。

② 周筠：《直隶早期博物馆之一——北疆博物院》，载《文物春秋》2006年第4期，第37—38、62页。

医学院的伊博恩（Bernard E. Read）和刘汝强①合作翻译《本草纲目》的 2 本分册，分别为 1927 年由北京协和医学院药理系出版的 *Plantae Medicinalis Sinensis: Bibliography of Chinese Medicinal Plants*（106 页），1936 年由《北平博物杂志（英文版）》（*The Peking Natural History Bulletin*）出版社出版的 *Chinese Medicinal Plants from the Pen Ts' ao Kang Mu*（389 页），后者较前者更为完善，流传也更为广泛，中文题名通常译为《本草新注》，尽管此书不是《本草纲目》的英文全译本，却是全面研究此书的佳作，集中介绍和翻译出了原著中的精华部分。②馆藏中还有中国海关总局的《汉口及长江其他港口医药出口名录》（*List of Medicines Exported from Hankow and the Other Yangtze Ports*，1909）、奥贝德·西蒙·约翰逊（Obed Simon Johnson）的《中国炼丹术考》（*A study of Chinese Alchemy*，1928）、莫尔思（William R. Morse）的《中国的医学》（*Chinese Medicine*，1934）等西文书籍，均属研究中医西传以及中西医学交流史的重要文献。

---

　　① 伊博恩（Bernard E. Read，1887—1949），英国药物学家，早年攻药物学，获博士学位，来华以后曾在 1920—1935 年任北京协和医学院药理系主任兼教授，1935 年后任上海雷士德医学研究院（Henry Lester lnstitute of Medical Research）研究员。其与中国学者刘汝强、李玉仍和朝鲜学者朴柱秉等人合作，积多年努力终于在 20 年代至 30 年代分期用英文对《本草纲目》的卷 8—37、39—52 总共 44 卷内容作了全面介绍和研究，涉及原著中的草部、谷部、果部和木部、兽部和人部、禽部、鳞部、介部、虫部及金石部。在这项工作中，首先从《本草纲目》中选出各种药物的条目，再鉴定其名称，述明有效成分，并参照诸家论著加以注释，每种药都标出其中文原名、学名，全书附以插图及药名索引。（参见北京中医药数字博物馆网站 http：//www. tcm-china. info/gjjl/gudai/mqsq/72739. shtml）刘汝强，北京协和医学院教授。

　　② 北京中医药数字博物馆：《"中国古代的百科全书"——〈本草纲目〉》，检索于 2009 年 11 月 24 日，http：//www. tcm-china. info/gjjl/gudai/mqsq/72739. shtml。

6.2.3.3　西文岭南文献

在对"西文岭南文献"这一特色展开研究前，需要先明确哪些文献可被归入"岭南文献"这一类。关于"岭南文献"这一术语，首先需要厘清的是何为"岭南"。作为一个地理概念的名词，"岭南"所指的地理区域虽然在不同时代有着不同的界定，但是学术界基本上是有着一致的认识，即岭南是指中国南方五岭之南的地区。五岭分别是越城岭、都庞岭（一说揭阳岭）、萌渚岭、骑田岭和大庾岭，大体分布在广西东部至广东东部和湖南、江西省区交界处，所以如果严格按照自然地理区划概念的"岭南"，则当指现在的广东、广西及海南全境，以及湖南和江西的部分地区。而作为一个行政管辖范围的概念，据历史文献记载，《晋书·地理志下》将秦代所立的"桂林、南海、象等三郡"称为"岭南三郡"①，明确了岭南的区域范围；至唐代贞观年间，将全国划分为 10 道，其中岭南道治所位于广州，辖境包含今福州、广东、海南全部，广西大部，云南东南部，越南北部地区，开元时将全国划分为 15 道，将原属于岭南道的福州、泉州、建州、汀州和漳州划给江南东道；② 至宋代以后越南北部从"岭南"这一行政区划范围内分离出去。随着历代行政区划的变动，现在提及"岭南"一般特指广东、广西和海南 3 省区，而江西和湖南部分位于五岭以南的县市则不包括在内。但当"岭南"这一术语出现在"岭南文献"这一个概念里时，学术界则更关注地域内文化的一致性和较之其他区域的独特性，于是在广义上"岭南"的范围包括广东、广西和海南，在狭义上则专指南粤地区。

---

①　《晋书》卷十五《地理志下》，清乾隆武英殿刻本，第 198 页。

②　王恢：《大学用书中国历史地理（下）：历代疆域形势》，台湾学生书局 1984 年版，第 952—956 页。

　　在"岭南"区域范围明确的情况下，还存在着"文献"所涵盖的内容类型的问题。从本质上来说，岭南文献属于地方文献，我国最早对地方文献的概念进行界定的学者是杜定友先生，其认为地方文献指有关地方的一切资料，包括地方史料、地方人物与著述、地方出版物3部分①。在其之后，学术界对地方文献持广义论的研究者基本上都是在杜定友先生概念界定的基础上提出自己的观点和论述。而持狭义论观点的研究者则认为地方文献应以内容为划分标准，"是内容上反映某一地域的自然现象和社会现象的有历史价值的图书文物资料，内容上不具备地方性的，即使是地方出版物和地方人士著述都不能视为地方文献"②。

　　综合上述分析，结合岭南大学图书馆岭南文献的收藏情况，此部分所研究的西文岭南文献是指以西文撰写的岭南文献，"岭南"的区域范围以及文献的内容范畴均取广义，即：（1）在区域范围上涵盖广东、广西及海南3省区。（2）在文献类型方面包括地方史料、地方人物与著述、地方出版物3部分，其中史料是指反映地方自然和社会情况的有历史价值的图书文物资料；所谓地方人物指在本地具有一定影响力并长期居住于本地的人士（包括客籍、寄籍、流寓、寓贤等），有关此类人士的各种形式的文献资料及其本人著述、藏书均视为地方人物与著述；地方出版物是指内容和出版形式与本地相关的出版物。（3）文献的记载形式包括图书、杂志、报纸、图片、照片、影片、画片、唱片、拓本、表格、传单、票据、文告、手稿、印模、簿籍等等。

---

　　① 罗志欢：《岭南历史文献》，广东人民出版社2006年版，第1页。
　　② 邹华亭：《地方文献工作若干问题的再认识》，载《图书馆论坛》2004年第6期，第150—154页。

由于明代的海禁政策和清代的闭关锁国政策，在明清两代很长一段时间内，广州是中国唯一的对外开放通商口岸，西方传教士、商人、使节团、探险家的访华之旅通常最远只能抵达以广州为中心的岭南一带，因此明末清初和鸦片战争后的2次中西文化交流高潮均肇始于广州。西方人对中国形象的认识也是从广州开始，在早期有关中国的西文文献中，即使书名冠之以"中国"，但很多实际只是对广州的描述和记录。在这2次中西文化交流高潮的初期产生了许多与广州乃至岭南地区相关的西文文献，这些文献因其资料的丰富性、独特性以及其研究价值的重要性而备受研究者和各类研究机构、收藏机构重视。然而2次中西文化交流高潮的中心后来都由广州转移到以上海、北京为中心的北方地区，[①] 广州的重要性和受关注的程度相对下降。尽管以广州、香港和澳门为代表的岭南地区在近代以来中西文化交流的历史过程中所扮演的重要角色依然不可忽视，当地的商业、传教以及文化事业在原有基础上继续得到发展，相关的西文文献亦层出不穷，但对此类文献做系统收藏者却鲜有。

正如本章"6.1.3.3 广东地方志与广东文献"一节中所述，岭南大学在当时是广东文化研究的学术重镇，故图书馆不仅在收集中文广东地方志和广东文献方面不遗余力，对于相关的西文文献收集亦是如此。目前原岭南大学图书馆所藏的有关岭南地区的西文文献流传并保存于中山大学图书馆的仅余62种，文献出版年代的时间跨度从1665年至1939年，具体时间分布如表6-2所示。

---

① 有关中西文化交流中心由南向北转移这一问题的论述，可参见吴义雄：《在宗教与世俗之间：基督教新教传教士在华南沿海的早期活动研究》，广东教育出版社2000年版，第203—206页。

表6-2　　馆藏有关岭南地区西文文献年代统计（单位：种）

出版年代	1665	1799＊	1861	1880—1889	1890—1899	1900—1909	1910—1919	1920—1929	1930—1939
文献数量	1	1	1	5	2	7	9	12	23

注：＊1799年出版之书为馆藏之 *Voyage a Canton：capitale de la province de ce nom，a la Chine：par Gorée，le cap de Bonne-Esperance，et les isles de France et de la Réunion：suivi d'observations sur le voyage à la Chine，de Lord Macartney et du citoyen Van-Braam，et d'une Esquisse des arts des Indiens et des chinos*，法文书，原书出版年不详，据比照 worldcat 中同一版本之书，著录出版年为1799年。

从表中所示的年代分布可以看出，现存之馆藏文献已经基本涵盖了从早期开始各个时代西方人对以广州为中心的岭南地区的认识和研究。从现存馆藏文献的类型来看，岭南大学图书馆当时的收藏并不局限于学术性研究著作、游记、工作报告、有关地方法律、经济及发展概况类的资料汇编、普及性读物等文献亦在收藏之列。从现存文献的内容所涉及的主题来看，大致可分为如下几类：

（1）有关广东及西南地区乡土社会、人类学、民族学的研究文献，存3种。有美国学者葛学溥（Daniel Harrison Kulp）的《华南的乡村生活》（*Country Life in South China*），葛学溥是严格意义上首位以田野工作方法对中国乡村社会进行人类学研究的学者，其曾任上海沪江大学社会学教授，于1918—1923年间指导学生在广东潮安县归湖镇的凤凰村（今溪口村）开展调查，《华南的乡村生活》即是此次调查的报告书，由美国哥伦比亚大学于1925年出版。该书详细记录了凤凰村的经济、家庭、宗教、教育、人口及社区组织的情况，尤其值得关注的是调查报告中还包括了以体质测量工具进行的体质人类学研究部分，故该书可视为较早从人类学、社会学的角度研究中国汉民族社会的重要著作。[1] 容观琼教授认为，葛学溥的研究是社会人类学发展史的第 2 个里程碑，导致人类学家从研究规模小且简单的部落社会走向更为复杂的乡村社会。[2] 英国传教士克拉克（Samuel R. Clarke）的《中国西南部落》（*Among the Tribes in South-west China*, 1911）记录了其 19 世纪末到 20 世纪初在贵州一带 33 年的传教经历，记载了中国西南少数民族部落的宗教信仰、婚丧嫁娶、歌谣语言、民族节日以及民间故事等，是早期研究中国西南少数民族部落的重要著作之一。另一部为史禄国（S. M. Shirokogoroff）代表作之一的《华东和广东人类学》（*Anthropology of Eastern China and Kwangtung Province*, 商务印书馆, 1925），该书甫一出版即受到当时学术界的重视，1936 年被收入哈佛燕京学社编制的《关于中国的重要西文书籍选目》，其学术价值不言而喻。

（2）关注广东社会各个方面变化、发展问题的文献，存 6 种。有对近代以来西医东传运动下广州教会医院发展研究的《柳叶刀尖：博济医院百年史，1835—1935》（*At the Point of a Lancet: One Hundred Years of the Canton Hospital 1835—1935*），1935 年由上海别发洋行（Kelly&Walsh, Limited）出版，作者为嘉惠霖（William Warder Cadburg）和 Mary Hoxie Jones，尽管从严格意义上来说该书不是一部学术性著作，书中更多的是史事性的记叙，但是它系统、详尽地展现了博济医院的百年发展历程，该院恰是外国教会在中国内地开设的第 1 间教会医院，同时也是中国第 1 间西医医院，故此书具备相当重要的史料价值，对研究者研究

---

① 周大鸣：《凤凰村的变迁：〈华南的乡村生活〉追踪研究》，社会科学文献出版社 2006 年版，第 1 页。

② 周大鸣：《凤凰村的变迁：〈华南的乡村生活〉追踪研究》，社会科学文献出版社 2006 年版，第 1 页。

西方教会的医学传教思想、基督教在华事业，乃至中国近代医学知识、医疗技术和医院制度的变迁提供了可靠而又详细的文献资料。还有研究广东洪水灾害问题的《广东洪灾问题》（ *The Flood Problem of Kwangtung* ），作者 G. W. Olivercrona，该文原载于《岭南科学杂志》1925 年第 3 期，此为抽印本，中英文对照，其中前面的英文部分共 12 页，后面的中文部分共 16 页，是为数不多的西方人专门研究广东自然灾害问题的重要文献之一，至今仍被西方学者所引用。馆藏 H. L. 哈斯尔伍德（H. L. Haslewood）的《香港童奴》（ *Child Slavery in HongKong* ），1930 年由英国伦敦谢尔登出版社（The Sheldon Press）出版，130 页，是研究香港殖民统治时期早期童工问题的重要参考文献。《中国广州石湾一带的陶器场》从工业化学的角度对广州石湾一带的制陶情况进行专业研究，作者是 Clinton N. Laird，该文献也为抽印本，原文刊载于美国化学学会出版的《工业与工程化学学报》（ *Industrial and Engineering Chemistry* ）第 10 卷，1918 年第 7 期第 568—571 页。此外还有关于广东社会重建以及推行新农业改革方面的藏书，包括广东省政府编写的《顺德地区试验点的重建工作报告》（ *Report on the Work and Places of the Demonstration Areas in Shun-Tak District*，1935 年）、陈翰笙的《南中国农村社会》（ *Agrarian Problems in Southernmost China*，上海别发洋行，1936）和高鲁甫的《潮汕地区与土地利用相关的拖拉机耕种试验》（The Chungshan District Tractor Farming Expetinent in Relation to Land Vtilization and Chinese Food Supply，Canton：Lingnan Vniversity，1931）。

（3）西方差会在华南地区传教史及传教事业的专著，存 8 部。馆藏现存有关基督教新教早期在华南地区传教历史的文献中，较早的一部为香便文（B. C. Henry）的《基督教与中国》（ *The Cross and the Dargon*，*or Light in the broad East*，纽约：Anson D. F. Randolph and Company 出版公司，

1885），其他的还包括汲约翰①（John Campbell Gibson）的
《在华南的传教问题与传教方式》（*Mission Problems and Mission Methods in South China*，爱丁堡，伦敦：Oliphant，Anderson & Ferrier 出版社，1902）、Herbert Davies 的《新西兰长老会在广州乡村的传教》（*The Canton Villages Mission of the Presbyterian Church of New Zealand*，海外宣道会，1916）和 Harriet Newell Noyes 的《美国长老会华南传教史 1845—1920》（*History of the South China Mission of the American Presbyterian Church*，1845—1920，上海美华书局，1927）。目前从事基督教在华传教史研究的学者对第 1 种和第 3 种文献参考和引用得较多，而对于《新西兰长老会在广州乡村的传教》一书则知之者甚少，这或许与新西兰长老会较之其他在华差会势力较弱小、受关注不多有关，也或许是因为该书是仅为 63 页的小册子，故一直以来没有受到足够的重视而逐渐被研究者遗忘。馆藏另一种重要的有关基督教新教在广东传教事业的文献是一部会议录——《广东传教士会议：1911—1918》（*The Canton Missionary Conference*：1911—1918），8 册合订为 1 册，由上海浸信会出版社（China Baptist Publication Society）出版，全面而详细地记载了基督教新教在广东传教情况及各项传教事业进展，具有重要的史料价值。另外两部是关于教会在广州教育事业的文献，分别为葛理佩（H. B. Graybill）的《中国的儿童教育：岭南学校》（*Teaching Children in China*：*at the Canton Christian College*，纽约岭南学校董事会，1916）以及岭南大学编写的《开放古都中的现代大学》（*A Modern College in the City of Ginger and Jade*）和《岭南大学：发展与展望》（*Canton Christian College Ling Naam Hok Hau*：*Its Growth and Outlook*，

① 汲约翰，英国长老会宣教师，1874 年来华，长期在广东汕头一带传教。

纽约岭南大学董事会，1919）。

（4）学习广东方言的读物，存 4 种，包括：《广东方言句型选》（*Select Pharses in the Canton Dialect*），作者不详，1889 年上海别发洋行出版，66 页；波乃耶（J. Dyer Ball）的《学说广东话：口语对话 50 句》（*How to Speak Cantonese：Fifty Conversations in Cantonese Colloquial*）和《轻松学说广东话》（*Cantonese Made Easy*），均为上海别发洋行出版，前者 1902 年出版 229 页，后者 1907 年出版 186 页；H. R. Wells 的《人人学说广东话》（*Cantonese for Everyone*），香港 Kae Shean Printing Co. 出版社 1931 年出版，120 页。这些文献对于研究基督教在华传播过程中传教士对广东方言乃至汉语学习、研究的情况有重要的参考价值和资料价值。

（5）有关粤、港、澳地区经济、法律和社会情况的资料汇编，存 25 种。其中有关香港的资料最多，计有 12 种，涉及香港 1844—1923 年的法令汇编和索引、社会和经济发展报告、贸易情况统计、地区手册、导游手册等。其次是关于广东的资料性文献，计有 8 种，涉及广东地区的概览性资料和图片集以及海南及其附近地区的概览性手册，特别值得一提的材料是金文泰（Cecil Clementi）的《广东话情歌》（*Cantonese Love-Songs*），1904 年牛津大学出版社出版。金文泰为英国人氏，早年在香港殖民政府供职，其后又曾在印度、英属圭亚那和锡兰等英属殖民地政府任职，1925 年成为香港第 17 任总督，1930 年调任海峡殖民地总督。其热爱中国文化，是皇家亚洲学会的会员，除了熟习广东话和官话外，还通晓中国诗词，擅长书法，对历史亦有研究。①《广东话情歌》是其早年在香港工作期间搜集、翻译

---

① Cecil Clementi 生平简历参见：检索于 2009 年 11 月 28 日，http://en. wikipedia. org/wiki/Cecil_ Clementi。

当地粤语情歌汇编而成。此外有关澳门的资料存 5 种，为澳葡政府编写的 1933—1935 年及 1937—1938 年各年度的《澳门指南》（*Directorio de Macau*），由澳门经济出版局出版。

（6）西方人在华游记及回忆录，存 5 部，基本上都为早期来华西方人士所著。除前述所提的《荷兰东印度公司使节团访华纪实》（1665 年）和《广州之行》（1799 年）之外，还有格雷夫人（Mrs. John Henry Gray）的《在广州的十四个月》[*Fourteen Months in Canton*，伦敦：麦克米伦公司（Macmillan and Co.），1880]、柯乐洪（又译葛洪、高奋云，Archibald Ross Colquhoun）的《通过华南边疆从广州到曼德勒旅行记事》（*Across Chryse: being the Narrative of a Journey of Exploration through the South China Borderlands from Canton to Mandalay*，伦敦：Sampson Low，Marston，Searle，and Rivigton 出版社，1883）和哈里·阿尔弗森·弗兰克（Harry Alverson Franck）的《漫游中国南部》（*Roving Through Southern China*，纽约：世纪出版公司 [The Cantury Co.]，1925）。这些由西方政府官员、学者、记者和旅行家们记录下的在中国的亲身经历、所见所闻，反映了不同阶层、身份的西方人对中国的认识，是研究中国近代社会生活方方面面的重要一手资料。

（7）对华南动物、植物的研究，存 9 种。动物学著作涉及软体动物、鸟类及蝴蝶研究，植物学著作涉及园艺装饰性植物的栽培、荔枝和龙眼等本地果树的栽培、经济作物的病变研究以及开花植物、蕨类植物研究。具体文献已在 6.2.3.2 小节有关中国农业和生物西文文献部分加以论述，在此不再赘述。

事实上，岭南大学图书馆曾经有藏的有关岭南地区的西文文献不止上述所列这么少，仅李景新所编《广东研究参考资料叙录：史地篇初编》^① 中所列岭南地区史地、乡土志、名胜古迹和游记类西文文献就有 47 种，其中专著类 30 种（9 种现存于中山大学图书馆，前文已述及），文章 17 种。书中所列的西文文献在当时已属少见珍本而在岭南大学有藏的就有如下几种：

（1）亨德（William C. Hunter）：《广州番佬录》（*The Fan Kwae at Canton before treaty days*，1825—1844），伦敦 K. Paul，Trench 出版，1882。属外国人关于广州之早期著作。亨德为美国商人，汉学家，1825 年来华，曾在马六甲英华书院学习汉语，到广州后又从马礼逊继续学习汉语，曾是美国旗昌洋行（Russell and Co.）的合伙人，常为《澳门杂录》（*Canton Register*）和《中国丛报》（*The Chinese Repository*）写关于中国的文章。

（2）Cl. Madoolle：《海南》（*Hai-Nam*），巴黎 Challamel 出版，1900。

（3）格雷夫人（Mrs. John Henry Gray）：《漫步广州城》（*Walks in the City of Canton*），香港 De Souza 公司出版，1875。

自 20 世纪 80 年代以来，我国学术界对近代来华传教士的研究一直保持着相当的热度；此外，广东本省的学者对岭南文化的研究亦十分重视。然而一直以来受文献的制约，很多问题的研究都难以获得突破性的进展。关于新材料对于史学研究的意义，陈寅恪曾有言："一时代之学术，必有其新材料与新问题。取用此材料，以研求问题，则为此时

---

① 《广东研究参考资料叙录：史地篇初编》主要依据岭南大学图书馆馆藏所编写，除第一章《广东方志总目提要》中所列之文献是广收国内外各主要图书馆的馆藏汇编而成外，第二章《广东史地书目提要》部分基本上为岭南大学图书馆的藏书，故此书在某种程度上可视为岭南大学图书馆所藏史地类广东研究参考资料的藏书目录。

代学术之新潮。"① 陈胜粦亦有言："在一定意义上可以说，如果没有新的材料，或者不能达到对原有材料成功地进行诠释的境界，则很难取得真正的学术进展。"② 岭南大学图书馆所藏的这批"中国问题研究"西文文献在当时固然是重要且富有特色的学术资源，于今天来说，由于这些文献年代久远，在国内又不易获得，为大多数研究者所未见过或利用过的材料，若重新被发现则无异于是"新"材料，可谓价值重大。也正是有鉴于此，2009 年初广西师范大学出版社挑选了一批国内罕见的有关"中国问题研究"的西文文献，影印成《中国研究外文旧籍汇刊：中国记录》（第 1 辑），计 10 册，其中《真实的中国人》（ *The Chinese as they are* ）、《对中国及中国人的观察》（ *Observations on China and the Chinese* ）、《我们在中国的生活》（ *Our life in China* ）、《一个美国工程师在中国》（ *An American engineer in China* ）、《中国之觉醒》（ *The awakening of China* ）和《中国禁地：多伦 1906 年至 1909 年之考察》（ *In forbidden China：the D'Ollone Mission* 1906—1909）6 种现于中山大学图书馆均有保存。

---

① 陈寅恪：《陈垣敦煌劫余录序》，参见陈寅恪：《金明馆丛稿二编》，上海古籍出版社 1980 年版，第 236 页。

② 陈胜粦：《序》，参见吴义雄：《在宗教与世俗之间：基督教新教传教士在华南沿海的早期活动研究》，广东教育出版社 2000 年版，第 2 页。

7 结 语

　　岭南大学图书馆从创立到停办，前后经历了 46 年的时间，其年不可谓短，亦不可谓长。对于一个藏书机构来说，近半个世纪的历史并不足以傲世，但是岭南大学图书馆存在的年代正是中国近现代历史上发生大变革的时期，经历了世道数变，故其发展历程亦可谱写成一页沧桑的历史，从中可看出教会大学图书馆在中国图书馆近代化变革中所扮演的启蒙和示范角色，它见证了从藏书楼到近代图书馆的嬗变历程，也可以从一个侧面反映出中国社会知识与制度的变迁。

7.1　岭南大学图书馆藏书建设理念与近代中国图书馆史

7.1.1　岭南大学图书馆藏书建设的理念

　　总结岭南大学图书馆藏书建设的理念，特别值得注意和肯定的方面包括如下几点：

　　第一，在藏书购置和选择方面，注意紧密结合本校的办学理念和教育方针，关注学校所在的岭南地区的文化与特色，在选择中文古籍和西文新书方面不盲目追随潮流。岭南大学较之当时国内其他教会大学和著名的国立大学，在购书经费方面属于相当宽裕的图书馆，但是岭大图书馆始终坚持的购书政策是"以选购课程内必需之参考书及课外阅读之有价值刊物为目的"，若不符合此项选购标准，则即使是善本古籍抑或最新的西方科学书籍，也不会特别注意购买。尽管在馆藏中"中国问题研究"西文出版物专藏中有不少18世纪末至19世纪上半叶出版的文献，在中文古籍中也有不少善本书籍，但是其购求的根本原因在于文献本身富有材料价值或研究价值，并符合学校的课程设置与教学、研究方案，而非图版本之佳。馆藏中大量的西文自然科学和应用科学文献，其购入的根本原因也在于学校的学科设置倾向于理工和应用学科。在国内众多的大学中，岭南大学的农科、工科、商科和医科具有明显的优势和良好的口碑，而此类学科皆属"西学"，教学和研究自然离不开西方最新的科学进展。

第二，与同时代的图书馆相较，岭大图书馆在期刊管理方面的理念十分先进，各类刊物一经订购即长期坚持，过刊按年度合订后逐一完整保存，并为馆藏期刊编制各类索引，从而形成著称于当时的系统而完整的期刊馆藏。而国内图书馆界在20世纪二三十年代时，对期刊的重要性仍没有普遍的重视，在期刊订购和管理方面缺乏连续性和系统性。岭南大学图书馆自20世纪20年代初期特嘉女士担任馆长后，就已经十分重视期刊订购的连续性。在各类期刊的选择和订购方面以各院系的需求为中心，由图书馆委员会审查订购目录，期刊一旦订购，除非因停刊或其他重要事故，否则不得停止订阅；若要因故停止订购某种期刊，必须经由图书馆委员会认可后方可停止。岭大图书馆对于过刊的管理，则是按照统一样式合订后完整保存。

第三，为便于读者使用图书馆，发挥图书馆辅助学术研究的作用，岭大图书馆十分注意为馆藏编制目录与索引，尤其是针对期刊种类繁多、内容庞杂的特点，非常重视期刊目录与索引的编制。期刊这一类文献于学术研究的重要意义，丹麦著名图书馆学家、文献计量学家加维林（Kalervo Jarvelin）和瓦克里（Pertti Vakkari）教授经过长期的分析后，于 20 世纪 90 年代初发表了其研究的成果，证实在学术研究发展史的文献计量分析研究中，虽然将学术研究的内容分析数据限定在学术期刊论文范围内而不包括专著文献，这可能会引起研究结论的某些偏差，但是通常即使一项学术成果是以专著的形式发表的，它也会以一定的方式反映在学术期刊上。① 事实上类似的观点在 20 世纪二三十年代的国内图书馆学界已开始有所认识，如当时金陵大学图书馆的刘纯在《杂志索引之需要及编制大纲》一文中言："杂志一项，名目繁多，有专门之杂志，有普通之杂志。……均有关于各项学科之要著，故杂志之为物，不仅为茶余酒后之消遣品，且为研究各项学术之导师，其公用不亚于学校中讲授之课本。况最新研究之发明，往往有为书籍及课本所未见，而由杂志发表者，故在学术界实占有重要之位置。"② 尽管对期刊的学术价值有这样的认识，但是并非所有图书馆都有力量为馆藏期刊编制目录和索引，在这篇文章的末尾刘纯表示当时金陵大学图书馆藏有期刊 350 余种，并未能一一编制索引。③ 另外据载，原岭南大学某教授"年前在图书馆做研究工作，常利用谭卓垣先生所编之中文什

① Kalervo Jarvelin、Pertti Vakkari：*Content Analysis of Research Articles in Library and Information Science*，载 Library and Information Science Research 1991 年第 12 期，第 395—421 页。

② 刘纯：《杂志索引之需要及编制大纲》，载《中华图书馆协会会报》1929 年第 4 卷第 4 期，第 14—16 页。

③ 刘纯：《杂志索引之需要及编制大纲》，载《中华图书馆协会会报》1929 年第 4 卷第 4 期，第 14—16 页。

志索引（收三十年来中文什志一百零五种），后辞职赴天津某大学教书，旋函请本校图书馆设法将此索引印行，以利便全国学者做研究工作。彼云北平天津各图书馆所藏什志极多，因无索引，无法利用，不像在岭大时有什志索引卡片可查"①。在编制期刊目录和索引方面，截止到抗战爆发之前，岭南大学图书馆已出版了《中文杂志索引 1900—1929》（2 册）、《广州定期刊物调查（1827—1934）》、《馆藏中文期刊（附日报）目录》、*Readers' Guide to Periodical Literature on China*（未出版）、*List of Serials in Chinese and Japanese Language* 以及 *List of Serials in Western Language* 等 6 种。

第四，在分类法方面，岭大图书馆的西文馆藏使用《杜威十进分类法》，中文馆藏则使用该馆在《杜威十进分类法》基础上自行改订的分类法，一方面力求同时兼顾四部旧法和杜威法之所长，使中文新旧书籍均可纳入其中，一方面使中西文馆藏在分类体系上尽量一致。当时国内的教会大学图书馆，西文书的分类全部采用《杜威十进分类法》。而中文书的分类法，金陵女子大学图书馆、金陵大学图书馆、福建协和大学图书馆和燕京大学图书馆先是采用新旧混合制，即对中文新书采用杜威分类法，中文古籍则仍沿用四库法，后金陵女子大学图书馆和金陵大学图书馆的新旧中文书统一改用刘国钧之《中国图书分类法》，福建协和大学图书馆的新旧中文书统一改用金云铭所编《金氏分类法》，燕京大学图书馆则将新旧中文书统一改用《汉和图书分类法》；其余如东吴大学图书馆、圣约翰大学图书馆、沪江大学图书馆、华南女子大学图书馆和华中大学图

---

① 何多源：《图书馆之辅助阅者研究工作》，载港刊《岭南大学校报》1940 年第 60 期，第 405 页。

书馆，对于新旧中文书均采用杜威法，有些会稍加改订。①
岭南大学图书馆中文藏书所使用的分类法也是在《杜威十
进分类法》基础上改订而成的，但是改订后的分类法较好
地吸收了中国传统分类法的思想，同时保存了《杜威十进
分类法》的优点，摒除了其缺陷及不适用于中文书籍的部
分，对新旧中文书籍均有很好的包容性。在当时中文书分
类法呈百家争鸣状态的年代，岭南大学图书馆只是将该馆
改订、编制的中文书分类法应用于本馆，并未加以推广和
宣传，因此在当时没有得到足够的关注，但此部分类法实
不逊色于当时流行的各种中文书分类法。

　　第五，图书馆委员会在藏书建设中扮演重要角色。根
据广东省档案馆藏岭南大学档案中一份图书馆委员会会议
记录②可推知，岭南大学图书馆委员会成立的时间最迟不会
晚于 1923 年，再综合 1930 年颁布的《图书馆委员会暂行章
程》③ 可知，岭大图书馆委员会由至少 4 人构成，其中 1 人
担任主席；担任图书馆委员会主席及委员的人选均为学校
学术造诣深厚、学术成就卓越的著名教授，如钟荣光在担
任岭南大学副监督（相当于副校长）时就曾担任过图书馆
委员会主席，黄延毓在担任大学教务长期间也担任过图书
馆委员会主席，其他如高鲁甫、罗飞云、容庚、路考活、
林孔湘、梁健卿、许天禄、冯秉铨、王力、李沛文、陈心
陶、陈永龄、姜立夫、杨庆堃和梁方仲等人都曾担任过图
书馆委员会的委员。从图书馆委员会构成的人选上，既可
以看出学校对图书馆藏书建设的重视程度，也可以看出对

---

　　① 孟雪梅:《近代教会大学图书馆研究》，福建师范大学 2007 年博
士学位论文，第 85 页。

　　② *Minutes of meeting of Library Committee*（*January 4th*，1923），广东
省档案馆藏岭南大学档案，全宗号：38 - 4 - 134。

　　③ 《图书馆委员会暂行章程》，载《私立岭南大学校报》1930 年第 2
卷第 24 期，第 275—276 页。

图书馆藏书建设起决定作用的决策团体所拥有的学术功底与广阔视野。核定和分配购书经费、订立各科购书费标准、审订各类书籍的购买，是图书馆委员会的重要职责。图书馆委员会定期召开会议讨论上述事宜，并邀请相关学科的院长、系主任列席会议，这一做法可以弥补委员们在个别学科藏书建设上学科背景的不足。

上述总结的藏书建设理念和管理方法其实并非为岭南大学图书馆所独有，而是为当时的教会大学图书馆所普遍应用。所以从某种角度来说，岭南大学图书馆藏书建设的历史代表了整个中国教会大学图书馆藏书建设的历史，反映了当时中国教会大学图书馆在藏书购置和选择、馆藏管理方法、目录和索引的编制、分类法的改良以及图书馆委员会的设置与运作方面的特点。

7.1.2　对近代中国图书馆史的观察

自清末"西学东渐"始，中国图书馆走上了近代化的道路。在其漫长的近代化进程中，"藏书楼"这一名称被"图书馆"取而代之，服务对象从贵族回归到平民，馆藏从"贵保存"到"贵致用"，功能亦发生巨大的变化，不仅仅是从"注重学术著作、文化结晶的机关"变为"注重精神娱乐、文化宣传的机关"，[①]更重要的是图书馆担当起社会教育的重任，被认为是"启民智、伸民权、利民生"[②]的利器之一。这一近代化的过程大致可分为2个阶段，第一阶段为始于晚清的效法日本阶段，第二阶段为始于民国初期的效法美国阶段，1926年《图书馆学季刊》创刊号明确提出

① 李小缘：《藏书楼与公共图书馆》，载《图书馆学季刊》1926年第3期，第375—396页。

② 李小缘：《全国图书馆计划书》，载《图书馆学季刊》1928年第2期，第220—231页。

其宗旨为"本新图书馆运动之原则，一方参酌欧美之成规，一方稽考我先民对于斯学之贡献，以期形成一种合于中国国情之图书馆学"。对此刘国钧先生曾言："日本之近代图书馆知识实由美国而来，推本穷源，则图书馆之渐转其眼光于美国……斯时自美习图书馆学归国者，亦相继以新图书馆运动号召于时，西洋图书馆之办法与理论，乃渐为国人所重视。"①

第二阶段效法美国的策源地和中心是文华公书林与文华图书科，② 也是从这一阶段开始教会大学图书馆成为中国近代图书馆学习的榜样。因为教会大学图书馆的设立与管理完全采用西方大学图书馆的模式，继承了西方图书馆的现代理念，是国内图书馆了解和认识西方图书馆的理论、管理和技术方法的重要渠道之一。20 世纪 20 年代以后，一批留学美国学习图书馆学的职业图书馆学家、图书馆从业人员陆续归国，其中大多数人就职于教会大学图书馆，或任教于教会大学图书馆学系，他们是在当时的图书馆界大力提倡和兴办美国式公共图书馆的中坚力量，更带来了具有美国特色的图书馆学理论和图书馆学教育，从发表著述到创办图书馆学刊物，再到成立图书馆协会以及开展图书馆学教育，中国图书馆近代化进程开始加速前进，并日趋完善和规范。③

正是由于教会大学图书馆本身代表着西方图书馆发展水平的特质，以及其与当时国内著名的图书馆学者乃至中国图书馆近代化进程之间的微妙联系，因此若将教会大学

① 刘国钧：《现时中文图书馆学书籍评》，载《图书馆学季刊》1926 年第 2 期，第 346—350 页。

② 程焕文：《百年沧桑 世纪华章——20 世纪中国图书馆事业回顾与展望》，载《图书馆建设》2004 年第 6 期，第 1—8 页。

③ 刘国钧：《现时中文图书馆学书籍评》，载《图书馆学季刊》1926 年第 2 期，第 346—350 页。

图书馆在藏书建设方面的发展趋势和特点置于整个中国近代图书馆发展的历史中进行观察，我们可以发现教会大学图书馆的实践基本上也可以代表中国近代图书馆探索的足迹。

首先在藏书建设政策方面，强调馆藏的购置和选择必须以用户的需求为中心。这样一种观念在今天看来似乎已经成为一种常识，但是在 20 世纪上叶的中国图书馆界，建设藏书楼的一套思想依旧根深蒂固，这种观点显然是先进且有着争议的观点，并非所有图书馆都能够接受。当时国内图书馆在书籍购置和选择上的趋势，主要有 3 种情况：经费充足的图书馆对于中文古籍和西方科学书籍同时并重；经费不充足的图书馆则趋于两个极端，一种主张专门购置中文古籍，以保存国粹，避免日后研究中国之学问不得不求助于外国，一种主张专门购置西方科学书籍，以图救国强国。① 此外，在书籍选择方面还有一种盛极一时的风气就是购置方志，可谓"中外各馆，竞相购置，而商估已利市百倍"②。笔者认为独立地评判上述书籍选择和购置的原则，则很难界定孰是孰非，因为图书馆无论购入何种文献，即使只集中购入某一学科的文献，只要能够满足该馆所服务的用户群体的需要，那么其藏书建设政策和馆藏结构就是合理的。而当时之所以就书籍选择和购置的问题产生争议，显然是很多图书馆在进行藏书建设时，脱离了本馆用户群体的需要，囿于书籍本身的价值和作用为标准。经费充裕，能够做到中文古籍和西方科学书籍并重固然是一种理想的状况，但是如果脱离了用户需求和某一特定图书馆的社会角色与定位，盲目购入古籍和西方科学书籍也是不可取的。

---

① 李小缘：《中国图书馆事业十年来之进步》，载《图书馆学季刊》1936 年第 10 卷第 4 期，第 507—549 页。

② 李小缘：《中国图书馆事业十年来之进步》，载《图书馆学季刊》1936 年第 10 卷第 4 期，第 507—549 页。

教会大学图书馆在当时国内的这种风气下，能够坚持对馆藏最基本的要求是保证学校师生研究和教学的需要，在学校教育理念和办学特色的指导下，结合学校的学科设置、重点学科以及教学计划开展藏书建设工作，实为难能可贵。

如何认识期刊的价值以及如何科学地管理馆藏期刊，在 20 世纪二三十年代的中国图书馆界也是一大课题。当时国人一般都认为期刊、报纸只是茶余饭后的消遣，于学术研究并无意义，亦无留存的价值，这一观点在国内的图书馆界影响也颇深，许多图书馆在藏书建设过程中忽视期刊的采购与管理。李小缘在《中国图书馆事业十年来之进步》一文中曾批评国内一些图书馆对期刊管理不善，不注意保存过刊，经过多年发展之后馆藏的期刊竟无一种有完整收藏。① 这一现象并非只存在于当时的公共图书馆，在期刊占馆藏重要地位的大学图书馆亦是如此。陆华琛在中华图书馆协会 1929 年年会论文《对于大学图书馆管理上的意见》中也写道："……每科每系各须订购杂志，惟时常改换已定者不复续定，其结果为耗费金钱，徒剩零碎卷册，为用亦至有限。"② 因此教会大学图书馆在期刊管理方面所坚持的连续性和系统性的方针也非常值得当时国内图书馆借鉴，特别是岭南大学图书馆，将西文自然科学学术期刊建设成为特色馆藏，其中的建设理念和实践方法值得深究。

与期刊、日报等类型的藏书组织相关的一个方面就是编制索引。在 20 世纪二三十年代的中国图书馆史上曾有一段著名的"索引运动"，当时我国国内涌现了一批索引研究学者，发表了许多索引研究论著，成立了一些索引编纂机构，如哈佛燕京学社引得编纂处、中法汉学研究所、金陵

---

① 李小缘：《中国图书馆事业十年来之进步》，载《图书馆学季刊》1936 年第 10 卷第 4 期，第 507—549 页。

② 陆华琛：《对于大学图书馆管理上的意见（十八年年会论文)》，载《中华图书馆协会会报》1929 年第 5 卷第 1、2 期合刊，第 3—4 页。

大学农业图书部、岭南大学图书馆等，编纂了大量索引工具书。[1] 图书馆学界"索引热"的根源在于胡适等人提倡整理国故，1923 年其在《国学季刊》发刊词中提到"索引"式的整理是"系统的整理的最低而不可少的一步"。[2] 1925年 6 月，梁启超在中华图书馆协会成立大会的演讲中言："我还有一个重大提案，曰编纂新式类书……以浩如烟海的古籍，真所谓'一部十七史从何说起'。所以除需要精良的分类和编目之外，还须有这样一部大而适用的类书，方能令图书馆的应用效率增高。"而此类书的编纂"最适宜者莫如图书馆协会"。此处的"新式类书"即指索引而言。此后如林语堂、何炳松等学者纷纷撰写文章论述索引的重要性。1928 年初，中华图书馆协会索引委员会发布启事 1 则，向国人介绍欧美各国对索引的重视，"吾人试察欧美各国所刊行之书报，除文学、小说及无关重要之刊物外，莫不备有索引。……彼等视一书之索引，为其中必不可少之部分，并视索引之编制，为出版者应尽之义务而阅者应享之权利。但在我国鲜有注意及此者。同人等为发展文化起见故拟广为宣传，促成索引之事业"。草拟这则启事的委员有杜定友、万国鼎、刘国钧、金敏甫、陈普炎、钱亚新与毛坤。[3]这些委员多数毕业于文华图书科，其中万国鼎、刘国钧、陈普炎等人均有在教会大学工作的经历。王雅戈和侯汉清曾编制过 1 份"索引运动大事记"（见表 7-1），大致勾勒了 1920 年代初至 1935 年"索引运动"期间的一些重要事件以及对我国现代索引事业兴盛有标志性意义的事件，从

---

① 王雅戈、侯汉清：《万国鼎先生索引成就研究》，载《中国索引》2008 年第 3 期，第 60—65 页。

② 胡适：《发刊宣言》，载《国学季刊》1923 年第 1 期，第 1—16页。

③ 黄恩祝：《应用索引学》，上海书店出版社 1993 年版，第 155—158 页。

中我们不难发现教会大学学者以及教会大学图书馆在此次运动中所扮演的领导角色。教会大学的图书馆学者不仅建立了我国最早的专业索引学术组织和索引编纂机构——中华图书馆协会索引检字组，而且出版了一批高水平的索引研究专著和发表了一批高水平的学术论文，编撰了一批学术价值很高的索引，如哈佛燕京学社引得编纂处系列出版物《说苑引得》、《白虎通引得》、《四库全书总目及未收书目引得》、《全上古三代秦汉三国六朝文作者引得》、《三十三种清代传记综合引得》等64种81册（其中正刊41种，附有原文的特刊23种），再如岭南大学图书馆截止到抗战爆发前出版各类索引6种，由于篇幅原因，在此不便一一列举。

表7-1 索引运动大事记

索引理论研究论文或讲演		
林语堂	创设汉字制议	1917年
胡适	《国学季刊》发刊宣言	1926年
万国鼎	索引与序列	1928年
陈垣	燕京大学讲演	1929年
刘纯	杂志索引之需要	1929年
钱亚新	杂志和索引	1929年
黎锦熙	关于索引的方法	1936年
钱亚新	中国索引论著汇编初稿	1937年
郑振铎	索引的利用与编纂	1937年
索引专著		
钱亚新	索引和索引法	1930年
洪业	引得说	1932年
索引编纂实践		
蔡廷干	老解老	1921年
清华政治学会	政治书报指南	1923年

续表

索引编纂实践		
清华教育学社	教育论文索引	1924 年
杜定友	时报索引	1925 年
杜定友	《学校教育法》索引	1925 年
陈乃乾	四库全书总目索引	1926 年
王重民	国学论文索引初编	1929 年
《人文》杂志社	最近期刊要目索引	1930 年
南京中山文化教育馆	期刊索引	1933 年
金陵大学图书馆	农业论文索引	1933 年
南京中山文化教育馆	日报索引	1934 年
岭南大学图书馆	中文杂志索引	1935 年
索引组织		
中华图书馆协会索引检字组成立		1925 年
金陵大学图书馆杂志索引合作社成立		1926 年
万国鼎、李小缘提案	通知书业于新出版图书统一标页数法及附加索引案	1928 年
哈佛燕京学社引得编纂处成立		1930 年
中法汉学研究所通检组成立		1942 年
索引教学		
索引与序列课（金陵大学）	万国鼎	1928 年

注：与万国鼎、李小缘提案之《通知书业于新出版图书统一标页数法及附加索引案》同时通过的提案还有：金陵大学图书馆的《编纂古书索引案》，金陵大学李小缘、白锡瑞的《编制中文杂志索引》和李小缘的《中华图书馆协会应设法编制杂志总索引》提案。

资料来源：王雅戈、侯汉清：《万国鼎先生索引成就研究》，载《中国索引》2008 年第 3 期，第 60—65 页。

至于分类法方面，1917—1937 年间的中国图书馆界和图书馆学界关注的焦点之一就是如何编制一部科学合理、面向普通读者、高效率的中文书分类法，从而涌现出一大批"仿杜"、"改杜"、"补杜"的分类法。范并思将近代中国图书馆界在分类法方面的探索称为"应用图书馆学的亮点"之一。① 20 世纪二三十年代时，西方较成熟、使用较普遍的图书分类法已有《杜威十进分类法》（*Dewey Decimal Classification*）、《美国国会图书馆分类法》（*Library of Congress Classification*）和《卡特开展分类法》（*Cutter's Expanse，Classification*），国内外图书馆对于西文书的分类，大多数采用以上几种，并无特别争议。而关于中文图书的分类法，因西学东来，新学传播，新书迭出，种类激增，原有的四库法不足以概括新来学术，而西洋分类法，又不适于国情，故各图书馆竞相仿照西法，改良中文书籍的分类法，使中文图书分类经历了最为混乱的历史时期。截止到 1936 年底，国内已经出版或见诸报端的分类法就近 20 种之多，国外也已经出现了哈佛大学哈佛燕京学社的《汉和图书分类法》以及美国国会图书馆的中文书分类法等。当时国内图书馆在对中文图书分类法的选择上，正如李小缘所评述："即以分类一端而论，各家信仰主义，各有不同，或采四库对于新类加以扩充，或采王云五氏之分类法，而加以改正，或采《金陵大学图书馆分类法》，而加以改正，或直取杜定友氏之《世界图书分类法》，或自行创立分类法等等，不一而足。"② 教会大学图书馆不仅是国内对西文书较早采用《杜威十进分类法》的图书馆，而且在编制中文书分类法方面也处于领导地位，当时在国内影响较大的几部

① 范并思：《20 世纪西方与中国的图书馆学：基于德尔斐法测评的理论史纲》，北京图书馆出版社 2004 年版，第 235 页。

② 李小缘：《中国图书馆事业十年来之进步》，载《图书馆学季刊》1936 年第 10 卷第 4 期，第 507—549 页。

中文书分类法很多出自教会大学，如沈祖荣与胡庆生的《仿杜威书目十类法》、刘国钧的《中国图书馆图书分类法》、皮高品的《中国十进分类法》等。教会大学的图书馆学者在编制中文书分类法的同时，自然也发表了大量有关分类法研究的论文，论文的内容涵盖了从早期译介西方分类法到系统研究西方分类法，进而研究中文书分类法的基本理论、方法体系与著者号码编制法等。

此外，近代中国图书馆历史中其他与藏书建设和管理有关的方法与理念，如开架借阅制度、经费管理办法、图书馆委员会的引入等，都或多或少与教会大学图书馆有密切的关系，在此不做一一赘述。

7.2 岭南大学的藏书与学术研究

7.2.1 学术研究对藏书建设的影响

关于岭南大学图书馆藏书的特色，本书已从各时期主要的藏书活动、购书经费、藏书来源以及图书馆专藏等角度详细论述。岭大图书馆堪称特色的专藏，概括而言可分为4类：一为系统、完整的期刊收藏，二为1911年至1937年的日报全份，三为善本古籍，四为"中国问题研究"西文出版物。在本书的第4章中分析了图书馆常规购书经费于各个学科间的分配情况，得出的结论是各个专业获得常规购书经费的比例基本比较平衡，其中仅中文系、生物学系、化学系、商学院和工学院获得常规购书经费比例略高。再结合第5章中对图书馆藏书分类统计以及图书馆委员会会议记录的综合分析，不难发现岭南大学图书馆的藏书在学科结构上比较倾向于理工和应用科学，农业（含蚕丝科）、工科、商科、生物学、物理学和化学类藏书数量在馆藏中占据相当大的比重，特别是馆藏西文书籍中超过三分之一都是"纯科学"和"应用科学"书籍，此外还有系统、完备的西文自然科学学术期刊馆藏，几乎囊括所有世界顶级自然科学学术期刊。而通过第 6 章对中文善本古籍和"中国问题研究"西文文献 2 项专藏的论述，可以发现这 2 项专藏共有的特色都是重点收入与岭南地区历史、人文、社会、地理和自然相关的文献，这与岭南大学作为岭南文化研究学术重镇的地位也十分相称。

上述岭大图书馆藏书学科结构的特点、藏书特色的形成，与学校从创校以来始终秉承的建校大纲、教育理念和办学方针密切相关，学校的学术研究对图书馆的藏书建设产生了巨大的影响。

早在学校成立之前，学校的创校人哈巴博士对学校的构想就是设立预科学校、文理学院和医学院，通过教授西方科学、医学和宗教，纠正中国人由于专读儒学而树立的观念，启发民智。[①]1927 年学校收归国人自办，在新旧校董交代典礼上，钟荣光校长宣布办学方针，其中之一为"一切学科，注重实用"[②]。因此岭南大学一直以来都是更偏重理工科，而文科薄弱，图书馆藏书的学科结构亦是如此，尤其是在早期，藏书倾向于物理、化学、生物及农业科学文献。

岭南大学的建校得到了广东社会各界非基督教人士的支持，因此学校从一开始就重视与社会各界建立友好的关系，鼓励师生积极服务社会，并逐渐形成了教学、科研和推广一体化的办学模式。岭南大学的农学教育最先与广东社会相结合，制作并收藏华南植物标本，开展广东省柑橘

---

① 陈国钦、袁征：《瞬逝的辉煌——岭南大学六十四年》，广东人民出版社 2008 年版，第 3 页。

② 《本校新旧校董交代典礼之盛况》，载《私立岭南大学校报》1927 年第 1 期，第 22—23 页。

属水果改良试验，进行岭南地区的蚕桑研究。而后其他理工、商科及应用学科的教育也陆续与广东乃至中国社会相结合。正是在这样一种教育理念和学术研究方向的影响下，岭南大学图书馆开始陆续收藏与华南以及中国农业、植物学、动物学等学科有关的文献。1917 年，学校开设商科专业，培养目标是使学生毕业后可以满足社会对商业人才的需要，因此在课程的开设方面力求与当时中国的经济和金融状况相结合，图书馆亦配合该专业的开设，入藏与教学方案相应的文献资源。① 也是在这一年，图书馆决定将"中国问题研究"西文出版物作为专藏进行建设。受教会大学办学目的走向中国化的影响，岭南大学于 1919 年筹设中籍部。在筹设过程中，对中文书的征集并不以珍稀善本为目的，而是切实结合学校的办学方针和教学方案进行征集，入藏了许多新学方面的中文书籍，如《普法战纪》、《使俄草》、《英兴记》等等。此外，鉴于中文方志中有许多关于中国土壤和动植物的记载，有益于学校的农学教育，因此中文古籍的搜罗以方志为重点。

1929 年受国民政府铁道部的委托，学校开设工学院，训练土木工程方面的专门人才。1934 年全国基督教大学会议召开，会上制定的"各大学之联合进行计划"确定农科教育的 2 个中心分别为金陵大学和岭南大学，商科、工科和医学也确定为岭南大学今后重点建设的学科。② 可见经过数十年的发展，农科、商科和工科已经是公认的岭南大学的强势专业；医学方面，1936 年夏葛医学院和博济医学院合并，岭南大学的医学教育遂在全国成为佼佼者之一。与之

---

① *The letter of C. K. Edmunds to The Chinese Government Salt Revenue Department*, 1917 年 12 月 7 日，广东省档案馆藏岭南大学档案，全宗号：38 - 4 - 182（229）。

② 《陈教务长出席基督教大学三会议经过》，载《私立岭南大学校报》1934 年第 6 卷第 13 期，第 199—203 页。

相应，图书馆的馆藏，无论是在整体上，还是在"善本古籍"和"中国问题研究"西文出版物的建设上，都是以上述4个学科为收藏重点。特别值得一提的是岭南大学图书馆"善本古籍"和"中国问题研究"西文出版物这2项专藏，其开始建设的时间早于其他教会大学图书馆，而其内容上对岭南文化研究的偏重，更是与其他大学图书馆的"国学藏书"形成了鲜明的对比。

1912年10月教育部公布《大学令》，首次提出"大学以教授高深学术、养成硕学宏才，应国家需要为宗旨"[①]。这一命令成为当时全国唯一一所国立大学——北京大学的基本章程。北大当时的课程设置以中国文化科目为重点，以"国学"来命名相关学科，重新认识和评估中国传统文化，蔡元培的改革更使北大的中国旧学术开始了近代化的进程。1919年，胡适号召"整理国故"，提出用资产阶级实证主义的方法整理中国一切过去的文化。[②] 此后的北大不仅是新文化运动的中心，也是"国学"研究的中心，并带领一批国立大学致力于"国学"教育与研究的新局面，推动中国近代知识与制度的转型。国立大学的迅速变革，师资力量的日益雄厚，为教会大学带来了危机感，素以英语、医学、西方科学见长的教会大学也纷纷开办"国学"教育。因此，可以说其他大学图书馆对中文古籍以及"中国问题研究"的西文书的收集，初衷在于支持本机构的"国学"研究，因此对中文古籍的搜购以经史部为重，注意对善本的访求，对"中国问题研究"的西文书也一般限于纯粹的汉学或者说中国学文献。

《大学令》颁布后的十几年内，国民政府对大学教育制

---

① 《教育部公布大学令》，参见舒新城：《中国近代教育史资料》（中册），人民教育出版社1961年版，第647—649页。

② 曹伯言、季维龙：《胡适年谱》，安徽教育出版社1986年版，第161页。

度做过几次修改，教育宗旨日渐倾向于强调实用科学。1929 年国民党第三次全国代表大会制定了 8 条关于教育的实施方针，其中第 4 条规定"大学及专门教育，必须注重实用科学，充实学科内容，养成专门知识技能，并切实陶冶为国家社会服务之健全品格"①。1929 年公布的《教育设施趋向案》提出："大学教育以注重自然科学及实用科学为原则。"② 但是 20 年代初以来"国学"研究的发展依旧在学术上形成新气象，以北京大学为代表的国立大学在"国学"领域的教学和研究取得显著成就，而以燕京大学为代表的教会大学在这一领域也有突破性的进展。③

1928 年 12 月，美国霍尔基金会提出了该组织国外教育基金的分配方案，其中包括对中国 6 所教会大学的限制性资助，指定用于中国文化教育和研究。为了获取这笔高额经费，相关学校纷纷制订"国学"研究的规划，成立"国学"研究机构，并通过这一经济纽带，与美国哈佛大学哈佛燕京学社建立了在"国学"教育和研究方面的合作关系，共同致力于"国学"这一学术方向。因此，自 20 世纪 30 年代起中国的教会大学掀起"国学热"，"国学"研究成为重点。④ 但是置身于这一潮流下的岭南大学凭借其与霍尔基金的特殊关系，并未严格按照资助条件使用经费，而是依旧坚持本校一贯的办学理念、教育方针以及学术研究上的兴趣，重点发展农科、商科、工科和医学 4 个特色专业，同时

---

① 中华民国教育部：《第一次中国教育年鉴》（上），开明书店 1934 年版，第 16 页。

② 陈学恂：《中国教育史研究（现代分卷）》，华东师范大学出版社 1994 年版，第 44—45 页。

③ 陶飞亚、吴梓明：《基督教大学与国学研究》，福建教育出版社 1998 年版，第 182—188 页。

④ 陶飞亚、吴梓明：《基督教大学与国学研究》，福建教育出版社 1998 年版，第 189—190 页。

对岭南文化的研究倾注了大量的精力，从而形成了丰富的广东方志与广东文献专藏。

7.2.2 岭南大学的学者与藏书建设

1931 年梅贻琦就任国立清华大学校长时曾说："所谓大学者，非谓有大楼之谓也，有大师之谓也。"以此点明大师之于大学的重要性。正是因为学者对于大学具有如此重要的意义，所以一所大学的学者对于学校方方面面的建设和发展都有一定的影响力，尤其是对于作为大学构成三要素之一的图书馆，其影响力更可谓深远。对于学者来说，藏书的兴趣是与其学术的兴趣、理念和愿景联系在一起的，因此藏书活动也就成为其学术工作的重要组成部分。也恰是因为学者与藏书之间存在这种密切的关系，所以任何一所大学图书馆的藏书历史里都有学者打下的深刻烙印，如果说大学的学术研究从根本上影响大学图书馆藏书建设的方向，那么学者就是实施影响的贯彻者之一。

在岭南大学的历史上，文科、理科、农科、商科、工科等各个学科都拥有一批治学严谨、学术造诣深厚且在当时颇具影响力的学者。在 1918 年正式开办大学到 1927 年期间，在校任教的外籍学者中历史学、社会学和政治学方面有包令留（H. C. Brownell）、史麟书（E. Swisher），道教研究方面有尹士嘉（O. F. Wisner），医学方面有嘉惠霖（William W. Cadbury），物理学方面有晏文士（Charles K. Edmunds）、聂雅德（A. R. Knipp），化学方面有富伦（Henry S. Frank）、梁敬敦（C. N. Laird），史地学方面有冯世安，教育学方面有葛理佩（Henry B. Graybill），农学有高鲁甫（George Weidmen Groff）、罗飞云（Cgrl Oscar Levine）、考活（Charles W. Howard），生物学方面有贺辅民（W. E. Hoffmann）、莫古黎（F. A. McClure），数学方面有麦丹路（W. E. MacDonald）等。1927 年岭南大学收归国人自办，上述所列外籍学者中，除晏文士、冯世安、葛理佩和罗飞云离任外，其余仍继续留校任教。

学校除外籍学者以外，还拥有一批本国学者，如文科方面的陈德芸、杨寿昌、徐信符、谢扶雅、陈受颐、朱有光、卢观伟、容肇祖、冼玉清、张长弓、黄延毓等，理科方面化学有赵恩赐，物理学有许浈阳、冯秉铨，生物学有陈心陶、容启东，农业、园艺及蚕丝学方面有古桂芬、何畏冷、傅保光、李德铨、李沛文、邵尧年、张焯堃，商学院有郭荫棠、胡继贤、萧祖用，工学院有胡栋朝、李权亨等等。

1948 年陈序经担任岭南大学校长，其本人就是一位杰出的学者，在社会学、经济学、民族学、历史学方面都研究精深，而在他的学术成就及人格魅力的感召下岭大又聚集了一大批学者，如历史学家陈寅恪，语言学家王力，经济学专家梁方仲、吴大业、王正宪、彭雨新，政治学专家张纯明，人类学专家吴家梧，英文学专家周其勋，社会学专家杨庆堃，数学家姜立夫，测绘专家陈永龄，土木工程专家陶葆楷等等。[①]

上述学者对于岭南大学图书馆的藏书建设都有一定的影响。首先从购书的流程来考察，岭大图书馆当时采用的书籍购买方法与其他大学图书馆一样，都是以"介绍法"为基础，即由馆长致函各院系的院长或系主任，请各院系根据该年度购书经费分配的数量进行自由选择，选定后由各系主任向图书馆馆长提交订购书籍和杂志的清单，详列著者、书名、版次、出版年月及价格等信息。上述所列的学者或为各院院长，或为各系系主任，均是所在学科的学

---

① 陈国钦、袁征：《瞬逝的辉煌——岭南大学六十四年》，广东人民出版社 2008 年版，第 121 页。

术带头人，因此在领导所在院系教师进行藏书选购时，他们的意见具有足够的影响力。此外，图书馆还有一部分藏书的购书经费直接来自各院系，由各院系从研究经费中拨发，故这部分经费的支配完全由各院系决定，也就是说上述学者作为院系的领导者或科研项目的主持人，依旧影响了院系购书经费的使用。

其次，由各院系教师自由选书的"介绍法"存在着一定的弊端，如所推荐的书籍过于专深而不能兼顾其他教师所用，或所推荐的书籍与学生的阅读、理解能力相去甚远等，为避免产生这样的问题以致影响到图书馆整个藏书体系的科学性和合理性，大学一般还会设立图书馆委员会，监督和审查图书馆的购书流程与所购书籍。大学图书馆委员会的主席和委员通常由学校内各个学科的专家担任，岭南大学亦不例外。由此，学者对于图书馆藏书建设的作用在这一环节也得到了体现。

学者对藏书建设的作用和影响不只是体现在大学图书馆购书制度的层面上，同时很多学者也会亲自为图书馆购买文献，或者利用自己拥有的学术资源、关系网络为图书馆募捐图书。例如岭南大学图书馆"中国问题研究"西文出版物专藏的建设就与农学院院长高鲁甫的建议有很大联系，高鲁甫出于研究华南农业的需要，曾多次致函图书馆馆长请求购买有关中国农业问题的西文出版物，这或许就是岭大"中国问题研究"西文出版物专藏中拥有不少珍贵的有关中国农业问题研究文献的缘由。再如1919年图书馆筹设中籍部时，时任国文系教授的陈德芸不仅亲自担纲主任一职，还亲自奔赴港、澳、平、沪各地为中籍部劝捐图书，学校教师关恩佐也曾亲赴上海，从友人处得到中国文学赠书500余册，这些劝捐而来的书籍构成了中籍部的藏书基础。陈受颐在美国留学期间，也受图书馆所托在美搜购文学和社会科学方面的二手书，这些书籍多为名家著作或欧洲学者作品的原版书籍或译著。① 其他如容肇祖等学者也为岭大图书馆搜购了不少珍贵典籍,《馆藏善本图书题识》中收录的明刻官书精品《春秋经传》、旧抄本《光孝寺志》、清道光南海吴氏筠清馆刊本《石云山人集》均由容肇祖购入,在《光孝寺志》上还有容肇祖的亲笔题跋。1927 年,《私立岭南大学校报》上一则关于图书馆的报道中称"西籍一部,关于经济、教育、文学三门之罗致,均出自专家之手"②,可见岭大学者对于图书馆藏书建设贡献之著。

此外,正如本书"5.2.3 校友和校内人士赠书"部分所论述,岭大的很多学者都愿意将自己的藏书赠予图书馆,这些赠书之于图书馆的意义,不只是增加了藏书数量、丰富了藏书内容,更重要的是展现了一代学者的学术历程与学术成就,传递了一种学术精神。

一般来说,得自学者之手的文献,即使不是珍稀善本或绝版之书,也一定是具有重要学术价值的文献,这些文献与学者从事的研究领域密切相关,是其以个人的学术兴趣和深厚的学术功力为背景鉴定、挑选而来,因此对图书馆藏书的内容、结构以及质量有重要意义。③ 还有一点值得注意的是,学者眼中的文献搜购与整理,和图书馆专业人士眼中的文献搜购与整理是迥然不同的,前者关注的是"何学有何书",是"学者的灵魂",是如何"辨章学术、考镜源流";而后者关注的是"何书属何学",是"社会的记忆",是如何分门别类、便于使用。学者与专业馆员

---

① 关于陈受颐为图书馆搜购文献之事详见本书"5.1.3.3 其他文献购买来源"。

② 《图书馆报告》,载《私立岭南大学校报》1927 年第 1 期,第 28 页。

③ 殷开:《购书与整理:中山大学图书馆的初期发展与问题》,载《中山大学学报(社会科学版)》2009 年第 4 期,第 105—113 页。

之间的这种差别也正体现了学者之于藏书建设的关键意义所在。

7.2.3 从岭南大学藏书建设看大学的独立精神

岭南大学图书馆在藏书建设过程中一贯秉承自由、民主、科学的理念，坚持大学独立的精神，因此纳入馆藏体系的文献资源不因责任者的出身、背景或观点的原因而排斥，不因党义或教义的不同而被禁止或剔除。与当时国内其他教会大学图书馆乃至各类型图书馆相比，这一理念可以称为岭大图书馆最引人注目、最值得肯定的特点，并且是值得今天的图书馆界以及图书馆学研究深入思考的问题。

岭大图书馆在藏书建设过程中秉承自由、民主、科学理念的这一特点，主要体现在对政府明令禁止书籍的措施、图书馆的借阅政策及对待共产主义的态度方面。仅以1927年南京国民政府成立前后这段历史为例，这一时期国民党开展清党运动，表现在社会思想与文化领域方面就是钳制舆论，对出版发行实施严格的审查。翻阅当时的《私立岭南大学校报》，多有转载政府发布的查禁书刊的公告，如1929年7月16日《私立岭南大学布告第583号》云：

> 为布告事迭奉
>
> 广东教育厅训令第15号至第19号开查禁《青春》，又《中国国民党改组同志会第一次全国代表大会宣言及议案》，又《小日报》《真报》星期刊，又《革命青年》第2期第1册，又太平洋劳动会议秘书处印行之《太平洋劳动会议秘书处的起源组织纲领及其工作》，又中国共产党中国共产青年团中央委员会印发之《反对军阀战争宣言》各等，因奉

此自应遵照查禁，合行布告，仰校内人等一体知照
此布。……①

再如 1929 年 7 月 25 日《私立岭南大学布告第 596
号》云：

> 为布告事现奉
>
> 广东教育厅训令第 69 号第 70 号第 71 号第 72 号开
> 查禁《青天白日社促开国民会议挽救中国危亡宣言》、
> 《引擎月刊》创刊号、《时兴潮》月刊、《护党周刊》
> 各等，因奉此合行布告，仰校内人等一体遵照
> 此布。……②

其他查禁书刊有如《不平等条约与中国》、共产党刊物
《战迹旬刊》、《少年先锋报》、香港《群报》早刊等等，不
胜枚举。对于这些查禁书刊的政府命令，岭南大学一般都
会遵令在校内张贴公告，在校报上刊登通知，然而图书馆
在实际操作过程中并不会将查禁书刊销毁或彻底禁止流通，
而是依旧纳入馆藏体系中，采取限制使用的措施，在《借
书种类之规定》中明文规定"不可借出之书（但可借在阅
览室阅读）"有 5 种，禁书就是其中之一。③

岭南大学历来奉行思想言论绝对自由的原则，对各种
社会思潮采取兼容并包的态度，但是主张以学术的态度进
行研究，不得在校内发动风潮，影响学业。在学校的这种
理念下，图书馆才有条件对禁书采取如此自由、民主的政
策，对于内容敏感的文献图书馆亦照常收入，如 1931 年时
曾接受讨蒋宣传会赠送的《讨蒋画报创刊号》。学校当局和
图书馆对于共产主义也持正确研究的态度，不仅购入共产

---

① 《私立岭南大学布告第 583 号》，载《私立岭南大学校报》
1929 年第 1 卷第 23 期，第 193 页。

② 《私立岭南大学布告第 596 号》，载《私立岭南大学校报》1929
年第 1 卷第 24 期，第 199 页。

③ 《岭南大学图书馆一览》，岭南大学图书馆 1936 年版，第 32 页。

主义方面的文献，学校方面也会组织相关的演讲和讨论，如 1931 年 10 月 12 日，副校长李应林在全校教育会上演讲《苏俄之文化教育及其政治经济社会之背景》，尽管演讲中的某些观点和认识存在局限性和理解上的偏差，但是整篇演讲词仍是以辩证的立场分析苏俄文化教育及其政治经济社会方面的利弊，且开篇即讲：

> 在未研究苏俄的教育和它的社会背景之先，我们对于苏俄应有一种正当的态度。许多人以为共产主义是不适合，并且是有害中国的，所以不是抱有仇视，便是抱有恐惧的心理。人人都视共产主义如毒蛇猛兽，避之唯恐不远，其实这种态度是不对的。[①]

岭南大学图书馆藏书建设活动所秉承的这种自由、民主、科学的理念，从某种程度上来说，恰与目前国内外图书馆界倡导和呼唤的"图书馆权利"所表达的核心内容之一相吻合，即反对审查制度，尊重知识自由和表达自由。当然，以现代的术语和理论去表述和分析前人的活动与思想，并不是严谨、科学的做法，会有有意识地拔高前人的思想、将现代人的意识强加于历史的嫌疑，但是至少可以说，从岭南大学图书馆藏书建设的历史中，可以看到教会大学图书馆对当时西方大学图书馆理念的借鉴、传承和弘扬，可以折射出近代中国制度转型的某个层面。同时，岭南大学图书馆的藏书历史还展现了一所大学如何独立于政治与现实世界，从纯学术和精神的高度引领社会发展的历程，此即为大学坚持"独立之精神，自由之思想"的姿态。

7.2.4　赠书来源与岭南大学的社会影响

一所大学的学术水平、社会影响及社会关系网络对获

---

①　《苏俄之文化教育及其政治经济社会之背景》，载《私立岭南大学校报》1931 年第 3 卷第 22 期，第 413—416 页。

得赠书有深刻的影响。通常情况下，一所大学在某一学术领域里的研究有一定的影响，则较容易获得同行机构或学者的捐赠；一所大学的学术成果、培养的人才在社会上有良好的口碑和认可性，就易于获得来自社会相关机构和人士的捐赠。此外，一所大学在办学过程中建立起的社会关系网络对获得赠书也有非常重要的影响力，因为有一些捐赠的最初动机往往是源于某种隐秘而又复杂的私人感情和人际交游，而并非出于一种非常官方、正式的原因，这一点尤其体现在私人赠书方面。正是基于上述原因，一所大学图书馆的赠书来源可作为评价该大学社会影响的切入点。

正如本书"5.2 赠书"一节的论述，岭南大学图书馆中西文藏书的基础均来自国内外社会各界人士的捐赠；在某些学年度中，新增文献来自捐赠的数量多于来自购买的数量；图书馆的中文善本古籍以及"中国问题研究"西文出版物专藏的建设也多得益于社会各界的捐赠；目前有文献可考的国内外主要赠书机关团体就多达180个，其中尤以党政军机关类、学校及其相关机构类和宗教团体类3类机构团体为最多；向岭南大学图书馆捐赠文献的个人则更加难以计数，其中不乏大宗捐赠文献者，也不乏以珍贵文献相赠者。由此既可以看出赠书对于岭南大学图书馆藏书建设的重要意义，也从一个侧面反映出岭大在当时的学术水平、社会影响及社会关系网络。

首先，通过分析岭大图书馆赠书的来源，不难发现捐赠的机构、团体和个人广泛来自社会各界，包括宗教界各个派别的团体和人士，这与学校的性质和办学目的密切相关。岭南大学最早是由中外基督教人士发起创办的1所学校，尽管建校的计划得到美国长老会海外差会的批准，具有一定的宗教色彩，但是学校并不附属于长老会差会，而是拥有独立的董事会，最早的6名董事会成员中神职人员和非神职人员各 3 名。① 在"收回教育权"的运动中，岭南大学又成为一所完全由国人自办的私立学校。所以说，学校从一开始就具有非教派性，这一性质决定学校便于获得社会各界的支持和赞助，包括向图书馆捐赠文献。同时，岭南大学本身作为一所教会大学，尽管从一开始便不隶属于任何教派和组织，但是其办学的本质仍在于"培养学生基督化的人格"，使"中国基督化"，因此它必然受到来自各类宗教团体的支持和帮助。

其次，在岭大图书馆赠书来源中，还有很多是国内外学校及其相关机构、研究机构、学术组织以及学者，这与教学科研机构之间的学术交流本来就十分频繁有关，但同时也可看出岭南大学的教学和科研在教育界和学术界得到充分的肯定。岭南大学的定位是一所国际化的学校，自大学开办之初就积极与国外大学联系，争取外国大学对本校大学毕业生的认可。1919 年，美国哈佛大学、耶鲁大学等10 所著名大学表示承认岭南大学毕业生具有美国大学毕业生的知识程度，同意接纳岭大毕业生到校攻读研究生，② 此后认可岭南大学学历的外国学校数量逐年增加。1936 年 9月大学开学典礼上，钟荣光在"校长训词"中谓："本校现有外国教员医生二十余人，外国学生三十余人，中外教员学生时有交换，已实现国际性。"③ 岭大农学院、生物学系、化学系、物理系的外籍教师多由外国大学派遣而来，中国籍教师也多有到外国大学继续深造者；在交换生方面，自1933 年实施交换生计划开始截止到 1938 年广州沦陷，共有来自美国和加拿大 26 所高校的 88 名学生加入该计划，其中

---

① 陈国钦、袁征：《瞬逝的辉煌——岭南大学六十四年》，广东人民出版社 2008 年版，第 4—5 页。

② 《岭南大学建校康乐二十五周年纪念册》，岭南大学 1929 年版。

③ 《大学开学典礼纪》，载《私立岭南大学校报》1936 年第 9 卷第 2期，第 14—16 页。

12 名来自哈佛大学，8 名来自宾州州立大学。^① 师资的交换与学生的交换使岭南大学与国外大学建立了密切的关系，自然也为互赠图书文献奠定了良好的基础。1927 年 12 月，岭大学生组织辩论队与俄勒冈大学代表队进行了 1 场英语辩论赛，岭大取得胜利，是为岭大学生与国外高校学生的第 1 次正式交流；^② 1931 年，岭南大学文学院历史政治系和社会学系的学生组织国际关系讨论会，获美国卡耐基基金会授予和平奖。^③ 诸如此类的交流活动也增进了岭大与国内外各类学校及其相关机构、研究机构、学术组织以及学者之间的合作，使图书馆更易于得到来自世界各地学校、研究机构和学术组织的赠书。

再次，在岭大获得的赠书中，尤其是外文赠书中，有关农学、生物学、物理学、化学、工学和商学方面的文献所占比重较大，这也恰恰印证了岭大发展、重视实用科学教育和研究的理念，并且在这些领域中开展的工作和取得的成绩得到了同行机构、学者的肯定，于是才吸引其将相关的文献赠予岭大图书馆。

另外，在向岭大赠书的国内外各类机构团体中，党政军机关类的机构、团体数量最多，这与岭南大学在办学过程中奉行"作育英才，服务社会"的理念不无关系。岭南大学努力将教学、科研与广东社会相结合，尤其是农科、工科和医学的教育、科研成果在社会上得到大力推广，收到了良好的社会反响，商科教育也密切关注社会经济发展的需要，文科注重对广东社会、文化的研究，这都使岭南

---

① 陈国钦、袁征：《瞬逝的辉煌——岭南大学六十四年》，广东人民出版社 2008 年版，第 94 页。

② 陈国钦、袁征：《瞬逝的辉煌——岭南大学六十四年》，广东人民出版社 2008 年版，第 94 页。

③ 陈国钦、袁征：《瞬逝的辉煌——岭南大学六十四年》，广东人民出版社 2008 年版，第 89 页。

大学的办学不断得到来自社会各个部门的支持和肯定。以农学教育为例，1915 年学校在菲律宾科学局的帮助下建立草药种植园，成为植物研究的平台；1916 年高鲁甫与美国农业部合作考察柑橘属水果的情况，并建立柑橘属水果引种站；1917 年来自明尼苏达州立大学的生物学家考活把研究所得的免疫蚕种赠送给附近农民；1919 年法国和美国的一些丝绸出口商要求与岭大合作，以提高华南丝绸的质量，改进中国生丝的质量并使之标准化；① 1921 年岭南大学农科大学独立之后，园艺、畜牧等课程日渐完善，学校建立农场从事改良稻米等农作物品种的研究和试验，建立果园培养优良果树，建立养殖场饲养奶牛、猪等牲畜并进行品种改良试验，研究的成果大多在珠三角一带得到推广，并得到当地农民和相关农牧机构的好评。在蚕丝学方面，1923 年广东省政府决定在岭大农科大学蚕丝部的基础上设立广东全省改良蚕丝局，这既是岭大蚕丝教育、研究成果推广的平台，也是政府和社会对岭大蚕丝领域工作的认可。② 在工科方面，岭南大学的工学院是受国民政府铁道部委托而成立，为国家和社会输送了一批铁路及公路专门技术人才。在现有文献记载中可见的向岭大图书馆赠书的机构中广泛包括广东财政司、广东省建设厅蚕丝改良局、广东省建设厅农林局、广东建设厅生丝检验所、广东建设厅水产试验场、广东陆地测量局、广韶铁路局、广州市工务局、国民政府铁道部、胶济铁路管理局、交通部会计司等，这不能不说与岭大在上述领域开展的工作为社会作出巨大贡献、产生良好的社会影响有关。

最后，岭南大学从成立之初就拥有良好的社会基础，

---

① 陈国钦、袁征：《瞬逝的辉煌——岭南大学六十四年》，广东人民出版社 2008 年版，第 25—26 页。

② 陈国钦、袁征：《瞬逝的辉煌——岭南大学六十四年》，广东人民出版社 2008 年版，第 50 页。

在办学的过程中又建立起了一个庞大的社会关系网络，这方面的因素也决定岭大能够拥有如此广泛的赠书来源。但是这方面的因素恰恰又是最难以理清和解释的，本书仅通过梳理几条关系脉络以期从一个侧面反映岭大的社会关系网络。

岭南大学的第1位华人校长钟荣光与孙中山同年同乡，29岁中举人，1912—1913年间曾担任过广东军政府教育厅厅长，与当时省港澳政治界、文化界和教育界的知名人士交游密切，如孙中山、邹鲁、孙科、陈子褒等均与钟荣光交情甚好。岭南大学的发展与钟荣光的人脉关系不无关联，其中也会影响到图书馆的赠书来源，诸如孙中山、孙科、陈子褒等人都亲自向岭大捐赠过文献。陈子褒去世后，其后人将其所遗之书赠予岭大图书馆；孙中山的族妹孙少卿也向岭大捐赠过图书。

1927年学校收归国人自办后，担任校长的钟荣光与广东省政府一如既往保持着密切友好的关系。新成立的私立岭南大学校董会成员来自海内外的政、工、商及教育界人士，如广东省教育厅厅长金曾澄、国民政府官员孙科、广东银行董事长李煜堂、香港制造商林护、广州培正中学校长黄启明、广州工务局局长林逸民、香港永安百货公司经理郭琳爽等①。学校的其他领导及教师也多有在政府部门任职或人脉关系极广者，如蚕丝学院教授考活曾担任广东省建设厅蚕丝改良局局长；②商学院教授胡继贤曾先后担任粤汉铁路广韶局局长、铁道部总务司司长、京沪沪杭两路局

① 陈国钦、袁征：《瞬逝的辉煌——岭南大学六十四年》，广东人民出版社2008年版，第47页。

② 华南农业大学校友会：《校史概览》，检索于2010年4月18日，http：//web. scau. edu. cn/xyh/show_ xyzh. asp? id＝203。

长及广韶、广九、广三三铁路总稽核等职;① 国文系教授杨寿昌为教坛名宿,是梁鼎芬的入室弟子,在清末民初期间曾有极短的从政经历,一生主要还是在两湖书院分校、两广高等学堂、两广陆军学校、广东大学、中山大学等新式学校任教,生徒遍粤省官衙,且与清末民初岭南士大夫流多为同调;② 任教于教育学系并兼任过图书馆委员会主席的何崎姿是何东爵士的四女儿,任教于化学系的何世光为何东爵士之弟何福的儿子,而何东家族乃香港显赫家族之一;农学教授古桂芬毕业于澳门子褒学校,也是中国同盟会会员,其外家杨氏世居檀香山,其父亲在秘鲁有古氏农庄,人脉较广,所以古桂芬后来协助钟荣光到秘鲁募资,建立岭南大学农学院,并受聘担任农学院院长;③ 容闳的堂侄容有榕也是岭大农科教授。④ 岭南大学的董事、学校领导及教师诸如此类的社会人际脉络不胜枚举,这使学校与国内尤其是粤港澳各机关团体、社会人士乃至海外华侨建立了良好的关系,并获得了广泛的赠书来源。

学校的学生来源及毕业生在社会上的分布也是岭大社会关系网络的组成部分。学校 1888 年开始招生时,陈少白是第 1 个报名的学生,其父正是为使格致书院设于广州而发起联名请愿活动的陈子桥。⑤ 而陈少白日后跟随孙中山等国民党元老级人物从事革命活动,有“中国国民党党史第一

① 《胡继贤秘书任广韶广九广三三铁路总稽核》,载《私立岭南大学校报》1931 年第 3 卷第 9 期,第 164 页。

② 陆键东:《近代广东人文精神与冼玉清学术》,参见周义:《冼玉清研究论文集》,香港中国评论学术出版社 2007 年版,第 27—98 页。

③ 陈博翼:《口述史中的人物:民国时期香山名人的网络》(未刊稿),中山大学历史系第一届“中国近现代史”本科生学术研究会论文。

④ 陈博翼:《口述史中的人物:民国时期香山名人的网络》(未刊稿),中山大学历史系第一届“中国近现代史”本科生学术研究会论文。

⑤ 陈国钦、袁征:《瞬逝的辉煌——岭南大学六十四年》,广东人民出版社 2008 年版,第 5 页。

人"的称号，其在从事革命活动过程中，结识了一批爱国人士，这些人士都与岭南大学发生过某种联系或对其产生了一种特殊的感情，从而投入到支持岭南大学建设的工作中。如陈少白的好友、爱国富商李煜堂就曾在岭南大学筹设中籍部时捐赠中文图书 37 种。梁少文等革命人士也乐于将所藏珍贵文献赠予岭大图书馆。事实上，从格致书院时代起，广东很多名人绅士都把孩子送到学校上学，当时广东提学使沈曾桐有 5 个侄子入读该校；① 孙科的 2 个儿子孙治平、孙治强，邹鲁的几个儿子，以及其他粤港澳政、工、商及教育界著名人士的子女都曾在岭南中学就读。而岭大毕业生则分布于社会各类机构，很多成为各个领域中的精英分子，如岭大校董孙科担任国民政府铁道部部长期间，下属的重要官员和总工程师等多出身于岭南大学。② 这些人脉关系从学校的赠书来源方面都得到了相应的反映。

此外，广东省素以开风气之先而著称，名商士绅、海外华侨受西方思想的影响深远，对教育事业尤其热衷，岭南大学本身又在广东社会享有嘉誉，故吸引了一批社会人士捐赠文献。而海外人士有鉴于岭南大学的性质和办学特色，也纷纷乐于以图书文献相赠。《岭南大学图书馆一览》中有言："今日之琳琅满架者，多受爱护岭南人士及校友之捐赠品物也。"③

岭南大学之所以能够在赠书等办学事宜方面得到粤港澳乃至华侨人士的大力扶持，归根结底与学校在广东社会所拥有的深厚社会基础和人脉关系密切相关。据岭南大学校史的记载，当年哈巴博士力主在中国筹设一所高等学校，

---

① 陈国钦、袁征：《瞬逝的辉煌——岭南大学六十四年》，广东人民出版社 2008 年版，第 10 页。

② 陈国钦、袁征：《瞬逝的辉煌——岭南大学六十四年》，广东人民出版社 2008 年版，第 84 页。

③ 《岭南大学图书馆一览》，岭南大学图书馆 1936 年版，第 2 页。

最初对学校选址的设想是在华东、华北等地的上海、南京或北京，教会中的一些人士也支持哈巴博士的设想。① 当粤省的官、商、绅士得知外国教会要在中国开办学校的消息时，非常有兴趣，他们认为粤省与外国通商已久，亟须西学人才，而当时的政府刚刚否决在广州建立工学院的申请。于是广州绅士陈子桥发起请愿活动，联名函请教会将学校设在广州，并表示这是全广东各级民众的心声；400人在请愿书上签名，其中有10名翰林院成员、11名进士、100多名举人和秀才、100多名官员，还有乡绅、学生和商人，这些人均非基督教徒。哈巴博士在看到请愿书后表示从未听说整个传教史上还有这样的事情，学校遂最后选址广州。②

由这一事件可以看出，岭南大学得以设立于广州，与本地人士的热烈支持密不可分，这种热切渴求学校选址广州的期望在日后就演变为支持学校建设的动力。因此从感情上来说，尽管岭南大学是由外国基督教人士发起创办，但是从选址广州到学校的办学经费，再到中国人主权管理等方面，岭南大学都无异于是由海外华侨及粤港澳热心教育的人士"自己"运作的一所私立学校。而这所学校"规模宏大，修理整齐，教育良善"的程度被孙中山在1923年的一次演说中誉为"在广东可以说是第一，就是在中国西南各省，也可算作独一无二"③，这足以成为本地人士的骄傲。而仅从赠书来源这一角度梳理得出的岭大与中国革命以及广东省经济、文化建设，社会风气变革和制度转型之间千丝万缕的关系，已经可以窥见岭大贡献之巨。综合这

① 陈国钦、袁征：《瞬逝的辉煌——岭南大学六十四年》，广东人民出版社2008年版，第3页。
② 黄菊艳：《岭南同学 桃李芬芳》，载《羊城晚报》2007年11月4日。
③ 孙中山：《大元帅对岭南大学学生欢迎会演说词》，载《广州民国日报》1924年1月1日、1月5日。

些因素，当时及至现在的粤港澳人士和华侨对岭南大学的深厚感情或许就并不难以理解了。

7.3　哈佛燕京学社与岭南大学"中国问题研究"的分歧

7.3.1　哈佛燕京学社的"汉学研究"

"汉学"本身就是一个相当复杂的概念，国内外的研究者对其所指代的学术研究所使用的术语也不尽相同，在20世纪二三十年代的中国国内多使用"国学"，国外学术界除使用"汉学"这一术语外，还使用"中国学"这一术语；此外，不同阶段的"中国研究"（或者称为"汉学"、"中国学"、"国学"）所感兴趣的研究范畴、针对的研究对象以及使用的研究方法也存在很大差异。因此，关于"汉学"研究的定义以及研究范畴，学术界至今没有统一明确的界定。一般来说，兴起于20世纪初、盛行于20世纪二三十年代的"汉学"研究，大概是指对以儒学为主体的中华传统文化与学术的研究，以梁启超的《国学入门：书目及其读法》为例可以看出，当时所谓的"国学"或者说"汉学"可广泛涵盖中国传统的哲学、史学、宗教、文学、礼俗学、考据学、版本学、医学、戏剧、书画、星象、术数等内容，在思想上包含先秦诸子、儒、道、释各家，其中尤以儒家思想为主流。

正是因为"汉学"涵盖的范围十分广阔，研究者对其的理解存在差异，在20世纪二三十年代的研究热潮中，各家各派的研究兴趣也不尽相同，各派别之间对彼此的研究存在争议也是自然现象。在当时的各种研究群体中，哈佛燕京学社于西方和中国的学术界都具有深远的影响力。又因为霍尔基金会的资助，哈佛燕京学社在中国国内挑选了燕京大学、岭南大学、金陵大学、齐鲁大学、华西协和大学、福建协和大学以及华中大学作为合作学校，资助经费的使用由哈佛燕京学社监督、指导。所以可以说哈佛燕京学社的"汉学"研究很大程度上代表了中国国内教会大学"国学"研究的方向与兴趣，惟有岭南大学的研究与哈佛燕京学社的"汉学"研究存在相当大的分歧，当时岭南大学在"中国研究"这一领域的研究内容以及购入的藏书均受到哈佛燕京学社的批评。

20 世纪二三十年代的哈佛燕京学社"汉学"研究的主要领域，简而言之可以概括为对中国语言、历史和文学的研究。当然这样的概括严格来说并不准确、全面，但是系统考察和论述哈佛燕京学社"汉学"研究的主要内容与成就是一项庞大的工作，并非一章、一节能够完成，故在此仅选取这一阶段领导哈佛燕京学社学术研究工作的几位学者作为代表。在 20 世纪 50 年代以前，叶理绥一直担任哈佛燕京学社社长，而学社北平办事处①的总干事分别由博晨光（Lucius Chapin Porter, 1932 年上任）、洪业（1939 年上任）、梅贻宝（1941 年上任）、聂崇岐（1946 年上任）和陈观胜（1947 年上任）担任。②

叶理绥是哈佛燕京学社的首任社长，执掌学社长达 22 年，在任期间倡建东亚语言学系，创办并主编《哈佛亚洲研究学报》，开创 2 种系列丛书——即 1935 年的哈佛燕京学社专论系列丛书和 1950 年之后的哈佛燕京学社研究系列丛书；此外，在叶理绥的支持下，哈佛燕京图书馆被办成西

① 哈佛燕京学社 1928 年成立之初，在北平方面的机构称为国学研究所，由陈垣担任所长。1932 年国学研究所改组为哈佛燕京学社北平办事处。

② 张凤：《哈佛燕京学社 75 年的汉学贡献》，载《文史哲》2004 年第 3 期，第 59—69 页。

方世界规模最大的大学东亚图书馆，至今仍是世界汉学研究和东亚问题研究的资料重镇，汉学及东亚研究藏书之丰仅次于美国国会图书馆。因此，叶理绥对哈佛燕京学社的影响不可不谓极其深远。叶理绥 1889 年出生于俄国圣彼得堡一个世家家庭，曾在德国柏林洪堡大学学习语言，是法国汉学家伯希和（Paul Pelliot）的得意弟子，精通日、法、英、德 4 种语言，并可阅读汉语古籍，一生致力于日本语言学、文学、戏剧、音乐和艺术的研究。[①] 从叶理绥的学术背景观之，不难发现他的研究继承的是法国巴黎学派汉学的衣钵，他所建设的哈佛燕京学社也是以法国汉学为模式。而法国的汉学大致可分为 3 期，兴隆时期采用语文考据法，以儒莲为代表；大成时期为史语方法（含考古、语言、宗教、民族、艺术及科学等辅助学科），此法由沙畹创始，伯希和走到巅峰；发扬时期以史语方法加社会学方法，即以社会学方法整理中国史语文献，由考史而写史。[②] 综上所述，叶理绥主持下的哈佛燕京学社的"汉学"研究坚持古典主义学术路线，关注传统中国的历史、诗词、文学、宗教和艺术。

至于哈佛燕京学社北平办事处的"国学"研究，洪业可作为重要的代表人物，尽管其直到 1939 年才担任北平办事处的总干事，且任期仅 2 年，但哈佛燕京学社的成立正是其与司徒雷登（John Leighton Stuart）、董纳姆（Wallace B. Donham）等人共同筹划的结果，同时洪业还曾先后担任过燕京大学历史系教授、系主任、教务长、图书馆馆长，哈佛燕京学社引得编纂处主任、燕京大学研究院历史学部

---

① 张凤：《哈佛燕京学社 75 年的汉学贡献》，载《文史哲》2004 年第 3 期，第 59—69 页。

② 桑兵：《20 世纪国际汉学的趋势与偏向（下）》，2006 年 12 月 15 日，检索于 2017 年 9 月 15 日，http://www.chinesefolkore.org.cn/web/index.php? Page = 1 & NewsID = 5356。

主任和研究生导师等职。洪业的父亲洪曦是光绪十七年
(1891 年)辛卯科举人,故其幼承庭训,1910 年就读于福
州鹤龄英华书院,1915 年赴美留学,1917 年获得美国俄亥
俄韦斯良大学文学学士学位,1919 年获得哥伦比亚大学文
学硕士学位,1920 年获纽约协和神学院神学学士学位,可
谓在中国传统学术和西方科学方法两方面都拥有良好的基
础。[①] 洪业的学术研究以考辨为基础,关注工具书的编纂和
经史研究,其研究的代表作,论文主要有《考利玛窦之世
界地图》(《禹贡》1936 年第 5 卷第 3、4 期合刊)、《礼记
引得序》(《史学年报》1936 年第 2 卷第 3 期)、《春秋经传
引得序》(《引得特刊》1937 年第 12 号)、《杜诗引得序》
(写毕于 1940 年 8 月)、《〈蒙古秘史〉源流考》(《哈佛亚
洲研究学报》1951 年第 14 卷第 3、4 期合刊)、《破斧》
(台湾《清华学报》1956 年第 1 卷第 1 期)、《公元 719 年唐
王庭的一场有关历史编纂的论辩》(*A Bibliographical Contro-*
versy at the T'ang Court A. D. 719,《哈佛亚洲研究学报》1957
年第 20 卷第 1、2 期合刊)、《一位唐代史官的辞职书》(*A*
T'ang Historiographer's Letter of Resignation,《哈佛亚洲研究学
报》1959 年第 22 卷)、《公元 708 年前的唐史馆》(*The*
T'ang bureau of historiography before 708,1960—1961 年《哈
佛亚洲研究学报》第 23 卷)等,代表专著主要有《引得
说》(北平引得编纂处,1930 年)、《勺园图录考》(北平哈
佛燕京学社,1933 年)、《清画传辑佚三种》(北平哈佛燕
京学社,1933 年)、《中国最伟大的诗人杜甫》(美国哈佛
大学出版社,1952 年)等。其晚年对《史通》的翻译和研
究工作在国际汉学界具有相当的影响。从洪业上述代表作
中即可对其学术研究的方向略窥一斑。

---

① 孟雪梅:《近代教会大学图书馆研究》,福建师范大学 2007 年博
士学位论文,第 160 页。

7.3.2 岭南大学的"中国问题研究"

在哈佛燕京学社的影响下，燕京大学、金陵大学、齐鲁大学、华西协和大学、福建协和大学和华中大学的"国学"研究也倾向于古典主义，关注传统中国的历史、诗词、文学、宗教和艺术，这一点既反映在所聘请学者的教育背景和研究方向上，也反映在"国学"相关的研究所开设的课程上。[①] 惟有岭南大学的研究更加关注清代以来中国的历史、文化与社会，尤其是对岭南地区的研究，具有鲜明的"岭南"特色。岭南大学本身对此类研究一般采用"中国问题研究"的提法，至于"国学"研究的提法则很少使用。

对岭南大学"中国研究"的考察，或可以《岭南学报》作为切入点，因为《岭南学报》作为岭南大学主办的文科类学报，其上刊载的论文从某个角度可以反映出岭大在"中国研究"方面的研究兴趣。此刊 1929 年创刊，1952 年停办，先后共出版了 12 卷 37 期，发表在其上的学术论文（不含"学讯"、"通讯"）共计 214 篇，其中 59 篇是关于岭南历史、文化、人物、社会、地理和自然等方面的研究文献，超过全部载文量的四分之一，可以说几乎各卷期上都有关于岭南研究的学术论文。此外《岭南学报》还经常出版关于广东研究的专辑，集中刊发相关的研究文献，如1934 年 1 月出版的第 3 卷第 1 期为《沙南疍民调查》专号；1934 年 6 月出版的第 3 卷第 4 期、1935 年出版的第 4 卷第 1 期刊登的全部是关于广东历史上的官吏、文人、书院及寺院研究的论文；第 4 卷第 3 期刊登的 3 篇文章，1 篇关于广州定期刊物调查，1 篇是旧凤凰村调查报告，第 3 篇是关于

---

① 陶飞亚、吴梓明：《基督教大学与国学研究》，福建教育出版社 1998 年版，第 5 页。

岭南自然博物采集所的文章；第 4 卷第 4 期为《潮州艺文志》专号；1937 年 9 月出版的第 6 卷第 2、3 期合刊亦为《潮州艺文志》专号。

1932 年岭南大学成立社会研究所，该所成立的目的在于"促进及实施南中国之社会调查，而关于西南民族之历史文化，亦甚注重"。[①] 截止到抗战爆发前，该所已经先后组织和完成了对旧凤凰村、沙南疍民和三水河口疍民的调查、研究工作。1936 年学校又与南开大学经济研究所合作，组织西南社会调查所，计划开展的研究项目包括西南民族历史研究、海南岛黎苗调查、广州疍民生活调查、疍歌研究、暹罗华侨调查、从化县乡村经济调查、广州市人力车夫调查等。[②]

显然，岭南大学所开展的这些研究与同时期哈佛燕京学社及其所代表的各教会大学，乃至国内其他大学和研究机构开展的"国学"研究、海外的汉学或者说中国学研究都有明显的区别，为此以叶理绥为代表的哈佛燕京学社方面一直对岭南大学的"国学"研究、教育及图书馆相应的藏书建设颇有微词，认为岭南大学在国学研究和教育的基础建设方面几乎没有开展什么工作，既没有大量的购置相关文献，也没有珍贵的古物收藏。[③]

但事实上这种评价是一种误解。以与"中国研究"相关的教学为例，岭南大学不可不谓重视。自从在教育部立案后，岭南大学按照统一规定开设课程，其中中国语言文

---

① 《岭南大学社会研究近况》，载《私立岭南大学校报》1936 年第 9 卷第 5 期，第 58—59 页。

② 《岭南大学社会研究近况》，载《私立岭南大学校报》1936 年第 9 卷第 5 期，第 58—59 页。

③ 据中山大学图书馆藏岭南大学档案缩微胶卷 Reel 37 中文件的记录。

学系开设 42 门课程，其中 29 门为主修专业课程①；史学专业也开设有 22 门课程，哲学为 8 门课程。② 在师资方面，学校聘请了一批在"国学"研究方面有所专长的学者，如尹士嘉（O. F. Wisner）、包令留（H. C. Brownell）、史麟书（E. Swisher）、杨寿昌、谢扶雅、徐信符、③ 陈受颐、容肇祖、陈序经、冼玉清、张长弓、卢观伟④等人，其中很多在当时以及后来成为著名学者。

以叶理绥为代表的哈佛燕京学社之所以对岭南大学的教学和研究工作存在误解，根本原因在于两者的"中国研究"之间存在分歧。哈佛燕京学社的"汉学"研究属于古典主义研究，代表了当时主流"汉学"研究的学术取向，而岭南大学当时的研究或多或少已脱离传统，形成了自己鲜明的特色：首先，不少研究已经涉足到中西文化交融问题，在当时十分具有新意；其次，注重岭南历史、文化的研究，并以此项研究为己任，形成了一个具有相当高学术水平且较为固定的研究群体，研究兴趣和研究方向呈明显的学术区域化趋势；再次，注重对清史的研究，与当时学术界厚古薄今的风气形成鲜明对比；另外值得一提的就是岭南大学当时的研究已经涉及当代历史文化的问题。⑤

岭南大学的这类研究在 20 世纪二三十年代看来可以说是非常超前的，其研究已经开始具备近现代学术的气息，

---

① 陈国钦、袁征：《瞬逝的辉煌——岭南大学六十四年》，广东人民出版社 2008 年版，第 54 页。

② 陶飞亚、吴梓明：《基督教大学与国学研究》，福建教育出版社 1998 年版，第 215 页。

③《本校教职员一览表》，载《私立岭南大学校报》1927 年第 1 期，第 30 页。

④《本校本学期职教员表》，载《私立岭南大学校报》1930 年第 2 卷第 28 期，第 348 页。

⑤ 陶飞亚、吴梓明：《基督教大学与国学研究》，福建教育出版社 1998 年版，第 215—216 页。

不仅研究内容和选题角度十分新颖，在研究方法上也大量运用西方现代学术研究的方法，从社会学、人类学、经济学以及中西文化交流的角度开展研究。在美国学术界，费正清等一些学者自 20 世纪 30 年代开始采用现代化的理论研究现代与当代中国的问题，[①] 而这种研究在当时的美国学术界也未成为主流。哈佛燕京学社的研究直到 20 世纪 40 年代才在费正清的带领下由古典汉学研究转向近现代中国研究，而费正清本人则被称为美国现代中国学的奠基人和开拓者。

7.3.3 岭南大学围绕"中国问题研究" 开展的藏书建设

叶理绥认为岭南大学图书馆忽视与"国学研究"相关的藏书建设，也是一种误解。在 20 世纪 20 年代末期，学校的教学和研究方向发生了变化，开始关注清代以来中国的历史、文化与社会，尤其是对岭南地区的研究，图书馆在购书政策上也进行了相应的调整。

在 20 世纪 30 年代，岭南大学图书馆在善本古籍和"中国问题研究"西文书建设方面倾注了大量经费，书籍所涉及的学科领域不再只侧重于农科、商科、工科和医学，而是对文、史、哲类书籍也注意购买。1932—1933 学年度，中国文学系订购图书 3428 册，占当年新增图书数量的 66%。[②] 于中文古籍方面，一方面图书馆陆续购入广东著名藏书家曾钊的旧藏，善本古籍如《中兴礼书》、《皇明诰敕》、《四川志》、《叶汉高全集》等均是在这一阶段购入；另一方面自 1932 学年度开始，图书馆委托陈受颐在北平搜

① 魏思齐：《美国汉学研究的概况》，载《国际汉学》2007 年第 2 期，第 30—40 页。

② 《岭南大学图书馆廿一年度报告书》，载《私立岭南大学校报》1933 年第 6 卷第 8 期，第 133—138 页。

购古籍。图书馆还获赠了徐甘棠所遗中文古籍2万余册，王亦鹤所藏1911—1937年的日报全份，日本外务省文化事业部所赠重要宗教文献如《大正新修大藏经》、《支那之工艺图鉴》、《支那佛教史迹》等，以及从国立中山大学交换获得的《道藏》。1937年岭南大学图书馆《馆藏善本书题识》出版，其中著录的善本图书达200余种，基本上都是在1930年代入藏的。于"中国问题研究"西文文献方面，如《粤海关进口贸易统计月报》、《印支搜闻》、《宣教事业平议》等都是在20世纪30年代入藏，图书馆还努力从上海别发洋行、广协书局总发行所、英国剑桥 W. Heffer and sons, Ltd. 等机构购买有关中国问题的人文社会科学西文出版物，从法国巴黎的 Librairie Orientaliste Paul Geuthner、美国纽约的 Orientalia, Inc. 等专营新旧西文中国学文献的书店回溯购买过刊及重要的绝版书籍。可见，在20世纪30年代的国学研究热潮下，岭南大学图书馆在相关馆藏文献建设方面做了大量的工作，虽然岭南大学图书馆设立"中国问题研究"西文专藏是在1917年，设立中籍部是在1919年，但是图书馆所藏重要的西文中国学书籍和中文善本古籍，基本上都是在20世纪20年代末到1941年底期间入藏的。

抗日战争爆发后，中国的文化和教育事业受到了沉重打击，但是至少在太平洋战争爆发前国学研究并未终止，而是更加受到重视。在抗战相持阶段，日本侵略军和汪伪政权在沦陷区内推行奴化教育，国民政府为增强民族意识，以教育和学术延续民族文化的命脉，于1940年颁发《发扬吾国固有文化》的命令，各国立、私立以及教会大学积极响应。以教会大学为例，辅仁大学在战时提倡有意义的史学研究；燕京大学则努力维持各项学术活动，在太平洋战争爆发前《燕京学报》、《史学年报》、《文学年报》等正常出版，引得编纂方面取得很大成绩；本来就身处大后方的华西协和大学在抗战期间则延揽了大批人才，并与哈佛燕京学社建立了合作关系；齐鲁大学在迁校成都后加强国学所的建设。① 岭南大学在抗战期间同样加强了国学研究，于1941 年 3 月成立中国文化研究室，并获得美国基金会的拨款补助，在图书馆每年的购书经费中还增设了订购国学图书的专项经费。

由于战争的影响，大量公私藏书流入书市，其中多珍稀版本的文献，且售价低廉，国外的东亚图书馆、国内的各类型图书馆都积极利用这一时机加强馆藏建设。如夏威夷大学图书馆东方文库在抗战爆发到 1940 年初期间购入重要的中文文献及善本图书共计约 10000 册，且价格绝对低廉，据谭卓垣计算，当时花费 1000 美元就可买到在正常时期需要花费 4000—5000 美元才能购得的书籍。② 这一时期的岭南大学图书馆，在代理馆长何多源以及美国基金委员会秘书黄念美的主持下，积极在海内外从事文献采访工作。

尽管当时书市上流通的中文古籍种类庞多，版本繁杂，价格低廉，岭南大学图书馆又拥有购买国学书籍的专项经费，但是图书馆的购书行为并没有盲目进行，而是严格参考中外著名学者编写的参考书目、各著名东亚图书馆的藏书目录。1940 年时，美国基金委员会秘书黄念美多次致函美国学术团体协会中国学研究委员会（Committee on Chinese Studies，American Council of Learned Societies）秘书莫蒂默·格雷夫斯（Mortimer Graves），试图从该委员会购得贾德纳博士（Dr. Charles Sidney Gardner）③ 编写的《美国图书

---

① 陶飞亚、吴梓明：《基督教大学与国学研究》，福建教育出版社1998 年版，第 239—274 页。

② 据中山大学图书馆藏岭南大学档案缩微胶卷 Reel 36 中的文件 *The letter of C. W. Taam to Olin D. Wannamaker*，1940 年 3 月 7 日。

③ 贾德纳，20 世纪 20 年代曾留学北京，哈佛大学中国学研究者，1949—1950 年担任美国亚洲研究协会（Association for Asian Studies）会长。

馆中的汉学研究书目》（*A Union List of Selected Western Books on China in American Libraries*）、容媛编写的 *What Chinese Books should I Buy*、静嘉堂文库目录和东洋文库目录，作为岭南大学图书馆购买国学书籍的参考。[①] 莫蒂默·格雷夫斯还介绍黄念美向美国哥伦比亚大学汉文系教授傅路特（Luther Carrington Goodrich）和王际真咨询有关购买中文文献的问题，并建议岭南大学以国立北平图书馆在昆明出版的英文刊物《中国图书季刊》（*Quarterly Bulletin of Chinese Bibliography*）作为购书指南。[②] 对于上述建议，黄念美一一采纳。在西文中国学书籍的购买方面，岭南大学图书馆主要以哈佛燕京学社1936年出版的 *Check List of Important Western Books on China*（第二版）以及《美国图书馆中的汉学研究书目》作为选书依据。

　　总之，岭南大学一直以来在教育理念和办学方针上所坚持的特色，以及后来在"国学"研究的潮流下所作的相应调整、对岭南文化的研究与关怀，对图书馆的藏书建设产生了既深且远的影响，使馆藏的内容和结构形成了鲜明的"岭南"特色。反过来透过这些藏书，可以感受到当时的岭南大学矗立于中国的最南端，面朝大海，直面东西方文明冲击与交融的风雨，在教育和学术上最先沾染近现代化的气息，其办学理念、教育思想以及学术研究取向，在当时可能并不合乎潮流、不为重视，但是于今天看来却显得依旧亲切而不过时。如今，岭南大学已经停办半个多世纪，但是其藏书主体仍然保存于中山大学图书馆，被一代又一代的研究者、教师和学生使用。浏览当年的目录、翻阅发黄的旧籍，岭南大学作为一所大学所肩负的使命跃然

---

① 据中山大学图书馆藏岭南大学档案缩微胶卷 Reel 36 中的文件 *The letter of Olin D. Wannamaker to Mortimer Graves*，1940 年 3 月 1 日。

② 据中山大学图书馆藏岭南大学档案缩微胶卷 Reel 36 中的文件 *The letter of Mortimer Graves to Olin D. Wannamaker*，1940 年 3 月 19 日。

纸上：保守知识和理想、解释知识和理想、探求真理、训练人才，是为"岭南精神"的重要组成部分，是对大学独立精神的弘扬。

附录一
私立岭南大学图书馆组织章程
（1927 年 12 月 27 日）

（壹）图书馆依照本校组织大纲第十条组织之。

（贰）本馆设馆长一人，由校长聘任之。

（叁）馆长承校长之指导，统理图书馆一切事务。

（肆）本馆设助理员若干人，由馆长荐请校长委任之，受馆长之指挥、监督，办理各股事务。

（伍）本馆内部暂分五股，各股职掌如下：

甲、总务股

一　编制每年预算。

二　购置整理书籍、杂志、用具等事项。

三　编制报告、统计及图表等事项。

四　缮发及保管本馆所有文件。

五　接洽校内外关于本馆各项事务。

六　司理关于本馆会计及庶务事项。

七　典守印信。

乙、登记股

一　登录所有入馆之图书。

二　司理图书之涂油、盖章、贴书标、书袋事项。

丙、编目股

一　司理图书、杂志之分类及编目事项。

二　司理购订西文图书目录卡。

三　司理缮写及排列一切书卡。

四　司理书架目录卡之编纂事项。

五　司理图书目录卡之撤销及修改事项。

丁、出纳股

一　司理一切图书出纳。

二　催收借出过期之图书。

三　编制图书出纳及阅览之统计表。

四　关于点查图书一切事项。

五　制理一切藏书及图书放置事项。

戊、杂志股

一　登记一切收入之杂志及报章。

二　陈列各项杂志。

三　装订各项杂志。

（陆）对于各科应购之专门图书及杂志，其书价未超过图书馆预算之外者，得由各系主任直接与馆长接洽购置之。

（柒）本馆阅览借出书籍等规则由馆长拟定，经大学校长认可公布执行。

（捌）本馆统辖以下各部所列之图书分馆：农科、蚕丝科、医科、物理科、化学科、中学部、小学部、华侨部、西童部、教育部。

（玖）各部分馆置存之图书由该部主任负责保管，所有购置新书应交总馆登记、分类、编目，然后发回。

（拾）各部分馆除总馆发交图书之外，得自由购置，但须依照总馆办理登记、分类、编目各项手续。

（拾壹）对于各分馆办事手续由总馆派员襄助之，负一切指导之责。

（拾贰）本馆览书规则及时间另订之。

（拾叁）本章程如有未尽善之处，由校董会修正之。

（拾肆）本章程由校董会核准日实行。

（据广东省档案馆藏岭南大学档案，全宗号 38 − 1 − 17，第五次校董会会议记录附件 7）

附录二
私立岭南大学图书馆组织章程
（1931年6月20日）

第一条　本馆依据本大学组织大纲第十一条组织之。

第二条　本馆设馆长一人，承校长之指导，统理本馆全部事务；由校长聘任之。

第三条　本馆暂设七股，各股设股主任一人，及馆员若干人；由馆长荐请校长委任之。（本章程下文各条本馆长简称曰馆长）

第四条　凡关于全馆进行事务，得由馆长召集馆务会议议决，呈请校长核准施行。本馆馆务会议细则另订之。

第五条　本馆内设：总务、购订、编目、阅览、出纳、杂志、典藏，七股；其组织系统如下：（表略）

第六条　本馆各股职掌如下：

（一）总务股

（1）关于本馆文件之缮发及保管事项。

（2）关于会计及庶务事项。

（3）关于设备用具之保管修理及点查清理事项。

（4）关于管理杂役工人等事项。

（5）关于编制统计图表报告等事项。

（6）关于一切接洽事项。

（7）关于工读生分配工作及管理事项。

（二）购订股

（1）关于图书杂志之购订及征求事项。

（2）关于寄赠图书之答谢事项。

（3）关于出版物之交换事项。

（4）关于图书之检阅，盖章，贴裹书标事项。

（5）关于图书登记之事项。

（6）关于图书之点查撤销事项。

（7）关于编理各处图书目录事项。

（三）编目股

（1）关于图书之分类编目事项。

（2）关于目录卡之缮写排列事项。

（3）关于特殊书目之编纂事项。

（4）关于书架目录之编纂事项。

（5）关于目录之撤销及修改事项。

（6）关于图书馆文字之撰述事项。

（7）关于实习之指导事项。

（四）阅览股

（1）关于执行阅览规则事项。

（2）关于阅览室布置整理事项。

（3）关于阅览室秩序之维持，及阅览之指导事项。

（4）关于阅览室参考书之管理与运用事项。

（5）关于阅览室图书之点查事项。

（6）关于编制阅览统计事项。

（7）关于解答阅者对于学术上之问题，及其他疑问。

（8）关于供给学者对于学术上之研究所需之一切材料。

（9）关于指导阅者对于图书馆及参考书之使用法。

（五）出纳股

（1）关于发给及收回借书券事项。

（2）关于图书之出纳事项。

（3）关于图书之催还事项。

（4）关于编制出纳统计事项。

（5）关于图书之点查及排列事项。

（6）关于执行图书借贷规则事项。

（六）杂志股

（1）关于杂志报纸之收受登记事项。

（2）关于杂志报纸插架布置事项。

（3）关于杂志报纸分类编目事项。

（4）关于杂志报纸汇编钉装事项。

（5）关于小册子之陈列及分类保管事项。

（七）典藏股

（1）关于一切藏书之整理及保管事项。

（2）关于旧书整理及保管事项。

（3）关于书袋书标之更换事项。

（4）关于图书之插架点查及撤销事项。

（5）关于图书修理装订事项。

（6）关于书架排列事项。

（各股办事细则另订之）

第七条　本馆阅览借贷等规则，由馆长拟定，呈请校长核准后，公布施行。

第八条　本馆经费由馆长编造预算，呈请校长交事务会议审核后，转呈校董会审定。

第九条　本馆全部事务进行情形，于每年终呈报校长。

第十条　本章程由校董会核准日实行。

（据《私立岭南大学校报》1931 年第 3 卷第 14 期，第 251—253 页）

附录三
图书馆委员会暂行章程
（1930 年）

（一）本委员会属临时性质。

（二）本委员会设委员四人，由校长委任之。

（三）本委员会职责如下：

（1）拟定本馆进行计划大纲。

（2）审订本馆预算及决算。

（3）订定各科购书费标准。

（4）审订购置英文普通参考用书，及关于中国之外国文书籍，每部价值三百元以上者，当经本委员会通过后，方得订购。

（5）审定职员之去留及薪金。

（6）其他关于辅助本馆改进事项。

（四）本会设主席一人，由校长指定之；书记一人，由本馆总务主任兼任之。

（五）主席职权：

（1）签署所有发出支票。

（2）签署所有一切对外文件。

（3）统理及分配馆内所有各部职员之工作。

（六）本会所有议决案，交由本馆总务主任执行。

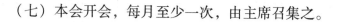

（七）本会开会，每月至少一次，由主席召集之。

（据《私立岭南大学校报》1930 年第 2 卷第 24 期，第 252 页）

附录四
设立"新智识研究室"备案

通报　图字第九一号　一九四九年十一月一日

事由：呈报教员联谊会理事会学习股请设"新智识研究室"乞予备案由

说明：本校教员联谊会理事会学习股为学习新智识起见，拟在馆设立"新智识研究室"，将本馆入藏与新智识有关之中外图书集中一室，以便参考。本馆现在二楼东便小房间布置，于十一月一日起可能开放，室内书籍保管与阅览规定全由该会负责。特此通知。乞予备案为荷。

此致

教务处

附书目及家具清册各一件

图书馆启（经手人陆华深①）

---

① 陆华深，应作"陆华琛"，此处采用档案原件中的用字。

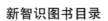

新智识图书目录

序号	书名	著者	册数	登记号数*	备考
（一）新智识辞典类					
1	社会主义辞典	纳顿波尔脱	一	67404	
2	最新哲学辞典	洛静泰尔等	一	133575	
3	简明哲学辞典	M. 洛静尔犹琴	一	133576	
（二）新哲学导源					
1	未来哲学之根本原则	费尔巴哈	一	109701	
2	将来哲学底根本命题	费尔巴哈	一	87126	
3	黑格尔哲学入门	甘粕介石	一	115659	
4	黑格尔哲学批判	费尔巴哈	一	94855	
5	斯宾诺莎哲学批判	米廷	一	108568	
（三）辩证法唯物论与唯物史观					
1	大众哲学问答	林哲人	一	127969	
2	大众新哲学	戈人	一	129220	
3	史的一元论	蒲列哈诺夫	一	63121	
4	史的唯物论入门	博哈德	一	158119	
5	史的唯物论之伦理哲学	刘剑横	一	73438	
6	史的唯物论新读本	菩赫阿达	一	129603	
7	如何研究哲学	艾思奇	一	129652	
8	列宁主义之理论及实施	斯大林	一	46617	
9	近代哲学批判	沈志远	一	117971	
10	近代物质论史	德波林	一	105622	
11	批判的武器	黄时	一	135167	
12	社会革命之思想与发动的基层	朱心繁	一	63758	
13	社会经济形态	拉苏莫夫斯基	二	148612	
14	社会意识学大纲	波格达诺夫	一	62129	
15	俄国资本主义发展	伊利奇	一	158103	

续表

序号	书名	著者	册数	登记号数*	备考
16	科学历史观教程	吴黎平 艾思奇	一	133361	
17	思想的方法与训练	平心	一	127978	
18	现代哲学的基本问题	沈志远	一	158117	
19	哲学之贫困	马克思	一	158111	
20	哲学研究提纲	艾思奇	一	135259	
21	哲学底根本问题	普列哈罗夫	一	99601	
22	哲学选辑	艾思奇	一	129847	
23	马列主义的真谛	米丁	一	130230	
24	马克思主义之初步	爱德华耶费宁	一	130193	
25	马克思主义根本问题	薄力哈诺夫	一	62911	
26	马克思的民族社会及国家观念	朱应祺等	二	55322	
27	马克思底经济学说	考茨基	一	158107	
28	马克思国家发展过程	朱应祺等	一	62924	
29	马克思学体系	马克思、恩格斯	一	64459	
30	唯物史观（第一、二、三册）	布哈林	三	62912—4	
31	唯物史观经济史（上下册）	山川均等	二	86668, 86670	
32	新哲学大纲	米定·拉里察维基等	一	128937	
33	新哲学基础读本	巴克	一	129294	
34	新哲学谈话	黄特	一	133058	
35	精神分析学与辩证唯物论	奥兹本	一	158112	
36	精神科学概论	马哲民	一	74167	

续表

序号	书名	著者	册数	登记号数*	备考
37	战斗的唯物论	扑列寒诺夫	一	72498	
38	实践与理论	艾思奇	一	128659	
39	历史唯物论（上册）	米丁 王剑秋译	一	134709	
40	历史唯物论（全）	米丁 沈志远译	一	158104	
41	历史唯物论入门	毕谪列夫斯基	一	71110	
42	历史唯物论浅说	莫英	一	158118	
43	辩证法易解	西流	一	158122	
44	机械论的唯物论批判	恩格斯	一	133719	
45	机械论批判	史托里雅诺夫	一	82092	
46	辩证唯物论讲话	波齐涅尔	一	158113	
47	辩证法还是实验主义	李季	一	99636	
48	辩证法唯物论与唯物史观	吴理屏	一	127929	
49	辩证法唯物论教程	西洛可夫	一	133717	
50	The Economic theory of the leisure class	Bukharin Mikolai	一	54778	
51—61	英文专著11种11册（书目信息略）				
（四）政治经济学					
1	政治经济学大纲	胡明	一	146582	
2	政治经济学批判	卡尔·马克思	一	146394	
3—5	［书目信息略］				
（五）资本论					
1	大众资本论	王右铭	一	126644	
2	资本论（第一卷第2、3分册）	马克思	二	81723—4	

续表

序号	书名	著者	册数	登记号数*	备考
3	资本论大纲	山川均	一	99632	
4	资本论概要	（英）恩麦特	一	59447	
5	通俗资本论	博洽德	一	47512	
6	价值价格及利润	马克思	二	51639、36196	
7	雇佣劳动与资本	马克思	一	158120	
8	辩证法与资本制度	山川均	一	59239	
9—13	英文专著5种5册（书目信息略）				
（六）苏联革命与人物					
1	六十年来的史达林	加里宁	一	133804	
2	反利润制度	华德	一	114748	
3	史太林传略	亚历山大洛夫	一	158110	
4	史太林论苏联伟大卫国战争	史大林	一	158100	
5	列宁	金则人、黄峰	一	79033	
6	斯达林	胡明	一	134713	
7	斯大林及其事业	巴比塞等	一	127917	
8—12	英文专著5种8册（书目信息略）				
（七）苏联现状					
1. 一般描述					
1	莫斯科：现状、历史、工业、文化	时代书报出版社	一	158115	
2	苏联行	史坦培克	一	158114	
3	苏联见闻录	茅盾	一	158106	
4—5	英文专著2种2册（书目信息略）				

续表

序号	书名	著者	册数	登记号数*	备考
2. 宪法与行政					
1—13	书籍13种13册,有中国人的研究作品,亦有外国人著作的译作,以及英文原著2种2册［书目信息略］				
3. 经济建设					
1—14	书籍14种16册,有中国人的研究作品,亦有外国人著作的译作［书目信息略］				
4. 军事					
1	苏联航空的全貌	泽青岛	一	133185	
5. 文化、教育、艺术、科学					
1	前进呀,时间	林淡秋	一	138151	
2	海上述林（上下卷）	瞿秋白	二	137924—5	
3	苏联新兴心理学	拍夫洛夫等	一	158102	
4	苏联文化革命	姜绍鹤	一	95546	
5	苏维埃文化建设五年计划	威班菲洛夫	一	83657	
6	Raggrom Karla XII		一	69092	
7	Jektoorogeniia	Bondarchuk, V. G.	一	69093	
8	Volume of scientific works. The greal national war 1941—43		一	61770	
6. 劳工					
1	国际劳动运动中之重要时事问题	季诺维埃夫	一	44191	
2	苏俄劳动保障	普来斯	一	94110	

序号	书名	著者	册数	登记号数*	备考
7. 农业与合作					
1	劳农会之建设	列宁	一	41845	
2	农民问题研究	周亚屏	一	55399	
3	苏联农业五年计划	高亦翔	一	79048	
4	苏俄合作制度	泽村康	一	107935	
5	The cooperative movement in Soviel-Russia	Geneva; International Labour Office	一	19464	
8. 妇女与儿童					
1	新妇女论	阿伦泰	一	115035	
2	苏联妇女	霍尔	一	109440	
3	苏联母性与儿童之保障	日本俄国问题研究会	一	97481	
4	苏联妇女的生活	樊英	一	79047	
5	苏联新女性	哈雷	一	109747	
（八）中共革命史与人物					
1	一个美国人的塞上行	史诺	一	125751	
2	八路军学兵队	陈克寒	一	126727	
3	二万五千里的长征	自强出版社	一	124194	
4	三年来	彭德怀	一	137642	
5	中国共产党抗战文献	解放同志出版社	一	125471	
6	英勇奋斗的十五年	米夫	一	125476	
7	中国的新西北	（美）史诺	一	124128	
8	毛泽东访问记	童泽声	一	124118	
9	西北散记	斯诺	一	125603	
10	西战场的主将朱德	张寒青	一	125809	

续表

序号	书名	著者	册数	登记号数*	备考
11	西战场的苦英雄	史沫特莱	一	125462	
12	朱德传	陈德真	一	124934	
13	朱德与彭德怀访问记	赵德华	一	124133	
14	共党要人素描	吴明	一	125084	
15	抗日民族革命战争论	洛甫	一	125472	
16	抗日的第八路军	赵轶琳	一	124195	
17	延安内幕	伍文	一	141480	
18	活跃的肤施	任天马	一	125169	
19	我们怎样打退敌人	朱德等	一	125697	
20	红色的延安	哲非	一	128049	
21	红色的抗战时代	人民书店	一	125446	
22	怎样进行持久抗战	周恩来等	一	125733	
23	停战文献	历史文献社	一	141786	
24	秧歌舞	高峰	一	158098—9	
25	论中日战争	毛泽东	一	124974	
26	关于团结救国问题	毛泽东等	一	125726	
27	苏区概观	林祖涵等	一	125109	
28	On Coaliton Government	Mao Zge Tung	一	60775	
（九）新民主主义革命					
1	新民主主义革命经济、政治、文化	毛泽东	二	158125—6	
2	论人民民主专政	毛泽东	二	158123—4	
3	论新民主革命	端纳等	一	158108	
4	苏联的民主	（英）斯隆	一	158105	
（十）中国现状					
1	中国见闻录	（美）斯诺	一	137911	
2	中国经济大纲	马扎尔亚	一	75052	

续表

序号	书名	著者	册数	登记号数*	备考
3	论中国特殊性及其他	艾思奇	一	137652	
（十一）新民主主义杂志及其他					
1	新闻汇编（1644 至 1697 期，内 欠 1629、1643、1646、1656、1683、1692 期）				
2	群众（第五至五十六期又 111、112、120、121、123、124、130、132、134 期，内 欠 1—4、15、16、23、24、25、28、37、43、49 期）				
3	将革命进行到底	新华社	一		
4	精简与节约（第一三三 辑）		一		
5	南京求和真相大白		一		
6	共军毫不骄傲		一		
7	民主人士集北京怀仁堂盛 会欢迎		一		
8	中国学运的当前任务		一		
9	为解放广州建设新中国而 斗争		一		
10	综合报导	新华社	一		
11	时代批评（五卷九十七 期）	周综文	一		
12	大众日报副刊（1938 年 1 月合订本）		一		
13	新华社电讯（537—740 期）		一		

续表

序号	书名	著者	册数	登记号数*	备考
14	新华社电讯（179—528期）				
15	新华社电讯（卅八年5月至8月20日）				
16	X光（第一期）				

＊"登记号数"原文为大写数字。

新智识研究室家具清单

（一）日字木台	贰张	（六）大号杂志架	壹个
（二）木椅	六张	（七）小铁脚写字台	壹张
（三）单光管	壹套	（八）又附木椅	壹张
（四）木布告板	壹块	（九）门锁匙	两把
（五）大号木书架	叁个	（十）像镜	贰个

1.（康熙）广东通志　三十卷　清金光祖纂修　清康熙刻本　存二十卷

2.（雍正）广东通志　六十四卷　清郝玉麟鲁曾煜清雍正刻本　存六十一卷

3.（成化）广州志　三十二卷　明吴中，王凤文纂修　明成化刻本　存九卷

4.（康熙）新修广州府志　五十四卷　清汪永瑞杨锡震纂修　清康熙抄本　存四十四卷

5.（康熙）番禺县志　二十卷　清孔兴琏纂修　清康熙刻本

6.（万历）南海县志　十三卷　明刘廷元、王学增纂修　明万历刻本　存八卷

7.（万历）顺德县志　十卷　明叶春民纂修　明万历刻本

8.（康熙）顺德县志　十三卷首一卷　清黄培彝、严而舒纂修　清康熙刻本

9.（天顺）卢中承东莞县志　十二卷　明卢祥纂修　明刻本　存三卷

10.（康熙）从化县志　十二卷　清孙绳、李光昇纂修　清康熙刻本　存十卷

11.（康熙）龙门县志　十二卷　清杨烨、向右纂修　清康熙刻本

12.（康熙）增城县志　十四卷　清许代岳、卢弼纂修　清康熙刻本　存十卷

13.（康熙）香山县志　十卷　清申良翰、欧阳羽文纂修　清康熙刻本　存五卷

14.（万历）新会县志　七卷　明王命璿、黄淳纂修　明万历刻本

15.（康熙）三水县志　十五卷首一卷　清苏峋、梁绍光纂修　清康熙刻本　存十二卷

16.（康熙）新宁县志　十卷　清甯林、麥汝梓纂修　清康熙刻本

17.（康熙）清远县志　十一卷　清陈丹蓋、夏云纂修，冯皋疆續修　清康熙刻本

18.（康熙）新安县志　十三卷　清靳文谟、邓文蔚纂修　清康熙刻本

19.新安县志　二十四卷卷首一卷　清阮元重修　舒懋官等纂　民十九年重刻本二册　今名宝安县

20.（嘉靖）韶州府志　十卷　明符锡纂修　明嘉靖刻本

21.（康熙）韶州府志　十六卷　清马元纂修　清康熙刻本　存十卷

22.（康熙）新修曲江县志　四卷　清周韩瑞纂修　清康熙刻本　存一卷

23.（康熙）乐昌县志　十卷　清李成栋、张日星纂修　清康熙刻本

24.（康熙）新修翁源县志　□卷，清孙可训纂修　清康熙刻本　存四卷

25. 翁源县新志　十二卷卷首二卷卷末一卷　清谢崇俊修，颜尔枢等纂　嘉庆二十五年刊本

26. （康熙）重修英德县志　五卷　清张张斗、丘有璿纂修　清康熙刻本　存四卷

27. 英德县志　十六卷　清陆殿邦等纂　道光二十三年刊本　十册

28. （万历）仁化县志　二卷　明司马暐纂修　明万历刻本　存一卷

29. （康熙）南雄府志　八卷　清陆世凯纂修　清康熙刻本　存七卷

30. （康熙）保昌县志　八卷　清张进贤纂修　清康熙抄本

31. （康熙）始兴县志　十六卷　清李璨纂修　清康熙抄本

32. （万历）惠州府志　二十一卷　明程有守、杨起元纂修　明万历刻本　存十四卷

33. （康熙）归善县志　二十一卷　清连国柱、龚章纂修　清康熙刻本　存二十卷

34. （乾隆）归善县志　十八卷首一卷　清张寿彭、陆飞纂修　清乾隆刻本　存十三卷

35. 河源县志　十五卷　清彭君毅修　同治十一年增刊本　七册

36. （康熙）和平县志　八卷　清韩师愈、龚以时纂修　清康熙抄本

37. （万历）永安县志　三卷　明叶春及、郭之藩纂修　明万历刻本

38. （康熙）潮州府志　十六卷附图　清林杭学、杨钟岳纂修　清康熙刻本

39. （隆庆）潮阳县志　十五卷　明黄士龙、林大春纂修　明隆庆刻本　存五卷

40.（康熙）海阳县志　五卷首一卷　清金一凤纂修
清康熙抄本　存四卷

41.（康熙）饶平县志　四卷　清刘抃、熊可坪纂修
清康熙抄本

42.（康熙）埔阳志　六卷　清宋嗣纂修　清康熙刻本
存四卷

43.（万历）普宁县志　十卷　明阮以临、黄秉中纂修
明万历抄本　存八卷

44.普宁县志　十卷卷首一卷　清萧麟趾修，梅奕绍等
纂　乾隆十年刻本　十册

45.陆丰县志　十二卷　清王之正、沈展才纂修　乾隆
十年刻本　四册

46.惠来县志　十八卷　明林春黄纂修　清□□□等续
修　民国十九年重刻本　六册

47.（康熙）澄海县志　二十二卷首一卷　清王岱、王
楚书纂修　清康熙刻本

48.（康熙）肇庆府志　三十二卷　清史树骏、区简臣
纂修　清康熙刻本　存十九卷

49.（康熙）高要县志　二十九卷　清谭桓、梁登胤纂
修　清康熙刻本

50.（康熙）肇庆府四会志　二十卷　清李□修、吴国
玕纂修　增补邑志一卷　附图　清吴树□纂　清康熙刻本
存十五卷

51.罗定县志　六卷卷首一卷　清王植纂修　雍正九年
刊本　十二册

52.（康熙）新兴县志　二十卷　清李超纂修　清康熙
刻本　存十六卷

53.（万历）西宁县志　十卷　明林致礼、朱洵纂修
明万历刻本

54.（康熙）阳江县志　四卷　清周玉衡、陈本纂修

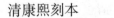

清康熙刻本

55.（康熙）高明县志 十八卷 附舆地图 清鲁傑、罗守昌纂修 清康熙刻本 存十七卷

56.高明县志 十六卷卷首一卷 清邹兆麟等修 区为樑等纂 光绪二十年刻本 六册

57.（康熙）开平县志 清薛壁、甄芭纂修 清康熙抄本

58.（康熙）德庆州志 十二卷 清谭桓、梁宗典纂修 清康熙刻本

59.（康熙）开建县志 十卷 清张冲斗、侯文邦纂修 清康熙刻本 存六卷

60.电白县志 三十卷 清邵祥龄等纂修 光绪十八年刊本 八册

61.（康熙）化州志 十二卷 清吕兆璜、朱廷谊纂修 清康熙刻本 存七卷

62.（康熙）吴州县志 四卷 清黄若香、吴士望纂修 清康熙刻本

63.（康熙）高州府石城县志 上编六卷下编五卷 清梁之栋、黎民铎纂修 李琰重辑 清康熙刻本

64.（道光）廉州府志 二十六卷首一卷 清张□春、陈绍昌纂修 清道光刻本

65.（康熙）合浦县志 十四卷 清张辅、林如尧纂修 清康熙抄本 存八卷

66.（康熙）钦州志 十四卷 清马世禄、谢蓬升纂修 请（清——作者注）康熙抄本 存七卷

67.（雍正）钦州志 十四卷 清董绍美、吴邦瑷纂修 清雍正刻本

68.（康熙）灵山县志 四卷 清林长存、王簶辅纂修 清康熙抄本 存三卷

69.灵山县志 二十二卷 刘□熙等纂修 民国三年印

本　　五册

70.（康熙）雷州府志　十卷　清吴盛藻、洪泮珠纂修　清康熙刻本　存四卷

71. 海康县志　八卷　清陈昌齐纂修　嘉庆十六年刊本　五册

72.（康熙）徐闻县志　清阎如馣、吴平纂修　清康熙抄本

73.（康熙）琼郡志　十卷　清牛天宿、朱子虚纂修　清康熙抄本　存四卷

74. 琼州府志　四十四卷卷首一卷　清明谊纂修　道光二十一年刊本　二十六册

75.（康熙）琼山县志　十二卷　清潘廷侯、吴南杰纂修　清康熙抄本

76. 琼东县志　九卷　陈述芹等重修　民国十四年刊本　三册

77.（康熙）澄迈县志　四卷　清丁斗柄、曾典学纂修　清康熙刻本

78.（康熙）定安县志　八卷　清张文豹、梁廷佐纂修　清康熙抄本

79.（康熙）乐会县志　清林子兰、陈宗琛纂修　清康熙刻本

80. 乐会县志　八卷　清林大华等纂　宣统三年印　八册

81.（康熙）东安县志　十卷　附古志备考一卷　清韩允嘉纂修　张其善增订　清康熙刻本

82.（康熙）连州志　十卷　清李簧、石光祖纂修　清康熙刻本　存九卷

83.（顺治）阳山县志　八卷　清熊兆师纂修　清顺治刻本

84.（乾隆）阳山县志　二十二卷　清万光谦纂修　清

乾隆刻本

85.（康熙）连山县志　八卷首一卷　清刘允元、彭镗纂修　附建置志一卷　艺文志一卷　清李来章续　清康熙刻本

86. 广宁县志　十七卷　清陈思藻修　道光四年刻本七册

87.（康熙）兴宁县志　八卷首一卷　清王纶部劳清纂修　清康熙刻本　存四卷

88.（康熙）平远县志　十卷附图式　清刘俊名纂修　张天培增订　清康熙刻本

89.（康熙）镇平县志　八卷　清程梦简黄殿纂修　清康熙嘉树堂刻本　存五卷

90. 永乐大典　（明）解缙等辑　明内府抄本

91. 永乐大典　（明）解缙等辑　影印本

（据中山大学图书馆藏"岭南大学档案缩微胶卷"Reel 36 中的文件 *List of Rare Books in Chinese to be Filmed*）

参考文献

一、专著及学位论文

1. Latourette, Kenneth S.. A History of the Expansion of Christianity, Vol. VII: Advance Through Storm. New York: Harper and Brothers, 1945.

2. 艾尔·巴比著，邱泽奇译：《社会研究方法》（第十一版），华夏出版社 2009 年版，第 343 页。

3. 冰心、萧乾：《燕大文史资料》（第 6 辑），北京大学出版社 1992 年版。

4. 蔡佩玲：《范氏天一阁研究》，汉美图书有限公司 1991 年版。

5. 曹伯言、季维龙：《胡适年谱》，安徽教育出版社 1986 年版。

6. 陈德芸、冼玉清、区朗若、冯民德：《陈子褒先生教育遗议》，1952 年版。

7. 《陈德芸教授事略》，1948 年油印本。

8. 陈国钦、袁征：《瞬逝的辉煌——岭南大学六十四年》，广东人民出版社 2008 年版。

9. 陈君静：《大洋彼岸的回声》，中国社会科学出版社 2003 年版。

10. 陈先行：《打开金匮石室之门：古籍善本》，上海文艺出版社 2003 年版。

11. 陈学恂：《中国教育史研究（现代分卷)》，华东师范大学出版社 1994 年版。

12. 陈学恂：《中国近代教育史教学参考资料》（下册)，人民教育出版社 1987 年版。

13. 陈寅恪：《金明馆丛稿二编》，上海古籍出版社 1980 年版。

14. 陈友祝口述，陈天杰整理：《陈友祝谈岭南大学》，参见广州市政协学习和文史资料委员会编：《广州文史资料存稿选编》，中国文史出版社 2008 年版。

15. 陈占标：《陈荣衮》，参见谭思哲主编：《江门五邑海外名人传》（第二卷)，广东人民出版社 1994 年版。

16. 程焕文：《裘开明年谱》，广西师范大学出版社 2008 年版。

17. 程焕文：《晚清图书馆学术思想史》，北京图书馆出版社 2004 年版。

18. 程焕文：《邹鲁校长治校文集》，中山大学出版社 2004 年版。

19. 范并思：《20 世纪西方与中国的图书馆学：基于德尔斐法测评的理论史纲》，北京图书馆出版社 2004 年版。

20. ［美］芳卫廉著，刘家峰译：《基督教高等教育变革中的中国 1880—1950》，珠海出版社 2005 年版。

21. 冯自由：《革命逸史》，中华书局 1981 年版。

22. 高冠天：《岭南大学接回国人自办之经过及发展之计划书》，岭南大学出版委员会 1928 年版。

23. 高时良：《中国教会学校史》，湖南教育出版社 1994 年版。

24. 顾长声：《传教士与近代中国》，上海人民出版社 1981 年版。

25. ［美］郭查理著，李瑞明译：《岭南大学简史》，浙江教育出版社 1988 年版。

26. 何多源：《馆藏善本图书题识》，岭南大学图书馆 1937 年版。

27. 何季堂：《广州诗钟社拾零》，广东省广州市文史资料研究委员会编：《广州文史资料选辑》（第十九辑），广东人民出版社 1980 年版。

28. 何名芳：《"岭南"话沧桑》，广州市政协文史资料委员会编：《广州文史第五十二辑——羊城杏坛忆旧》，广东人民出版社 1997 年版。

29. ［美］何凯立著，陈建明、王再兴译：《基督教在华出版事业（1912 - 1949）》，四川大学出版社 2004 年版。

30. 黄恩祝：《应用索引学》，上海书店出版社 1993 年版。

31. 霍益萍：《近代中国的高等教育》，华东师范大学出版社 1999 年版。

32. ［美］杰西·格·卢茨著，曾钜生译：《中国教会大学史》，浙江教育出版社 1988 年版。

33. 季啸风：《中国高等学校变迁》，华东师范大学出版社 1992 年版。

34. 蒋元卿：《中国图书分类之沿革》，中华书局 1937 年版。

35. 《抗战期间的岭南》，岭南大学出版，出版年不详。

36. 李景新：《广东研究参考资料叙录·史地篇初编》，岭南大学图书馆 1937 年版。

37. 李瑞明：《岭南大学》，岭南（大学）筹募发展委员会 1997 年版。

38. 李瑞明：《岭南大学文献目录：广州岭南大学历史档案资料》，岭南大学文学与翻译研究中心 2000 年版。

39. 李应林教育基金会：《岭南大学校长李应林诞辰 100 周年纪念》，李应林教育基金会 1993 年版。

40. 陆键东：《近代广东人文精神与冼玉清学术》，参见周义：《冼玉清研究论文集》，香港中国评论学术出版社2007年版。

41. 罗屏：《解放前广东图书馆的有关资料》，广州市政协学习和文史资料委员会编：《广州文史资料存稿》，中国文史出版社2008年版。

42. 梁家麟：《广东基督教教育（1807—1953）》，建道神学院1993年版。

43. 《岭南大学图书馆一览》，岭南大学图书馆1936年版。

44. 《岭南大学建校康乐二十五周年纪念册》，岭南大学1929年版。

45. 刘家锋、刘天路：《抗日战争时期的基督教大学》，福建教育出版社2003年版。

46. 刘正：《海外汉学研究——汉学在20世纪东西方各国研究和发展的历史》，武汉大学出版社2002年版。

47. ［美］马森著，杨德山译：《西方的中华帝国观》，时事出版社1999年版。

48. 倪俊明、沈锦锋主编：《广东近现代人物词典》，广东科技出版社1992年版。

49. 潘懋元：《中国高等教育百年》，广东高等教育出版社2003年版。

50. 潘祖荫、潘宗周：《滂喜斋藏书记·宝礼堂宋本书录》，上海古籍出版社2007年版。

51. 《私立岭南大学一览》，岭南大学出版，出版年不详。

52. 舒新城：《中国近代教育史资料》（中册），人民教育出版社1961年版。

53. 孙海英：《金陵百屋房——金陵女子大学》，河北教育出版社2005年版。

54. 陶飞亚、吴梓明：《基督教大学与国学研究》，福建教育出版社 1998 年版。

55. 王桧林、郭大均：《中国现代史》（上），高等教育出版社 1988 年版。

56. 王景伦：《走进东方的梦——美国的中国观》，时事出版社 1994 年版。

57. 吴义雄：《在宗教与世俗之间：基督教新教传教士在华南沿海的早期活动研究》，广东教育出版社 2000 年版。

58. 吴梓明、梁元生：《教会大学文献目录第一辑：中国教会大学历史文献综览》，香港中文大学崇基学院宗教与中国社会研究中心 1998 年版。

59. 吴梓明：《中国教会大学历史文献研讨会论文集》，香港中文大学出版社 1995 年版。

60. 谢灼华：《中国图书和图书馆史》，武汉大学出版社 2005 年版。

61. 熊明安：《中国高等教育史》，重庆出版社 1988 年版。

62. 徐信符：《广东藏书纪事诗》，商务印书馆 1963 年版。

63. 徐以骅：《教会大学与神学教育》，福建教育出版社 2000 年版。

64. 许晚成：《全国大中小学调查录（上编大学之部）》，龙文书店 1937 年版。

65. 许晚成：《全国图书馆调查录》，龙文书店 1935 年版。

66. 严文郁：《中国图书馆发展史》，枫城出版社 1983 年版。

67. 杨华日：《钟荣光先生传》，广州：岭南大学广州校友会 2003 年版。

68. 叶德辉：《藏书十约》，古典文学出版社 1957 年版。

69. 泽泓：《从晚清广州风情画看中外文化交流》，参见李明华：《广州：岭南文化中心地》，香港中国评论学术出版社 2007 年版。

70. 张海林：《近代文化交流史》，南京大学出版社 2003 年版。

71. 张之洞：《书目答问二种》，生活·读书·新知三联书店 1998 年版。

72. 章开沅、林蔚：《中西文化与教会大学》，湖北教育出版社 1991 年版。

73. 赵春晨、雷雨田、何大进：《基督教与近代岭南文化》，上海人民出版社 2002 年版。

74. 郑登云：《中国高等教育史》，华东师范大学出版社 1994 年版。

75. 郑樵：《通志二十略》，中华书局 1995 年版。

76. 中华民国教育部中国教育年鉴编审委员会：《第一次中国教育年鉴》（上），开明书店 1934 年版。

77. 中华民国教育部教育年鉴编委会：《第二次中国教育年鉴》，商务印书馆 1948 年版。

78. 中华续行委员会：《中华归主：中国基督教事业统计（1901—1920）》，中国社会科学出版社 1987 年版。

79. 周大鸣：《凤凰村的变迁：〈华南的乡村生活〉追踪研究》，社会科学文献出版社 2006 年版。

80. 朱峰：《基督教与近代中国女子高等教育：金陵女大与华南女大比较研究》，福建教育出版社 2002 年版。

81. 孟雪梅：《近代教会大学图书馆研究》，福建师范大学博士学位论文，2007 年。

82. 张复合编：《中国近代建筑研究与保护（二)》，清华大学出版社 2001 年版。

83. 张敏：《南园后五先生诗歌研究》，暨南大学博士学位论文，2007 年。

84. 张玮瑛、王百强、钱辛波主编:《燕京大学史稿》, 人民中国出版社 1999 年版。

二、学术论文

1. 陈剑光、翟云仙:《教会大学与中国近现代图书馆事业》, 载《北京图书馆馆刊》1999 年第 2 期, 第 134—137 页。

2. 陈剑光、翟云仙:《中国教会大学图书馆发展史略》, 载《图书与情报》1999 年第 2 期, 第 53—55 页。

3. 程焕文:《百年沧桑 世纪华章——20 世纪中国图书馆事业回顾与展望》, 载《图书馆建设》2004 年第 6 期, 第 1—87 页。

4. 房建昌:《天津北疆博物院考实》, 载《中国科技史料》2003 年第 1 期, 第 6—15 页。

5. 侯集体:《西方传教士与中国近现代图书馆》, 载《兰台世界》2007 年第 2 期, 第 62—63 页。

6. 胡海帆:《章氏四当斋李氏泰华楼旧藏与燕京大学图书馆》, 载《收藏家》2006 年第 8、9 期, 分见第 20—24 页、第 58—62 页。

7. 黄健敏:《冼玉清与陈垣》, 载《岭南文史》2003 年第 3 期, 第 14 页。

8. 黄裳:《天一阁被劫书目》前记, 载《文献》1979 年第 1 期, 第 99 页。

9. 黄少明:《民国时期外国人在华开办的图书馆》, 载《图书馆理论与实践》1992 年第 3 期, 第 48—49 页。

10. 李枢强:《北疆博物院》, 载《生物学通报》2007 年第 9 期, 第 62 页。

11. 李扬:《五十年代的院系调整与社会变迁——院系调整研究之一》, 载《开放时代》2004 年第 5 期, 第 15—

30 页。

12. 李颖：《近代书院藏书考》，载《图书与情报》1999 年第 1 期，第 72—75 页。

13. 路林：《韦棣华与文华公书林及文华图专》，载《河南图书馆季刊》1982 年第 4 期。

14. 罗桂环：《近代西方对中国生物的研究》，载《中国科技史料》1998 年第 4 期，第 1—18 页。

15. 马少甫：《徐家汇藏书楼清代英文珍本述要》，载《图书馆理论与实践》2006 年第 2 期，第 50—52 页。

16. 孟雪梅：《近代中国教会大学图书馆的特点及作用》，载《图书馆建设》2007 年第 2 期，第 102—105 页。

17. 孟雪梅：《近代中国教会大学图书馆文献收藏特点分析》（上），载《大学图书馆学报》2007 年第 3 期，第 78—80 页。

18. 孟雪梅：《闽教会大学图书馆的特色研究》，载《第一届图书馆史学术研讨会论文集》，2006 年。

19. 孟雪梅：《闽教会大学图书馆馆藏文献特色分析》，载《古籍整理研究学刊》2007 年第 2 期，第 94—96 页。

20. 钱存训：《欧美各国所藏中国古籍介绍》，载《图书馆学通讯》1987 年第 4 期，第 57—67、84 页。

21. 舒学：《豪举犹忆燕大馆》，载《出版史料》2004 年第 4 期，第 51 页。

22. 谭树林：《近代来华基督教传教士所创中外文期刊之影响——以〈印支搜闻〉为中心》，载《齐鲁学刊》2002 年第 5 期，第 40—46 页。

23. 特木勒、居蜜：《跋美国国会图书馆藏明刻本〈两镇三关通志〉》，载《史学史研究》2006 年第 3 期，第 68—75 页。

24. 王辉、叶拉美：《马礼逊与马士曼的〈大学〉译本》，载《中国文化研究所学报》（香港）2009 年第 49 期，第 413—426 页。

25. 王嘉川、王珊：《天津北疆博物院补考》，载《中国科技史料》2004 年第 1 期，第 37—48 页。

26. 王卫国：《西方传教士对中国近代图书事业的影响》，载《科技情报开发与经济》2005 年第 3 期，第 52—53 页。

27. 王卫国：《西方传教士在中国近代从事的图书事业》，载《船山学刊》2005 年第 3 期，第 125—127 页。

28. 王雅戈、侯汉清：《万国鼎先生索引成就研究》，载《中国索引》2008 年第 3 期，第 60—65 页。

29. 魏思齐：《美国汉学研究的概况》，载《国际汉学》2007 年第 2 期，第 30—40 页。

30. 吴义雄：《〈中国丛报〉与中国历史研究》，载《中山大学学报（社会科学版）》2008 年第 1 期，第 79—91 页。

31. 徐雁、谭华军：《金陵大学图书馆和中国图书馆学教育》，载《文史知识》2002 年第 5 期，第 112—116 页。

32. 易汉文：《中山大学康乐园内的建筑文物》，载《广州档案》2003 年第 4 期，第 37 页。

33. 殷开：《购书与整理：中山大学图书馆的初期发展与问题》，载《中山大学学报（社会科学版)》2009 年第 4 期，第 105—113 页。

34. 张殿清：《中华文化教育基金董事会对中国近代图书馆的资金援助》，载《大学图书馆学报》2006 年第 2 期，第 54—56 页。

35. 张凤：《哈佛燕京学社 75 年的汉学贡献》，载《文史哲》2004 年第 3 期，第 59—69 页。

36. 张树华：《19 世纪西方人士在中国创办的几个图书馆》，载《江西图书馆学刊》2007 年第 1 期，第 3—6 页。

37. 张玉范：《早期北大及原燕京大学藏汉文善本书举隅》，载《中国典籍与文化》1993 年第 2 期，第 56—59 页。

38. 赵长林:《中国近代教会大学图书馆评述》,载《上海高校图书情报学刊》(季刊) 1994 年第 3 期, 第 61—63 页。

39. 周筠:《直隶早期博物馆之一——北疆博物院》,载《文物春秋》2006 年第 4 期, 第 37—38、62 页。

40. 周连宽:《羊城访书偶记: (二) 广东刻本》, 载《广东图书馆学刊》1986 年第 1 期, 第 5—9 页。

41. 周连宽:《羊城访书偶记: (三) 广东藏书家近况》, 载《广东图书馆学刊》1986 年第 2 期, 第 13—16、40 页。

42. Caldwell, Oliver J.. Christian Colleges in New China. Far Eastern Survey, 1942 (11): 236 – 237.

43. Editorial Comment to our Readers. Quarterly Bulletin of Chinese Bibliography, 1940. 3, 1 (1): 21.

44. Huanwen Cheng. The Impact of American Librarianship on Chinese Librarianship in Modern Times (1840 – 1949). Libraries & Culture, 1991 (26): 372 – 387.

45. Kalervo Jarvelin, Pertti Vakkari. Content Analysis of Research Articles in Library and Information Science. Library and Information Science Research, 1991 (12): 395 – 421.

46. Liao, Jing. The Contributions of Nineteenth – Century Christian Missionaries to Chinese Library Reform. Libraries & the Cultural Record, 2006 (41): 360 – 371.

47. Liao, Jing. The Genesis of the Modern Academic Library in China: Western Influences and the Chinese Response. Libraries & Culture, 2004 (39): 161 – 174.

48. Priscilla C. Yu and Donald G. Davis, Jr. Arthur E. Bostwick and Chinese Library Development: A Chapter in International Cooperation. Libraries & Culture, 1998 (33).

49. Tai, T. C.. Library Movement in China. Bulletins on

Chinese Education，1923（3）：7.

三、报刊资料

（一）私立岭南大学校报/校报港刊/校报周刊

1.《本校新旧校董交代典礼之盛况》，载《私立岭南大学校报》1927 年第 1 期，第 22—23 页。

2.《本校教职员一览表》，载《私立岭南大学校报》1927 年第 1 期，第 30 页。

3.《呈广东省教育厅请转呈教育行政委员会立案文》，载《私立岭南大学校报》1927 年第 10 卷第 1 期，第 1 页。

4.《图书馆报告》，载《私立岭南大学校报》1927 年第 10 卷第 1 期，第 28 页。

5.《私立岭南大学校务会议第八次会议记录》，载《私立岭南大学校报》1928 年第 6 卷第 4 期，第 20—22 页。

6. 李应林:《私立岭南大学十六年至十七年度报告》，载《私立岭南大学校报》1928 年第 10 卷第 6 期，第 92—100 页。

7.《私立岭南大学布告第五八三号》，载《私立岭南大学校报》1929 年第 1 卷第 23 期，第 193 页。

8.《致伍公使梯云先生征求建筑图书馆纪念其先翁秩庸博士函》，载《私立岭南大学校报》1929 年第 1 卷第 28 期，第 240 页。

9.《致日本对支文化事业部长函》，载《私立岭南大学校报》1929 年第 1 卷第 30 期，第 267 页。

10.《建校康乐廿五周年纪念礼纪录》，载《私立岭南大学校报：建校康乐廿五周年纪念特刊》1929 年第 1 卷第 39 期，第 340—344 页。

11.《复伍公使梯云商办图书分馆函》，载《私立岭南大学校报》1930 年第 1 卷第 43 期，第 381 页。

12.《日本外务省文化事业部赠送大藏经》,载《私立岭南大学校报》1930年第1卷第49期,第418页。

13.《萃社捐购万有文库》,载《私立岭南大学校报》1930年第2卷第2期,第11页。

14.《本校建筑的将来》,载《私立岭南大学校报》1930年第2卷第5期,第23页。

15.《历年学生及教职员人数统计表》,载《私立岭南大学校报》1930年第2卷第8期,第43页。

16.《十六至十七年度统计分表》,载《私立岭南大学校报》1930年第2卷第8期,第45页。

17.《十七至十八年度统计分表》,载《私立岭南大学校报》1930年第2卷第8期,第46页。

18.《十八至十九年度统计分表》,载《私立岭南大学校报》1930年第2卷第8期,第47页。

19. 谢扶雅:《日本教授来校讲学经过报告》,载《私立岭南大学校报》1930年第2卷第10期,第63页。

20.《本年度各委员会委员委定人员》,载《私立岭南大学校报》1930年第2卷第18期,第124页。

21.《图书馆委员会第一次会议纪略》,载《私立岭南大学校报》1930年第2卷第19期,第152页。

22.《最近收到各处赠送中文书籍》,载《私立岭南大学校报》1930年第2卷第21期,第192页。

23.《图书馆委员会暂行章程》,载《私立岭南大学校报》1930年第2卷第24期,第252页。

24.《图书馆状况(节录该馆十八年至十九年度报告书)》,载《私立岭南大学校报》1930年第2卷第24期,第254—255页。

25.《校务会议第一次会议记录》,载《私立岭南大学校报》1930年第2卷第24期,第275—276页。

26.《图书馆状况续志》,载《私立岭南大学校报》

1930 年第 2 卷第 26 期，第 312—313 页。

27.《私立岭南大学布告第二四号》，载《私立岭南大学校报》1930 年第 2 卷第 27 期，第 386 页。

28.《本校本学期职教员表》，载《私立岭南大学校报》1930 年第 2 卷第 28 期，第 348 页。

29.《最近收到赠送书籍》，载《私立岭南大学校报》1931 年第 2 卷第 29 期，第 386 页。

30.《增聘四位职教员》，载《私立岭南大学校报》1931 年第 2 卷第 30 期，第 401 页。

31.《日本东京出版协会赠送大宗书籍》，载《私立岭南大学校报》1931 年第 3 卷第 1 期，第 13 页。

32.《日本东京出版协会赠送书籍续志》，载《私立岭南大学校报》1931 年第 3 卷第 2 期，第 36—40 页。

33.《修正私立岭南大学购置委员会组织规程》，载《私立岭南大学校报》1931 年第 3 卷第 3 期，第 55—56 页。

34.《加入摄影盛京行宫所藏古铜器箸录》，载《私立岭南大学校报》1931 年第 3 卷第 6 期，第 114 页。

35.《宾省大学屋》，载《私立岭南大学校报》1931 年第 3 卷第 9 期，第 153 页。

36.《图书馆藏书十万册》，载《私立岭南大学校报》1931 年第 3 卷第 22 期，第 405 页。

37.《苏俄之文化教育及其政治经济社会之背景》，载《私立岭南大学校报》1931 年第 3 卷第 22 期，第 413—416 页。

38.《致各大学请赠一览及规程函》，载《私立岭南大学校报》1931 年第 3 卷第 26、27 期合刊，第 478 页。

39.《二十一年度各委员会名表》，载《私立岭南大学校报》1932 年第 5 卷第 3 期，第 58 页。

40.《委派科学出版委员会布告》，载《私立岭南大学校报》1933 年第 6 卷第 1 期，第 3 页。

41.《岭南大学图书馆廿一年度报告书》，载《私立岭南大学校报》1933年第6卷第8期，第133—138页。

42.《陈教务长出席基督教大学三会议经过》，载《私立岭南大学校报》1934年第6卷第13期，第199—203页。

43.《岭南大学布告第四六号》，载《私立岭南大学校报》1934年第6卷第15期，第229页。

44.《复王亦鹤谢赠书》，载《私立岭南大学校报》1934年第6卷第15期，第231页。

45.《王亦鹤捐赠本校图书馆杂志数十种》，载《私立岭南大学校报》1934年第6卷第15期，第237页。

46.《图书馆三月份统计》，载《私立岭南大学校报》1934年第6卷第18期，第287页。

47.《复管理中英庚款董事会谢送书》，载《私立岭南大学校报》1934年第7卷第4期，第44页。

48.《陈炳谦赠书》，载《私立岭南大学校报》1934年第7卷第4期，第47页。

49.《图书馆十二月份统计》，载《私立岭南大学校报》1935年第7卷第10期，第122页。

50.《岭南科学杂志》，载《私立岭南大学校报》1935年第7卷第17期，第228页。

51. 黄受照：《徐甘棠同学事略》，载《私立岭南大学校报》1935年第7卷第20期，第278—279页。

52.《图书馆消息》，载《私立岭南大学校报》1935年第8卷第2期，第18—19页。

53.《图书馆三月份统计》，载《私立岭南大学校报》1936年第8卷第17期，第190页。

54.《大学开学典礼纪》，载《私立岭南大学校报》1936年第9卷第2期，第14—16页。

55.《岭南大学社会研究近况》，载《私立岭南大学校报》1936年第9卷第5期，第58—59页。

56.《本校一年来之进展》，载《私立岭南大学校报》1936 年第 9 卷第 6 期，第 82 页。

57.《廿四年度图书馆馆务报告撮要》，载《私立岭南大学校报》1937 年第 9 卷第 9 期，第 133—135 页。

58.《图书馆一月份统计表》，载《私立岭南大学校报周刊》1937 年第 9 卷第 14 期，第 195 页。

59.《图书馆消息》，载《私立岭南大学校报周刊》1937 年第 10 卷第 1、2 期合刊，第 11—13 页。

60.《李代校长纪念周演讲》，载《私立岭南大学校报周刊》1938 年第 10 卷第 6 期，第 2 页。

61.《图书馆一月份统计表》，载《私立岭南大学校报周刊》1938 年第 10 卷第 7 期，第 8 页。

62.《图书馆开设"抗战读物阅览室"》，载《私立岭南大学校报周刊》1938 年第 10 卷第 8 期，第 12 页。

63.《本校概况报告（一）——民廿七年九月至廿八年二月》，载《岭南大学校报港刊》1939 年第 13 期，第 67、72 页。

64.《本校概况报告（二）——民廿七年九月至廿八年二月》，载《岭南大学校报港刊》1939 年第 14 期，第 73 页。

65.《教育部令发扬吾国固有文化》，载《岭南大学校报港刊》1940 年第 52 期，第 3 版。

66. 何多源：《图书馆之辅助阅者研究工作》，载《岭南大学校报港刊》1940 年第 60 期，第 405 页。

（二）中华图书馆协会会报

67. 刘纯：《杂志索引之需要及编制大纲》，载《中华图书馆协会会报》1929 年第 4 卷第 4 期，第 14—16 页。

68. 陆华琛：《对于大学图书馆管理上的意见（十八年年会论文)》，载《中华图书馆协会会报》1929 年第 5 卷第 1、2 期合刊，第 3—4 页。

69.《教育部新公布之规程》，载《中华图书馆协会会报》1930 年第 5 卷第 6 期，第 13 页。

70.《新书介绍之〈德芸字典〉》，载《中华图书馆协会会报》1931 年第 7 卷第 3 期，第 58 页。

71.《国立北平图书馆排印卡片目录说明及使用法》，载《中华图书馆协会会报》1935 年第 11 卷第 3 期，第 45 页。

72.《岭南大学图书馆汇讯》，载《中华图书馆协会会报》1936 年第 11 卷第 5 期，第 33 页。

73.《第三次年会之筹备》，载《中华图书馆协会会报》1936 年第 11 卷第 6 期，第 25 页。

74.《岭大图书馆消息四则》，载《中华图书馆协会会报》1936 年第 12 卷第 3 期，第 41 页。

75.《会员消息》，载《中华图书馆协会会报》1937 年第 12 卷第 6 期，第 22 页。

76.《本会设立通讯处》，载《中华图书馆协会会报》1938 年第 13 卷第 1 期，第 17 页。

77.《会员消息》，载《中华图书馆协会会报》1938 年第 13 卷第 1 期，第 17 页。

78.《会员消息》，载《中华图书馆协会会报》1939 年第 13 卷第 6 期，第 12 页。

79.《教育部发表全国高等文化机关受敌军摧残之下所蒙损失统计》，载《中华图书馆协会会报》1939 年第 13 卷第 6 期，第 13 页。

80.《岭南大学图书馆随校迁港后之现状》，载《中华图书馆协会会报》1939 年第 13 卷第 6 期，第 24 页。

81.《岭南大学图书馆近讯》，载《中华图书馆协会会报》1939 年第 14 卷第 1 期，第 21 页。

82.《本会赠送岭南中山二大学图书馆西文图书》，载《中华图书馆协会会报》1940 年第 14 卷第 4 期，第 11 页。

83.《会员消息》，载《中华图书馆协会会报》1940 年第 14 卷第 5 期，第 13 页。

84.《会员消息》，载《中华图书馆协会会报》1946 年第 19 卷第 4、5、6 期合刊，第 15 页。

85.《美发起征书运动将赠我大量图书》，载《中华图书馆协会会报》1946 年第 20 卷第 1、2、3 期合刊，第 12 页。

86. 何观泽：《广州香港各图书馆近况》，载《中华图书馆协会会报》1946 年第 20 卷第 4、5、6 期合刊，第 3—7 页。

87.《英美赠书助我国图书馆复兴》，载《中华图书馆协会会报》1946 年第 20 卷第 4、5、6 期合刊，第 10 页。

88.《联总供应我国四百万元图书》，载《中华图书馆协会会报》1946 年第 20 卷第 4、5、6 期合刊，第 11 页。

89.《大英百科全书二十五部运华》，载《中华图书馆协会会报》1947 年第 21 卷第 1、2 期合刊，第 12 页。

（三）**图书馆学季刊**

90. 刘国钧：《现时中文图书馆学书籍评》，载《图书馆学季刊》1926 年第 2 期，第 346—350 页。

91. 李小缘：《藏书楼与公共图书馆》，载《图书馆学季刊》1926 年第 3 期，第 375—396 页。

92. 李小缘：《全国图书馆计划书》，载《图书馆学季刊》1928 年第 2 期，第 220—231 页。

93. 桂质柏：《大学图书馆之标准》，载《图书馆学季刊》1932 年第 1 期，第 1—6 页。

94. 李小缘：《中国图书馆事业十年来之进步》，载《图书馆学季刊》1936 年第 10 卷第 4 期，第 507—549 页。

95. 陈训慈：《中国之图书馆事业》，载《图书馆学季刊》1936 年第 14 期，第 667—684 页。

96.《调查中国之图书馆事业》，载《图书馆学季刊》

1936 年第 14 期，第 680—684 页。

（四）**其他报刊**

97.《岭南》1919 年第 3 卷第 3 期，第 50—51 页。

98. 胡适：《发刊宣言》，载《国学季刊》1923 年第 1 期，第 1—16 页。

99. 王世静：《永远刻在我的印象中》，载《华南学院院刊——程前校长纪念专号》1941 年，第 7—8 页。

100.《悼念谭卓垣博士》，载《岭南通讯》1956 年第 10 期，第 12 页。

101. 周连宽：《广东藏书家曾钊》，载《大公报·艺文周刊》1963 年 12 月 22 日。

102. 马军：《上海社会科学院历史研究所资料室珍藏"西文汉学旧籍"简介（五）》，载《史林》2003 年第 1 期，第 120—121 页。

103. 李雪、张刚：《散逐东风满穗城——广州岭南大学》，载《科学中国人》2008 年第 6 期，第 54—59 页。

104. 司徒荣：《广州岭南大学上海分校的旧事》，载《岭南校友》第 15 期，第 44—46 页。

四、档案

（一）**广东省档案馆藏岭南大学档案**

1. *A List of Books sent by the British Council*，1947 - 04 - 24. 全宗号：38 - 4 - 87（126）.

2. *A List of New Books and Magazines Contributed by Mrs. Frances M. Hayes Friends of Kung Hsiang Lin and the Library of Citrus Experiment Station at Riverside，California.* 全宗号：38 - 4 - 87（99 - 101）.

3. *Acknowledgment slip of United States Information Service to Lingnan University*，1947 - 04 - 08. 全宗号：38 - 4 - 87

(95 – 96).

4. *Acknowledgment slip of United States Information Service to Lingnan University*, 1947 – 05 – 07. 全宗号：38 – 4 – 87 (97).

5. *Acknowledgment slip of United States Information Service to Lingnan University*, 1947 – 12 – 08. 全宗号：38 – 4 – 87 (94).

6. *Books and Magazines Donated by International Exchanges from Smithsonian Institution Washington*, *U. S. A.*, 1947 – 05 – 06. 全宗号：38 – 4 – 87 (123 – 125).

7. *Gift of Miss Florence Peebles*, *Lewis and Clark College*, *Portland*, *Oregon*. 全宗号：38 – 4 – 87 (113 – 122).

8. *Minutes of meeting of Library Committee*, 1923 – 01 – 04. 全宗号：38 – 4 – 134.

9. *Questionnaire of University Libraries*. 全宗号：38 – 4 – 87 (131).

10. *The letter of A. A. Archanglesky of Foreign Salt Inspector for Canton District to C. K. Edmunds*, 1917 – 11 – 28. 全宗号：38 – 4 – 182 (227).

11. *The letter of Assistant Librarian of Canton Christian University to Library of St. John's university*, 1924 – 4 – 21 全宗号：38 – 4 – 182 (257).

12. *The letter of Assistant Librarian to Superintendent of Documents of Government printing offices*, 1923 – 09 – 11. 全宗号：38 – 4 – 182 (262 – 264).

13. *The letter of C. K. Edmunds to A. A. Archanglesky of Foreign Salt Inspector for Canton District*, 1917 – 11 – 23. 全宗号：38 – 4 – 182 (226).

14. *The letter of A. A. Archanglesky of Foreign Salt Inspector for Canton District to C. K. Edmunds*, 1917 – 11 – 28. 全宗号：

38 – 4 – 182（227）.

15. *The letter of C. K. Edmunds to A. A. Archanglesky of Foreign Salt Inspector for Canton District*, 1917 – 12 – 07. 全宗号：38 – 4 – 182（228）.

16. *The letter of C. K. Edmunds to the Chief Inspectorate of Salt Revenue*, 1917 – 12 – 07. 全宗号：38 – 4 – 182（229）.

17. *The letter of C. K. Edmunds to the Chief Inspectorate of Salt Revenue*, 1917 – 12 – 07. 全宗号：38 – 4 – 182（230）.

18. *The letter of C. K. Edmunds to Chief Inspectorate of Salt Revenue*, 1918 – 01 – 21. 全宗号：38 – 4 – 182（231）.

19. *The letter of C. W. Taam to Carnegie Institution of Washington*, 1935 – 10 – 29. 全宗号：38 – 4 – 207（79）.

20. *The Letter of C. W. Taam to Christian Science Publishing Society*, 1936 – 05 – 07. 全宗号：38 – 4 – 182（188）.

21. *The letter of C. W. Taam to Edgar Dewstoe*, 1936 – 05 – 07. 全宗号：38 – 4 – 182（189）.

22. *The letter of C. W. Taam to Foreign Affairs*, 1926 – 04 – 21. 全宗号：38 – 4 – 182（19）.

23. *The letter of C. W. Taam to International Booksellers Ltd.*, 1934 – 12 – 06. 全宗号：38 – 4 – 534（365 – 366）.

24. *The Letter of C. W. Taam to Maruzen Co*, 1933 – 12 – 30. 全宗号：38 – 4 – 206（64）.

25. *The letter of C. W. Taam to Museum of Far Eastern Antiquities*, 1934 – 05 – 10. 全宗号：38 – 4 – 206（101）.

26. *The letter of C. W. Taam to The Laymen's foreign missions inquiry*, 1934 – 04 – 11. 全宗号：38 – 4 – 206（93）.

27. *The letter of C. W. Taam to the Library of National Geological survey of China*, 1929 – 06 – 26. 全宗号：38 – 4 – 206（9）.

28. *The letter of C. W. Taam to Trustees of the Henry E.*

Huntington Library and Art Gallery, 1933 – 11 – 16. 全宗号：38 – 4 – 206（50）.

29. *The letter of C. W. Taam to W. Heffer and sons, Ltd.*, 1934 – 04 – 28. 全宗号：38 – 4 – 206（99）.

30. *The letter of C. W. Taam to W. Heffer and sons, Ltd.*, 1935 – 03 – 16. 全宗号：38 – 4 – 207（15）.

31. *The letter of C. W. Taam to Wm. Dawson & Sons, Ltd.*, 1935 – 04 – 03. 全宗号：38 – 4 – 207（31）.

32. *The letter of C. W. Taam to Wm. Dawson & Sons, Ltd.*, 1935 – 04 – 10. 全宗号：38 – 4 – 207（38）.

33. *The letter of C. W. Taam to Wm. Dawson & Sons, Ltd.*, 1935 – 09 – 24. 全宗号：38 – 4 – 207（77）.

34. *The letter of Chan Shan Yi to Lo Chan*, 1928 – 05 – 15. 全宗号：38 – 4 – 534（237）.

35. *The letter of Chan Shan Yi to Lo Kin*, 1928 – 03 – 05. 全宗号：38 – 4 – 534（238）.

36. *The letter of Chief Inspectorate of Salt Revenue to C. K. Edmunds*, 1918 – 01 – 12. 全宗号：38 – 4 – 182（230）.

37. *The letter of Clinton N. Laird to P. Y. Chan*, 1931 – 12 – 04. 全宗号：38 – 4 – 207（218）.

38. *The letter of Donald D. Parker, Librarian of Shantung Christian University to J. V. Barrow.* 全宗号：38 – 4 – 182（256）.

39. *The letter of Douglass to Chan Tak Wan*, 1919 – 10 – 14. 全宗号：38 – 4 – 182（126）.

40. *The letter of Douglass to Graybill*, 1919 – 05 – 15. 全宗号：38 – 4 – 182（145）.

41. *The letter of Dr. James M. Henry, Provost to Ho To – yan*, 1938 – 03 – 16. 全宗号：38 – 4 – 534（306）.

42. *The Letter of Electric Journal to C. W. Taam*, 1924 - 05 - 28. 全宗号: 38 - 4 - 534 (330 - 331).

43. *The letter of F. A. McClure to C. W. Taam*, 1927 - 06 - 06. 全宗号: 38 - 4 - 206 (4 - 5).

44. *The letter of Franklin P. Metcalf to C. W. Taam*, 1934 - 02 - 16. 全宗号: 38 - 4 - 206 (75).

45. *The letter of George Weidman Groff to Jessie Douglass*, 1920 - 05 - 02. 全宗号: 38 - 4 - 182 (142).

46. *The letter of H. W. Wilson Company to C. W. Taam*, 1930 - 07 - 25. 全宗号: 38 - 4 - 206 (29).

47. *The letter of Harriett M. Chase (Chief Assistant to the Secretary) to C. W. Taam*, 1929 - 04 - 24. 全宗号: 38 - 4 - 206 (8).

48. *The letter of Ho To - yan to Dr. James M. Henry, Provost.* 全宗号: 38 - 4 - 534 (305).

49. *The letter of J. V. Barrow to Chan on Yan*, 1925 - 02 - 20. 广东省档案馆. 全宗号: 38 - 4 - 534 (136).

50. *The letter of Katharine C. Griggs, Assistant Secretary of Trustees of the Canton Christian College to Kenneth Duncan*, 1917 - 04 - 07. 全宗号: 38 - 4 - 182 (119, 123).

51. *The letter of Librarian to Board of Agriculture and Fisheries*, 1921 - 05 - 30. 全宗号: 38 - 4 - 182 (68).

52. *The letter of Librarian to Georgia State College of Agriculture*, 1921 - 03 - 28. 全宗号: 38 - 4 - 182 (71).

53. *The letter of Librarian to Methodist Publishing House*, 1924 - 11 - 07. 全宗号: 38 - 4 - 182 (69).

54. *The letter of Milton C. Lee, Bureau of Industrial & Commercial Information Ministry of Industry. Commerce and Labour National Government of the Republic of China to C. W. Taam*, 1929 - 07 - 17. 全宗号: 38 - 4 - 534 (321).

55. *The letter of Ministry of Industry. Commerce & Labor Bureau of Industrial & Commercial Information to Lingnan Science Journal*, 1931 – 01 – 12. 全宗号：38 – 4 – 534（317）.

56. *The letter of Serge Elisséeff to T. Y. Hoh*, 1938 – 03 – 10. 全宗号：38 – 4 – 534（296）.

57. *The letter of T. T. Hsu, Librarian of Peking University to J. V. Barrow.* 全宗号：38 – 4 – 182.

58. *The letter of T. Y. Ho to Dr. James M. Henry, Provost,* 1938. 全宗号：38 – 4 – 534（305）.

59. *The letter of T. Y. Ho to H. S. Frank*, 1938 – 05 – 04. 全宗号：38 – 4 – 534（207）.

60. *The letter of T. Y. Hoh to Serge Elisséeff*, 1938 – 04 – 12. 全宗号：38 – 4 – 534（393）.

61. *The Letter of The China Truth Publishing Co. to Lingnan University Library*, 1929 – 05 – 23. 全宗号：38 – 4 – 182（148）.

62. *The letter of The China Weekly Review to Taam, Chewkwoon*, 1926 – 10 – 05. 全宗号：38 – 4 – 207（46）.

63. *The letter to Kenneth Duncan*, 1913 – 09 – 04. 全宗号：38 – 4 – 182（81）.

64. *The letter to L. Duncan*, 1913 – 09 – 04. 全宗号：38 – 4 – 182（81）.

65. *The Librarian of Customs Library（Honam）to C. W. Taam*, 1927 – 03 – 25. 全宗号：38 – 4 – 534（256 – 264）.

66. 北京清华学校图书馆馆长致谭卓垣函，1923 – 12 – 08. 广东省档案馆. 全宗号：38 – 4 – 206（1）.

67. 陈德芸之图书馆中籍部本年扩张计划，1920 – 10 – 05. 全宗号：38 – 4 – 182（138 – 139）.

68. 陈德芸致特嘉之中文馆藏建设函，1919 – 09 – 02.

全宗号：38 - 4 - 182（3 - 6）.

69. 陈德芸致特嘉之中文馆藏建设函，1919 - 09 - 02.
全宗号：38 - 4 - 182（30）.

70. 呈报教员联谊会理事会学习股请设"新智识研究室"乞予备案由，1949 - 11 - 01. 全宗号：38 - 4 - 87（30 - 43）.

71. 董事会会议记录. 全宗号：38 - 2 - 19.

72. 二十六年度省私立专科以上学校补助费案申请补助书（1936 年）. 全宗号：38 - 1 - 64.

73. 广州环球书局致谭卓垣函，193□ - 10 - 14. 全宗号：38 - 4 - 207（137）.

74. 国立中山大学图书馆字第三五四三〇号文件，1946 - 06 - 06. 全宗号：38 - 4 - 86（1）.

75. 何畏冷. 岭南大学农业研究所植物病理系研究报告及预算书，1937 年 8 月 1 日至 1938 年 3 月 1 日. 全宗号：38 - 1 - 62.

76. 环球书报社订书清单，1934 - 12 - 13. 全宗号：38 - 4 - 534（363）.

77. 环球书报社致岭南大学图书馆函，1934 - 12 - 13. 全宗号：38 - 4 - 534（372）.

78. 经费来源、校董会沿革与现状以及对学校之作用. 全宗号：38 - 1 - 19.

79. 李应林等. 特殊教育委员会报告：岭南大学教育政策初步研究（1939 年 11 月 17 日）. 全宗号：38 - 1 - 24.

80. 岭南大学今后发展方针，1946 - 03 - 15. 全宗号：38 - 2 - 28.

81. 岭南大学文书组致学校各部门负责人函，1945 - 12 - 06. 全宗号：38 - 1 - 16.

82. 岭南大学校董会第四十七次会议记录，1938 - 06 - 27. 全宗号：38 - 1 - 19.

83. 岭南大学致中华教育文化基金会之请特助植病图书费，1934 – 12 – 14. 全宗号：38 – 1 – 62.

84. 岭南大学中国教员联谊会会章. 全宗号：38 – 1 – 31.

85. 民国十六年十二月廿七日南大校董会第五次会议记录，1927 – 12 – 27. 全宗号：38 – 1 – 17.

86. 派员赴南武中学领回图书，1946 – 03 – 30. 全宗号：38 – 2 – 37.

87. 卅六学年度各委员会委员名单. 全宗号：38 – 1 – 45.

88. 卅五年度第四次校务会议记录，1946 – 02 – 06. 全宗号：38 – 1 – 14.

89. 卅五年度第十次校务会议记录，1946 – 10 – 02. 全宗号：38 – 1 – 14.

90. 卅五年度第十六次校务会议记录，1947 – 04 – 02. 全宗号：38 – 1 – 14.

91. 卅五年度第十七次校务会议记录，1947 – 05 – 07. 全宗号：38 – 1 – 14.

92. 卅七年度第二十四次校务会议记录，1948 – 06 – 09. 全宗号：38 – 1 – 14.

93. 卅五年度教务第三次会议，1947 – 04 – 19. 全宗号：38 – 1 – 16.

94. 私立岭南大学民国十六十七年度预算书. 全宗号：38 – 2 – 84.

95. 私立岭南大学编造民国十七十八年度预算书. 全宗号：38 – 2 – 83.

96. 私立岭南大学预算书，1929 年 9 月 1 日至 1930 年 8 月 31 日. 全宗号：38 – 1 – 65.

97. 私立岭南大学预算书，1931 年 7 月 1 日至 1932 年 6 月 20 日. 全宗号：38 – 2 – 82.

98. 私立岭南大学预算书，1935 年 7 月 1 日至 1936 年 6 月 30 日．全宗号：38 - 1 - 65.

99. 私立岭南大学预算书，1936 年 7 月 1 日至 1937 年 6 月 30 日．全宗号：38 - 1 - 65.

100. 私立岭南大学民国十七十八年度决算书．全宗号：38 - 2 - 103.

101. 私立岭南大学民国十八十九年度决算书．全宗号：38 - 2 - 103.

102. 私立岭南大学民国十九年度决算书．全宗号：38 - 2 - 103.

103. 私立岭南大学决算书，1931 年 7 月 1 日至 1932 年 6 月 30 日．全宗号：38 - 1 - 65.

104. 私立岭南大学决算书，1932 年 7 月 1 日至 1933 年 6 月 30 日．全宗号：38 - 1 - 65.

105. 私立岭南大学决算书，1933 年 7 月 1 日至 1934 年 6 月 30 日．全宗号：38 - 1 - 65.

106. 私立岭南大学决算书，1935 年 7 月 1 日至 1936 年 6 月 30 日．全宗号：38 - 2 - 103.

107. 私立岭南大学决算书，1936 年 7 月 1 日至 1937 年 6 月 30 日．全宗号：38 - 2 - 103.

108. 私立岭南大学编造民国廿六年度预算书，1937 年 7 月 1 日至 1938 年 6 月 30 日．全宗号：38 - 2 - 104.

109. 私立岭南大学各院系现况，1939 年度．全宗号：38 - 1 - 2.

110. 私立岭南大学卅四年度第二次校务会议记录（1945 年 12 月 5 日）．全宗号：38 - 1 - 14.

111. 私立岭南大学卅五年度第四次校务会议记录（1946 年 2 月 6 日）．全宗号：38 - 1 - 14.

112. 私立岭南大学图书馆组织章程（第五次校董会会议记录附件 7），1927 - 12 - 27. 全宗号：38 - 1 - 17.

113. 私立岭南大学校董会第十二次会议记录，1929 - 09 - 10. 全宗号：38 - 1 - 18.

114. 私立岭南大学校董会第四十次会议记录，1936 - 09 - 26. 全宗号：38 - 1 - 19.

115. 私立岭南大学校董会第四十三次会议记录，1937 - 06 - 26. 全宗号：38 - 1 - 19.

116. 私立岭南大学校董会第四十六次会议记录，1938 - 03 - 13. 全宗号：38 - 1 - 19.

117. 私立岭南大学校董会第五十四次会议记录，1940 - 07 - 19. 全宗号：38 - 1 - 19.

118. 私立岭南大学校务会议章程（第二次校董会会议记录附件3），1927 - 02 - 23. 全宗号：38 - 1 - 17.

119. 私立岭南大学组织大纲，1939. 全宗号：38 - 2 - 28.

120. 谭卓垣. 上教育部请求补助图书馆建筑费三万元理由书，1933. 全宗号：38 - 1 - 2（10）.

121. 谭卓垣往来信函. 全宗号：38 - 4 - 206.

122. 谭卓垣往来信函. 全宗号：38 - 4 - 207.

123. 通知美新闻处赠书一批业已志谢由，1949 - 05 - 03. 全宗号：38 - 4 - 86（2 - 22）.

124. 图书馆材料. 全宗号：38 - 2 - 17.

125. 图书馆材料. 全宗号：38 - 4 - 86.

126. 图书馆材料. 全宗号：38 - 4 - 87.

127. 图书馆材料. 全宗号：38 - 4 - 182.

128. 图书馆材料. 全宗号：38 - 4 - 534.

129. 图书馆近况报告. 全宗号：38 - 4 - 87（108 - 110）.

130. 王肖珠简历. 全宗号：38 - 4 - 182（250）.

131. 为请填发英国文化协会给本学院书籍之进口许可证由，1947 - 09 - 03. 全宗号：38 - 2 - 17（75）.

132. 校务会议记录. 全宗号: 38 – 1 – 16.

133. 证明移交图书杂志小册子共六五九五册由, 1946 – 01 – 11. 全宗号: 38 – 2 – 37.

134. 植物病理研究蚕病研究计划书, 1934 – 12 – 10. 全宗号: 38 – 1 – 62.

135. 致广东省教育所之电请伪南武中学将沦陷时□向伪广东大学借去书籍交送由, 1946 – 06 – 10. 全宗号: 38 – 2 – 37.

136. 致广东省立文理学院之函如派员认领图书杂志请予协助由, 1947 – 01 – 08. 全宗号: 38 – 2 – 37.

137. 致教育部广州区教育□□辅导委员会之函请转伪南武中学将前伪校向伪广东大学借去本校之图书交还由, 1946 – 01 – 08. 全宗号: 38 – 2 – 37.

138. 致南武中学之函请将日前伪广东大学借出之图书除杂志部分赐予贵校外其余书籍希交还领回由, 1946 – 01 – 09. 全宗号: 38 – 2 – 37.

139. 致中正学校函如派员认领书籍请予协助由, 1947 – 01 – 08. 全宗号: 38 – 2 – 37.

140. 中华教育文化基金董事会第一次报告（民国十五年三月刊行）. 全宗号: 38 – 2 – 70.

141. 中华教育文化基金董事会致岭南大学之申请图书馆建筑费等事宜, 1934 – 07 – 11. 全宗号: 38 – 1 – 62.

142. 朱有光致香港大学注册办公室之馆藏图书馆买卖, 1940 – 11 – 20. 全宗号: 38 – 4 – 42（21）.

143. 1950 年度各委员会委员名单. 全宗号: 38 – 3 – 22.

（二）中山大学图书馆藏岭南大学档案缩微胶卷

144. A Summary Report from September, 1930 to February 1931, Lingnan University. 岭南大学档案缩微胶卷 Reel 26.

145. Bursar's Year's July 1, 1917 to June 30, 1918. 岭南

大学档案缩微胶卷 Reel 26.

146. Canton Christian College 1919 – 1924：report of the president（约 1924 年或 1925 年出版）. 岭南大学档案缩微胶卷 Reel 26.

147. Check List of Important Western Books on China, 2nd ed. 1936. 岭南大学档案缩微胶卷 Reel 36.

148. Current Receipts and Expenses, Expenses 1909 – 1910. 岭南大学档案缩微胶卷 Reel 26.

149. Information Concerning the Library of Lingnan University（1938 – 04）. 岭南大学档案缩微胶卷 Reel 36.

150. Information Concerning the Library of Lingnan University. 岭南大学档案缩微胶卷 Reel 36.

151. List of Rare Books in Chinese to be Filmed. 岭南大学档案缩微胶卷 Reel 36.

152. Memoire of Wu T'ingfang Library. 岭南大学档案缩微胶卷 Reel 36.

153. Summary of Account Sept. 12, 1905 to Sept. 1, 1906. 岭南大学档案缩微胶卷 Reel 26.

154 . The letter of Arthur W. Hummel to Olin D. Wannamaker, 1940 – 02 – 08. 岭南大学档案缩微胶卷 Reel 36.

155. The letter of C. W. Taam to Olin D. Wannamaker, 1940 – 03 – 07. 岭南大学档案缩微胶卷 Reel 36.

156. The letter of C. W. Taam to Olin D. Wannamaker, 1940 – 04 – 04. 岭南大学档案缩微胶卷 Reel 36.

157. The letter of Mortimer Graves to Olin D. Wannamaker, 1940 – 03 – 19. 岭南大学档案缩微胶卷 Reel 36.

158. the letter of Olin D. Wannamaker to Arthur W. Hummel, 1940 – 02 – 08. 岭南大学档案缩微胶卷 Reel 36.

159. The letter of Olin D. Wannamaker to Mortimer Graves，1940 – 03 – 01. 岭南大学档案缩微胶卷 Reel 36.

160. The Library, report of the librarian Jessie Douglass，1921. 岭南大学档案缩微胶卷 Reel 26.

161. Trustees of the Canton Christian College, Treasurer's Report, Current Expenses 1911 – 1912. 岭南大学档案缩微胶卷 Reel 26.

162. Trustees of the Canton Christian College, Treasurer's Report, Current Expenses 1915 – 1916. 岭南大学档案缩微胶卷 Reel 26.

163. 黄念美与恒慕义往来信函. 岭南大学档案缩微胶卷 Reel 36.

164. 历年财务报告. 岭南大学档案缩微胶卷 Reel 26.

165. 岭南大学档案缩微胶卷 Reel 37.

166. 岭南大学档案缩微胶卷 Reel 6 – 9, 11.

（三）其他档案

167. 岭南大学图书馆馆务报告：民国廿九年七月至三十年六月. 广州：中山大学图书馆校史室.

168. 岭南大学图书馆收入捐赠中文图籍目录，1920 年 3 月. 广州：中山大学图书馆校史室.

169. Harvard – Yenching Institute Peiping Office Annual Report on Institute Activities supported on the Unrestricted fund 1947 – 1948，哈佛大学哈佛燕京学社所藏档案 HYI archives：File：Annual Report 47″48″.

五、网络资源

1. Cecil Clementi 生平简历 [EB/OL]. [2009 – 11 – 28].

http://en. wikipedia. org/wiki/Cecil – Clementi.

2. "To Markie," the Letters of Robert E. Lee to Martha Custis Williams" [J/OL], Volume 37, Number 3, Southwestern Historical Quarterly Online.

http：//www. tsha. utexas. edu/publications/journals/shq/online/v037/n3/review_ DIVL2924. html. [Accessed Thu Sep 3 2009].

3. "中国古代的百科全书"——《本草纲目》[EB/OL]. [2009 - 11 - 24].

http：//www. tcm - china. info/gjjl/gudai/mqsq/72739. shtml.

4. 1952 年中国高等院校的院系调整全宗 [EB/OL]. [2009 - 09 - 11].

http：//www. historykingdom. com/read. php? tid = 89379 & page = e & fpage = 1.

5. 1961—1962 年，知识分子的春天 [N/OL]. 信息时报，2005 - 07 - 25（B2）[2009 - 08 - 03].

http：//informationtimes. dayoo. com/gb/content/2005/07/25/content_ 2149005. htm.

6. The Methodist Archives Biographical Index [EB/OL].

http：//www. library. manchester. ac. uk/search-resources/guide-to-special-collections/methodist/using-the-collections/biographicalindex/dalby-dymond/header-title-max-32-words-365962-en. htm.

7. Travelling China's Back Roads 100 Years Ago [EB/OL], 2009 - 04 - 29 [2009 - 08 - 02].

http：//www. dtm. ciw. edu/news - mainmenu - 2/71 - features/545 - fuson - expedition.

8. 北京师范大学图书馆历任馆长 [EB/OL]. [2009 - 08 - 03].

http：//www. lib. bnu. edu. cn/tsgxx/hyfwtsg_ lrgz1. htm.

9. 北京中医药数字博物馆网站 [EB/OL].

http：//www. tcm-china. info/gjjl/gudai/mqsq/72739. shtml.

10. 佛山大百科［EB/OL］.［2009 – 10 – 04］.

http：//wiki. 0757family. com/index. php？doc-view-3363.

11. 广东图书馆学会. 广东图书馆学会历届理事会名单［EB/OL］.［2017 – 09 – 08］.

http：//www. lsgd. org. cn/zzjs/ljlsh/index. shtml.

12. 华南农业大学校友会. 校史概览［EB/OL］.［2009 – 11 – 12］.

http：//web. scau. edu. cn/xyh/xsgl_ 2. asp.

13. 黄菊艳. 岭南同学　桃李芬芳［N/OL］.羊城晚报，2007 – 11 – 04［2009 – 09 – 05］.

http：//www. ycwb. com/ycwb/2007 – 11/04/content _ 1671307. htm.

14. 李健明. 走进顺德·龙山温家［N/OL］.珠江商报，2007 – 02 – 02［2009 – 09 – 30］.

http：//www. sdlib. com. cn/typenews. asp？id = 938.

15. 李仙根先生小传［EB/OL］，2006 – 04 – 21［2017 – 09 – 17］.

http：//zszx. zsnews. cn/Article/view/cateid/250/id/29485. html.

16. 刘保兄. 80 年代以来大陆中国教会大学史研究综述［EB/OL］.［2008 – 12 – 20］.

http：//www. sne. snnu. edu. cn/xsjt/jsjy/jxhd/lunwen/se011/0109. htm.

17. 桑兵. 20 世纪国际汉学的趋势与偏向（下）［J/OL］，2006 – 12 – 15［2010 – 04 – 05］.

http：//202. 115. 54. 30/html/showArticle. asp？aid = 1063.

18. 隋 广州 前陈散骑侍郎刘府君墓铭并序［EB/OL］.广东文化网，2009 – 02 – 23［2009 – 09 – 06］.

http：//www. gdwh. com. cn/whyc/2009/0223/article _

1213. html.

19. 徐增娥. 档案中的八大关名人——周钟岐 [EB/OL]. [2009 - 08 - 03].

http：//www. qdda. gov. cn/frame. jsp? pageName = print & type = XinBian&id = 1809744.

20. 赵立彬，钱宁宁. 岭南大学学生与国民革命——以《南风》为中心 [EB/OL]. [2017 - 09 - 08].

http：//www. crntt. com/crn-webapp/cbspub/secDetail. jsp? bookid = 10523&secid = 10.

21. 中国广州网. 中山大学 [EB/OL]. 2005 - 06 - 24. [2009 - 03 - 03].

http：//www. guangzhou. gov. cn/node_ 691/node_ 609/2005 - 06/111959668854550. shtml.

22. 中山大学校长办公室. 中山大学教职工工作生活指南·校园文物建筑简介 [EB/OL]. [2009 - 03 - 06].

http：//www. sysu. edu. cn/2003/fwzn/zhzn2008/17 - 1. htm.

后 记

2016 年初，我非常幸运地获得了广东优秀哲学社会科学著作出版基金的资助，使得我的博士论文《岭南大学图书馆藏书研究》有机会出版。这篇博士论文主要是对岭南大学图书馆的藏书历史进行探讨，由于国内外对于岭南大学的系统研究成果十分少见，因此论文主要依靠岭南大学档案、民国时期的报纸刊物以及口述史料、回忆录等材料进行撰写。一手材料的收集、释读和辨析是一件相当耗时且考验能力的工作，当时作为博士研究生的我受时间、经费、资料来源以及个人能力的局限，在博士论文的撰写过程中留下了相当多遗憾，许多岭南大学历史上的重要人物、事件和藏书的关键信息都有待进一步获取资料进行考证。因此，自博士论文完成后至今，我一直都在利用各种机会继续搜集零散的史料，希望能够将博士论文中未能解决的问题逐一破解。

得知自己的博士论文获得出版资助后，为了不使自己人生中出版的第一部独立完成的著作带有太多缺陷和疏漏，我开始着手整理博士毕业后 5 年里收集到的资料，并利用这些资料对论文中存疑、存误之处进行校正。尽管在成书前对内容进行了一手资料的补充和修正，但是这并不意味着我对岭南大学图书馆藏书的研究已完结。作为对岭南大学图书馆藏书的初探性研究，书中的很多章节以及提及的问题都可以拓展为更为深入和专门的研究课题，我希望今后能在此基础上，通过进一步收集、挖掘和分析史料，使得这一研究可以朝纵深的方向发展。

在博士论文成书之际，我再次回想起自己在 13 年前是如何非常偶尔地接触到了原岭南大学的藏书。2005 年我大学毕业，等待研究生入学的暑假悠长而又闲暇，于是听从导师程焕文教授的安排，到学校图书馆做学生助理，为原岭南大学 chi 类西文旧藏做目录。在这个过程中我对岭南大学及其图书馆藏书产生了浓厚的兴趣，由此走上了攻读历史文献学博士学位的道路。

回想当年博士论文的完成过程，虽然更多的时候都是闲逸地独坐图书馆一角，沉默地读书、码字，窗外倾泻着斑驳的光影，日子安静、美好得让人陶醉。但是为了收集资料而四处奔波的经历也相当刻骨铭心，那段日子里亲历了广州 BRT 施工带来的堵车盛况，感受到了地铁 3 号线早高峰的惨烈，每天中午在档案馆闭馆的 2 个小时里背着 5、6 斤重的笔记本电脑在天河东一带四处晃荡。在论文的写作过程中，也曾多少次枯坐在电脑前，一个字写不出来时觉得时间都凝固了。幸运的是在我怀疑、困惑、纠结、苦恼、低落和煎熬的时刻，都有我的老师和朋友在我身边支持、鼓励和帮助我，在此我惟有怀着感恩的心一一言谢。

感谢我的导师程焕文教授。当我还是一名本科生时，第一次聆听我的老师程焕文教授讲课，就唤起了我对自己所学的"冷门"专业图书馆学的兴趣，并在无形中引领我走上了学术研究的道路。我的老师不仅为我开启了学术的大门，对我进行精心的指导和培养，为我提供无数珍贵的学习机会，还为我在以学术为业的道路上不遗余力地奠基、铺路。作为老师，程焕文教授教给我的不只是治学的方法，还有"待人以诚，为学以严"的精神。

感谢刘志伟教授，为了给我提供撰写博士论文的资料，刘老师不惜毁掉一个昂贵的恒温恒湿档案柜；在我论文撰写过程中，刘老师也为我提供了许多宝贵的修改意见，使论文的论述更加深入、细致。感谢邱捷教授、桑兵教授、黄仕忠教授、王余光教授、柯平教授以及所有给予我指导和帮助的老师们，你们的意见和指导使我的论文更加严谨、完善。

感谢同门挚友林明师兄、张靖师姐、王蕾师姐和肖鹏师弟，诸位在我论文写作过程中给予我多方面的细微关照，并慷慨提供大量研究资源和线索，为我的论文写作提供诸多方便，和你们的许多讨论都帮我理清了头绪、拓展了思路。同时也要感谢我的先生华玉峰、我的女儿和我的朋友于沛，一直以来在生活中给予我支持和陪伴，使我有足够的信心和豁达的态度应对来自工作和科研的压力。

最后，需要特别感谢广东人民出版社黎捷女士对本书出版的大力支持以及对我修改进度的包容和理解。

周旖　谨记

2018 年 5 月 22 日